한국 성리학 속의 심학

한국철학총서 38

한국 성리학 속의 심학
Theories of mind in Korean Neo-Confucianism

지은이 김세정
펴낸이 오정혜
펴낸곳 예문서원

편집 유미희
인쇄 및 제본 주) 상지사 P&B

초판 1쇄 2015년 12월 30일

출판등록 1993년 1월 7일(제307-2010-51호)
주소 서울시 성북구 안암로9길 13, 4층(안암동 4가)
전화 925-5914 | 팩스 929-2285
홈페이지 http://www.yemoon.com
전자우편 yemoonsw@empas.com

 ISBN 978-89-7646-345-6   93150

YEMOONSEOWON #4 Gun-yang B,D 41-10 Anamdong 4-Ga Seongbuk-Gu Seoul KOREA 136-074
 Tel) 02-925-5914 Fax) 02-929-2285

값 32,000원

한국철학총서 38

한국 성리학 속의 심학

김세정 지음

예문서원

아버님과 큰딸 동은 영전에 삼가 이 글을 바칩니다.

유사 이래 수많은 철학사상이 때론 시대를 선도하기도 하고 때론 시대에 역행하기도 하면서 끊임없이 생멸해 왔다. 철학사상은 세상과 인간을 바라보는 눈을 제공해 준다. 올바른 눈을 제공할 때는 문제가 없지만 그릇된 눈을 제공하면 세상을 왜곡시키고 삶을 질곡시키는 우를 범하게 된다. 세상은 넓고 끊임없이 변화한다. 그만큼 올바른 철학사상을 정립하는 것이 중요한 반면, 올바른 철학사상을 정립하기는 쉽지 않다. 올바른 철학사상을 정립하기 위해서는 사상의 다양성을 인정하는 바탕 위에 끊임없는 자기반성과 상호 비판이 전제되어야 한다. 세상과 인간을 고정된 틀 속에 가두지 말고 열린 마음으로 변화에 대응하면서 진화해 나가야 한다. 그 시대를 바람직한 방향으로 선도하지 못하고 시대에 역행하면서 인간을 질곡시키는 철학사상은 비판받아 마땅하다. 교조주의나 원리주의에 얽매여 특정 사상을 맹목적으로 비판하거나 배척하는 것 또한 결코 바람직하지 않다.

유교의 나라 조선. 유교는 조선 창업의 근간이자 500년간 조선을 이끈 버팀목이었다. 표면적으로 조선 멸망과 함께 국교로서의 지위를 상실하고 서구문명과 기독교에 자리를 내주고 역사의 뒤안길로 사라진 것 같지만, 유교는 지금도 우리의 삶 구석구석에 강한 영향력을 미치고 있다. 유교는 2500년의 역사만큼이나 그 생명력이 강하고 질기다. 그 이유는 무엇일까? 유교는 시대의 변화에 따라 끊임없이 새롭게 변화하면서 마주한 시대의 질병과 아픔을 치유하고 선도해 왔다. 중국의 선진유학, 한당유학, 북송유학,

남송유학, 명대유학, 청대유학이 그러하였고, 조선의 도학, 성리학, 양명학, 예학, 실학이 그러하였다. 그 변화의 이면에는 사상가들의 자유로운 비판정신과 역사적 사명의식이 자리하고 있다. 이전의 것을 단순히 답습하거나 교조주의적으로 추종하는 것이 아니라, 긍정적인 요소들은 계승하고 시대를 역행하거나 질곡시키는 부정적인 요소들은 냉정하게 비판하고 도려내어 새살이 돋아날 수 있게 하였다.

조선은 건국 초기부터 유교를 국교로 정하고 유교를 숭상하고 불교를 억압하는 '숭유억불崇儒抑佛'을 표방하였다. 물론 높임의 대상인 유교는 바로 고려 말에 수입된 원대元代의 주자학이다. 주자학이 조선의 건국이념이자 조선을 지탱해 주는 체제교학이 되면서 불교는 주자학으로 무장한 여말선초의 유학자들에 의해 이단異端·사문난적斯文亂賊으로 지목되고 신랄하게 비판·배척당하였다. 대표적인 예가 바로 정도전鄭道傳(1342~1398)을 중심으로 한 '척불斥佛운동'이다. 정도전은 도학道學을 밝히고 이단을 물리치는 일을 자신의 임무로 삼고, 『불씨잡변佛氏雜辨』, 『심기리편心氣理篇』 등을 저술하여 불교비판이론을 제시하면서 유교이념의 정립 기반을 다졌다. 조선 전기만 하더라도 불교나 도가만이 이단으로 간주되었으나, 조선 중기 퇴계退溪 이황李滉에 이르러서는 유학의 한 부류인 육왕학陸王學, 즉 상산학象山學과 양명학陽明學마저도 이단으로 지목되고 배척의 대상이 되었다. 이황은 도통론道統論에 근거하여 정주학을 근본으로 삼고 이를 지키기 위해 '파사현정破邪顯正'의 입장에서 불교와 노장학 그리고 육왕학을 이단으로 간주하여 철저히 배격하였다. 그 뒤로도 퇴계 이황의 문하에 의해 양명학의 비판은 계속되었다. 그리고 이단의 비판과 배척은 19세기 중반 이후 유입되기 시작하던 서구세력을 거부하는 내수외양內修外攘의 '위정척사衛正斥邪운동'으로 다시 등장하게 된다. 이 사상은 춘추대의春秋大義의 의리정신에 입각하여 의義와 이利를 엄격하게 구별하고, 리理로 상징되는 정신적 측면을 우위에 두어 기氣의 세계로 간주되는 물질 중심의 서구사상을 물리치고자 했다. 이러한 이단 비판과 배척의 과정에서 유학은 자기 점검과 반성을 통해 상대의 사상을 수용하여 자신의 사상을 한 차원 승화시키는 계기를 마련하기도 하였다. 반면 지나친 교조주의와 원리주의에 매몰되어 사상의 다양성을 질곡시키고 사회 발전을 가로막는 장애물이 되기도 하였다.

　이황에 의해 양명학이 이단으로 매도되고 배척되는 분위기에도 불구하고 남언경南彦經(1528~1594)과 그의 제자 이요李瑤(생몰년 미상)는 양명학을 수용하였다. 이후 허균許筠(1569~1618), 장유張維(1587~1638), 최명길崔鳴吉(1586~1647) 등에 의해 양명학은 적극적으로 수용되었다. 나아가 정제두鄭齊斗(1649~1736)와 그 문인들에 의해 '하곡학파霞谷學派' 또는 '강화학파江華學派'라고 하는 한국 양명학으로 새롭게 탄생하였다. 이들은 한결같이 당시 병자호란과 임진왜란을 거치면서 보여 준 주자학적 대의명분大義名分의 허위의식과 비주체성 및 실천성의 부재 등을 비판하고, 양명학적 '양지론良知論'과 '지행합일설知行合一說' 그리고 '인간평등론' 등에 근거하여 실심實心, 실질實質, 실리實理, 실사實事의 정신과 주체성, 실천성 및 자주성을 회복함으로써 당시 시대 문제를 해결하고자 하였다. 중세에서 근대로의 전환점, 즉 19세기 말 서세동점西勢東漸의 한말전환기에 백암白巖 박은식朴殷植(1859~1925)과 위당爲堂 정인보鄭寅普(1892~미상)는 양지론을 근간으로 한 '인간평등론'과 '천지만물일체설'에 근거한 양명학을 통해 서구문화에 대응하고 일제로부터의 국권회복이라는 시대적·민족적 과제를 해결하고자 하였다. 양명학은 비록 한국에서 수용될 때부터 이황과 그 문하에 의해 사문난적 또는 이단으로 심한 배척을 받았음에도 불구하고, 강인한 '주체성'과 '실천성', '시대정신' 및 따뜻한 '생명애'를 지닌 뜻있는 선각자들에 의해 수용·발전되면서 한국 양명학으로 뿌리 내리게 된다.

조선에서 양명학은 주자학과 같이 주도적인 사상도 아니었고, 절대적인 위상을 지닌 것도 아니었다. 그렇지만 조선에 유입되어 성리학, 나아가 유학사상이 보다 건강하게 발전해 나갈 수 있도록 직·간접적으로 영향을 준 것만은 사실이다. 그것이 양명학을 비판·배척하는 방식이든 아니면 수용하는 방식이든 간에 퇴계학을 비롯한 한국 유학의 심학心學화는 분명 성리학과 양명학의 만남과 소통 속에서 이루어진 것이라고 할 수 있다. 다만 어느 정도 영향을 주고받았으며, 그 영향으로 인해 한국 유학은 중국 유학과는 다른 독자적인 특성을 지니게 되었는지, 그리고 그 특성은 무엇인지 등 해결해야 할 과제들이 많다.

필자가 1986년 성균관대학교 유학과에 입학하여 유학을 공부하기 시작한 지 벌써 30년의 세월이 흘렀다. 대학원에서 양명학을 전공하고 그 결실로 2006년 『왕양명의 생명철학』이란 저서를 발간하였다. 그리고 중국에서의 양명학파의 분화와 전개 과정 및 중국 양명학파의 특성에 관한 연구를 지속하여 2013년 『양명학파 전덕홍의 양지철학』이란 저서를 발간하였다. 중국 양명학에 대한 연구는 단지 중국 양명학 자체를 이해하고자 하는 데 있는 것이 아니라, 중국 양명학파의 영향 관계에서 형성된 한국 유학의 특성을 밝히고자 하는 데 있다. 한국 유학의 심학화, 한국 유학의 다양성, 한국 유학의 주체성, 한국 유학의 창조정신 등등. 이에 필자는 지난 2004년부터 '양명심학과 퇴계심학의 비교연구'(한국연구재단 신진교수 연구과제)란 주제를 시작으로 한국 유학에 대한 양명학의 영향 관계와 그 속에서 형성된 한국 유학의 특성을 모색하는 연구를 진행하였다. 한국의 대표적인 성리학자 이황, 이이, 성혼은 물론 윤증과 박세당의 양명학에 대한 대응 방식과 이들 사상의 심학화 과정에 있어서의 양명학의 영향 관계에 대해 고찰하였다. 그리고 한국의 양명학자로 평가되는 장유와 최명길과 정제두가 양명학을 한국적 현실에 맞게 재창조하는 과정과 그 특성에 대해 고찰하였다. 또한 한말 전우의 육왕학 비판에 대한 고찰을 통해 이황에게서 시작된 양명학 비판이 전우에 이르러 어떻게 달라지는지 그리고 그 의미는 무엇인지에 대해서도 고찰해 보았다. 물론 아직도 연구해야 할 학자들이 많다. 그리고 학파와 학자 간의 유기적인 영향 관계에 대한 연구도 필요하다. 이러한 작업들은 1~2년 사이에 끝날 수 있는 작업이 아니다. 앞으로 필자의 평생의 과업이기도 하다. 다만 그 중간 결실로서 그동안의 연구 성과를 하나로 꿰고자 한다. 구슬도 꿰어야 보배이듯, 지난 10여 년간의 연구 성과 또한 하나로 꿰어야 학술적으로 가치를 지니기 때문이다. 지난 2년 동안 수차례에 걸쳐 수정하고 보완하는 작업을 통해 오늘에 이르렀다.

본서는 총 7개 장으로 구성되었다. 1장 「퇴계 이황의 양명학 비판과 심학적 특성」에서는 먼저 주자학의 심리이원론心理二元論과 궁리설窮理說의 리학理學적 특성을 살펴보고, 왕수인의 심즉리설心卽理說과 주희 격물설格物說에 대한 비판에서 보이는 양명심학의 특성을 고찰한다. 그리고 「전습록논변傳習錄論辯」에 대한 분석을 통해 이황이 왕수인의 심즉리설, 지행합일설知行合一說, 친민설親民說을 비판하는 과정에서 보이는 퇴계학의 리학적 특성을 고찰한다. 이를 바탕으로 퇴계학이 심학이라는 주장의 타당성은 물론, 양명학과 퇴계학의 차이점이 무엇인지에 대해 살펴본다.

2장 「우계 성혼의 거경궁리의 심학사상」에서는 성혼이 쓴 장소章疏들에 대한 분석을 통해 성혼 사상에 내재된 심학적 요소들을 탐구한다. 아울러 성혼의 마음과 관련된 다양한 주장들, 예컨대 '허심순리虛心順理(從善)', '만리함비萬理咸備', '연구중리硏究衆理', '거경居敬의 심법心法' 등에 대한 분석을 토대로 성혼 사상의 심학적 특성을 밝혀 본다. 특히 성혼 사상의 심학적 요소와 특성들을 인정할 때 성혼의 사상이 양명심학과 퇴계심학이라는 넓은 스펙트럼 안에서 어디에 위치하는지를 가늠해 본다.

3장 「계곡 장유의 주체성과 창조정신」에서는 양명학 전래 초기 수용학자 가운데 한 사람인 장유의 심학적 특성을 고찰한다. 먼저 당시의 학문적 답습과 맹목적인 교조주의에 대한 장유의 강한 비판에서 보이는 강인한 학문적 주체의식을 고찰한다. 그리고 이를 바탕으로 창조적 삶의 토대로서의 주체적 양지良知와 실천성 및 주체성에 근거한 창조정신의 전개 과정에 대해 고찰한다.

4장 「지천 최명길의 주체성과 창조정신」에서는 병자호란 당시 주화主和론을 주장한 최명길의 심학적 특성에 대해 고찰한다. 먼저 당시 명분론자들의 허위의식에 대한 최명길의 비판과 그의 실심實心을 중시하는 주체성에 대해 살펴본다. 나아가 주체적 본심양지의 함양과 더불어 권도權道에 따른 주화主和의 주장에 담긴 주체성과 창조정신에 대해 고찰한다.

5장 「율곡학의 심학적 계승과 변용」에서는 율곡학이 윤증을 거쳐 정제두에 이르러 어떻게 심학적으로 계승되고 변용되었는지를 고찰한다. 먼저 이이의 양명학에 대한 입장과 이이의 성誠사상에 내재된 심학적 요소를 고찰한다. 그리고 이이-윤증-정제두로 이어지는 학문적 연원 관계에 대해 살펴보면서 윤증을 거쳐 정제두로 계승된 성誠사상의 특징에 대해 고찰한다. 마지막으로 이이 리기론에 대한 정제두의 비판과 더불어 정제두의 생리설生理說과 양지설良知說에 대한 고찰을 통해 정제두의 양지심학良知心學으로의 변용적 측면을 살펴본다.

6장 「명재 윤증과 서계 박세당의 격물 논변」에서는 먼저 윤증과 박세당의 교유 관계와 학문적 교류를 심도 있게 고찰하면서 두 사람 사이의 영향 관계를 밝혀 본다. 그리고 윤증 유학의 연원과 학문적 특성은 물론, 박세당의 학문 과정과 사상적 특성에 대해 고찰하고, 두 사람 사이에 전개된 격물格物 논변에 대한 심도 있는 분석을 통해 두 사람 사이의 학문적·사상적 동이점을 밝혀 본다.

7장 「간재 전우의 육왕심학 비판」에서는 한말 전우의 도가와 불교는 물론 상산학과 양명학, 나아가 한주학파에 대한 이단 비판 및 배척의 내용과 그 타당성에 대해 고찰한다. 먼저 전우가 '정학正學'과 '이학異學' 또는 '성학聖學'과 '이단異端'을 나누는 기준과 근거가 무엇인지에 대해 고찰한다. 그리고 이 기준과 근거를 바탕으로 전개되는 전우의 전방위적 이단 비판 내용을 고찰한 후에, 전우의 양명학 비판 내용을 해부하면서 전우의 양명학 비판이 양명학에 대한 올바른 이해를 바탕으로 한 것인지, 그리고 그러한 비판은 타당한 것인지, 그러한 이단 비판은 어떠한 문제를 야기하는지 등에 대한 문제를 고찰한다.

이 책은 필자가 10년 넘게 몸담고 있는 충남대학교와의 깊은 인연 속에서 쓰였다. 2002년 6월 충남대 철학과에 발령을 받고, 2004년 한국연구재단 신진교수 연구과제에 선정되면서 시작되어 충남대 철학과 교수라는 직함을 달고 진행한 연구 성과들이다. 지난 13년간 늘 옆에서 아껴 주시고 격려해 주신 동료 교수님들과, '중국철학사', '왕양명의 생명철학', '생태철학과 생명윤리', '한국 양명학의 주체성과 창조정신' 등의 수업시간에 함께 열띤 토론을 하면서 필자에게 늘 반성의 기회를 주고 새로운 영감을 심어 준 철학과 제자들에게 감사의 말을 전한다. 이 글을 쓰는 동안 소중한 두 사람을 곁에서 떠나보냈다. 2007년 10월 북경에서 나에게 생명의 신비함과 소중함을 일깨워 주었던 큰딸 동은이를 떠나보냈다. 그리고 6개월 뒤(2008년 4월) 나에게 삶과 학문의 길을 열어 주시고 이끌어 주신 아버님께서 떠나셨다. 아버님과 동은의 영전에 이 글을 바치고자 한다. 누구보다 힘든 시련의 시간 속에서도 꿋꿋하게 필자를 뒷바라지해 주고 버팀목이 되어 준 아내 현정과 둘째 동희, 그리고 오늘에 이를 수 있도록 큰 힘이 되어 준 어머님과 모든 가족들에게 고마운 마음을 전하고 싶다. 마지막으로 이 책이 세상에 빛을 볼 수 있도록 애써 주신 계명대 홍원식 교수님과 예문서원 가족 여러분, 그리고 꼼꼼하게 교정을 해 주신 정화순 박사님을 비롯하여 이우진 박사님, 양선진 박사님, 김동희 박사님, 유지웅 박사님, 조지선 선생님, 신미정 선생님께도 진심으로 감사의 말을 전한다.

2015년 10월

동양東陽 김세정金世貞

1장 퇴계 이황의 양명학 비판과 심학적 특성

1. 들어가는 말

　양명陽明 왕수인王守仁(1472~1528)과 퇴계退溪 이황李滉(1501~1570)은 주자학朱
子學이 관학官學이라는 하나의 사상적 울타리 안에서 살다 간 인물들이다.
중국에서는 왕수인이 자신의 독창적 심학心學사상을 근거로 회암晦庵 주희朱
熹(1130~1200)의 리학理學 체계 전반을 비판하였다. 반면 조선에서는 주자학을
그 누구보다 존숭하고 계승한 이황이 공자-맹자-정자-주자로 전수된 유
학 계통만을 정학正學으로 인정하였다. 더불어 도통론道統論에 근거하여 정주
학을 원본으로 삼아 확고한 위도衛道의 입장 즉 '파사현정破邪顯正'의 입장에
서 정주학程朱學을 지키기 위해 불교, 노장학, 육왕학陸王學 모두를 이단으로
간주하여 철저히 배격하였다. 특히 이황은 「전습록논변傳習錄論辯」을 통해 왕
수인의 '친민설親民說'과 '심즉리설心卽理說' 그리고 '지행합일설知行合一說' 등 양
명학을 총체적으로 비판하면서 주자학을 옹호하고,[1] 나아가 「초의려선생집
부백사양명초후부서기말抄醫閭先生集附白沙陽明抄後復書其末」 등에서는 양명학을

---

1) 『退溪全書』, 권41, 「傳習錄論辯」 참조.

선학禪學이라 비판하거나2) 또는 선학보다 못한 이단異端으로 배척함으로써3) 양명학이 조선 사회에 뿌리내리지 못하도록 하는 기반을 마련하였다.

양명학을 비판한 이황은 주희의 리기론을 그대로 수용하였지만, 리理가 능동적인 작용성이 있다는 '리동설理動說', 사단四端은 리가 발한 것이고 칠정七情은 기氣가 발한 것이라는 '리기호발설理氣互發說', 격물설格物說에 있어 물리物理의 극처極處가 이르지 않음이 없다(無不到)고 하는 '리자도설理自到說'과 '리체용설理體用說' 등을 새롭게 주장함으로써 리理의 실재성, 리의 우월성, 리의 근원성 등을 강조하였다. 이는 주희의 리기론과 다른 리기론으로서, 이황은 오히려 주희보다 '리의 철학'을 더욱 철저화하였다고 평가되기도 한다.4)

반면 주자학을 수호하기 위해 양명학을 이단으로 비판·배척한 이황의 학문을 '심학心學'이라고 지칭하기도 한다. 퇴계학을 심학으로 규정하려는 시도는 1973년 정순목의 「퇴계심학론退溪心學論」이란 글에서 시작되어,5) 퇴계철학 연구의 성숙기라 할 수 있는 1990년대 이후 퇴계학에 대한 '심학'이란 용어의 사용이 일반화되었다고 한다.6) 퇴계학을 심학으로 규정하려는 시도는 학자와 시대에 따라 다양한 모습으로 전개된다. 비록 퇴계심학에 대한 명칭과 퇴계학이 심학이라는 이유가 각기 다르고, 양명심학과 퇴계심학의 차이점에 대한 이해 또한 학자마다 다르지만 한 가지 분명한 것은 이

2) 『退溪全書』, 권41, 「白沙詩教傳習錄抄傳因書其後」, "滉謹按, 陳白沙王陽明之學, 皆出於象山而本心爲宗, 蓋皆禪學也."
3) 『退溪全書』, 권41, 「抄醫閭先生集附白沙陽明抄後復書其末」, "……至於陽明似禪非禪, 亦不專主於靜, 而其害正甚矣."
4) 이동희, 「退溪 性理說의 '哲學的' 함축」, 『동양철학연구』 제20집(동양철학연구회, 1996), 103~127쪽; 금장태, 『퇴계의 삶과 철학』(서울대출판부, 1998), 69~74쪽 등 참조.
5) 정순목, 「退溪心學論」, 『홍대논총』 5호(홍익대학교, 1973).
6) 김종석, 『퇴계학의 이해』(일송미디어, 2001), 30~31쪽 참조.

들 모두 "퇴계학은 심학이다"라고 주장한다는 사실이다.

주자학은 심心이 아닌 리理를 본체로 하는 '리학'이라는 점에 의문을 제기할 사람은 아무도 없다. 그런데 그러한 주자학을 수호하기 위해 리가 아닌 심을 본체로 하는 양명심학을 비판한 이황의 학문 또한 심학이라고 주장한다면, 동일한 심학으로써 심학을 비판한 것인가? 아니면 양명심학과 퇴계심학은 심학이라고 하지만 그 내포하는 의미와 성격이 다른 심학인가? 다르다면 어떻게 다른가? 그리고 퇴계학은 주자학의 답습인가? 아니면 주자학에 대한 창조적 계승인가? 만약 창조적 계승이라면 어떠한 점이 주자학과 다른 창조적인 측면인가? 이러한 의문들과 더불어, 중국 주자학과 다른 한국 성리학의 특성과 독자적 발전과정의 근본 원인, 기호학파에서는 양명학에 대해 우호적이었던 반면 이황 문하에서는 양명학을 이단으로 심하게 배척한 원인, 조선조 양명학자들의 양명학적 입장에서의 주자학 전개의 가능성 여부 등의 문제를 해결하기 위해서는 양명심학과 퇴계심학을 비교하는 연구가 선행되어야 한다.

'주자학과 양명학의 비교연구' 또는 '양명학에 대한 이황의 비판에 관한 연구'는 어느 정도 진행되었다. 그러나 '주자학에 대한 왕수인의 비판'과 '양명학에 대한 이황의 비판'에 대한 연구를 토대로 심학이라는 문제를 가지고 명대의 양명학과 조선조의 퇴계학을 비교하고 동이점과 특성을 밝히는 작업은 아직 국내외 학계에서 구체적으로 진행된 바 없다. 이에 본 장에서는 다음과 같은 필요성에 근거하여 '주자학에 대한 왕수인의 비판과 양명학의 특성'과 '양명학에 대한 이황의 비판과 퇴계학의 특성'에 대한 고찰을 토대로 한 '양명심학과 퇴계심학의 동이점'에 대해 비교해 보고자 한다.

첫째, 사상은 끊임없는 비판과 새로운 창조 과정을 통해서만 그 생명력을 유지해 갈 수 있다. 이 측면에서 왕수인의 주자학 비판이나 이황의 양명학 비판은 긍정적 평가를 받을 수 있다. 주자학이 왕수인에 의해 비판을 받고, 양명학이 이황에 의해 비판을 받았다는 사실이 주자학이나 양명학이 역사적·사상적으로 무의미하다는 것을 의미하지는 않는다. 주자학에 대한 왕수인의 비판 내용과 양명학의 특성을 파악함과 아울러 같은 맥락에서 양명학에 대한 이황의 비판 내용과 퇴계학의 특성을 파악함으로써 중세사회에서 끊임없는 생명력을 유지해 온 유학사상의 발전 과정의 특성을 파악할 수 있다.

둘째, 비록 이황이 양명학을 비판하면서 주자학을 옹호하고 있다고는 하나, 이황이 단순히 과거로 회귀하여 주자학을 답습하거나 묵수만 한 것은 아닐 것이다. 왕수인의 주자학 비판 내용과 이황의 양명학 비판 내용은 물론 양명학과 퇴계학을 비교함으로써 주자학과 다른 퇴계학의 발전적 측면과 독창적 측면이 일면 밝혀질 수 있으며, 또한 이황이 양명학을 비판하는 과정에서 주자학의 어떠한 문제점을 극복하였는가 하는 문제를 보다 객관적으로 밝혀낼 수 있을 것이라고 본다. 이러한 주자학과 다른 퇴계학의 독창성을 밝히는 작업은 이후 중국 성리학과 다른 한국 성리학의 특성과 한국 성리학의 독자적 발전 과정의 근본 원인을 밝히는 데 있어 중요한 기틀이 될 수 있을 것이다.

셋째, 이황 문하에서 양명학을 사문난적으로 심하게 배척한 원인과 그 타당성 및 문제점을 밝히기 위해서도 양명학과 퇴계학의 비교는 선행되어야 한다. 그리고 이 비교연구는 이후 '양주음왕陽朱陰王'의 논리를 전개하고 있다고 평가되는 조선조 양명학자들이, 이황이 주자학적 입장에서 심학을 전개하고 있듯, 양명학적 입장에서 주자학을 전개했을 가능성 여부의 문제를 해결하는 데 있어서도 선결되어야 할 과제이다.

　이러한 필요성에 근거하여 먼저 주자성리학의 특성과 더불어 왕수인의 주자학 비판과 양명심학의 특성을 고찰한 다음, 이황의 양명학 비판에서 보이는 퇴계학의 특성에 대해 고찰할 것이다. 그리고 이를 바탕으로 퇴계학이 심학이라는 주장의 타당성은 물론 양명학과 퇴계학의 차이점이 무엇인지에 대해 살펴볼 것이다.

2. 주희의 심리이원과 궁리격물설

　18살 때 송유宋儒의 격물설格物說을 듣고 '성인聖人은 배워서 도달할 수 있다'는 확신을 품은 왕수인은 21살 때(1492) 주희의 '격물궁리格物窮理'를 몸소 실천해 보고자 대나무를 마주하고 앉아 대나무의 이치를 궁구하는 격죽格竹을 시도하였다. 그러나 7일째 되는 날 병이 나자 주자학에 회의를 품고 '성현聖賢이 되는 것은 분수가 따로 있는 것'이라 생각하여 사장학詞章學에 전념하였다. 그러나 왕수인은 27살 때 다시금 "경敬의 상태에서 뜻을 지키는 것이 독서의 근본이요, 차례에 따라 정미함에 이르는 것이 독서의 방법이다"(居敬持志, 爲讀書之本. 循序致精, 爲讀書之法)라는 주희의 독서법에 의거하여 궁리窮理 공부에 정진하다가 주희의 학설이 '사물의 이치와 나의 마음을 둘로 나누는'(物理吾心終若判而爲二也) 문제가 있음을 깨닫고, 이를 계기로 주자학과 마침내 결별하였다. 이후 왕수인은 귀양지 용장龍場에서 37세 때 어느 날 밤에 석관石棺 위에서 홀연히 격물치지格物致知의 종지宗旨를 크게 깨달아 "비로소 성인의 도道는 나의 본성으로 스스로 충족하니, 지난날 대상사물에서 이치를 구한 것은 잘못이었다는 것을 알았다"(始知聖人之道, 吾性自足, 向之求理於事物者誤也)라고 선언하였다. 그리고 '본성이 곧 리'라는 주희의 성즉리설性卽理說에 대응하여 '마음이 곧 리'라는 심즉리설心卽理說을 제창하였다. 또한 '마음 밖 대상 사물에 나아가 그 리를 궁구한다'(卽物而窮其理)는 주희 격물설格物說에 대응하여 '마음을 바르게 한다'(正心)·'일을 바르게 한다'(正事)라는 의미의 새로운 '격물설'을 제창함으로써 주희의 리학에 대응하는 자신의 독창적 '심학사상'을 수립하였다. 이후 38살 때 주희의 선지후행설先知後行說에 대응하는 '지행합일설知行合一說'을 제창하고, 50세에 이르러 '치양지설致良知說'을 제창함으로써 자신의 '심학사상'을 완성하게 된다.7) 심리일원론을 비롯한 양명 심학의 일원론적 체계는 주희 격물설의 토대가 되는 '리기이원론'과 '심리이원론'에 대한 비판에서 시작된다.

　　왕수인의 주자학 비판의 핵심은 '마음 밖 대상사물에 나아가 그 리를 궁구한다'는 주희의 격물설에 대한 비판에서 찾을 수 있다. 사물에 나아가 리를 궁구한다는 것은 각각의 개별적 사물에서 이른바 고정불변한 정해진 리(定理)를 구하는 것으로서, 이것은 내 마음을 사용하여 각각의 개별적 사물에서 리를 구하는 것이기 때문에 마음과 리를 둘로 나누는 문제를 야기한다는 것이다.8)

---

7) 『王陽明全集』, 권33, 「年譜一」~권35, 「年譜三」 및 김세정, 『왕양명의 생명철학』(청계, 2006), 81~138쪽 참조.
8) 『傳習錄』 中, 「答顧東橋書」, 135조목 참조.

1) 심과 리의 이원적 체계

주희는 "천하의 사물은 반드시 소이연지고所以然之故와 소당연지칙所當然之則을 지니는데, 이것을 리理라 한다"[9]라고 말한다. '소이연지고'는 현상의 본원이라는 존재 개념인 필연의 법칙, 즉 사물세계의 객관적 존재의 법칙과 원리를 의미한다. 그리고 소당연지칙은 존재의 행동, 행위규범이라는 실천적 지표의 개념인 선험적인 당위의 법칙이다.[10] 주희는 "소당연지칙이란 임금의 인仁, 신하의 경敬과 같은 것이요, 소이연지고는 '임금은 어째서 인仁해야 하며 신하는 어찌하여 경敬해야 하는가'라고 운운하는 것과 같은 것인데, 모두 천리天理가 그렇게 하도록 한 것이다"[11]라고 말한다. 따라서 인간과 관련해 보았을 때, '소당연지칙'은 인간이 실천해야 할 당위적인 도덕규범이며, '소이연지고'는 그 도덕규범에 대한 존재론적 근거가 된다. 리는 바로 이러한 존재의 원리와 당위의 규범을 동시에 함유한 형이상학적 개념이다. 이러한 리는 사물보다 앞서 존재하는 '선험성'과 '초월성'을 지닌다. 예컨대 주희는 '리理'에 대해 다음과 같이 말한다.

> 만일 리理의 입장에서 본다면, 아직 사물이 생기기 전이라도 이미 그 사물의 리는 존재한다. 그러나 그 리만 존재할 뿐이지 실제로 그 사물이 존재한 적은 없다.[12]

---

9) 『大學或問』, 1장, "至於天下之物則必有所以然之故, 與其所當然之則, 謂理也."
10) 최영찬, 「朱子哲學에 있어서 孔・孟 天人觀의 承受와 展開」(충남대 박사학위논문, 1991), 114쪽 참조.
11) 『大學或問』, 1장, "所當然之則, 如君之仁臣之敬, 所以然之故, 如君何用仁臣何用敬云云, 皆天理使之然."
12) 『朱子大全』, 권46, 「答劉叔文」, "若在理上看, 則雖未有物, 而已有物之理. 然亦但有其理而已,

아직 일(事)은 없더라도 이미 리理는 있다. 예를 들어 임금과 신하가 있기 전이라도 이미 임금과 신하의 리가 있으며, 아버지와 아들이 있기 전이라도 이미 아버지와 아들의 리가 있다. 원래 이러한 리가 없었는데, 임금과 신하, 아버지와 아들이 생긴 다음에야 그러한 도리를 그들에게 우겨 넣었겠는가?13)

어떤 사물이 아직 생성되지 않았을 때에도 그 사물의 규율이나 법칙, 또는 원리가 이미 존재하며, 인간관계가 설정되기 이전에 이미 당위의 도덕적 규범이 존재한다는 것이다. 리가 사물보다 앞서 존재한다는 것은 법칙과 규율의 일반성과 보편성을 의미함과 동시에 리를 절대화하는 것이다.14) 따라서 '리'는 보편성과 선험성 그리고 절대성을 지닌다고 말할 수 있다. 이에 주희는 또한 "천지가 있기 전에는 리理만 있었을 뿐이다. 이러한 리가 있기에 이와 같은 천지가 있다. 만일 이러한 리가 없다면 이러한 천지도 없고, 사람과 사물도 없으며, 그 어떤 것도 있을 수 없게 될 것이다. 리가 있으므로 기氣가 있고, 기가 유행하여 만물을 발육시킨다"15)라고 말한다. 우주만물은 리의 '선재성'을 전재로 하여 '기'의 작용에 의해 존재하게 된다는 것이다. 리는 기에 대해서도 '우선성'을 지닌다. 그는 리와 기를 다음과 같이 정의한다.

未嘗實有是物也."
13) 『朱子語類』, 권95, "未有這事, 先有這理. 如未有君臣, 已先有君臣之理, 未有父子, 已先有父子之理. 不成元無此理, 直特君臣父子, 却旋將這道理入在裏面."
14) 陳來 저, 안재호 옮김, 『송명성리학』(예문서원, 1997), 243쪽 참조.
15) 『朱子語類』, 권1, "未有天地之先, 畢竟也只是理. 有此理便有此天地. 若無此理便亦無天地, 無人無物, 都無該載了. 有理便有氣, 流行發育萬物."

천지 사이에는 리理도 있고 기氣도 있다. 리는 형이상적인 도道이며, 사물을 생성하는 근본이다. 기는 형이하적인 기器이며, 사물을 생성하는 도구이다. 그러므로 사람과 사물이 생성될 때는 반드시 리를 품부 받은 뒤에 성性이 생기고, 기를 품부 받은 뒤에 형체가 생긴다.[16]

'리理'가 모든 사물이 존재하는 형이상학적 존재원리, 사물의 본질과 규칙을 의미한다면, '기氣'는 모든 사물을 구성하는 재료로서 사물이 존재하게 되는 현상적 질료를 의미한다. 이러한 리는 원리적 존재로서 작용성을 지니지 않는 반면, 기는 질료적 특성을 갖는 존재로서 사물을 생성하는 작용성을 지닌다.[17] 따라서 리와 기는 결코 서로 섞일 수 없는 다른 차원의 개념으로 정의된다.[18]

주희의 이러한 '리기이원론'은 '심리이원론'의 토대가 된다. '성이 곧 리' (性卽理)라고 주장하는 주희는 하늘이 음양陰陽·오행五行으로 만물을 화생함에 있어 기氣로써 형체를 이루고 리理를 부여하는바, 사람과 사물이 부여받는 리는 건순健順·오상五常의 덕으로서 이것이 바로 성性이라고 주장한다.[19] 리기이원에 근거하여 인간 마음에 부여된 당위의 규범으로서의 리만을 '성性'으로 규정할 뿐 마음 자체를 리나 성으로 보지 않는 것이다. '마음'은 단지 리 또는 마음에 내재된 리로서의 성만을 구비하고 있을 뿐이다.[20] 이에

---

16) 『朱子大全』, 권58, 「答黃道夫」, "天地之間, 有理有氣. 理也者, 形而上之道也, 生物之本也. 氣也者, 形而下之器也, 生物之具也. 是以人物之生, 必稟此理, 然後有性, 必稟此氣, 然後有形."

17) 『朱子語類』, 권1, "蓋氣則能凝結造作, 理却無情意無計度無造作. 只此氣凝聚處, 理便在其中.…… 氣則能醞釀凝聚生物也, 但有此氣則理便在其中."

18) 『朱子文集』, 권46, "理與氣決是二物."

19) 『中庸集註』, 1장, 1절, "性卽理也. 天以陰陽五行, 化生萬物, 氣以成形, 而理亦賦焉, 猶命令也. 於是人物之生, 因各得其所賦之理, 以爲健順五常之德, 所謂性也."

20) 『朱子語類』, 권5, "心之全體, 湛然虛明, 萬理具足."; 권9, "心具萬理."; 권5, "性便是心之所有

주희는 "신령한 곳(靈處)은 다만 마음일 뿐 성性이 아니며, 성은 단지 리理일 뿐이다"21)라고 단호하게 주장한다. 주희에게 있어 '마음'은 리가 아닌 허령虛靈한 기적氣的 존재로, 리를 지각하고 신체를 운용하는 기능적인 측면만을 지닌다.22) 따라서 마음과 리는 이원적 체계를 지니게 된다.

　　심리이원론에 근거하여 주희는 마음을 성性과 정情으로 구분한다. 그는 "마음은 몸을 주재하는 것으로서, 그 본체가 되는 것은 성이고, 그 작용이 되는 것은 정이다"23)라고 말하고, 또한 "성性은 움직이지 않는 것(未動)이고, 정은 이미 움직인 것(已動)이며, 마음은 움직이지 않는 것과 이미 움직인 것을 포괄한다. 대체로 마음의 움직이지 않은 것은 성이고 이미 움직인 것은 정이다"24)라고 하여, '성性'을 작용성이 없는 마음의 본체로 삼고 '정情'을 마음의 작용으로 삼는다. 나아가 "인仁·의義·예禮·지智는 성이고, 측은惻隱·수오羞惡·사양辭讓·시비是非는 정이다. 인으로써 사랑하고 의로 미워하며, 예로 사양하고 지로 아는 것은 마음이다. 성이란 마음의 리이고, 정이란 마음의 작용이며, 마음이란 성과 정의 주재자이다"25)라고 말한다. 본체로서의 '성'은 내재적 도덕 본질로서의 리이기 때문에 그 자체는 작용성을 지니지 못한다. 다만 마음이 성을 자각하고 인식하여 감정과 사려 작용으로서의 정을 통해 드러내는 것이다. 결국 마음의 본체로서의 성은 마음의 현상 작

之理, 心便是理之所會之地."
21) 『朱子語類』, 권5, "靈處只是心, 不是性, 性只是理."
22) 『朱子文集』, 권24, "人之一身, 知覺運用, 莫非心之所爲.";『朱子語類』, 권5, "能覺者, 氣之靈."
23) 『朱子大全』, 권40, 「答何叔京」, "心主乎身, 其所以爲體者, 性也, 所以爲用者, 情也."
24) 『朱子語類』, 권5, 「性理 2」, "性是未動, 情是已動, 心包得已動未動. 蓋心之未動則爲性, 已動則爲情."
25) 『朱文公文集』, 권67, 「元亨利貞說」, "仁義禮智, 性也, 惻隱羞惡辭讓是非, 情也. 以仁愛, 以義惡, 以禮讓, 以智知者, 心也. 性者心之理也, 情者心之用也, 心者性情之主也."

용으로서의 정이 발동한 이후에야 볼 수 있는 것으로서,26) '마음'은 단지 체용體用을 포괄하는 총체이며, '성·정'은 이러한 총체의 다른 측면에 불과한 것으로 본다.27)

2) 즉물궁리의 격물설

주희에게 있어 보편적이고 선험적이며 절대적인 존재원리이자 당위의 도덕규범으로서의 리理 그 자체는 본질적으로 인간의 마음과 무관하게 존재한다. 비록 인간이 태어나면서 이 리를 품부 받아 '성性'의 형태로 마음이 구비할 수는 있어도 마음이 리를 창조할 수는 없다. 마음은 단지 지각 작용을 통해 리를 인식하고 운용할 수 있을 뿐이다. 이에 주희는 "지知라는 것은 내 마음의 지이고, 리理라는 것은 사물의 리이다. 이것으로써 저것을 아니 이에 주인과 손님의 나눔이 있는 것이다"28)라고 하여, 마음이 인식 주체에 속한다면 리는 인식 대상에 속하는 것으로 규정한다. 따라서 주희는 사물의 리를 궁구하여 리에 대한 마음의 인식을 확충하는 격물치지格物致知의 과정을 필요로 하게 된다.

주희는 "격물格物은 다만 궁리窮理이다"29)라고 말하고, 또한 "격물은 사 사물물의 리를 궁구하는 것이다"30)라고 말한다. 그리고 "격格이란 이르는 것(至)이고, 물物이란 일(事)과 같다. 사물의 이치를 끝까지 궁구하여, 그 지극

---

26) 『孟子集註』, 「公孫丑章句上 6」, "惻隱羞惡辭讓是非, 情也. 仁義禮智, 性也. 心統性情者也. 端, 緒也. 因其情之發, 而性之本然, 可得而見, 猶有物在中而緒見於外也."
27) 陳來 저, 안재호 옮김, 『송명성리학』(예문서원, 1997), 254쪽 참조.
28) 『朱子文集』, 권44, "知者, 吾心之知, 理者, 事物之理. 以此知彼, 自有主賓之辨."
29) 『朱子文集』, 권30, "格物只是窮理."
30) 『朱子語類』, 권15, "格物者, 窮事事物物之理."

한 곳에 이르지 못함이 없도록 하는 것이다"[31]라고 말한다. 주희에게 있어 '격물'은 구체적 대상사물과 접촉하여 사물에 내재된 사물의 궁극적 존재원리를 규명하는 작업이다. 주희는 치지와 격물의 관계를 다음과 같이 밝히고 있다.

> '치지致知가 격물格物에 있다'고 함은, 나의 앎을 극진히 하려면 사물에 나아가 그 리理를 궁구해야 함을 말하는 것이다. 인심人心의 영명靈明함으로 알지 못할 것이 없고, 천하의 사물 가운데 리를 갖추지 않은 것이 없다. 아직 궁구되지 않은 리가 있기 때문에 그 앎도 다하지 못함이 있는 것이다. 그래서 『대학』의 첫 가르침은, 학자들로 하여금 반드시 천하의 사물에 나아가 자신이 이미 알고 있는 리에 근거하여 더욱더 궁구함으로써 그 지극한 데까지 이르도록 하려 한 것이다. 오랫동안 힘써 나아가면 어느 순간에 확 트여 관통하게 된다. 그러면 모든 사물의 표리表裏와 정조精粗에 이르지 못함이 없게 될 것이고, 내 마음의 전체全體와 대용大用은 밝혀지지 않음이 없을 것이다. 이것을 격물이라 이르고, 이것을 지지知至라 이르는 것이다.[32]

'치지'의 대상인 '지知'는 주체에 속하고, '격물'의 대상인 '리理'는 객체에 속한다. '마음'은 리를 인식하는 주체이며, '지知'는 리에 대한 마음의 인식 작용과 그 결과를 의미한다. 리는 내 마음이 창조하는 것이 아니라 내 마음 밖의 우주만물에 보편적·선험적으로 존재하기 때문에, 리에 대한 마음의 앎(인식)은 선천적으로 불완전할 수밖에 없다. 따라서 리에 대한 내 마음의

---

31) 『大學章句』, 1장, "格, 至也, 物, 猶事也. 窮至事物之理, 欲其極處無不到也."
32) 『大學章句』, 「格物致知補亡章」, "所謂致知在格物者, 言欲致吾之知, 在卽物而窮其理也. 蓋人心之靈, 莫不有知, 而天下之物, 莫不有理. 惟於理有未窮, 故其知有不盡. 是以大學始教, 必使學者卽凡天下之物, 莫不因其已知之理而益窮之, 以求至乎其極. 至於用力之久, 而一旦豁然貫通焉. 則衆物之表裏精粗無不到, 而吾心之全體大用無不明矣. 此謂格物, 此謂知之至也."

앎을 완전하게 하기(致知) 위해서는 마음이 대상사물과 접촉하여 그 사물에 내재된 이치를 궁구하는 격물의 과정을 필요로 하게 된다. 격물은 사물에 내재된 이치를 힘껏 궁구하는 것을 의미하며, 사람들이 사물의 이치를 통달하면 자기의 리에 대한 지식도 철저하게 완비된다. 따라서 치지는 주체가 물리物理를 궁구하여 개인적으로 얻게 된 지식 확충의 결과를 의미할 뿐이다. 치지는 격물의 목적이자 결과이다.[33]

주희에게 있어 절대성과 선험성은 '리理'만이 가진다. '마음'은 이러한 리를 인식하고 운용할 수 있을 뿐, 리를 주재하지도 창조하지도 못한다. 따라서 마음과 리는 이원화되며, 마음은 오히려 주체적이지 못하고 리에 종속된다고 말할 수 있다.

3. 왕수인의 심즉리와 주자학 비판

왕수인은 바로 이러한 주희의 격물설이 각각의 개별적 사물에 나아가 '정리定理'를 구하는 것이기 때문에 마음과 리를 둘로 나누는 폐단을 야기한다고 정면으로 주희를 비판한다.[34] 이러한 비판의 근저에는 주희의 '성즉리설性卽理說'과 다른 왕수인의 '심즉리설心卽理說'이 자리하고 있다.

---

33) 陳來 저, 안재호 옮김, 『송명성리학』(예문서원, 1997), 264쪽 참조.
34) 『傳習錄』 中, 「答顧東橋書」, 135조목 참조.

1) 마음의 창출성과 심리일원

'리理와 기氣', '리와 마음', '성性과 마음'을 이원적으로 나누어 보는 주희와 달리 왕수인은 "마음이 곧 성이며, 마음이 곧 리이다"[35]라고 말하고, 또한 "마음이 곧 리이다. 천하에 또한 마음 밖의 일과 마음 밖의 리가 있겠는가?"[36]라고 말한다. 나아가 그는 "기氣가 곧 성이며, 성은 곧 기이니, 본래 성과 기를 나눌 수 없다"[37]라고 말한다. 양명학에서는 '심'·'성'·'리'·'기'가 하나가 되는 일원론적 체계를 지닌다.

'마음이 곧 성'(心卽性)이라는 심성일원적 체계는 바로 마음이 '실천조리'를 창출할 수 있는 '심즉리心卽理'의 토대가 된다. 동시에 주희에서와 같이 마음 밖의 대상사물에서 리를 궁구하는 격물공부는 불필요하게 된다. 먼저 왕수인의 '마음이 곧 리'라고 하는 '심즉리' 명제에서 '리'가 무엇을 의미하는지를 살펴볼 필요가 있다.

우리는 다음의 왕수인과 문인의 문답에서 왕수인이 말하는 '리理'는 정주리학에서 말하는 리와 다르다는 사실을 발견할 수 있다.

> (문인이) 또 물었다. "마음이 곧 리(心卽理)라고 주장하시는데, 정자(程頤)는 '사물에 있는 것이 리이다'(在物爲理)[38]라고 했습니다. 어째서 마음이 곧 리라고 말씀하십니까?"
> 선생께서 말씀하셨다. "'사물에 있는 것이 리이다'에서 '재在'라는 글자 앞에

---

35) 『傳習錄』 上, 「陸澄錄」, 33조목, "心卽性, 性卽理."
36) 『傳習錄』 上, 「徐愛錄」, 3조목, "心卽理也. 天下又有心外之事, 心外之理乎."
37) 『傳習錄』 中, 「答周道通書」, 150조목, "氣卽是性, 性卽是氣, 原無性氣之可分也."
38) 『二程全書』, 「伊川易傳」, 권4, '周易下經', "在物爲理, 處物爲義."

마땅히 하나의 '심心'이란 글자를 첨가해야 한다. 이 마음이 물物에 있으면 리理가 된다.(此心在物爲理) 예를 들면 이 마음이 어버이 섬기는 데 있으면 효가 되고, 임금 섬기는 데 있으면 충이 되는 것과 같은 종류이다.…… 그러므로 나는 '심즉리心卽理'를 말하여 마음과 리가 하나라는 것을 알게 하여 곧 마음에서 공부를 하고, 밖에서 의로움(義)을 거두어들이지 않도록 하려고 했으니, 이것이 바로 진정한 왕도王道이다. 이것이 내 주장의 근본 취지이다."[39]

왕수인은 이천伊川 정이程頤(1033~1107)의 입장에 대해 반론을 제기하고 있다. 여기서 정이가 말하는 '리理'와 왕수인이 말하는 '리'의 의미가 동일하지 않다는 사실을 발견할 수 있다. 정이는 일단 마음과 관련시키지 아니하고 "사물에 있는 것이 리가 된다"라고 하여 외재사물에 내재된 객관적 사물의 법칙을 리로 보고 있다. 반면 왕수인은 "이 마음이 물에 있으면 리가된다"라고 하여 마음과의 관련성 속에서 물과 리의 관계를 설명하고 있다. 나아가 그는 "이 마음이 어버이 섬기는 데 있으면 효가 된다"라고 말하고 있다. 따라서 왕수인이 말하는 '물物'은 내 마음 밖에 존재하는 대상사물을 의미하지 않는다. 물은 '어버이 섬김'(事父)과 같이 인간 자신이 관계 맺는 대상과 상황에 따라 마음으로부터 발동되는 섬김(事)과 같은 구체적 실천행위를 의미한다. 그러므로 왕수인이 말하는 '리'는 대상사물에 내재된 사물의 객관적 존재원리나 법칙을 의미하는 것이 아니라, 내가 대상과 관계 맺는 과정 속에서 마음으로부터 창출되는 구체적인 실천행위의 '조리條理'를 의미한다고 말할 수 있다. 이에 왕수인은 "마음은 하나일 뿐이다. 그 전체

---

39) 『傳習錄』下,「黃以方錄」, 321조목, "又問. 心卽理之說, 程子云在物爲理. 如何謂心卽理? 先生曰. 在物爲理, 在字上當添一心字. 此心在物則爲理. 如此心在事父則爲孝, 在事君則爲忠之類 ……故我 說箇心卽理, 要使知心理是一箇, 便來心上做功夫, 不去襲義於外, 便是王道之眞. 此我立言宗旨."

의 측은히 여기는 것으로 말하면 인仁이라 하고, 그 마땅함을 얻은 것으로 말하면 의義라 하고, 그 조리로 말하면 리理라 한다"[40]라고 하여, 리를 '마음의 조리'로 정의하고 있다. 따라서 실천조리(理)나 실천행위(物 = 事)는 모두 마음으로부터 창출되는 것이므로, 이들은 모두 인간의 마음 바깥에 존재하는 것이 아니며,[41] 또한 인간 마음 밖에서 구할 수 있는 것도 아니다.[42] 결국 실천조리로서의 '리'는 인간 마음으로부터 창출되기 때문에 '마음이 곧 리'(心卽理)라고 하는 일원적 체계가 성립된다.

마음이 실천조리를 창출할 수 있는 근거는 바로 인간의 생명본질인 유기적 생명성(性)에 있다. 왕수인은 다음과 같이 말한다.

> 마음의 본체(體)는 성性이며, 성은 곧 리理이다. 그러므로 어버이에게 효도하는 마음이 있으면 곧 효도의 리가 있고, 어버이에게 효도하는 마음이 없으면 곧 효도의 리가 없다. 임금에게 충성하는 마음이 있으면 곧 충성의 리가 있고, 임금에게 충성하는 마음이 없으면 곧 충성의 리가 없다. 리가 어찌 내 마음에서 벗어나겠는가?[43]

마음의 본체로서의 '성性'은 주자학에서와 같이 미발未發, 즉 마음이 순응해야 하는 작용성이 없는 도덕적 당위의 규범이 아니라 작용성을 지닌 마음

---

40) 『傳習錄』中, 「答顧東橋書」, 133조목, "心一而已. 以其全體惻怛而言謂之仁, 以其得宜而言謂之義, 以其條理而言謂之理."

41) 『傳習錄』上, 「陸澄錄」, 83조목, "心外無物. 如吾心發一念孝親, 卽孝親便是物."; 32조목, "心外無理, 心外無事."

42) 『傳習錄』中, 「答顧東橋書」, 133조목, "夫物理不外於吾心, 外吾心而求物理, 無物理矣. 遺物理而求吾心, 吾心又何物邪?"

43) 『傳習錄』中, 「答顧東橋書」, 133조목, "心之體, 性也, 性卽理也. 故有孝親之心, 卽有孝之理, 無孝親之心, 卽無孝之理矣. 有忠君之心, 卽有忠之理, 無忠君之心, 卽無忠之理矣. 理豈外於吾心邪?"

그 자체의 '유기적 생명성'이다. 따라서 성은 인간이 마주한 상황에 따라 효도의 리나 충성의 리와 같은 구체적인 실천조리로 드러나게 된다. 예컨대 자식이 추위에 떨고 있는 부모님을 마주하였을 때 마음으로부터 이를 안타깝게 여기고 부모님을 따뜻하게 해 드리고자 하는 의지가 발동하여 부모님을 따뜻하게 해 드리는 방법을 강구하고 이에 실제로 따뜻하게 해 드리는 실천행위를 수행하게 된다.[44] 부모님을 따뜻하게 해 드리고자 하는 마음, 즉 마음의 유기적 생명성(性 = 天理)의 발동이 바로 효의 리로서, 이는 마음이 창출하는 것이다. 부모님과 마주하기 이전부터 자식은 마땅히 부모님께 효도해야 한다고 하는 선험적 당위 규범으로서의 리가 선재하는 것이 아니라, 부모님과 마주함으로써 비로소 마음으로부터 유기적 생명성으로서의 성(천리)이 발현되어 상황에 부합되는 구체적인 실천조리로서의 리로 창출되는 것이다. 따라서 부모님께 효도하고자 하는 마음, 즉 마음의 유기적 생명성(性)이 없으면 효도의 리도 없게 되는 것이다.

'성性'은 인간 마음의 유기적 생명성이며, '리理'는 인간 마음이 창출하는 실천조리라는 일원론적 체계는 주희 격물설에 대한 비판으로 나아간다. 왕수인은 마음의 리는 '무궁무진성無窮無盡性'을 지닌다[45]고 전제하면서, 주희의 격물설이 마음과 리를 둘로 나누는 결과를 초래한다고 다음과 같이 비판한다.

주자의 이른바 격물格物 운운하는 것은 사물에 나아가 그 리理를 궁구하는 데 있다. 사물에 나아가 리를 궁구한다는 것은 각각의 개별적 사물에서 이

---

44) 『傳習錄』 上, 「徐愛錄」, 3조목 참조.
45) 『傳習錄』 下, 「黃直錄」, 222조목, "心之理無窮盡, 原是一個淵."

른바 정해진 리(定理)를 구하는 것이다. 이것은 내 마음을 사용하여 각각의 개별적 사물에서 리를 구하는 것이므로, 마음과 리를 둘로 나누는 것이다. 무릇 각각의 개별적 사물에서 리를 구하는 것은 어버이에게서 효의 리를 구한다는 말과 같다. 어버이에게서 효의 리를 구한다면 효의 리는 과연 내 마음에 있는가, 아니면 어버이의 몸에 있는가? 가령 효의 리가 어버이의 몸에 있다면 어버이가 돌아가신 뒤에 내 마음에는 곧 어떤 효의 리도 없는 것인가? 어린아이가 우물에 빠지는 것을 보면 반드시 측은히 여기는 리가 생기는데, 이 측은히 여기는 리는 과연 어린아이의 몸에 있는가, 아니면 내 마음의 양지良知에 있는가? 혹은 우물 속에 따라 들어가면 안 되는 것인가? 혹은 손으로 구원할 수 있는 것인가?라는 것이 모두 이른바 리이다. 이것이 과연 어린아이의 몸에 있는가, 아니면 과연 내 마음의 양지에서 비롯되는 것인가? 여기서 유추하면 온갖 사물의 리가 모두 그렇지 않음이 없다. 따라서 마음과 리를 둘로 나누는 것은 잘못되었음을 알 수 있다.[46]

주희에게 있어 '리'는 사물의 규율이나 법칙 또는 원리이자, 동시에 도덕 원칙으로 평가된다. 사물의 규율이라는 입장에서 보았을 때, 리는 어떤 사물이 생성되지 않았을 때에도 이미 존재하는 것으로 영원히 존재하며 바뀔 수 없는 것으로 규정된다.[47] 따라서 주희에게 있어 격물은 구체적 대상 사물에 나아가 사물에 내재된 리, 즉 물리를 궁구하는 인식 방법으로 설명

---

46) 『傳習錄』 中, 「答顧東橋書」, 135조목, "朱子所謂格物云者, 在卽物而窮其理也. 卽物窮理, 是就事事物物上求其所謂定理者也. 是以吾心而求理於事事物物之中, 析心與理而爲二矣. 夫求理於事事物物者, 如求孝之理於其親之謂也. 求孝之理於其親, 則孝之理其果在於吾之心邪? 抑果在於親之身邪? 假而果在於親之身, 則親沒之後, 吾心遂無孝之理歟? 見孺子之入井, 必有惻隱之理, 是惻隱之理果在於孺子之身歟? 抑在於吾心之良知歟? 其或不可以從之於井歟? 其或可以手而援之歟? 是皆所謂理也, 是果在於孺子之身歟? 抑果出於吾心之良知歟? 以是例之, 萬事萬物之理, 莫不皆然. 是可以知析心與理爲二之非矣."

47) 陳來 저, 안재호 옮김, 『송명성리학』(예문서원, 1997), 239~241쪽 참조.

되며, 이 과정에서 마음은 대상사물 속에 내재된 리를 파악할 수 있는 인식 능력으로 평가된다.[48) 따라서 주자학에 있어 마음과 리는 둘로 나뉘는 이원적 구조를 지니게 된다.

반면 양명학에 있어 '리理'는 대상사물에 내재된 존재 근거 또는 변하지 않는 원리를 의미하는 것이 아니라, 인간 자신이 어버이와 같은 대상과 마주하거나 어린아이가 우물에 빠지는 상황에 직면하게 되었을 때, 효나 측은함과 같이 나의 마음으로부터 대상을 향해 창출되는 실천행위의 구체적 실천조리를 의미한다. 따라서 마음과 리는 주희와 같이 둘로 나뉘는 것이 아니라, '마음이 곧 리'(心卽理)인 일원적 구조를 지니게 된다.

2) 주자학 비판과 정심격물설

이러한 일원적 체계를 바탕으로 왕수인은 대상사물에 나아가 리를 궁구한다고 하는 주희의 향외적 격물설을 반대한다. "'격물'의 '물物'은 '사事'를 의미하는바, 대상과의 관계성 속에서 발동된 의지에 의해 이루어지는 구체적인 실천행위를 의미한다. 그리고 '격格'은 '정正', 즉 '부정한 것을 바르게 하여 바른 데로 복귀시킨다'(正其不正以歸於正)는 것을 의미한다. '부정한 것을 바르게 하는 것'은 '거악去惡'을 의미하고 '바른 데로의 복귀'는 '위선爲善'을 각기 의미한다. 위선거악하는 실천행위가 바로 '격格'이 된다."[49) '격물'은

---

48) 주희의 격물설에 대해서는 陳來의 『송명성리학』, 262~266쪽과 大濱晧의 『범주로 보는 주자학』(이형성 옮김, 예문서원, 1997), 317~352쪽 참조.

49) 『王陽明全集』(上海古籍出版社, 1992), 권26, 「大學問」, 972쪽, "物者, 事也, 凡意之所發必有其事, 意所在之事謂之物. 格者, 正也, 正其不正以歸於正之謂也. 正其不正者, 去惡之謂也, 歸於正者, 爲善之謂也. 夫是之謂格."

마음으로부터 사욕을 제거하여 마음의 생명본질인 순수지선한 성性(천리)을 회복하는 것이다. 성은 유기적 생명성이기 때문에, 성의 회복은 단지 성을 회복하는 단계만이 아니라 성의 발현으로서의 '실천조리의 창출'과 더불어 '선한 실천행위로의 이행'을 모두 포함한다. 왕수인은 주희의 향외적 이치 탐구의 방법인 격물을 향내적인 주체 자신의 실천공부로 전화시키고 있는 것이다.

물론 이때 실천조리는 단지 대상이나 상황과 무관하게 주관적으로 창출 되는 것이 아니라 천지만물과의 감응을 통한 마음의 시비 판단에 근거하여 창출된다.50) 왕수인은 다음과 같이 말한다.

> 내가 말하는 치지격물致知格物은 내 마음의 양지良知를 각각의 사물에 실현하 는 것이다. 내 마음의 양지가 바로 이른바 천리天理이다. 내 마음 양지의 천 리를 각각의 사물에 실현하면 각각의 사물이 모두 그 리理를 얻게 된다. 내 마음의 양지를 실현하는 것이 치지이고, 각각의 사물이 모두 그 리를 얻는 것이 격물이다.51)

'격물'은 바로 내 마음의 유기적 생명성인 '양지 = 천리'의 실현을 의미함 과 동시에 천지만물로 하여금 온전한 생명을 구현토록 하는 것을 의미한다 는 것이다. 따라서 '격물'은 자·타, 주·객, 내·외로 분화시키는 인간의 극 단적 개체 욕망(私欲)을 제거하고 유기적 생명성(天理 = 性 = 良知)을 회복함으로

---

50) 『傳習錄』 下, 「黃省曾錄」, 277조목, "心無體, 以天地萬物感應之是非爲體."
51) 『傳習錄』 中, 「答顧東橋書」, 135조목, "若鄙人所謂致知格物者, 致吾心之良知於事事物物也. 吾 心之良知, 卽所謂天理也. 致吾心之良知之天理於事事物物, 則事事物物皆得其理矣. 致吾心之良知 者, 致知也, 事事物物皆得其理者, 格物也."

써 천지만물의 생명을 온전하게 유지하기 위한 실천조리의 창출은 물론 실제적인 실천행위로의 전개 과정 모두를 포함한다.

왕수인이 '성性', '리理', '물物' 등의 개념을 주희와 다르게 정의하면서까지 주희의 이원론적 체계와 격물설을 비판한 이유는 다음과 같은 데서 찾을 수 있다. 왕수인에게 있어 천지만물은 끊임없이 생명을 창출하고 전개하는, 즉 자기조직화(生生不息)하는 하나의 역동적 생명체로 파악된다. 그래서 만일 일정한 법칙과 규범을 미리 정형화하고 이러한 정리定理로써 마음을 얽어매면 인간은 천지만물의 변화와 창출 과정을 제대로 감지할 수 없을 뿐만 아니라, 오히려 천지만물을 미리 설정된 틀(定理) 안에 가두어 재단함으로써 이들의 무한한 생명력을 질곡시키는 결과를 초래하게 된다. 여기서 왕수인이 주희의 이원론적 체계가 지니는 정리론定理論과 격물설을 비판한 동기를 발견할 수 있다. 즉 인간은 당위의 규범과 같은 정리에 얽매이지 말고 끊임없이 변화하는 천지만물의 유기적인 관계망 안에서 만물과 감응하며 이들 생명의 온전성 여부를 정확하게 자각적으로 판단해야 한다. 그리고 이러한 판단에 근거하여 실천조리와 실천행위를 창출함으로써 천지만물의 생명창출 과정에 긍정적으로 참여해야 한다. 이를 위해 왕수인은 인간의 마음을 단지 형이상학적 리의 담지자 또는 리에 대한 인식 능력으로 국한시키지 않는다. 마음은 천지만물과 한 몸이 될 수 있는 '유기적 생명성'(성 = 천리)과 실천조리를 창출할 수 있는 '창조성' 그리고 자신의 신체를 주재하여 실천행위를 이끌어 내는 '역동성'을 지닌 생명의 주체이다. 여기서 '마음이 곧 성'(心卽性)이며 '마음이 곧 리'(心卽理)라는 심즉리설의 본질적 의미를 찾을 수 있다.

4. 이황의 심즉리설 비판과 궁리의 리학적 특성

이황은 「전습록논변傳習錄論辯」에서 『전습록傳習錄』 권1 첫머리의 서애徐愛 (1488~1518)가 기록한 내용 중 처음 다섯 개 조목만 들어, 왕수인의 핵심 사상을 비판하였다. 이황의 양명학 비판의 요지는 크게 세 가지로 구분된다. 첫째, 주희 신민설新民說에 대한 왕수인의 비판을 재비판하는 입장에서 왕수인의 친민설親民說을 비판하는 내용이다. 둘째, 왕수인의 심즉리설心卽理說은 궁리窮理공부가 결여되었다고 비판하는 내용이다. 셋째, 왕수인의 지행합일설知行合一說은 감각과 감정의 차원에서는 성립되지만 의리義理라는 도덕적 차원에서는 적용될 수 없다고 비판하는 내용이다. 이 비판 순서는 『전습록』 서애록徐愛錄의 전개 순서에 의거한다. 필자가 보기에 이황의 양명학 비판의 철학적·논리적 근거에서 보이는 퇴계학의 특성을 명확하게 이해하기 위해서는 ① 심성론에 해당하는 심즉리설에 대한 비판, ② 인식론과 실천론에 해당하는 지행합일설에 대한 비판, ③ 경세론에 해당하는 친민설에 대한 비판의 순으로 재정리해 볼 필요가 있다.

1) 심즉리에 대한 비판과 이황의 궁리

왕수인은 1508년 용장龍場에서의 깨달음(37세) 이후 4년 뒤인 1512년(41세)에 서애와 『대학』의 종지를 논하는 과정에서 정식으로 '심즉리설心卽理說'을 제출한다. 서애가 먼저 "각각의 사물에 모두 정해진 이치(定理)가 있다"라는 주희의 주장과 왕수인의 학설이 서로 다른 것 같다고 질문한다. 이에 왕수인은 "사사물물에서 지선至善을 구하는 것은 도리어 의義가 마음 밖에 있다고 여기는 것이다. 지선은 마음의 본체이니, 단지 명덕明德을 밝혀서 지극히 정밀하고 지극히 한결같은 곳에 이르기만 하면 된다. 그러나 또한 일찍이 사물을 떠난 적이 없다"라고 답변한다.[52] 그러자 서애는 주회의 격물설에 근거하여 '마음이 곧 리'(心卽理)라는 왕수인의 주장에 문제가 있다고 지적한다.

서애가 물었다. "지선至善을 단지 마음에서만 구한다면 온 세상의 사리事理를 다 구하지 못할까 염려됩니다."

선생께서 대답하였다. "마음이 곧 리(心卽理)이다. 천하에 다시 마음 밖의 일이 있고, 마음 밖의 리가 있겠는가?"

서애가 물었다. "예컨대 부모를 섬기는 효도(孝), 임금을 섬기는 충성(忠), 벗과 사귀는 믿음(信), 백성을 다스리는 어짊(仁) 등 그 사이에는 수많은 리가 있으니, 또한 살피지 않을 수 없을 듯합니다."

선생께서 탄식하며 말씀하셨다. "그러한 학설의 폐단이 오래되었으니, 어찌 한마디 말로 깨우칠 수 있겠는가? 우선 그대가 질문한 것에 나아가 말해 보자. 가령 부모를 섬기는 경우 부모에게서 효도의 리를 구할 수 없고, 임금을 섬기는 경우 임금에게서 충성의 리를 구할 수 없으며, 벗과 사귀고 백성을 다스리는 경우도 벗과 백성에게서 믿음과 어짊의 리를 구할 수 없다. 모두가 다만 이 마음에 있을 뿐이니, 마음이 곧 리(心卽理)이다. 이 마음이 사욕에 가려지지 않은 것이 바로 천리이니, 밖에서 조금이라도 보탤 필요가 없다. 이 순수한 천리의 마음을 부모를 섬기는 데 드러낸 것이 바로 효도이고, 임금을 섬기는 데 드러낸 것이 충성이며, 벗과 사귀고 백성을 다스리는 데 드러낸 것이 바로 믿음과 어짊이다. 다만 이 마음에서 인욕을 제거하고 천리를 보존하는 데 힘쓰기만 하면 된다."[53]

---

52) 『傳習錄』上,「徐愛錄」, 3조목, "愛問. 知止而後有定, 朱子以爲事事物物皆有定理, 似與先生之說相戾. 先生曰. 於事事物物上求至善, 卻是義外也. 至善是心之本體, 只是明明德到至精至一處便是. 然亦未嘗離卻事物, 本註所謂盡夫天理之極而無一毫人欲之私者得之."

서애는 천하의 사물은 반드시 객관적 존재원리(所以然之故)와 선험적인 당위의 도덕규범(所當然之則)으로서의 리理를 지닌다는 주희의 리기론54)에 근거하여 지선과 리는 모두 마음 밖의 사물세계에 존재한다고 본다. 그리고 대상사물에 나아가 리를 궁구해야 한다(卽物而窮其理)는 주희의 격물설 입장에서 왕수인의 심즉리설에 대한 의문을 제기하고 있다. 그러나 왕수인은 지선은 마음 밖에 있는 것이 아니라 바로 마음의 본체이기 때문에 '마음이 곧 리'(心卽理)라고 주장한다.

이황은 이 문답을 자세하게 소개하고 나서 한마디로 "본래는 궁리窮理의 공부를 논하는 것인데, 뒤집어 실천實踐의 공효功效에 나아가 혼동하여 말하였다"55)라고 비판한다. 이황은 왕수인이 의례의 절도나 이치를 밝히는 대상적 '인식의 문제'를 주체적 '실천의 문제'로 바꾸어 뒤섞어 놓았다고 비판하고 있는 것이다.56) 비록 이황의 짧은 비판이지만 이황의 주자학적 입장을 명확하게 확인할 수 있는 부분이다.

리理를 제일 원리로 삼는 주자학적 입장에서 본다면, 군신, 부자와 같은 구체적이고 실제적인 인간관계가 설정되기 이전에 이미 선험적인 당위의 도덕규범인 소당연지칙의 리가 존재하며,57) 이러한 도덕규범 또는 구체적

---

53) 『傳習錄』上, 「徐愛錄」, 3조목, "愛問. 至善只求諸心, 恐於天下事理有不能盡. 先生曰. 心卽理也. 天下又有心外之事, 心外之理乎? 愛曰. 如事父之孝, 事君之忠, 交友之信, 治民之仁, 其間有許多理在, 恐亦不可不察? 先生嘆曰. 此說之蔽久矣, 豈一語所能悟? 今姑就所問者言之. 且如事父, 不成去父上求箇孝的理, 事君, 不成去君上求箇忠的理, 交友治民, 不成去友上民上求箇信與仁的理. 都只在此心, 心卽理也. 此心無私欲之蔽, 卽是天理, 不須外面添一分. 以此純乎天理之心, 發之事父便是孝, 發之事君便是忠, 發之交友治民便是信與仁. 只在此心去人欲存天理上用功便是."
54) 『大學或問』, 1장, "至於天下之物則必有所以然之故, 與其所當然之則, 謂理也."
55) 『退溪全書』, 권41, 「雜著・傳習錄論辯」, "本是論窮理工夫, 轉就實踐功效上, 袞說."
56) 금장태, 『퇴계의 삶과 철학』(서울대출판부, 1998), 115쪽 참조.
57) 『朱子語類』, 권95, "未有這事, 先有這理, 如未有君臣, 已先有君臣之理, 未有父子, 已先有父子之理. 不成元無此理, 直待君臣父子, 却旋將這道理入在裏面."

절목들에 대한 인식 과정으로서의 '궁리'가 선행된 이후에[58] 비로소 타자와의 관계 맺음 속에서 인식된 도덕규범 또는 절목들을 실천으로 이행할 수 있게 된다. 그러나 앞에서 살펴보았듯이, 양명학의 경우 불변하는 선험적인 당위의 도덕규범은 부정된다. 마음은 타자 또는 대상과 관계 맺고 감응感應하는 과정에서 실천조리로서의 '리理'를 창출한다. 왕수인에게 있어 '성性'은 주자학에서와 같이 미발未發, 즉 마음이 순응해야 하는 작용성이 없는 도덕적 규범이 아니라 마음 그 자체의 '유기적 속성'으로서, 상황에 따라 효와 같은 구체적인 실천조리로 드러나게 된다. 부모님을 따뜻하게 해 드리고자 하는 마음, 즉 마음의 '유기적 생명성'(性)의 발동이 바로 효의 리이다. 이 효의 리는 마음이 창출하는 것이다. 부모님과 마주하기 이전부터 자식은 마땅히 부모님께 효도해야 한다고 하는 선험적인 당위의 규범으로서의 리가 선재하는 것이 아니라, 부모님과 마주함으로써 비로소 마음으로부터 성性이 발현되어 상황에 부합되는 구체적인 실천조리로서의 리로 나타나게 되는 것이다. 이러한 의미에서 '마음이 곧 리'(心卽理)이며 '성이 곧 리'(性卽理)라고 말할 수 있으며, '리는 내 마음 바깥에 존재하지 않는다'(心外無理)라고 말할 수 있다. 아울러 부모님을 따뜻하게 해 드리고자 하는 의지의 발동 형태로 드러나는 실천조리의 창출은 또한 실천행위를 이끌어 내는 동기이자 동시에 부모님을 따뜻하게 해 드리는 실천행위로 이행된다. 이에 왕수인은 실천하지 않고 별도로 궁리할 수 없다고 반론을 제기하고, "인仁의 리理를 궁구한다" 또는 "의義의 리를 궁구한다"라는 것은 인과 의를 조금도 미진함 없이 극진히 실천하여 인과 의의 궁극적 경지에 도달함으로써 본성을

---

58) 『大學章句』, 「格物致知補亡章」 참조.

완전히 실현한 연후에 인 또는 의의 리를 궁구하였다고 말할 수 있다고 하였다.59) 왕수인은 궁리조차도 자신에게 내재된 본성을 실제적인 실천을 통해 구현하는 과정으로 보고 있다.

이러한 내용에 근거해 볼 때, 주희가 본래는 궁리의 공부를 논하는 것인데 왕수인이 이를 뒤집어 실천의 공효에 나아가 혼동하여 말하였다고 하는 이황의 비판 속에서 퇴계학과 양명학의 입각점이 다르다는 것을 알 수 있다. 비록 이황이 여기에서 리기론을 언급하지는 않았지만 '궁리'를 리에 대한 인식 과정으로 논하고, '궁리'와 '실천'을 명확히 구분하여 선후의 관계로 규정하고 있다. 이러한 점을 고려해 보면, 이황은 선험적이고 객관적인 사물의 존재원리이자 당위의 도덕규범으로서의 '리'를 인정하고 있으며, 또한 이 리에 대한 인식 과정으로서의 '궁리'를 중시하였다고 말할 수 있다. 따라서 이황은 분명 '리'를 제일 원리로 삼는 '주자학적 리학'의 체계를 따르고 있다. 그러므로 제일 원리인 선험적 리와 당위의 도덕규범이 구체화된 절목들에 대한 궁리의 인식 과정을 불필요한 것으로 보는 왕수인의 심즉리설은 객관적인 도덕규범을 부정하는 것으로 비판될 수밖에 없었던 것이다.

2) 양명학은 불학이라는 비판과 거경궁리

이황은 『전습록』 4조목의 '지선至善'에 관한 정조삭鄭朝朔과 왕수인의 문답과 주희의 거경궁리설居敬窮理說을 바탕으로 양명학을 '불학佛學'이라고 비

---

59) 『傳習錄』 中, 「答顧東橋書」, 136조목, "豈有不行而遂可謂之窮理者邪? 明道云只窮理, 便盡性至命. 故必仁極仁, 而後謂之能窮仁之理, 義極義, 而後謂之能窮義之理. 仁極仁, 則盡仁之性矣, 義極義, 則盡義之性矣."

판한다. 이러한 논의 속에서 이황의 양명학 비판의 토대와 방향이 보다 명확하게 드러난다.

정조삭은 "지선至善은 또한 반드시 사물에서부터 구하는 것이 있어야 합니다"[60]라고 하여 주자학적 입장에 근거하여 지선을 말하고 있다. 주자학에 있어 '지선은 사리당연지극事理當然之極',[61] 즉 마음 밖에 존재하는 선험적인 당위의 도덕규범이나 외재적인 궁극적 준칙을 의미한다. 따라서 지선은 마음 밖의 대상사물 또는 경전에서 구해야 하는 것이다. 그리고 존재의 원리·당위의 도덕규범으로서의 리理는 구체적인 사물 또는 인간관계 등이 존재하기 이전에 이미 선험적으로 존재한다. 이러한 선험적 리가 구체화된 것이 바로 개별적인 절목들이며, 인간은 어떠한 대상과의 관계 맺음 또는 대상에 대한 어떠한 행위를 취하기 이전에 미리 개별적인 절목들을 궁구하여야 한다. 이에 정조삭은 "예를 들어 부모를 섬길 때, 어떻게 하는 것이 예절에 맞게 따뜻하게 해 드리고 시원하게 해 드리는 것인지, 어떻게 하는 것이 올바르게 봉양하는 것인지는, 반드시 그 합당함을 강구해야만 비로소 지선이 됩니다"[62]라고 말하고 있다. '예절에 맞고 합당한 것'이 바로 외재적인 궁극적 준칙인 지선인 것이다. 따라서 행위 이전에 먼저 널리 배우고(博學) 자세히 묻고(審問) 신중하게 생각하고(愼思) 명백하게 변별(明辨)하는 앎(知)의 과정을 통해 행위의 준칙과 표준이 되는 지선의 구체적 절목을 궁구해야만 한다. 정조삭의 주자학적 입장은 한마디로 '지선은 마음 밖 사물세계에 존재하며, 구체적 행위 이전에 반드시 지선이 구체화된 선험적 절목들을

---

60) 『傳習錄』 上, 「徐愛錄」, 4조목, "至善亦須有從事物上求者."
61) 『大學集註』, 1장, "至善, 則事理當然之極也."
62) 『傳習錄』 上, 「徐愛錄」, 4조목, "且如事親, 如何而爲溫淸之節, 如何而爲奉養之宜, 須求箇是當, 方是至善, 所以有學問思辨之功."

궁구해야 한다'는 것이다.

이러한 정조삭의 입장에 대해 왕수인은 "지선은 단지 이 마음이 완전히 순수한 천리天理이기만 하면 된다. 다시 사물에서 어떻게 구하겠는가?"[63]라고 반문하면서 다음과 같이 주장하였다.

> 만일 따뜻하게 해 드리고 시원하게 해 드리는 예禮의 절목이나 봉양奉養의 올바름 같은 것이라면 하루 이틀이면 모두 강구할 수 있으니, 어찌 배우고 묻고 생각하고 변별하는 공부가 필요하겠는가? 오직 따뜻하고 시원하게 해 드릴 때도 단지 이 마음이 완전히 순수한 천리이고자 하고, 봉양할 때도 단지 이 마음이 완전히 순수한 천리이고자 할 뿐이다.……때문에 비록 성인의 경우라도 오히려 마음을 순수하게 하고 한결같게 하라는 훈계를 덧붙였던 것이다. 단지 그와 같은 의식과 절목의 합당함을 강구하여 얻은 것을 지선이라고 말한다면, 연극배우가 따뜻하게 해 드리고 시원하게 해 드리며 봉양하는 여러 가지 의식과 절목들을 합당하게 연출한 것도 지선이라고 말할 수 있을 것이다.[64]

여기서 왕수인이 말하는 '지선'은 마음이 대상과 관계 맺는 과정에 순수한 천리의 상태를 유지하는 것이라 말할 수 있다. 왕수인에게 있어 '천리'는 형이상학적인 존재원리나 법칙 또는 선험적인 당위의 도덕규범을 의미하지 않는다. 천지만물의 입장에서 보았을 때, 천리는 역동적으로 끊임없이 전개되는 생명의 창출과정에서 나타나고 구현되는 천지만물의 생명본질이 된

---

63) 『傳習錄』 上, 「徐愛錄」, 4조목, "至善只是此心純乎天理之極便是. 更於事物上怎生求?"
64) 『傳習錄』 上, 「徐愛錄」, 4조목, "若只是溫淸之節, 奉養之宜, 可一日二日講之而盡, 用得甚學問思辨? 惟於溫淸時, 也只要此心純乎天理之極, 奉養時, 也只要此心純乎天理之極. 此則非有學問思辨之功, 將不免於毫釐千里之繆. 所以雖在聖人, 猶加精一之訓. 若只是那些儀節求得是當, 便謂至善, 卽如今扮戲子, 扮得許多溫淸奉養的儀節是當, 亦可謂之至善矣."

다. 반면 천지만물의 중추인 인간의 입장에서 보았을 때, 천리는 인간이 천지만물 안에서 삶을 전개하는 과정에서 나타나고 구현되는 인간의 생명본질로서의 '유기적 생명성'이다. 즉 천리는 역동성과 창출성을 근본으로 하는 천지만물의 생명본질임과 동시에 인간의 실제적인 유기적 생명성·생명력을 의미한다. 따라서 양명학에서는 천지만물과 인간의 생명본질이 이원화되지 않는 '내 마음이 곧 천리'라는 일원적 체계가 성립된다.[65]

이러한 마음의 유기적 생명성으로서의 '천리'는 불변의 고정된 법칙이나 규범에 얽매이지 않는 '수시변역성隨時變易性'을 지니며,[66] 천지만물과의 감응感應과 통각痛覺의 주체인 양지良知로 규정된다.[67] 따라서 "이 마음이 완전히 순수한 천리"라는 왕수인의 말은 곧 '사욕에 의해 조금도 차폐되지 않은 상태의 양지'를 의미하며, "오직 따뜻하고 시원하게 해 드릴 때도 단지 이 마음이 완전히 순수한 천리이고자 한다"라는 말은 부모와 마주하여 내 마음이 사욕에 의한 차폐나 정리定理에 대한 얽매임 없이 양지를 통해 시비를 판단하고 의지를 발동하여 부모를 따뜻하거나 시원하게 해 드리는 실천 행위로 이행토록 하는 양지의 감응 과정을 의미한다. 이러한 마음의 순수한 본질적 상태가 바로 '지선'이다. 왕수인이 "지선은 명덕明德과 친민親民의 최고 준칙이다. 하늘로부터 부여받은 본성은 순수한 지선이며, 그 영명하고 밝아서 어둡지 않은 것(靈昭不昧)은 지선이 발현한 것이다. 이것이 바로 명덕의 본체이고, 곧 이른바 양지이다"[68]라고 밝히고 있듯, '지선'은 바로 마음

---

65) 김세정, 『왕양명의 생명철학』(청계, 2006), 208~209쪽 참조.
66) 『傳習錄』上,「陸澄錄」, 52조목, "中, 只是天理, 只是易. 隨時變易, 如何執得? 須是因時制宜, 難預先定一箇規矩在."
67) 『傳習錄』下,「黃省曾錄」, 284조목, "天理卽是良知.";『傳習錄』中,「答顧東橋書」, 135조목, "吾心之良知, 卽所謂天理也."

의 본질적 영명성靈明性인 '양지'이다. 즉 '천리 = 지선'이요, '지선 = 양지'인 일원적 체계가 된다. 따라서 '지선'은 마음 밖의 외재적인 궁극적 준칙으로 존재하지 않을 뿐만 아니라, 구체적 행위 이전에 반드시 지선이 구체화된 선험적 절목들을 궁구할 필요도 없다. 오직 사욕의 개입을 차단하고 내 마음의 순수한 본질적 상태, 즉 천리 = 양지의 감응에 충실하면 된다. 그러나 감응의 주체인 마음의 순수하고 영명한 '천리 = 양지'를 유지하려는 진실한 노력을 전제하지 않고, 단지 외재적 의식과 절목에서만 마땅하기를 구하는 것을 지선으로 삼는 행위는 단지 외재적 형식만을 따르고 겉만을 꾸미는 연극배우와 다름이 없게 되는 것이다.

이황은 이상의 정조삭과 왕수인의 문답을 자세하게 소개한 후 왕수인의 주장에 대해 다음과 같이 비판한다.

마음에 근본을 두지 않고 다만 밖으로 의식 절차만 강구하는 자는 참으로 연극쟁이와 다름이 없는 것이다. 홀로 '백성의 떳떳한 본성과 사물의 법칙' (民彝物則)이 모두 하늘이 내려 준 참되고 지극한 리理가 아님이 없음을 듣지 못하였는가? 주자의 "경敬을 주장하여 마음의 근본을 세우고, 사물의 이치를 궁구하여 그 앎을 이룬다"라는 말을 듣지 못하였는가? 마음이 경敬을 주장하여 사물의 참되고 지극한 리를 궁구하면, 마음이 리와 의義를 깨달아서, (『장자』에 나오는 포정의) 눈에 온전한 소가 없듯이 하여 안과 밖이 하나가 되어 통하고, 크고 작은 것이 일치하는 합일의 경지에 이르게 된다. 이로부터 뜻을 진실하게 하고(誠意), 마음을 바르게 하며(正心), 몸을 닦아(修身) 집과 나라에 미루어 천하에까지 통달하여 패연沛然히 막지 못할 것이다. 이와 같

---

68) 『王陽明全集』, 권26, 「大學問」, "曰. 然則又烏在其爲止至善乎? 曰. 至善者, 明德親民之極則也. 天命之性, 粹然至善, 其靈昭不昧者, 此其至善之發見. 是乃明德之本體, 而卽所謂良知也."

은 것도 또한 연극쟁이라고 할 수 있는가?

양명이 한갓 외물外物이 마음에 누가 되는 것을 근심하여, 사람이 지켜야 할 떳떳한 도리(民彝)와 사물의 법칙(物則)의 진지한 리가 곧 내 마음에 본래 갖추어져 있는 리이며, 강학하고 궁리하는 것이 바로 본심의 체體를 밝히고 본심의 용用을 통달하는 것임을 알지 못하고, 도리어 사사물물事事物物을 일체로 쓸어 없애고 모두 본심에 끌어들여 혼동하여 말하려 하니, 이것이 석씨釋氏의 견해와 무엇이 다른가? 때로는 조금씩 석씨를 공격하는 말을 하여 자기 학문이 석씨에게서 나오지 않는 것을 밝히니, 이것도 역시 자기를 속이고 남을 속이는 것이 아닌가? 저 문도門徒가 처음에는 밝았는데 그 사설邪說에 떨어짐을 깨닫지 못하고, 이에 말하기를 "말만 하면 깨닫는다"라고 하였으니, 또한 불쌍한 일이다.[69]

이황은 주희의 '성즉리설性卽理說'과 '거경궁리설居敬窮理說'에 근거하여 왕수인의 심학이 불교의 견해와 다르지 않다고 비판하고 있다. 이황의 비판은 양명심학과 다른 이황의 주자학적 입장을 명확히 보여 줄 뿐만 아니라, 이황이 양명학을 비판한 주된 이유를 명확히 드러내 준다. 이황은 "홀로 '사람이 지켜야 할 떳떳한 도리와 사물의 법칙'(民彝物則)이 모두 하늘이 내려 준 참되고 지극한 리가 아님이 없음을 듣지 못하였는가?"라고 하여, 객관적인 존재원리(所以然之故 = 物則)이자 당위의 도덕규범(所當然之則 = 民彝)으로서의 '리'가 인간 마음에 내재된 것이 바로 인간의 '성性'이라는 '성즉리설'의 입장을

---

69) 『退溪全書』, 권41, 「傳習錄論辯」, "辯曰, 不本諸心而但外講儀節者, 誠無異於扮戲子. 獨不聞民彝物則, 莫非天衷眞至之理乎. 亦不聞朱子所謂主敬以立其本, 窮理以致其知乎. 心主於敬, 而求事物眞至之理, 心喩於理義, 目中無全牛, 內外融徹, 精粗一致. 由是而誠意正心修身, 推之家國, 達之天下, 沛乎不可禦. 若是者亦可謂扮戲子乎. 陽明徒患外物之爲心累, 不知民彝物則眞至之理, 卽吾心本具之理, 講學窮理, 正所以明本心之體, 達本心之用, 顧乃欲事事物物一切掃除, 皆攬入本心衰說了, 此與釋氏之見何異. 而時出言稱攻釋氏, 以自明其學之不出於釋氏, 是不亦自欺以誣人乎. 彼其徒之始明者, 不覺其墮坑落塹於邪說, 乃曰言下有省, 亦可哀哉."

명확히 견지한다. 그리고 이황은 '거경궁리'는 리를 궁구하여 마음이 리와 의義를 깨달아 안과 밖이 하나가 되는 경지에 이르는 방법이라고 주장한다.

이러한 이황의 입장에 대해 금장태는 다음과 같이 분석·평가하고 있다.

> 여기서 퇴계는, 도학의 진리관은 객관적인 참된 이치가 내 마음에 본래 갖추고 있는 이치와 일치하는 것이며, 강학하고 궁리하는 공부가 바로 본심의 체體를 밝히고 본심의 용用을 통달하게 하는 방법이라 보는 주체와 객체의 통일적 진리관임을 제시하였다. 따라서 퇴계는 왕양명이 이러한 도학의 주객통일적 진리관을 이해하지 못하고, 다만 바깥의 사물이 마음에 얽히는 것을 염려하여 모든 사물을 쓸어 내고 본심에 끌어들여 뒤섞어 말하는 주관주의적 유심론에 빠져 있는 것으로 비판하였던 것이다. 또한 그는 이러한 왕양명의 심학이 불교의 견해와 다르지 않은데도, 왕양명이 불교를 비판하고 있는 사실은 자신을 속이고 남을 속이는 것이라 공박하고 있다.[70]

이황이 철저한 주자학적 입장에서 양명학을 비판하였다는 것이다. 다만 "모든 사물을 쓸어 내고 본심에 끌어들여 뒤섞어 말하는 주관주의적 유심론에 빠져 있는 것으로 비판하였던 것이다"라는 금장태의 평가가 이황의 입장을 올바로 전달하고 있다고 가정할 때, 이황의 양명학 이해와 비판이 정당한 것인가 하는 문제가 제기된다. 왕수인은 주자학의 정리설定理說을 비판한 것이지 주관적 유심주의를 제창한 것은 아니다. 왕수인에게 있어 천지만물은 '생생불식生生不息' 즉 끊임없이 변화하면서 창생·양육하는 자기조직성을 지닌 하나의 유기적인 생명체이며, 인간은 천지만물의 마음 즉 천지만물과의 감응과 통각의 주체이다. '양지良知'는 역동성과 창출성을 지닌 인간

---

70) 금장태, 『퇴계의 삶과 철학』(서울대출판부, 1998), 115~116쪽.

마음의 유기적 생명성·생명력으로서, 불변의 고정된 법칙이나 규범에 얽매이지 않는 '수시변역성隨時變易性'을 지닌다. 양지를 통해 천지만물과 감응하며 천지만물과 하나 된 삶을 살아간다. 인간의 마음(양지)은 한순간의 중단도 없이 천지만물과 감응할 때만이 자신의 생명을 유지함은 물론 자신의 생명본질을 실현할 수 있는 것이다.71) 따라서 "양명이 한갓 외물外物이 마음에 누가 되는 것을 근심하여", "도리어 사사물물事事物物을 일체로 쓸어 없애고 모두 본심에 끌어들여 혼동하여 말하려 하였다"라고 하는 이황의 비판은 양명심학에 대한 정확한 이해를 바탕으로 한 것이 아니라고 할 수 있다.

아울러 "이것이 석씨釋氏의 견해와 무엇이 다른가?"라는 이황의 평가 또한 문제가 있다. 이미 김용재가 이황의 "양명학이 불교와 다를 것이 없다"는 비판과 관련하여 "심의 내용적 측면에서 양명학은 결코 선학의 되풀이를 용납하지 않았다. 왜냐하면 양명의 심은 가치판단을 내리는 실천주체의 존재양상에 대한 의문으로 시작하였기 때문이다. 따라서 그의 양지良知 심心이 지향하는 이치는 주자학에서의 이미 갖추어진 정리론에서 벗어나 인간윤리와 도덕적 규범의 실천을 현실생활 안에서 나 자신에 대한 주체적 자각을 통하여 이루려 했기 때문이다"72)라고 비판한 바 있다. 단지 왕수인의 심과 불교의 심 사이에 부분적 유사성이 보인다 하여 이들을 완전히 동일한 것으로 취급하는 것은 분명 올바르지 못한 태도이다. 또한 금장태의 "모든 사물을 쓸어 내고 본심에 끌어들여 뒤섞어 말하는 주관주의적 유심론에 빠져 있는 것으로 비판하였던 것이다"라는 평가 또한 양명학의 유기체적 특성을 충분히 고려하지 않은 채 '객관주의'와 '주관주의' 그리고 '유물론'과

---

71) 김세정, 『왕양명의 생명철학』(청계, 2006), 163~189·263~302쪽 참조.
72) 김용재, 「退溪의 陽明學 批判에 대한 考察」, 『陽明學』 3호(한국양명학회, 1999), 48쪽 참조.

'유심론'이라는 이분법적 틀에 지나치게 인위적으로 꿰어 맞춘 평가라고 할 수 있다.

이상 2개 조목에 나타난 왕수인의 심즉리설에 대한 이황의 비판 속에 보이는 이황의 철학적 입장은 분명, '리理'를 선험적인 사물의 존재원리이자 당위의 도덕규범으로 보는 주자학적 리학 체계를 근본으로 하고 있다. 따라서 마음을 리를 창출하는 주체로 보는 왕수인의 심학적 입장은 이황에 의해 비판·배척될 수밖에 없다. 또한 리학에 있어서는 어떠한 실천행위 이전에 당위의 도덕규범과 절목으로서의 리에 대한 정확한 인식 과정으로서의 궁리가 선행되어야 하는바, 이러한 리에 대한 인식 과정을 무시하고 궁리마저도 실천행위로 규정하는 양명학은 체제교학으로서의 주자학의 입장에서는 배척할 수밖에 없었던 것이다.

5. 지행합일설 비판과 선지후행관

「전습록논변」에서 이황이 가장 많은 양을 할애하며 심혈을 기울여 비판한 부분은 『전습록』 서애록 5조목에 수록된 지행합일설知行合一說이다. 이황은 5조목의 내용을 자세하게 소개하고 주희의 선지후행설先知後行說에 근거하여 왕수인의 지행합일설을 조목조목 비판한다.

1) 지행합일설에 대한 이황의 주자학적 비판

『전습록』 5조목에서 서애가 먼저 '지행知行'에 관한 자신의 생각을 다음과 같이 피력한다.

> 이제 부모에게는 마땅히 효도해야 하며 형에게는 마땅히 공손해야 한다는
> 것을 다 알고 있는 사람이 도리어 효도하지 못하고 공손하지 못하니, 곧 지
> 知와 행行은 분명 두 가지 일입니다.[73]

여기서 "마땅히 효도해야 한다"라는 것은 곧 선험적인 당위의 도덕규범
(所當然之則)으로서의 '효의 리理'를 의미하며, "마땅히 효도해야 한다는 것을
안다"라는 것은 '궁리'와 같은 배움과 인식 과정을 통해 효의 리를 아는 것
을 의미한다. 그리고 "지와 행이 두 가지 일이다"라는 것은 바로 '효의 리를
아는 것'과 '효의 리를 실천으로 이행하는 것'은 서로 다른 차원의 문제라는
것을 의미한다. 서애는 사실상 주자학적인 선궁리先窮理 · 후실천後實踐의 입
장에서 지행에 대한 자신의 입장을 피력하고 있다.

이러한 서애의 주장에 대해 왕수인은 "그것은 이미 사욕에 의해 가로막
힌 것이지, 지행의 본체가 아니다. 아직까지 알면서 행하지 않은 사람은 없
었다. 알면서도 행하지 않는 것은 다만 아직 알지 못한 것이다. 성현이 사람
들에게 지행을 가르친 것은 바로 그 본체를 회복하기를 바랐기 때문이다"
라고 전제하면서, 『대학』의 '여호호색如好好色' · '여오악취如惡惡臭'[74]의 비유를
들어 '지행知行이 합일合一'임을 다음과 같이 설명하고 있다.

> 호색好色을 보는 것은 지知에 속하고, 호색을 좋아하는 것은 행行에 속한다.

---

73) 『傳習錄』上, 「徐愛錄」, 5조목, "如今人儘有知得父當孝, 兄當弟者, 卻不能孝, 不能弟, 便是知
與行分明是兩件."
74) 『大學』, 6章, "所謂誠其意者, 無自欺也. 如好好色, 如惡惡臭."

호색을 보았을 때 이미 저절로 좋아하게 되는 것이지, 쳐다본 뒤에 또 하나의 마음을 세워서 좋아하는 것은 아니다. 악취를 맡는 것은 지에 속하고, 악취를 싫어하는 것은 행에 속한다. 악취를 맡았을 때 이미 저절로 싫어하게 되는 것이지, 맡은 뒤에 따로 하나의 마음을 세워서 싫어하는 것은 아니다. 예컨대 코가 막힌 사람은 비록 악취가 나는 것을 앞에서 보더라도 코로 냄새를 맡지 못하기 때문에 그것을 몹시 싫어하지 않는데, 이것은 아직 냄새를 알지 못한 것이다. 가령 아무개가 효도를 알고 아무개가 공손함을 안다고 말할 경우도 반드시 그 사람이 이미 효도를 행하고 공손함을 행해야만 비로소 그가 효도를 알고 공손함을 안다고 말할 수 있는 것이지, 단지 이 효도와 공손함에 대해 말할 줄 안다고 해서 효도와 공손함을 안다고 말할 수는 없다. 또 아픔을 안다고 할 경우도 반드시 자기가 이미 아픔을 겪어야만 비로소 아픔을 안다고 할 수 있으며, 추위를 안다는 것은 반드시 자기가 이미 추위를 겪은 것이며, 배고픔을 안다는 것은 반드시 자기가 이미 배고픔을 겪은 것이니, 지와 행을 어떻게 분리시킬 수 있겠는가? 이것이 바로 지행의 본체로서, 일찍이 사의私意에 가로막힌 적이 없는 것이다.[75]

여기서 왕수인은 호색을 좋아하고 악취를 싫어하는 감각적 · 본능적 차원에서 지행이 합일이라는 비유를 통해 부모에 대한 효도와 형에 대한 공손함과 같은 도덕적 차원에서의 지와 행이 본체론적으로 합일임을 설명하고 있다. 또한 효도와 같은 도덕적 측면과 배고픔과 같은 본능적 측면의 지행

---

75) 『傳習錄』上, 「徐愛錄」, 5조목, "此已被私欲隔斷, 不是知行的本體了. 未有知而不行者, 知而不行, 只是未知. 聖賢教人知行, 正是要復那本體, 不是着你只恁的便罷. 故大學指箇眞知行與人看, 說如好好色, 如惡惡臭. 見好色屬知, 好好色屬行. 只見那好色時已自好了, 不是見了後又立箇心去好. 聞惡臭屬知, 惡惡臭屬行. 只聞那惡臭時已自惡了, 不是聞了後別立箇心去惡. 如鼻塞人雖見惡臭在前, 鼻中不曾聞得, 便亦不甚惡, 亦只是不曾知臭. 就如稱某人知孝, 某人知弟, 必是其人已曾行孝行弟, 方可稱他知孝知弟, 不成只是曉得說些孝弟的話, 便可稱爲知孝弟. 又如知痛, 必已自痛了方知痛, 知寒, 必已自寒了, 知饑, 必已自饑了, 知行如何分得開? 此便是知行的本體, 不曾有私意隔斷的."

의 문제를 경험론적 차원에서 먼저 경험해 보고 나서 안다고 하는 '선행후지先行後知'적인 설명을 통해 지행이 본체론적으로 합일임을 설명하고 있다.

이황은 이러한 왕수인의 주장을 간략하게 소개한 후 왕수인의 지행설이 당시 실천성이 결여된 구이지학口耳之學의 폐단을 절실하게 지적한 것이라 하여 일면 긍정적인 평가를 하면서도, 왕수인의 지행합일설 그 자체는 근본적으로 커다란 문제점을 지니고 있다고 비판한다. 그렇다면 이황이 비판하고자 하는 왕수인 지행합일설의 근본적인 문제점이란 무엇인가? 이황은 먼저 왕수인의 여호호색如好好色과 여오악취如惡惡臭의 비유를 소개하고 다음과 같이 비판한다.

> 양명은 사람들이 선善을 보고 좋아하기를 과연 호색을 보면 저절로 그것을 좋아할 줄 아는 실제와 같이 할 수 있다고 생각하는가? 사람들이 불선不善을 보고 미워하기를 과연 악취를 맡으면 저절로 그것을 싫어할 줄 아는 실제와 같이할 수 있다고 생각하는가?…… 사람의 마음 중에 형기形氣에서 발하는 것은 배우지 않아도 저절로 알고 힘쓰지 않아도 저절로 능하여, 좋아하고 싫어하는 소재所在의 겉과 속이 한결같다. 그러므로 호색을 보자마자 곧 그 좋은 것을 알아서 마음이 진실로 그것을 좋아하며, 악취를 맡자마자 곧 싫은 것을 알아서 마음이 진실로 그것을 싫어하니, 비록 행行이 지知에 붙어 있다고 말하더라도 가하다. 그러나 의리義理에 있어서는 그렇지 않다. 배우지 않으면 알지 못하고 힘쓰지 않으면 능하지 못하여, 밖으로 행하는 것이 반드시 안에서도 진실한 것은 아니다. 그러므로 선을 보고도 선인 줄을 알지 못하는 자가 있으며, 선인 줄을 알고도 마음으로 좋아하지 않는 자가 있으니, 선을 보았을 때에 이미 저절로 좋아했다고 말할 수 있겠는가? 불선한 것을 보고도 싫어할 줄을 알지 못하는 자가 있으며, 악惡인 줄 알면서도 마음으로 싫어하지 않는 자가 있으니, 악인 줄 알았을 때에 이미 저절로 싫어

했다고 말할 수 있겠는가? 그러므로 『대학』에서는 겉과 속이 똑같은 호오好
惡를 빌려서 학자의 '무자기毋自欺'를 권면한 것이니, 이것은 가하다. 그러나
양명이 저 형기가 하는 바를 끌어다가 이 의리의 지행설을 밝히려 하니, 이
것은 크게 불가하다. 그러므로 의리의 지행은 합해서 말하면 참으로 서로
기다리고 함께 행하여 하나라도 빠트릴 수 없으나, 나누어 말하면 지를 행
이라 말할 수 없으니, 행을 지라고 말할 수 없는 것과 같다. 어찌 합하여
하나로 할 수 있겠는가?…… 양명의 소견은 오로지 본심에만 있어 털끝만큼
이라도 밖으로 사물에 관여할까 두려워한다. 그러므로 다만 본심에 나아가
지와 행을 하나라고 인정하여 뒤섞어 합하여 말하였다. 만일 그의 말과 같
이 오로지 본심에만 일삼고 사물을 관섭하지 않는다면, 마음이 진실로 호색
을 좋아할진대, 비록 장가를 안 가고 인륜을 폐해도 또한 호색을 좋아한다
고 말할 수 있단 말인가? 마음이 진실로 악취를 싫어할진대, 비록 불결한
것을 몸에 뒤집어쓰고 있더라도 또한 악취를 싫어한다고 말할 수 있단 말인
가?[76)]

이황은 일단 호색을 보고 좋아하는 감각적·본능적 차원에서의 지행이
합일이라는 견해에 대해서는 인정한다. 그러나 문제는 선善·불선不善과 관

---

76) 『退溪全書』, 권41, 「傳習錄論辯」, "其以見好色聞惡臭屬知, 好好色惡惡臭屬行, 謂見聞時已自好
惡了, 不是見了後又立箇心去好, 不是聞了後別立箇心去惡, 以此爲知行合一之證者, 似矣. 然而
陽明信以爲人之見善而好之, 果能如見好色自能好之之誠乎. 人之見不善而惡之, 果能如聞惡臭自
能惡之之實乎.……蓋人之心發於形氣者, 則不學而自知, 不勉而自能, 好惡所在, 表裏如一. 故才
見好色, 卽知其好而心誠好之, 才聞惡臭, 卽知其惡而心實惡之, 雖曰行寓於知, 猶之可也. 至於義
理則不然也. 不學則不知, 不勉則不能, 其行於外者, 未心誠於內. 故見善而不知善者有之, 知善而
心不好者有之, 謂之見善時已自好, 可乎. 見不善而不知惡者有之, 知惡而心不惡者有之, 謂之知
惡時已自惡, 可乎. 故大學借彼表裏如一之好惡, 以勤學者之毋自欺則可. 陽明乃欲引彼形氣之所
爲, 以明此義理知行之說則大不可. 故義理之知行, 合而言之, 固相須並行而不可缺一, 分而言之,
知不可謂之行, 猶行不可謂之知也. 豈可合而爲一乎.……陽明之見, 專在本心, 怕有一毫外涉於事
物. 故只就本心上認知行爲一, 而滾合說去. 若如其說, 事事本心而不涉事物, 則心苟好好色, 雖不
娶廢倫, 亦可謂好色乎. 心苟惡惡臭, 雖不潔蒙身, 亦可謂惡惡臭乎."

련된 도덕적 차원에 있어서도 감각적 차원에서와 같이 호색을 보는 순간 저절로 호색을 좋아하듯 선을 보는 순간 선을 저절로 좋아할 수 있느냐 하는 데 있다. 이황은 인간에게는 감각적·본능적 차원의 '형기形氣'라는 측면과 도덕적 차원의 '의리義理'라는 두 측면이 있다고 본다. 전자에 있어서는 지행합일이 문제되지 않지만, 후자 즉 도덕적 차원의 의리 문제에 있어서는 지행합일을 말할 수 없다는 입장이다. "배우지 않으면 알 수 없고, 힘쓰지 않으면 능할 수 없다"라고 밝히고 있듯, 도덕적 차원의 의리 문제에 있어서는 먼저 의리가 무엇인지를 궁구하는 '학습(學) 과정', 즉 '지知의 과정'을 필요로 한다. 그리고 의리를 궁구한 이후에 궁리(學)를 통해 인식된 의리를 인위적으로 실천하기 위해 노력하는 '행行의 과정'이 별도로 필요하다. 결국 감각적 차원과 달리 도덕적 차원의 의리의 문제에 있어서는 지행이 합일될 수 없는바, 먼저 알고 후에 행하는 '선지후행先知後行'이 타당하다는 것이다.

이황의 왕수인 지행합일설 비판의 핵심은 왕수인이 감각적 차원의 형기에서나 가능한 지행합일을 가지고 도덕적 차원의 의리 문제에 적용시키는 오류를 범했다는 것이다. 도덕적 차원의 의리 문제에 있어 비록 '지행병진知行並進'은 가하지만, 지는 지이고 행은 행으로서 지행합일을 말할 수는 없다고 본다.[77] 비록 이황이 '심을 리와 기의 합合'으로 규정하고 있다고는 하나, 이는 인간이 따르고 실현해야 할 삶의 궁극적 준칙으로서의 '리'(의리)를 인간의 마음이 창조한다는 것을 의미하는 것이 아니라 선험적으로 존재하는

---

77) 이황이 비록 '知行並進' 또는 '知行並行' 등을 말하고 있으나 "窮理而驗於實踐, 是爲眞知"(『自省錄』, 「答李叔獻」)라고 한 말 등에서 알 수 있듯(윤사순, 『退溪哲學의 硏究』, 현암사, 1986, 24~25쪽 참조), 먼저 窮理를 통해 理를 인식하고 난 후에 비로소 인식된 리를 실천행위를 통해 구현해 나가는 것이다. 그러므로 이것은 '先窮理·後實踐(先知後行)을 근거로 한 지행병진이라고 말할 수 있다.

당위의 규범(도덕규범)으로서의 중리衆理를 성性의 형태로 마음이 구비하고 있다는 것을 의미할 뿐이다.[78] 따라서 궁리를 통해 이 리(의리)에 대한 앎이 선행된 이후에 실천으로 이행할 수 있는 것이다. 물론 왕수인의 지행합일설에 있어 지와 행의 대상이 주자학 또는 퇴계학에서와 같이 불변하는 선험적인 정리定理라고 한다면, 왕수인의 지행합일설은 분명 문제점을 지니고 있으며 이황의 양명학 비판은 타당하다고 말할 수도 있다.

계속해서 이어지는 왕수인의 지행합일설에 대한 이황의 비판을 살펴보자.

(양명의) "아픔을 알면 이미 스스로 아파할 줄을 알고, 추움을 알면 이미 스스로 추워하며, 배고픔을 알면 이미 스스로 굶주려 한다"라는 주장에 있어서는 그 말이 공교롭다고 이를 만하다. 그러나 아픈 것, 주린 것, 추운 것은 몸과 마음에 만나는 일로서 환경에 따라 얻은 이름일 뿐이요, 의리義理의 지행知行을 말한 것은 아니다. 아픈 것을 알고서 그 도리에 맞게 처리해야 바야흐로 아픔의 지행이라 이를 수 있으며, 배고프고 추운 것을 알고서 그 도리에 맞게 처리해야 배고프고 추운 것의 지행이라 이를 수 있다. 만일 단지 아파하는 것만을 行行이라고 이른다면 행하는 것은 형기形氣뿐이요 의리는 아니며, 주리고 추위하는 것만을 행이라고 이른다면 행하는 것은 인심人心뿐이요 도심道心은 아닌 것이다. 또 아픔에 아파할 줄을 알고 주리고 추움에 주리고 추워할 줄을 아는 것은 길 가는 사람과 빌어먹는 사람 또는 금수도 모두 능하니, 이와 같은 것을 지행이라고 이른다면 학문을 소중히 여길 필요가 무엇이겠느냐? 아픔과 가려움을 알고 배고픔과 배부름을 아는 것을 성性이라 한 것은, 이는 본래 고자告子의 "생지위성生之謂性"이란 말에서 나온 것인데, 양명의 소견은 여기에 빠져 있었다. 그러므로 입에서 나오는 대로

---

78) 『退溪全書』, 권18, 「答奇明彦別紙」, "理氣合而爲心, 自然有虛靈知覺之妙, 靜而具衆理, 性也. 而盛貯該載此性者, 心也. 動而應萬事, 情也. 而敷施發用此情者, 亦心也. 故曰心統性情."

말을 내어 그 주장을 꾸며 대고 있다. 그러나 그의 말은 형기의 욕欲에서 시행될 수 있고, 의리의 지행에는 비유할 수 없는 것이다. 그러므로 효孝와 제弟(悌)에 대하여는 "이미 효도할 줄을 알면 이미 스스로 효도하고 있고, 공경할 줄을 알면 이미 스스로 공경한다"라고 말하지 않고, 단지 말하기를 "사람 중에 효와 제를 일컫는 사람은 반드시 이미 효도를 행하고 공경을 행하였을 것이다"라고 하였으니, 이는 앞뒤의 말한 뜻과 서로 합하지 못한다. 그리고 끝내는 "옛사람들이 이 때문에 이미 지를 말하고 또 행을 말했다"라고 한 부분에서 다만 전과 같이 지와 행을 두 가지로 나누어 말함을 면치 못했으니, 이는 도리어 본래 이와 같아서 끝내 뒤섞어 합할 수 없기 때문이다.[79]

왕수인이 『전습록』 5조목에서 예를 든 아픔, 추움, 배고픔 등과 같은 것은 심신心身과 주변 환경과의 만남으로 인한 것, 즉 감각적 차원의 문제이지 결단코 도덕적 차원에서의 의리와 관련한 지행의 문제가 아니라는 것이다. 더욱이 왕수인이 "스스로가 아픔을 겪어 봤어야 비로소 아픔을 안다고 할 수 있다"라고 한바, 즉 '아픔을 겪는 것'이 '행行'이고, '아픔을 아는 것'이 '지知'가 되는 경험론적 차원의 '선행후지先行後知'에 대해 이황은 반론을 제기하고 있다. 이황은 먼저 "아픈 것을 알고서 그 도리에 맞게 처리해야 바야

---

79) 『退溪全書』, 권41, 「傳習錄論辯」, "陽明亦自知其說之偏. 故以不分知行爲知行本體, 以分知行爲私意隔斷. 然則古聖賢爲知行之說者, 皆私意耶. 至如知痛已自痛, 知寒已自寒, 知饑已自饑, 其爲說亦可謂巧矣. 然痛與饑寒, 乃身心所値之事, 緣境而得名者耳, 非義理知行稱也. 知疾痛而處得其道, 方可謂疾痛之知行, 知饑寒而處而處得其道, 方可謂饑寒之知行. 若但痛而謂之行, 則所行者血氣耳, 非義理也, 若但饑寒而謂之行, 則所行者人心耳, 非道心也. 且痛而知痛, 饑寒而知饑寒, 塗人乞人與禽獸皆能之, 若是而可謂之知行, 何貴於學問爲哉. 夫以知痛痒識饑飽爲性, 此本出於告子生之謂性之說, 陽明所見, 正慣於此. 故信口說出, 以飾其辯. 然而其說但可施於形氣之欲, 而不可喩於義理之知行. 故於孝於弟, 不曰知孝已自孝, 知弟已自弟, 但曰人之稱孝稱弟者, 必已行孝行弟, 則與前後語意, 不相諧應. 終言古人所以旣說知又說行處, 未免只依舊分作兩簡說, 蓋道理本如此, 終滾合不得故也."

흐로 아픔의 지행이라 이를 수 있다"라고 하여 '선지후행先知後行'을 주장한다. 즉 여기서 자신이 '아프다는 것을 아는 것'과 '그 아픔을 처리하는 도리를 아는 것'이 '지'로서, 이는 아픔을 자신이 알고 있는 도리에 맞게 처리하는 '행'에 선행되어야 하는바, 선지후행의 입장이 된다.

이어지는 이황의 "만일 단지 아파하는 것만을 행이라고 이른다면 행하는 것은 형기뿐이요 의리는 아니며, 주리고 추워하는 것만을 행이라고 이른다면 행하는 것은 인심人心뿐이요 도심道心은 아닌 것이다"라는 비판에서 주자학적 입장을 분명하게 읽을 수 있다. 주희는 인간의 마음이 근원과 속성의 측면에서 형기의 사사로움에 근원하는 '인심'과 의리의 공정함에 근원하는 '도심', 이 둘로 나누어진다고 주장하였다.[80] 근원을 달리하는 인심과 도심은 또한 그 지각 대상을 달리한다. 인심은 단지 사적 신체 기관의 욕구에서 비롯되는 감각적 소리와 색깔 등을 지각하고, 도심은 공적 의리에서 비롯되는 도리를 지각한다.[81] 이황은 이러한 주희의 이원론적 입장에 따라 형기와 의리를 철저히 구분할 뿐만 아니라, 인심과 도심 또한 철저히 구분하여 아파하는 등의 감각적 차원의 문제를 철저하게 형기와 인심의 문제로 국한시키고 있다. 이러한 입장에서 사적인 감각적 차원의 형기·인심과 공적인 도덕적 차원의 의리·도심을 아무런 구분 없이 혼용해 사용하는 왕수인의 지행설은 비판될 수밖에 없다. 도심의 근거가 되는 의리의 공정함이란 바로 당위의 도덕규범으로서의 리를 의미하는바, 이를 올바로 인식하는 궁리의 학문 과정을 필요로 하게 된다. 그러나 감각적 차원의 지행합일은 인

---

80) 『朱子文集』, 권65, 「大禹謨解」, "心者人之知覺, 主于身而應事物者也. 指其生于形氣之私者而言, 則謂之人心, 指其發于義理之公者而言, 則謂之道心."

81) 『朱子語類』 下, 권78, 「尙書1·大禹謨」, "知覺從耳目之欲上去, 便是人心, 知覺從義理上去, 便是道心."; "人只有一個心, 但知覺得道理底是道心, 知覺得聲色臭味底是人心."

간만이 아니라 본능과 감각을 지니고 있는 금수도 가능한 것으로, 궁리의 학문을 할 필요가 없게 된다.

왕수인이 말하는 이러한 아픔·가려움·배고픔·배부름과 같은 형기形氣 차원 즉 감각적 차원의 '지知'는 고자告子의 "생지위성生之謂性" 즉 생리적·육체적 차원의 욕구 문제이며 도덕적 차원의 의리에 비유될 수 없다는 것이다. 따라서 왕수인이 "이미 효도할 줄을 알면 이미 스스로 효도하고 있고, 공경할 줄을 알면 이미 스스로 공경한다"라고 말하지 않고, 단지 말하기를 "사람 중에 효와 제를 일컫는 사람은 반드시 이미 효도를 행하고 공경을 행하였을 것이다"라고 하였다는 것이다. 즉 도덕적 차원의 문제에 있어 왕수인은 지행합일을 말하지 못하고 '선행후지先行後知'를 말하는 오류를 범하고 있다고 비판하고 있다.

2) 지행합일설 비판의 타당성

이상에서 살펴본 이황의 왕수인 지행설 비판은 일면 왕수인이 초기에 보여 준 불완전한 이론체계 또는 설명방식에 그 책임이 있다고도 말할 수 있다.[82] 예컨대 왕수인의 감각적 차원의 비유는 비록 이해를 쉽게 이끌어 낼 수는 있지만, 자칫 지행합일의 본래 취지에서 벗어나 감각적·생리적 차원으로 한정되어 왜곡될 수 있는 여지를 안고 있다. 그리고 감각적·경험적 차원의 '선행후지'적 설명 또한 도덕적 차원을 포괄하는 전우주적·전생명적 차원의 지행합일설의 본래 취지를 훼손할 수 있다. 다만 설명을 위한

---

82) 서애록 5조목에 수록된 내용은 왕수인 37세 때 龍場悟道 이후에 바로 논의된 내용으로, 양명학의 진수라 할 수 있는 致良知說 제창 시기보다 10여 년 이상 앞서 언급된 내용이다.

비유와 그 설명을 통해 드러내고자 하는 본의를 혼동해서는 안 된다. 그리고 이러한 화자의 본의를 찾아내고 이를 통해 화자와 비판자의 입장 차이를 비교·분석함으로써 비판자의 의도와 의의를 명확히 밝혀 주어야 한다.

비록 왕수인이 서애와의 문답에서 오해를 야기할 수 있는 비유 때문에 이황으로부터 비판을 받았다 하더라도, 왕수인은 "지知는 행行의 주된 의지이며, 행은 지의 공부이다. 지는 행의 시작이며, 행은 지의 성취이다. 이 도리를 터득했을 때는 다만 하나의 지만 말하더라도 행이 저절로 그 가운데 있으며, 하나의 행만 말하더라도 지는 저절로 이미 그 가운데 있다"[83]라는 주장을 통해 자신의 지행합일설의 본지를 명확히 하고 있다. "지가 행의 주된 의지"라는 주장에서 알 수 있듯, 왕수인이 말하는 지행의 '지'는 주자학이나 퇴계학에서와 같이 객관적 또는 선험적으로 존재하는 사물의 존재 원리나 당위의 도덕규범에 대한 '지식'을 의미하지 않는다. 왕수인은 "그 응취凝聚의 주재主宰로 말하면 마음이라 하고, 그 주재의 발동으로 말하면 의지(意)라 하고, 그 발동의 명각明覺으로 말하면 지知라 하고, 그 명각이 감응感應하는 것으로써 말하면 물物(行)이라 한다"[84]라고 하였다. 그리고 "그 주재하는 곳을 가리켜 말한다면 마음이라 하며, 마음이 발하여 움직이는 곳을 가리켜 말한다면 의지(意)라 하고, 의지가 영명靈明한 곳을 가리켜 말한다면 지知라 하며, 의지가 가서 닿아 있는 곳을 가리켜 말한다면 물物(行)이라 하니, 다만 한 가지일 뿐이다"[85]라고 하였다. 왕수인이 말하는 '지'는 '양

---

83) 『傳習錄』 上, 「徐愛錄」, 5조목, "知是行的主意, 行是知的功夫. 知是行之始, 行是知之成. 若會得時, 只說一箇知已自有行在, 只說一箇行已自有知在."

84) 『傳習錄』 中, 「答羅整菴少宰書」, 174조목, "以其凝聚之主宰而言則謂之心, 以其主宰之發動而言則謂之意, 以其發動之明覺而言則謂之知, 以其明覺之感應而言則謂之物."

85) 『傳習錄』 下, 「陳九川錄」, 201조목, "指其主宰處言之謂之心, 指心之發動處謂之意, 指意之靈明

지의 자각적 판단 작용', 즉 천지만물과의 감응 과정에서 양지에 의해 이루어지는 대상 생명의 온전성에 대한 시비 판단과 이에 따른 실천조리의 창출은 물론 실천의지의 발동 모두를 포함한다. 그리고 '행'은 양지의 자각적 판단으로 발동된 의지에 의해 추동되는 실천행위를 의미한다.

인간은 천지만물과의 감응 주체인 '양지'를 통해 천지만물과 감응하는 과정에서 실천조리(理)를 창출하고 실천의지를 발동하며 실천활동을 주재한다. 예컨대 추위에 떨고 계신 부모를 마주한 순간 깜짝 놀라 측은해하는 마음의 자각과 아울러 부모님을 따뜻하게 해 드리고자 하는 의지가 발동하는바, 이러한 마음의 영명한 자각이 바로 양지양능良知良能의 '지知'이며, 마음으로부터 발동한 의지가 부모님을 따뜻하게 해 드리는 실천행위를 이끌어 내는 것이 바로 양지양능의 '행行'이다. 불쌍히 여기는 마음의 자각과 부모님을 따뜻하게 해 드리고자 하는 의지의 발동과 따뜻하게 해 드리는 실천행위는 나의 마음과 부모님 사이에 간격 없이 이루어지는 일련의 '감응 과정'이다. 이에 왕수인은 "지知는 행行의 주된 의지이며, 행은 지의 공부이다. 지는 행의 시작이며, 행은 지의 성취이다"라고 주장한 것이다. 실천행위를 이끌어 내는 실천의지로서의 양지의 자각(知)이 선행되어야 비로소 실제적인 실천행위가 시작된다면 실제적인 실천행위를 통해서만 양지의 자각과 의지의 발동으로서의 지知가 비로소 성취될 수 있는 것이다. 다만 양지양능의 통합체로서의 양지를 선천적으로 내재하고 있다 하더라도 나의 안위와 이익만을 추구하는 사욕이 발동할 경우 본심양지가 차폐되어 천지만물과 온전한 감응을 진행하지 못하게 된다. 그러나 하늘에서 구름이 사라지면

處謂之知, 指意之涉着處謂之物, 只是一件."

태양의 빛이 사물을 비추어 주고 거울의 때가 제거되고 나면 거울이 사물을 있는 그대로 비추듯, 사욕을 제거하면 천지만물과의 감응 주체인 양지가 회복되어 마주한 대상과 사태에 대해 자각적으로 시비를 판단함과 동시에 의지를 발동하고 실천행위를 주재하게 된다. 이것이 바로 '지행합일知行合一'이며, '치양지致良知'이다.[86] 따라서 왕수인의 여호호색如好好色 · 여오악취如惡惡臭의 비유를 통한 지행합일의 설명은 감각적 · 형기적 차원의 지행합일을 설명하고자 한 것도 아니며 형기적 차원과 도덕적 차원을 혼동한 것도 아니다. 단지 인간에게 정리定理에 얽매이지 않는 주체적이고 능동적이며 실천적인 영명한 본심(양지)이 있음을 쉽게 이해시켜 주기 위한 비유적 설명에 불과한 것이다. 지행합일과 치양지의 궁극적 귀결처가 천지만물의 화육化育에 있다고 할 때, 왕수인의 지행합일설은 감각적 차원은 물론 도덕적 차원을 넘어 전우주적 차원의 생명 문제를 해결하는 데 그 궁극적 목적이 있다고 말할 수 있다.

아울러 "양명의 소견은 오로지 본심에만 있어 털끝만큼이라도 밖으로 사물에 관여할까 두려워한다. 그러므로 다만 본심에 나아가 지와 행을 하나라고 인정하여 뒤섞어 합하여 말하였다"라는 이황의 비판 또한 문제가 있다. 왕수인에게 있어 인간은 천지만물의 마음으로서 천지만물이라는 관계의 장 안에 놓여 있다. 따라서 왕수인은 무엇보다도 천지만물과의 감응을 중시하며 인간은 감응을 통해서만이 자신의 전주우적 사명과 생명본질을 실현할 수 있다고 본다. 감응의 단절은 곧 죽음을 의미한다. 왕수인은 결단코 사물의 간섭을 두려워하거나 부정한 적이 없다. 다만 감응 과정에서 감

---

86) 김세정, 『왕양명의 생명철학』(청계, 2006), 362~357쪽 참조.

응 주체인 인간의 본심을 중심에 두고 지행의 합일을 주장한 것이다.

이러한 왕수인의 지행합일설에 대한 이황의 비판은 분명 왕수인이 보여준 초기의 불완전한 지행합일에 대한 설명에도 그 원인이 있다. 그러나 앞에서 고찰한 바와 같이 지행의 의미와 범주 및 이로 인한 지행의 상호 관계에 대한 서로 다른 입장에 보다 근본적인 원인이 있다. 이황의 왕수인 지행합일설 비판의 근저에는 주자학적 리학의 입장, 즉 당위의 도덕규범으로서의 리가 선험적으로 존재한다고 하는 점과 인간의 마음은 이 리에 대한 인식 주체라는 근본적인 입장이 깔려 있다. 따라서 실천행위의 준칙이 되는 리에 대한 인식으로서 궁리라는 '지'가 선행된다. 그리고 이러한 궁리를 통한 행위 준칙으로서의 선험적 리에 대한 정확한 인식 이후에 비로소 이 리에 의거한 실천을 통해 리를 실현할 수 있다. 그러므로 선험적 당위규범인 리와 지행의 선후 관계를 부정하는 왕수인의 입장은 이황에 의해 철저하게 비판될 수밖에 없었다.

6. 친민설 비판과 배움의 신민설

이황은 『전습록』 서애록 1조목에 수록된 왕수인의 주희 '신민설新民說' 비판 내용과 왕수인의 '친민설親民說' 내용을 간략히 소개한 후, 신민설을 옹호하고 친민설을 비판한다.

1) 왕수인의 신민설 비판과 친민설 제창

주자학은 인간의 기호나 의지에 따라 변화되거나 구애되지 않는 객관적이고 보편적이며 선험적인 리理를 제일 원리로 설정하여 사회질서를 유지할 수 있는 보편적 규범을 마련하였다. 그러나 인간 마음을 단지 리에 대한 인식 기능으로 국한시켜 인간 스스로 삶의 준칙을 설정하고 주체적으로 실천할 수 있는 가능성을 제거함으로써 비주체적이고 종속적인 인간으로 전락시킬 수 있는 문제점을 안고 있다. 이러한 리와 마음의 이원적 체계와 리에 대한 마음의 종속적 관계로 인해 주희는 '신민설'을 주장한다.

주희는 본래 『대학집주大學集註』에서 삼강령 가운데 하나인 '친민親民'의 '친親' 자를 '신新' 자로 바꾸어야 한다고 주장한다.[87] '명명덕明明德'은 기품氣稟의 구애와 인욕人欲의 가림으로부터 자신의 명덕을 회복하는 개체의 수양 과정으로 정의된다. 그리고 '신민新民'의 '신新' 자는 '옛것을 고침'을 의미하는바, 먼저 자신의 명덕을 밝힌 연후에 이를 타인에 미루어서 다른 사람(백성)들로 하여금 이전에 물든 오염을 제거토록 하는 것으로 정의된다.[88] 이러한 전제 위에 주희는 '명덕'을 본本으로 '신민'을 말末로 규정하고, 명덕과 신민은 두 가지 일이며 시간적 선후의 차서次序를 지니는 것이라 주장한다.[89] 따라서 주희에게 있어 타자와의 관계성은 명명덕이 아닌 '신민'의 단계에 가서야 설정되며, 명명덕과 신민은 '선후본말'의 관계를 지닌다. 그리

---

87) 『大學』 經1章의 "大學之道, 在明明德, 在親民, 在止於至善"의 내용 가운데 '在親民'에 대해 주희는 주석에서 "程子曰, 親, 當作新"이라고 주장하고 있다.
88) 『大學集註』, "明德者, 人之所得乎天而虛靈不昧, 以具衆理而應萬事者也. 但爲氣稟所拘, 人欲所蔽, 則有時而昏. 然其本體之明, 則有未嘗息者. 故學者當因其所發而遂明之, 以復其初也. 新者, 革其舊之謂也, 言旣自明其明德, 又當推以及人, 使之亦有以去其舊染之汚也."
89) 『大學集註』, "明德, 爲本, 新民, 爲末.……本始, 所先, 末終, 所後."

고 '신민'의 대상으로서의 '민民'은 백성으로만 국한되며, 신민의 대상인 백성은 신민의 주체에 대해 일방적이고 수직적인 '종속 관계'를 지닌다.

마음이 비록 성性의 형태로 지선至善한 중리衆理를 구비하고 있다 하더라도 기품과 인욕의 장애와 가림으로 인해 리에 대한 인식이 불명확하게 된다. 반드시 이러한 장애를 제거하여 중리에 대한 인식을 명확히 하는 작업의 의미로서의 명명덕을 필요로 한다. 그리고 자신의 명덕을 밝힌 연후에 비로소 타인들의 마음속 오염을 제거시켜 주는 신민을 하는 것이다. 주자학의 기본 시각(名分)은 군신 간의 상하관계를 기축으로 하여 일체의 사회적 · 인간적 관계를 존비尊卑, 상하上下의 신분적 종속윤리에 기반을 두었다. 이러한 이유에서 주자학은 지난날 신분적 봉건계급체제 옹호의 기틀을 마련해 주는 데 이바지한 것으로 평가된다.[90] 주희의 '신민'은 위정자를 상급자로 백성들을 하급자로 나누어 '위정자가 백성들을 교화敎化한다'고 하는 의미를 내포하고 있다. 그리고 주희의 신민설에 있어 일반 백성들은 개개인의 주체성과 능동성이 상실되고 단지 수동적이고 종속적인 교화의 대상으로 전락하게 된다. 이 또한 인간 스스로 삶의 준칙을 설정하지 못하고 절대적 리만을 따라야 하는 리에 대한 종속성에 기인한다. 기질이 탁해서 절대적 · 선험적 리를 제대로 인식하지 못하는 백성들은 기질이 맑아서 리를 제대로 인식한 소수의 집단에 의해 교화되어야 한다.

이러한 주희의 신민설에 대해 왕수인은 『대학』 구본舊本에 따라 '재신민在新民'이 아닌 '재친민在親民'을 주장한다. 왕수인은 서애록 1조목에서 다음과 같이 반론을 제기한다.

---

90) 守本順一郎 저, 김수길 역, 『東洋政治思想史研究』(동녘, 1985), 92쪽 및 李福登, 『王陽明的 政治思想』(臺灣私立臺南家政專科學校, 民國 66年), 52~77쪽 참조.

서애가 물었다. "(『대학』의) '재친민在親民'에 대해 주자는 '마땅히 신민新民이 되어야 한다'라고 말했는데, 이것은 뒷장의 '작신민作新民'91)이라는 문구에 비추어 본다면 역시 근거가 있는 듯합니다. 그러나 선생님께서는 옛날 판본에 따라 '친민親民'이 되어야 한다고 보시는데, 역시 근거하는 것이 있습니까?"

선생께서 대답하셨다. "'작신민作新民'에서의 '신新'은 '스스로 새로워지는 백성'(自新之民)이라는 의미로, '백성을 새롭게 하는 데 있다'(在新民)에서의 '신新'과는 같지 않다. 이것이 어찌 충분히 근거가 되겠는가? '작作' 자는 도리어 '친親' 자와 서로 대응되지만, '친親' 자의 뜻은 아니다. 아래의 '치국평천하治國平天下'를 설명하는 부분에는 모두 '신新' 자에 대해 밝힌 것이 없다. 예컨대 (『대학』 3장의) '군자는 어진 사람을 어질게 대하고 친한 사람을 친하게 대하며, 소인은 즐거운 것을 즐거워하고 이로운 것을 이롭게 여긴다', (『대학』 9장의) '어린아이를 보호하듯이 한다', (『대학』 10장의) '백성이 좋아하는 것을 좋아하고, 백성이 싫어하는 것을 싫어한다. 이것을 백성의 부모라고 한다'와 같은 부류는 모두 '친親' 자의 뜻이다. '친민親民'은 『맹자』에서 '친한 사람을 친하게 여기고 백성을 어질게 대한다'(『孟子』, 「盡心上」, 45장)라고 말한 것과 같다. 친하게 여긴다는 것은 곧 어질게 대한다는 뜻이다. 백성이 친하지 않으므로 순임금이 설을 사도로 삼아서 다섯 가지 가르침92)을 베푼 것은 그들을 친하게 여겼기 때문이다. 「요전堯典」의 '능히 큰 덕을 밝힌다'(克明峻德)는 것은 곧 '밝은 덕을 밝힌다'(明明德)는 것이며, '구족을 친하게 여긴다'(以親九族)부터 '(백성을) 고루 밝히고, (제후의 나라들과) 마음을 화합한다'(『書經』, 「堯典」, 1절, "平章協和.")까지는 곧 '백성을 친하게 여긴다'(親民)는 것이며, '천하에 밝은 덕을 밝힌다'는 것이다. 예컨대 공자가 '자기를 닦아서 백성을 편안하게 한다'(『論語』, 「憲問」, 45장)에서 '자기를 닦는다'라는 것은 곧 '밝은 덕을 밝힌다'는 것이

---

91) 『大學章句』, 2장, "康誥曰, 作新民."
92) 『書經』, 「堯典」, 제4절 및 『孟子』, 「滕文公上」, 4장.
　　五敎: 父子有親, 君臣有義, 夫婦有別, 長幼有序, 朋友有信.

며, '백성을 편안하게 한다'라는 것은 곧 '백성을 친하게 여긴다'는 뜻이다. '친민親民'이라고 말하면 '가르친다'(敎化)는 의미와 '양육한다'(養育)는 의미를 겸하게 되지만, '신민新民'이라 말하면 '가르친다'는 쪽에 치우친 감이 있다."93)

왕수인은 『대학』구본舊本에 따라 '재신민在新民'이 아닌 '재친민在親民'으로 해야 한다고 주장하고 있다. 양명학에 있어 인간은 신분의 높고 낮음이나 기질의 차등을 막론하고 누구나 삶의 준칙을 스스로 창조하고 능동적으로 실천할 수 있는 주체적이고 실천적인 생명 주체이다. 따라서 양명학에 있어 인간은 누구나 성인이 될 수 있는 바탕으로서의 본심양지本心良知를 선천적으로 내재하고 있으며, 천지만물과의 감응感應과 통각痛覺의 주체인 양지를 자발적 · 주체적으로 실현함으로써 누구나 성인이 될 수 있다. 왕수인은 또한 인간사회에 있어 재능과 덕성에 따른 기능적 분업은 인정하면서도 인간의 근본적인 가치에 있어서 모두 평등하다는 사민평등四民不等을 지향한다. 인간은 누구나 유기적인 사회의 동등한 구성원으로서 사민四民(士·農·工·商)은 물론 치자治者와 피치자被治者 또한 상하 신분 계급 관계가 아니라 단지 자신의 재능과 덕성에 따른 직분상의 차이로 간주된다.94) 양명학에서 인간 상호 간의 관계는 수직적 계급 관계로 파악되지 아니하고 '수평적인

---

93) 『傳習錄』上,「徐愛錄」, 1조목, "作新民之新, 是自新之民, 與在新民之新不同, 此豈足爲據? 作字却與親字相對, 然非親字義. 下面治國平天下處, 皆於新字無發明. 如云君子賢其賢而親其親, 小人樂其樂而利其利, 如保赤子, 民之所好好之, 民之所惡惡之, 此之謂民之父母之類, 皆是親字意. 親民猶孟子親親仁民之謂. 親之卽仁之也. 百姓不親, 舜使契爲司徒, 敬敷五敎, 所以親之也. 堯典克明峻德, 便是明明德, 以親九族至平章協和, 便是親民, 便是明明德於天下. 又如孔子言修己以安百姓, 修己便是明明德, 安百姓便是親民. 說親民便是兼敎養意, 說新民便覺偏了."

94) 『王陽明全集』, 권25,「節庵方公墓表」, 941쪽, "陽明子曰, 古者四民異業而同道, 其盡心焉, 一也. 士以修治, 農以具養, 工以利器, 商以通貨, 各就其資之所近, 力之所及者而業焉, 以求盡其心. 其歸要在於有益於生人之道, 則一而已. 士農以其盡心於修治具養者, 而利器通貨, 猶其士與農也, 工商以其盡心於利器通貨者, 而修治具養, 猶其工與商也. 故曰, 四民異業而同道."

대등한 유기적이고 상보적인 관계'로 파악된다. 그러므로 양명학에서는 상하 계급 관계를 전제로 한 상급자(위정자)가 하급자(백성)를 교화시킨다고 하는 의미의 '신민新民'은 부정될 수밖에 없다. '친민親民'의 '친親'은 "어진 사람을 어질게 대하고 친한 사람을 친하게 대한다", "어린아이를 보호하듯이 한다", "백성이 좋아하는 것을 좋아하고, 백성이 싫어하는 것을 싫어한다", "친한 사람을 친하게 여기고 백성을 어질게 대한다"와 같이, 서로를 친밀함과 어짊으로 대한다는 것을 의미한다. 사회 구성원 누구나 대등하고 유기적인 관계 속에서 친민의 주체가 될 수도 있고 친민의 대상이 될 수도 있다. 또한 '친민'은 일방적 '교화'의 의미만이 아니라 서로의 생명을 온전하게 길러 준다는 상보적 '양육'의 의미를 함께 내포한다.

왕수인은 또한 "만일 명덕을 밝히는 것(明明德)으로써 그 민을 친애(親民)하고, 민을 친애하는 것으로써 그 명덕을 밝힌다는 것을 알면, 명덕과 친민을 어떻게 나누어 두 가지 일로 삼을 수 있겠는가?"라고 전제하면서, 주희가 명명덕과 신민을 '선후를 지닌 본말의 관계'로 보는 견해를 비판한다.[95] 왕수인은 "친민親民 역시 덕을 밝히는 일이다. 명덕이란 이 마음의 덕이며, 바로 인仁이다. 인자仁者는 천지만물을 한 몸으로 삼는다. 가령 하나의 사물이라도 마땅한 자리를 잃는다면, 나의 어짊에 아직 다하지 못한 부분이 있는 것이다"[96]라고 주장하고 있거니와, 인간은 천지만물의 마음이기에 인간의 생명본질인 명덕明德(仁心 = 良知)은 반드시 천지만물이 건강하게 양육될 수

---

95) 『王陽明全集』, 권26, 「大學問」, 970쪽, "若知明明德以親其民, 而親民以明其明德, 則明德親民焉可析而爲兩乎. 先儒之說, 是蓋不知明德親民之本爲一事, 而認以爲兩事, 是以雖知本末之當爲一物, 而亦不得不分爲兩物也."
96) 『傳習錄』 上, 「陸澄錄」, 89조목, "雖親民, 亦明德事也. 明德是此心之德, 卽是仁. 仁者以天地萬物爲一體. 使有一物失所, 便是吾仁有未盡處."

있도록 하는 친민의 실천활동을 통해서만 구현된다. 또한 친민은 그 자체가 곧 명덕의 발현 과정이 되기 때문에, 자기의 생명본질을 구현하는 '명명덕'과 하나가 된다. 주희와 같이 먼저 자신의 명덕을 밝힌 이후에 나아가 백성들을 교화시키는 신민을 하는 것이 아니라, 천지만물의 생명을 건강하게 유지시키고 양육해 나가는 친민이 곧 자신의 생명본질을 구현하는 명명덕이다. 왕수인은 친민설을 통해 주희 신민설의 종속성과 비주체성 그리고 위계질서로부터 벗어나 인간의 주체성과 평등한 상보성 그리고 일체성—體性 등을 회복하였다.

2) 이황의 친민설 비판과 신민설 수호

이황은 주희 신민설新民說에 대한 왕수인의 비판 내용과 더불어 왕수인이 주장하는 친민설親民說을 간략히 소개한 후, 주희의 신민설을 옹호하는 입장에서 다음과 같이 왕수인의 친민설을 비판한다.

이 장章의 첫머리에 '대학지도大學之道, 재명명덕在明明德'이라고 말한 것은, 자기가 배움(學)으로 말미암아 그 덕德을 밝히는 것을 말한 것이요, '재신민在新民'이라 말한 것은 자기가 배운 것을 백성에게 미치게 하여 백성으로 하여금 그 덕을 새롭게 함을 말한 것이니, 이 두 가지는 모두 '학學'이란 글자의 뜻을 지니고 있어 한 꿰미의 말이 되는 것이고, '양지養之', '친지親之'의 뜻과는 처음부터 서로 관계가 없는 것이다. 양명이 이에 감히 방자하게 선유先儒(주희)의 정론定論을 배척하고 함부로 여러 말을 방불한 것을 인용하여 억지로 끌어 붙여서 조금도 거리낌이 없으니, 그 학문의 어긋남과 마음의 병통을 볼 수 있는 것이다. 이로 말미암아 찾아보면 온갖 거칠고 어긋남이 모두 이

병통에서 나오는 것이다.[97]

이황은 주희의 신민설을 옹호하는 입장에서 왕수인의 친민설을 비판하고 있다. 이 내용을 분석하면, 다음과 같은 네 가지 특징을 갖는다. 첫째, '명명덕明明德'은 '배움'(學)을 통해 자신의 덕德을 계발하는 학문의 문제라는 것이다. 둘째, '신민新民'은 자신의 배움을 토대로 나아가 백성의 덕을 새롭게 하는 교육(교화)의 문제라는 것이다. 셋째, 명명덕과 신민의 관계는 배움을 통해 자신의 덕을 계발하고 이후에 백성들의 덕을 새롭게 하는 '선명명덕先明明德·후신민後新民'의 관계가 수립된다. 넷째, 명명덕이나 신민은 '배움'(학문과 교육)과 관련된 문제이지[98] 결코 왕수인이 말하는 '양지養之'·'친지親之'의 뜻과는 관계가 없다는 것이다.

왕수인은 물론 주희 또한 명명덕과 신민에 대한 자신의 생각을 피력하는 과정에서 '배움'(學)이란 말을 언급한 바 없기 때문에, 이는 이황의 독창적 해석이라고 말할 수 있다. 따라서 이황의 왕수인 친민설 비판에 있어 가장 중요한 문제는 '배움'의 의미와 대상이 무엇이냐 하는 것이다.

이황의 주자학 옹호의 입장과 이황의 리학적 체계에서 볼 때, 배움의 대상은 '소당연지칙'으로서의 리理, 즉 우리들이 준수해야 하는 선험적인 당위의 도덕규범을 의미한다고 말할 수 있다. 주희는 『대학집주大學集註』에서

---

97) 『退溪全書』, 권41, 「傳習錄論辯」, "辯曰, 此章首曰, 大學之道在明明德者, 言己之由學以明其德也, 繼之曰, 在新民者, 言推己學以及民, 使之亦新其德也, 二者皆帶學字意, 作一串說, 與養之親之之意, 初不相涉. 陽明乃敢倖然排先儒之定論, 安引諸說之勞竇者, 牽合附會, 略無忌憚, 可見其學之差而心之病矣. 由是求之, 種種醜差皆是此病. 略舉數條於後."

98) 금장태는 "퇴계는 여기서 주자의 '新民說'을 따라 學을 통해 자신의 德을 계발하고 백성의 德을 끌어올리는 점진적인 학문과정과 교육적 실천방법을 요령으로 삼고 있다"라고 평가하고 있다.(『퇴계의 삶과 철학』, 112쪽)

'명덕明德'이란 "사람이 하늘에서 얻은 바 허령虛靈하고 어둡지 않아서 중리衆理를 갖추고 있어 만사萬事에 응하는 것"이라 규정하고, "다만 명덕이 기품氣稟에 구애된 바와 인욕人欲에 가린 바가 되면 때로 어두운 적이 있으나, 그 본체의 밝음은 일찍이 쉬지 않는다. 그러므로 배우는 자가 마땅히 그 발發하는 바를 인하여 마침내 밝혀서 그 처음을 회복하는 것이다"[99]라고 하였다. 즉 성즉리性卽理에 의거, 명덕은 '순선純善한 리理'를 구비하고 있으나 불선不善의 가능성을 안고 있는 기질적氣質的 측면인 기품과 인욕에 의해 순선한 리가 가려질 수 있는바, 이러한 기품과 물욕의 장애를 제거하여 순선한 리를 회복시키는 것이 바로 '명명덕明明德'이라는 것이다. 이황이 주희의 입장을 충실히 계승·옹호하고 있다고 할 때, '배움'(學)은 거경궁리居敬窮理를 통해 기품과 물욕의 장애를 제거하고 내 마음속에 내재된 소당연지칙의 리를 밝히는 것을 의미한다고 말할 수 있다.

소당연지칙의 리理는 인간 누구에게나 적용되고 내재하고 있는 선험적이고 보편적인 당위의 도덕규범이다. 다만 기질상의 차등으로 인해 차폐의 정도에 차이가 발생하며, 차폐가 심한 백성들은 자발적 노력에 따라 스스로 명덕을 밝힐 수가 없기 때문에, 먼저 '배움'을 통해 명덕을 밝힌 자가 백성들의 명덕을 밝혀 주어야 한다는 것이다. 따라서 거경궁리라는 배움의 과정을 통해 자신의 명덕을 밝히는 '명명덕'이 선행되어야만 비로소 백성들을 교화시켜 그들의 명덕을 밝혀주는 '신민'이 가능해지는 것이다.

여기서 왕수인이 '심心'(良知)을 제일 원리로 하고 있다면, 이황은 분명 '리理'를 제일 원리로 삼고 있다는 것을 알 수 있다. 즉 왕수인은 천지만물과

---

99) 『大學集註』.

의 감응과 시비 판단과 실천 주체인 본심양지의 실현이 무엇보다 중시되기 때문에, 명명덕과 친민이 체용일원體用一源의 체계를 지닌 한 가지 일이며, 친민은 양육의 의미를 내포하게 된다. 반면 이황은 인간이 따라야 할 당위의 도덕규범인 리에 대한 올바른 인식이 먼저 선행되어야 하는바, 선행 학습을 통해 리를 인식함으로써 자신의 명덕을 밝힌 이후에 비로소 교화를 통해 백성들의 덕을 새롭게 해 줄 수 있는 것이다. 따라서 이황의 경우 마음의 역동성과 주체성보다는 리에 대한 '배움'이 강조될 수밖에 없다.

아울러 또 하나 중요한 사실은 왕수인이 신민을 '친지親之', '양지養之'의 의미를 지닌 친민으로 바꾸어 모든 백성들을 명명덕과 친민의 주체로 설정함으로써 평등한 유기적·상보적 인간관계와 주체적이고 능동적인 인간상을 마련해 주었다. 반면 이황은 이에 대한 충분한 철학적 분석을 통하지 아니하고 다시금 '친지', '양지'의 의미를 제거하여 백성들을 신민, 즉 수동적인 교화의 대상으로 되돌려 놓았다는 점이다. 즉 이황은 조선조 중세 계급사회의 위계질서를 정당화하고 강화하는 측면으로 되돌아가게 하였다. 결국 왕수인 친민설에 대한 이황의 비판은 단지 학술적·논리적 오류에 대한 비판이었다기보다는 이황이 당면하고 있었던 조선조 계급사회의 시대상과 이황 자신의 위치를 반영한 것이라 유추해 볼 수 있다.[100]

---

100) 이 문제와 관련하여 마르티나 도이힐러의 "이와 같이 계급적 사회 구조에 대한 이황의 견해는, 그의 철학적 가치체계 속에 명백히 나타나고 있듯이, 계급사회를 각별히 강조한 데에 기초를 두고 있다. 학문은 물론이고 행정부와 정권까지도 이상적으로 우수한 자질을 갖춘 상류 계층만이 전담할 수 있는 특권이어야 했다. 이황은 왕양명이 행위의 이성적 측면을 무시하고 그 결과 학문의 가치를 평가절하한 것을 자신의 사회적 신조에 대한 정면적인 도전으로 이해했음이 분명하다. 왕양명 사상의 철학적 의미와 사회적 의미에 놀란 이황은 왕양명의 오류를 폭로하여 그 오류가 조선에 유포되는 것을 저지하는 데에 자신의 모든 권위를 사용했던 것이다"(「조선 초기의 異端 배척과 退溪·栗谷의 이단론」, 『퇴계학 연구총서』 제9권, 경북대 퇴계학연구소 편, 1997, 172쪽)라는

아울러 이황은 왕수인의 친민설 자체는 간략하게 문제 삼으면서 오히려 왕수인의 반주자학적 태도에 대해서는 신랄하게 비판을 가하고 있다. 이에 금장태는 "퇴계의 양명학 비판은 주자학 전통의 도학적 세계관을 확신하고 이를 수호하기 위해 배척하는 태도를 보여 주는 것이며, 그만큼 논리적 분석을 심화시켜 가는 것이 아니라 격렬한 배척의 거부태도를 천명하는 것이라 할 수 있다"[101]라고 지적하고 있다. 그리고 마르티나 도이힐러의 "이황에게 있어서 정학正學이란 학문 연구의 절대적 기준을 제시해 주는 정주학파에 전념하는 것이었다.…… 정도正道에 대한 어떠한 이탈이나 쇄신도 비정상이고 파괴적이라는 이유를 들어 비판의 대상으로 간주했다"[102]라는 평가 등에서 볼 수 있듯, 이황은 양명학 자체에 대한 반감이나 문제의식보다는 정학으로서의 주자학을 수호하기 위한 입장이었다. 따라서 왕수인의 친민설에 대한 신랄한 비판을 통해 주희의 신민설을 회복하고 수호하고자 하였던 것으로 평가할 수 있다.

지금까지 「전습록논변」의 이황의 양명학 비판 내용에 대한 분석을 통해 양명학과 대비되는 퇴계학의 특성을 고찰해 보았다. 그 특성은 다음과 같이 세 가지로 요약된다. 첫째, 심즉리설 비판에 나타난 궁리窮理의 리학理學적 특성이다. 둘째, 지행합일설 비판에 나타난 주자학적 선지후행관先知後行觀이다. 셋째, 친민설親民說 비판을 통한 주희 신민설新民說 수호이다.

분명 「전습록논변」에 한정해 본다면 이황은 철저하리만큼 주자학적 리학에 근거하여 양명심학을 비판하였다. 이러한 주자학적 리학 체계에 근거

　　평가를 신중히 고려해 볼 필요가 있다.
101) 금장태, 『퇴계의 삶과 철학』, 112쪽 참조.
102) 마르티나 도이힐러, 「조선 초기의 異端 배척과 退溪·栗谷의 이단론」, 165쪽.

한 이황의 양명학 비판과 주자학 옹호는 이황이 살았던 당시의 시대적 상황 그리고 이황의 시대적 사명 및 학문적 입장과 밀접한 관련이 있다. 조선 사회는 주자학적 가치질서 아래에서 운영되었던 사회로서, 주자학 이외의 모든 학문을 배척한 벽이단闢異端이념은 성리학이 정치의 기본 철학으로 체계화됨에 따라 더욱 강화되었다.[103] 특히 이황이 살았던 (명종·선조 연간) 시기의 조선조 유학의 경향은 정주학적 유학이 조선 사회의 정치이념으로 확고하게 확립되어 있어, 주자학 이외의 학문을 사문난적斯文亂賊으로 몰았던 시대였다.[104] 이러한 시대 상황 아래 이황에게 있어서 정학正學이란 학문 연구의 절대적 기준을 제시해 주는 정주학파에 전념하는 것이었으며, 정도正道에 대한 어떠한 이탈이나 쇄신도 비정상이고 파괴적이라는 이유를 들어 비판의 대상으로 간주했다.[105] 따라서 양명학에 대한 학술적인 비판 이전에 정주학을 지키기 위한 '위도衛道'라는 분명한 목표가 이황에게 이미 설정되어 있었고, 그 목표를 향해 자신의 논리를 정당화시키면서 양명학, 나아가 이학異學 전체를 엄격하게 비판하였던 것이다.[106] 금장태는, 이황의 심학 비판은 조선 중기의 도학道學 이념을 확고하게 정립시키고 확산하는 데 새로운 장애로 등장하는 육구연·왕수인의 심학이 지닌 위험 요인을 사전에 제거하는 작업으로서, 주자학을 정통으로 하는 도학을 순정純正하게 지향하였다는 점에서 의의를 부여하고 있다.[107]

---

103) 신규수, 「朝鮮時代 陽明學의 流入과 排斥에 관한 一考察-性理學의 이단배척을 중심으로」, 『정신개벽』 14집(新龍敎學會, 1995), 250~251쪽 참조.
104) 신규수, 「朝鮮時代 陽明學의 流入과 排斥에 관한 一考察-性理學의 이단배척을 중심으로」, 『정신개벽』 14집(新龍敎學會, 1995), 275쪽 참조.
105) 마르티나 도이힐러, 「조선 초기의 異端 배척과 退溪·栗谷의 이단론」, 165쪽 참조.
106) 최재목, 「退溪의 陽明學觀에 대하여」, 『退溪學報』 113집(퇴계학연구원, 2003), 42~43쪽 참조.

「전습록논변」과 시대적 상황과 이황의 입장 등을 고려할 때, 기존의 주장처럼 이황이 양명학에 대해 무지했거나 양명학에 대한 오해에서 양명학을 비판한 것[108]이 아니라 이황이 생각하는 정학正學으로서의 주자학을 지켜내기 위한 목적에서 의도적으로 양명학을 비판하였다고 볼 수 있다. 그리고 이황은 비록 총 342개 조목에 해당하는 『전습록』 가운데 전반부 다섯 개 조목에 대해서만 비판하고 있지만, 이 비판 내용을 고찰해 볼 때 이황은 양명심학에 대한 충분한 이해를 바탕으로 양명학의 핵심적인 내용들을 비판함으로써 주자학 수호의 목적을 달성했다고 평가할 수 있다.

7. 퇴계학을 심학이라고 할 수 있는가?

앞에서 살펴본 바와 같이, 왕수인은 심心을 제일 원리로 하는 자신의 독창적 심학사상에 근거하여 리理를 제일 원리로 하는 주자학의 리학 체계를 철저하게 비판하였다. 반면 「전습록논변」에 나타난 바와 같이, 이황은 주희 리학의 입장에서 주자학을 지키기 위해 양명심학을 '이단'이라고까지 비판하고 있다. 그럼에도 불구하고 퇴계학이 '심학'이라는 주장들이 제기되고

---

107) 금장태, 『퇴계의 삶과 철학』, 103~122쪽 참조.
108) 예컨대 김용재는 「退溪의 陽明學 批判에 대한 考察」(『陽明學』 3호, 1999)에서 이황의 「전습록논변」이 학술적 논변이 아닌 體制教學을 옹호하는 입장에서 양명학을 부정하게 되어 이황 자신도 양명학에 대한 깊은 천착과 정상적인 학문적 토론을 거치지 못했으며, 이황의 양명학 비판 가운데 良知에 대한 설명이 부족하여 제반 학설들이 서로 만날 수 없는 空論이 되었다고 비판한 바 있다. 그리고 余懷彦은 「評李退溪對王陽明知行合一說的批評」(『陽明學』 4호, 2000)에서 이황의 왕수인 지행합일설 비판에 있어 이황의 오해와 편견을 지적하면서, 이황의 양명학 평가는 아주 편파적이고 극단적이라고 비판한 바 있다.

있다. 본 절에서는 '퇴계학이 심학'이라는 다양한 주장과 그 근거를 살펴보고 퇴계학을 심학이라고 할 수 있는가에 대해 논의할 것이다. 그리고 다음 절에서는 퇴계학이 심학이라면 '양명심학'과 '퇴계심학'은 어떠한 차이점을 지니고 있는지에 대해 고찰해 볼 것이다.

1) 퇴계학이 심학이라는 주장

퇴계학을 '심학'으로 규정하려는 시도는 1973년 정순목의 「퇴계심학론退溪心學論」(『홍대논총』 5호, 홍익대)이란 글에서 처음 시작되었다. 그리고 퇴계철학 연구의 성숙기라 할 수 있는 1990년대 이후 퇴계학에 대한 '심학'이란 용어의 사용이 일반화된 것으로 평가된다.[109] 퇴계학을 심학으로 규정하려는 시도들은 학자와 시대에 따라 다양하게 되었다. "퇴계학은 심학이다"라고 주장하는 대표적인 연구들은 다음과 같다.

① 김길환, 「퇴계退溪의 양명학관陽明學觀」, 『조선조朝鮮朝 유학사상연구儒學思想研究』(一志社, 1980).
② 신귀현, 「퇴계이황退溪李滉의 『심경부주心經付註』 연구와 그의 심학心學의 특성」, 『민족문화논총民族文化論叢』 8집(영남대 민족문화연구소, 1987).
③ 안병주, 「퇴계의 학문관─심경후론心經後論을 중심으로」, 『퇴계학연구』 1호(단국대 퇴계학연구소, 1987).
④ 이동희, 「퇴계학退溪學의 심학적心學的 특성과 理의 의미」, 『현대現代와 종교宗教』 16호(현대 종교문제 연구소, 1993).
⑤ 고영인高令印, 「이퇴계李退溪의 심리학心理學과 진서산眞西山의 『심경心經』」,

---

109) 김종석, 『퇴계학의 이해』(일송미디어, 2001), 30~31쪽 참조.

『퇴계학연구총서』 제8권(경북대 퇴계연구소, 1997).

⑥ 주월금周月琴, 「성리문화性理文化에 대한 퇴계심학退溪心學의 사상적思想的 기여寄與」, 『퇴계학보退溪學報』 100집(퇴계학연구원, 1998).

⑦ 주월금周月琴, 「『심경부주心經附註』가 퇴계심학退溪心學 형성形成에 미친 영향影響에 관한 연구研究」(계명대 박사학위논문, 2000).

⑧ 홍원식, 「퇴계학, 그 존재를 묻는다」, 『오늘의 동양사상』 4호(예문서원, 2001).

⑨ 김종석, 「퇴계심학연구退溪心學研究」(영남대 박사학위논문, 1996) & 『퇴계학의 이해』(일송미디어, 2001).

⑩ 김종석, 「주륙화회론과 퇴계학의 심학화」, 『오늘의 동양사상』 9호(예문서원, 2003).

⑪ 김기주, 「주희朱熹와 왕수인王守仁의 비교를 통해서 본 '퇴계심학'의 가능성」, 『철학연구哲學研究』 94집(대한철학회, 2005).

⑫ 김기주, 「심학心學, 퇴계심학退溪心學 그리고 『심경부주』」, 『동양철학연구』 41집(동양철학연구회, 2005).

⑬ 추제협, 「이학異學 비판을 통해 본 '퇴계심학退溪心學'」, 『동양철학東洋哲學』 40집(한국동양철학회, 2013).

이상의 연구들을 분석해 보면, 퇴계학을 심학으로 규정하는 명칭은 '심법心法의 심학'(김길환), '퇴계심학'(정순목, 안병주, 홍원식, 추제협), '경敬 또는 거경居敬의 심학'(김길환, 이동희), '주자학적 심학'(이동희, 김기주), '성현심학聖賢心學'(周月琴), '도기이원론적道器二元論的 심학'(김종석) 등 학자에 따라 다양하다. 그리고 퇴계학이 심학이라는 이유에 대해서도 ① 이황이 『심경心經』 또는 『심경부주心經附註』에 깊은 관심을 표명하고 이로부터 많은 영향을 받았으며 경敬을 지향하는 존덕성尊德性공부를 중시하였다는 사실(정순목, 신귀현, 안병주, 高令

印, 周月琴), ② 성리학적 논의의 무게중심을 리기론理氣論에서 심성론心性論으로, 세계에서 인간으로 옮겼다는 사실(홍원식, 이동희, 추제협), ③ '마음'이 '선천적인 우주의 원리'와 '후천적인 인간의 원리'를 통섭하는 주재적主宰的 통섭성統攝性을 지니고 있다는 사실(김종석), 그리고 ④ 마음으로부터 직접적으로 도덕의 능동성과 필연성을 확보하였다는 사실(김기주) 등 학자에 따라 다양하다.

나아가 양명심학과 퇴계심학의 차이에 대해서도 ① 양명심학은 '심체心體의 학學'인 반면 퇴계심학은 심체를 보존保存하고 심용心用을 응용하는 '심법心法의 심학'이라는 김길환의 주장,110) ② 양명심학은 본체론으로 마음을 만사만물의 근원으로 본 반면 퇴계심학은 인식론이자 도덕수양론으로 마음을 다스리는 학문이라는 고영인高令印의 주장,111) ③ 양명심학의 심心은 윤리적 차원의 심에 그치지 않고 의식과 인식의 차원에서 유심론적으로 심을 문제 삼았기 때문에 심성心性수양의 의미로서의 주자학적 실천심학과는 다르다는 이동희의 주장,112) ④ 양명심학은 도덕에 대한 깨달음을 위주로 하는 반면 퇴계심학은 주경主敬을 통한 도덕의 실천에 그 목적이 있다는 주월금周月琴의 주장,113) ⑤ 양명학은 주자학의 도덕형이상학을 인간의 심성에 끌어들여 주자학을 총체적으로 해체시킨 심학이라면 퇴계학은 맹자의 도덕적 인간을 주자학이 구축한 도덕형이상학의 맨 꼭대기에 올려다 놓은 심학이라는 홍원식의 주장,114) ⑥ 양명심학은 기器의 영역 이외에 있는 별도의

---

110) 金吉煥, 『朝鮮朝 儒學思想硏究』, 68·79~80쪽 참조.
111) 高令印, 「李退溪의 心理學과 眞西山의 『心經』」, 548~549쪽 참조.
112) 이동희, 「退溪學의 心學的 특성과 理의 의미」, 172쪽 참조.
113) 周月琴, 「『心經附註』가 退溪心學 形成에 미친 影響에 관한 硏究」 참고.
114) 홍원식, 「퇴계학, 그 존재를 묻는다」, 50~54쪽 참조.

도道를 인정하지 않는 반면 퇴계심학은 선천적 원리의 존재 자체 즉 형이상자인 도道와 형이하자인 기器가 대등한 관계를 유지한다고 하는 김종석의 주장,[115] ⑦ 양명심학이나 퇴계심학 모두 주자학이라는 하나의 출발점에서 인간론을 중심으로 서로 다른 길을 걸어 간 철학으로서 양명학은 주자학을 새로운 체계로 구성하고 퇴계학은 기존의 체계를 재구성했다고 하는 추제협의 주장[116] 등 다양하다.

학자에 따라 비록 퇴계학을 심학으로 규정하는 이유와 명칭이 각기 다르고 양명심학과 퇴계심학의 차이점에 대한 이해가 다르다 하더라도 한 가지 분명한 것은 "퇴계학은 심학이다"라는 주장과 "퇴계심학은 양명심학과 다른 심학"이라는 주장에 있어서는 동일하다는 점이다. 그러나 앞에서 살펴본 바와 같이, 이황은 「전습록논변」을 저술하여 주자리학을 지키기 위해 양명심학을 이단으로 비판하였다. 그럼에도 불구하고 많은 학자들이 각기 나름대로의 다양한 이유에 근거하여 '퇴계학을 심학'으로 규정하고 있다. 물론 그들은 퇴계학이 심학이라 하더라도, 퇴계심학은 분명 양명심학과 다르다고 주장한다. 그렇다면 퇴계심학을 양명심학과 비교하기에 앞서 '퇴계학을 심학이라고 할 수 있는가?' 하는 문제부터 해결해야 한다.

2) 퇴계학을 심학이라고 할 수 있는가?

일반적으로 '심학'은 두 가지 의미를 함축한다. 넓은 의미의 심학은 『상서尚書』「대우모大禹謨」의 '십육자심전十六字心傳'[117]의 전통을 계승한 유학 전

---

115) 김종석, 『退溪學의 이해』, 36~37쪽 참조.
116) 추제협, 「異學 비판을 통해 본 '退溪心學'」, 241~242쪽 참조.

체를 의미하고, 좁은 의미의 심학은 정주의 리학과 대비되는 육왕陸王의 전통을 가리킨다.[118] 그러나 퇴계심학의 가능성을 모색하고 있는 김기주의 주장처럼 '유학 = 심학'이라는 광의의 의미는 유학이 마음의 수양을 중시한다는 것 이외에 어떠한 철학적·이론적 특성도 말해 주지 않는다. 특히 중요한 학문적·이론적 차별성을 지니고 있는 '정주학'과 '육왕학', '리학'과 '심학'을 평가하고 구분하는 데 있어 아무런 도움이 되지 않는다.[119] 따라서 넓은 의미의 심학이 아니라 좁은 의미의 심학이 심학의 본질과 특성을 보다 명확하게 드러내 준다고 말할 수 있다.

그렇다면 좁은 의미의 심학, 즉 '성리학 = 리학'으로서의 정주학에 대립되는 '심학'이란 무엇을 의미하는 것일까? 『유교대사전』의 정의에 근거할 때, '리학'(性理學)은 '성性을 최고 원리로 삼고' '객관적 사물의 이치를 궁구'(窮理)하며 '경서經書의 권위를 강조'하는 특성을 지니는 '정주학'을 지칭한다. 반면 '심학'은 '심心을 최고 원리로 삼는 육왕학'을 지칭하는바, '마음이 지니고 있는 도덕적 실천행위 능력과 주체성을 중시'하여 '궁리보다는 완성된 심으로 만사에 대처할 것'을 역설하고, '심의 권위를 경서의 권위보다 상위에 놓는 경향'을 지닌다. 이러한 심학의 특징은, 첫째 '심'을 우주의 본체로 보고, 둘째 심을 일신의 주재主宰로 보고, 셋째 모든 이치와 덕德은 심으로 귀착되고, 넷째 성현 공부는 마땅히 심에서 구해야 한다는 내용으로 요약될

---

117) 『尙書』,「大禹謨」, "人心惟危, 道心惟微. 惟精惟一, 允執厥中."
118) 네이버 백과사전에서는 '심학'은 넓은 뜻으로는 마음을 수양하는 학문으로 유교 전체를 말하기도 하나, 일반적으로는 육구연과 왕수인이 제창한 학문 즉 중국의 정주학과 대립되는 '心卽理'의 학문체계를 일컫는다고 정의하고 있다. 아울러 야후 백과사전에서도 '심학'은 인간의 주체성을 중요시하는 중국의 사상으로서 성리학과 理學에 대비된다고 정의하고 있다.
119) 김기주,「朱熹와 王守仁의 비교를 통해서 본 '퇴계심학'의 가능성」, 3쪽 참조.

수 있다.[120] 심학이란 선험적 성性(理)이 아닌 '심'을 '최고 원리'로 삼는 육왕학을 지칭하는 것으로, 도덕적 실천행위에 있어서 사람의 마음(心)이 갖추고 있는 능력과 주체성을 중시하는 입장을 취한다. 심학의 특징으로 가장 중요한 점은 리가 아닌 '심'을 '우주의 본체'로 간주한다는 것이다.

『유교대사전』의 이러한 정의에 비추어 볼 때, 퇴계심학의 가능성을 모색하는 김기주의 주장, 즉 기존의 이황이 ① 존덕성공부를 중시하였고, ② 성리학적 논의의 무게중심을 리기론에서 심성론으로 옮겼으며, ③ 평생 『심경부주』에 깊은 관심을 표명하였다는 사실로부터 퇴계학이 '심학'이란 결론이 도출되는 것은 아니라는 주장은 의미가 있다. 『상서』「대우모」의 '십육자심전'의 전통을 계승한 유학 전체를 의미하는 넓은 의미의 심학적 특성이 아닌 정주의 리학과 대비되는 육왕의 전통을 가리키는 좁은 의미의 심학적 특성('마음으로부터 직접적으로 도덕의 필연성과 능동성을 확보'하는 특성)을 긍정할 수 있을 때 비로소 퇴계학을 심학으로 규정할 수 있는데, 기존의 입장들은 그렇지 못하다는 것이다.[121]

『유교대사전』을 비롯한 심학에 대한 사전적 정의와 김기주의 주장 등에 근거해 보더라도 기존의 퇴계학을 심학으로 규정하는 주장들에는 무리가 따른다. 더욱이 이들은 퇴계학을 심학으로 규정하는 과정에서 퇴계학 전반을 대상으로 하지 않고 『심경부주』와 심성론에 국한하여 퇴계학을 다루는 경향이 있다. 이황의 심성론은 그의 리기론 체계를 토대로 하여 전개된다. 이황이 소이연지고所以然之故보다는 인간의 심성과 관련된 소당연지칙을 보다 중시하였다고는 하나,[122] 이황은 리기이원론에 근거하여 우주의 보편적

---

120) 유교사전편찬위원회 편, 『儒敎大事典』(박영사, 1990), 866~867쪽 참조.
121) 김기주, 「朱熹와 王守仁의 비교를 통해서 본 '퇴계심학'의 가능성」, 2쪽 참조.

원리·도덕적 규범으로서의 선험적 리理를 전제로 하고 있기 때문에 거경궁리居敬窮理를 중시하였던 것이다.123) 이 부분은 퇴계학이 심학이라고 주장하는 학자들도 인정하고 있다. 예컨대 안병주는 "퇴계심학의 성리설은 '리의 철학'의 철저화로 나타나며, 리의 우월성과 '리귀기천理貴氣賤'의 논리를 통해 '리의 철학'은 퇴계에게서 철저화되어 간다"124)라고 주장한 바 있다. 이동희 또한 이황의 거경의 심학은 존재론에 있어서 리기이원론적인 체계를 수용, 기보다 리를 더 높이고 강조하는 리우위관理優位觀의 주리론主理論이라고 규정하고 있다.125) 궁리를 부정하는 왕수인과 달리 이황은 리를 인식하는 궁리를 매우 중시한다. 분명 퇴계학에 있어서는 인간의 심이 아닌 리가 최고의 원리이자 우주의 본체이다. 따라서 이황이 심을 강조하고 중요시하였다 하더라도 퇴계학을 직접적으로 심학이라고 말하기는 어렵다. 더욱이 이들은 이황의 「전습록논변」에 별로 주목하지 않는다. 앞에서 살펴본 바와 같이 「전습록논변」에서 이황은 주자학의 리학을 수호하고자 하는 입장에서 그리고 철저하게 주자학의 리학적 입장에서 양명심학을 비판하고 있다. 이러한 내용을 종합할 때, 리를 최고 원리로 하는 리학 = 정주학과 대등한 대립적 범주 개념으로서의 심학, 즉 심을 최고 원리와 우주본체로 하는 심학이라는 의미에서 퇴계학을 심학이라고 말할 수 없다.

---

122) 황의동, 「퇴계철학의 理에 관한 고찰」, 『퇴계학 연구논총』 제1권, 405쪽 참조.
123) 『退溪全書』, 권6, 「戊辰六條疏」, "敬以爲主, 而事事物物莫不窮其所當然與所以然之故,……."
124) 안병주, 「퇴계의 학문관—心經後論을 중심으로」, 230~231쪽 참조.
125) 이동희, 「退溪學의 心學的 특성과 理의 의미」, 167~169쪽 참조.

3) 퇴계학이 심학이라는 주장의 문제

다만 필자는 퇴계학을 심학으로 규정하는 기존의 입장에 대해 비판적 입장을 취하면서도, 자신이 설정한 좁은 의미의 심학적 특성에 초점을 맞추어 퇴계학을 심학으로 규정하고자 하는 김기주의 주장이 타당한지 여부를 검토하고, 이를 토대로 양명심학과 퇴계심학의 차이점에 대해 밝혀 보고자 한다.

김기주는 주희가 '마음을 기'(心是氣)로 규정함으로써 성性(理)과 마음(氣)의 근원적 이질성으로 인해 도덕실천의 필연성과 능동성을 확보하지 못했다면, 왕수인은 '심즉리心卽理'의 명제를 통해 '마음으로부터 직접적으로 도덕의 필연성을 확보'하거나 혹은 '마음에 능동적인 도덕실천능력이 구비되어 있음을 인정'함으로써 주자학의 문제를 해결하고 있다고 주장한다.126) 그는 이러한 주자학과 양명학에 대한 이해를 바탕으로 좁은 의미의 심학이란 '마음으로부터 직접적으로 도덕의 필연성을 확보하는가' 혹은 '마음에 능동적인 도덕실천능력이 구비되어 있음을 인정하는가'의 여부를 통해 규정된다고 전제하면서,127) 이황의 다음과 같은 말에 주목한다.

> 리理와 기氣가 합하여 마음이 되므로(理氣合而爲心) 자연히 허령지각虛靈知覺의 신묘한 작용이 있는 것이다. 고요하여 모든 이치를 갖추고 있는 것(具衆理)이 성性이고, 이 성을 담고 있는 것이 마음(心)이며, 움직여 만사에 감응한 것(應萬事)이 바로 정情이다. 이 정을 드러내는 것 역시 마음이다. 그러므로 심통성정心統性情이라고 하는 것이다.128)

---

126) 김기주, 「朱熹와 王守仁의 비교를 통해서 본 '퇴계심학'의 가능성」, 1쪽 참조.
127) 김기주, 「朱熹와 王守仁의 비교를 통해서 본 '퇴계심학'의 가능성」, 17쪽 참조.

여기에서 김기주는 "리와 기가 합하여 마음이 된다"라는 이황의 말에 주목하고 있다. 마음은 리와 기를 겸하였기 때문에 리로서의 성과 기로서의 정을 실질적으로 연결시킬 수 있는 능력을 가지게 된다. 마음을 '기'로 규정하는 주희와 달리 이황은 마음을 '리와 기의 통일체'로 규정함으로써 마음으로부터 직접적으로 도덕의 필연적 근거를 확보하고 있다고 주장한다.[129] 그러나 이황은 "리와 기가 합하여 마음이 된다"라고 말하고, 이어서 "고요하여 모든 이치를 갖추고 있는 것이 성性이고, 이 성을 담고 있는 것이 마음이다"라고 하였다. '심즉성心卽性'이 아니라 '성즉리性卽理'로서 심은 성즉리로서의 성性을 구비하고 있는 그릇에 불과한 것이다. 이러한 입장은 왕수인의 '심즉리'와 다르고 오히려 주희의 리기심성론理氣心性論과 궤를 같이한다고 말할 수 있다.

김기주는 왕수인의 심즉리를 "선험적으로 인간에게 내재해 있는 리理가 마음의 능동적 활동에 의해 그대로 실현될 수 있음을 주장하는 명제"[130]라고 정의한다. 즉 '심즉리心卽理'는 능동성을 지닌 도덕행위주체로서의 마음이 선험적으로 '중리衆理'를 내재하고(具衆理) 이를 능동적으로 실현할 수 있다는 것을 의미하며, 도덕적 필연성을 확보하는 근거가 된다는 것이다. 그러나 왕수인의 '심즉리'는 결코 마음이 선험적으로 리를 구비하고 있다가(具衆理) 이 리를 운용한다(應萬事)는 것을 의미하지 않는다. 만일 '구중리具衆理'하여 '응만사應萬事'하는 것이라면, 이는 리를 제일 원리로 하는 주희리학 또는 주자학적 심론心論과 다를 것이 없다. 앞에서 살펴본 바와 같이, 왕수인 심즉리의

---

128) 『退溪全書』, 권18, 「答奇明彦別紙」, "理氣合而爲心, 自然有虛靈知覺之妙. 靜而具衆理, 性也, 而盛貯該載此性者, 心也, 動而應萬事, 情也. 而敷施發用此情者, 亦心也. 故曰心統性情."
129) 김기주, 「朱熹와 王守仁의 비교를 통해서 본 '퇴계심학'의 가능성」, 21쪽 참조.
130) 김기주, 「朱熹와 王守仁의 비교를 통해서 본 '퇴계심학'의 가능성」, 13쪽.

궁극적 의미는 '마음'이 우주본체이자 생명 주체로서 만물과의 감응을 통해 리를 창출하고 이를 주재하여 실현한다는 데 있다. 선험적으로 마음에 리가 내재되어 있다거나 이 내재된 리 가운데 하나가 취사선택되어 발현되는 것이 아니라, 마주한 상황에 따라 감응을 통해 마음이 '리를 창출'한다는 것이다. 따라서 "선험적으로 인간에게 내재해 있는 리"라는 김기주의 말은 비록 '심 = 리'라고 하는 측면에서 왕수인의 심즉리를 제대로 설명하고 있는 것처럼 보이지만, 실은 마음이 아닌 리가 제일 원리로서 마음에 내재된 '리 → 심'의 과정을 통해 '심 = 리'가 되는 주자학과 퇴계학의 구조에 가깝다. 왕수인의 심즉리는 오히려 마음이 우주본체로서 리를 창출하는 '심 → 리'의 과정을 통해 '심 = 리'가 되는 구조이다. 전자의 리는 선험적 본체의 리(性)이지만, 후자의 리는 마음에 의해 창출된 실천조리의 리이다. 김기주는 양명심학이 아닌 "리와 기가 합하여 마음이 된다"라고 보는 이황의 입장에서 왕수인의 심즉리를 조명했기 때문에 이러한 주장을 한 것이라 생각된다.

표현상의 차이가 있을 뿐 리理(性)와 심心의 관계에 대한 입장은 이황이나 주희나 다르지 않다. 예컨대 "고요하여 모든 이치를 갖추고 있는 것이 성이고, 이 성을 담고 있는 것이 마음이며, 움직여 만사에 감응한 것이 바로 정이다"(靜而具衆理, 性也. 而盛貯該載此性者, 心也. 動而應萬事, 情也)라는 이황의 주장이 "심은 사람의 신명이니, 모든 이치를 갖추고 만사에 감응한다"(心者人之神明, 具衆理而應萬事者也)[131]라는 주희의 주장과 무슨 차이가 있는가?[132] 양명심학에서는 마음이 리를 창출할 수 있는 반면, 이황의 경우 마음은 단지 수많은

---

131) 『孟子集註』, 「盡心章」.
132) 『朱子文集』, 권32, 「答張敬夫三十六」, "心具衆理."; 『朱子語類』, 권9, "一心具萬理. 心包萬理, 萬理具于一心." 등 참조.

선험적 당위의 규범인 리를 내재(具衆理)하고 한발 더 나아가 리를 운용할 수 있을 뿐이지 리를 창조하지는 못한다. 그러므로 주희에게 있어 마음에서 도덕의 필연적 근거를 확보할 수 없다면 이황의 경우에도 그 근거를 확보할 수 없고, 이황의 경우 마음으로부터 직접적으로 도덕의 필연적 근거를 확보할 수 있다면 주희 또한 확보할 수 있다고 말해야 한다. 결국 주희나 이황 모두 도덕의 필연적 근거는 마음이 아니라 '리'에 있는 것이며, 그 리는 주희나 이황 모두 '성性'의 형태로 마음에 구비되어 있을 뿐이다. 다만 이황이 주희의 리기론을 그대로 수용하면서도 리가 능동적인 작용성이 있다는 '리동설理動說'과 사단四端은 리가 발한 것이라는 '리발설理發說'을 주장한다는 점이 주희와 다르다고 평가되고 있다.[133] 그러나 리발理發의 경우도 이미 선험적으로 정해진 리가 발하는 것이지 리가 마음으로부터 창출되는 것이 아니다. 이러한 점은 오히려 마음이 아닌 리를 더 강화한 리학이라고 할 수 있다.

김기주는 또한 이황의 다음과 같은 말에서 심학적 특징을 찾고 있다.

사람의 마음은 체용體用을 갖추고 적감寂感을 겸하고 동정動靜을 관통하기 때문에 아직 그 사물에 감응하지 않을 적엔 적연부동寂然不動한 상태에서 뭇 이치를 다 갖추어(萬理咸具) 마음 전체가 보존되지 않음이 없으며, 그러다가도 사물이 와서 느껴 통하게 되면 모든 품절이 어긋나지 않아 마음의 큰 작용이 행하여지지 않는 것이 없다. 그러므로 정靜하여 적연한 것을 미발未發이라 하고, 동動하여 느끼는 것을 이발已發이라 한다. 사람이 천지인天地人 삼재三才에 참여하여 인극人極을 세우는 것은 이 두 단서를 벗어나지 않기 때문이다.[134]

133) 이동희, 「退溪學의 心學的 특성과 理의 의미」, 174~183쪽 참조.
134) 『退溪全書』, 권19, 「答黃仲擧」, "人心備體用該寂感貫動靜, 故其未感於物也, 寂然不動, 萬理咸

그는 이황이 '인극人極을 세운다는 것'은 '도덕적 실천' 혹은 '도덕적 가치의 실현'을 가리키는 것으로, 사람들은 '적연부동한 상태에서 뭇 이치를 다 갖추고' 있는 미발未發의 마음과 '느껴서 통하여 품절이 어긋나지 않는' 이발己發의 마음 때문에 도덕실천을 할 수 있다고 생각했다는 것이다. 이것은 결과적으로 심학의 특징인 마음으로부터 직접적으로 도덕의 필연성을 확보하거나, 마음에 능동적인 도덕실천능력이 구비되어 있음을 확인하는 것이라고 주장한다.135) 그러나 '적연부동한 상태에서 뭇 이치를 다 갖추고 있는 미발의 마음'은 주자학의 성즉리를 토대로 한 구중리具衆理한 마음을 말하는 것이지 정리定理를 부정하고 수시변역隨時變易하는 양명심학의 심을 말하는 것은 아니다. 더욱이 양명학에 있어 마음은 항상 천지만물과의 감응 과정에 있는 즉 활발발活發發한 상태에 놓여 있는바, 시간적 선후를 지닌 미발과 이발로 나누어 지지 않는다.136) 선적연先寂然한 미발(性)과 후감통後感通하는 이발(情)로 구분되는 마음은 양명학적 마음이 아니라 주자학적 마음이다.

김기주는 「주희와 왕수인의 비교를 통해서 본 '퇴계심학'의 가능성」 결론에서, 양명학과 퇴계학이 모두 '마음으로부터 직접적으로 도덕의 능동성과 필연성을 확보'하고 '마음에 능동적인 도덕실천능력이 구비되어 있음을 인정'한다는 측면에서 그들은 사실상 모두 '심학'의 공통성을 가졌다고 주장한다.137) 그러나 양명심학에 있어서는 리가 아닌 '심'(양지)이 우주본체 또

具, 而心之全體無不存, 事物之來, 感而遂通, 品節不差, 而心之大用, 無不行. 靜則寂而未發之謂也, 動則感而已發之謂也. 人之所以參三而立極者, 不出此兩端而已."
135) 김기주, 「心學, 退溪心學 그리고 『심경부주』」, 15쪽.
136) 김세정, 「왕양명의 생명 중심의 일원론적 『中庸』 해석」, 『동서철학연구』 22호(한국동서철학회, 2001), 221~224쪽 참조.
137) 김기주, 「朱熹와 王守仁의 비교를 통해서 본 '퇴계심학'의 가능성」, 23쪽 참조.

1장 퇴계 이황의 양명학 비판과 심학적 특성   91

는 최고 원리이며, 본체인 '심'은 천지만물과의 감응을 통해 실천조리로서의 리를 창출하고 실천행위를 주재한다. 반면 퇴계학에 있어서는 선험적 당위의 도덕규범인 리理가 본체이자 최고 원리로서 '구중리具衆理'로서의 성性을 마음이 구비하고 있다. 따라서 왕수인의 경우 마음이 리를 창출하기 때문에 마음으로부터 직접적으로 도덕의 능동성과 필연성을 확보한다고 말할 수 있다. 그러나 이황의 경우 리기론에서 이미 선험적 리를 설정하고 심은 중리衆理를 갖추고 있는 것으로 정의되며 또한 심발心發이 아닌 리발理發과 리동理動을 주장하는 이상, 양명학과 동일한 의미에서 "마음으로부터 직접적으로 도덕의 능동성과 필연성을 확보한다"라고 말하는 것은 다소 무리가 있다.

8. 퇴계심학과 양명심학의 다름

　지금까지 퇴계학을 심학으로 규정하려는 다양한 주장들에 대한 분석과 비판 형식을 통해 퇴계학의 특성과 퇴계심학 정립의 문제점들을 살펴보았다. 「전습록논변」에 보이는 이황의 주자학 수호를 위한 양명학 비판과 궁리의 필요성에 대한 역설 등의 내용들에 근거할 때, 퇴계학은 분명 정주학적 리학을 계승하고 있다. 더욱이 '유학 = 심학'이라는 넓은 의미의 심학이 아닌 마음을 우주본체로 한다고 하는 좁은 의미의 심학이라는 입장에서 보았을 때, 이황이 아무리 마음을 리理와 기氣의 합으로 규정했다고 하더라도 리를 최고 원리이자 우주본체로 규정하고 있는바, 퇴계학은 분명 심학이 아닌 리학(성리학)이라고 말할 수 있다. 따라서 좁은 의미의 심학적 특성에 근거하여 직접적으로 '퇴계심학'이라고 주장하는 것은 다소 무리가 있다.

분명 리학과 동일한 차원과 범주에서 리학에 대비·대응되는 의미의 심학이라고 할 때, 퇴계학은 리학이지 심학이라고 할 수는 없다. 다만 리理를 우주본체와 최고 원리로 규정하는 '리학'이라는 대범주의 하위 층차 또는 하위 범주로서의 '심학'이라는 말은 사용할 수 있다. 예컨대 앞에서 고찰한 '주자학적 심학'을 주장하는 이동희나 '도기이원론적道器二元論的 심학'을 주장하는 김종석의 경우, 본체론 차원 또는 대범주 차원에서 퇴계학이 '주자학 = 리학'이라는 전제 아래 리학이라는 대범주의 하위 범주로서의 심학이라는 의미에서 퇴계학을 '주자학적 심학' 또는 '도기이원론적 심학'이라고 말하고 있다.[138] 이들은 본체론적 차원의 리학이라는 대범주의 하위 범주로서의 심학이라는 의미를 사용함으로써 '퇴계심학'과 '양명심학'을 동일한 범주로 보는 오해를 야기하지 않는다. 다만 안병주, 홍원식, 김기주, 추제협 등과 같이 직접적으로 '퇴계심학'이라고 말하는 것은 자칫 퇴계심학과 양명심학이 마치 동일한 차원과 범주의 심학으로 오해되는 문제를 야기한다.

이러한 문제점을 바탕으로 여기서는 '양명심학'의 심학은 본체론적 차원과 대범주 차원에서의 심학을 의미하고, '퇴계심학'의 심학은 본체론적 차원인 리학의 하위 범주로서의 심학을 의미한다는 전제 아래, 양명심학과 퇴계심학의 차이점을 밝혀 보고자 한다.

퇴계학의 경우 이황이 주희와 달리 '리발理發', '리동理動', '리도理到'를 주장하여 리에 능동성을 부여하고, 심心을 리理와 기氣의 합合이라 하여 '심시

---

138) 이동희, 「退溪學의 心學的 특성과 理의 의미」, 167~169쪽 및 김종석, 『퇴계학의 이해』, 36~37쪽 참조.

기心是氣'를 주장하는 주희에 비해 상대적으로 마음에 주체성을 부여한다고 말할 수는 있다. 그러나 아무리 리가 발하고 마음이 리와 기의 합이라 하더라도, 퇴계학의 리는 분명 내 마음의 주체적 판단이나 의지 또는 정감의 작용 이전에 선험적이고 보편적인 당위의 도덕규범으로 존재한다. 즉 마음이 아닌 리가 제일 원리이자 우주본체이다. 아무리 '심心 = 리理'라 주장한다 하더라도 그 마음의 리는 중리衆理의 형태로 마음에 구비된 성性이지 마음이 창조하는 리가 아니다. 마음은 마음에 구비된 중리를 주체적으로 운용할 수 있을 뿐 창조하지는 못하며, 리발理發이라고 하는 것도 인仁·의義·예禮·지智·효孝·제悌·충忠·신信 등과 같이 이미 선험적으로 규정된 정리定理가 발동하는 것일 뿐, 마음에 의해 새롭게 창조되는 것은 아니다. 그러하기에 비록 그것이 마음에 내재된 리에 대한 궁리일지라도, 이황은 끊임없이 선험적 정리를 올바르게 인식하여 마음과 합일시키는 거경궁리居敬窮理, 즉 마음의 수양공부를 강조하고 있는 것이다. 그리고 「전습록논변」에서 양명심학에 대해 이러한 궁리를 방기·무시한다고 비판하고 있다. 따라서 퇴계학에 있어서의 '심心 = 리理'는 인간의 마음이 선험적으로 당위의 도덕규범으로서의 중리를 완벽하게 구비하고 있다가 주체적으로 중리를 운용하여 만사에 응한다고 하는 의미의 '심즉리心卽理'이다. 즉 제일 원리는 선험적 리이며, 마음은 정리로서의 리를 내재하고 있거나 인식하는 기능으로서 제일 원리가 되지 못하며 리에 대한 창조성이 없다. 그리고 리와의 합일을 말할지라도 '마음은 리에 종속되어 있다'고 할 수 있다.

"주자학적 심성수양의 의미로서의 주자학적 실천심학"(이동희), "인식론이자 도덕수양론으로 마음을 다스리는 학문"(高令印), "심체心體를 보존하고 심용心用을 응용하는 심법心法의 심학, 경敬의 심학"(김길환), "주경主敬을 통한 도덕의 실천에 그 목적을 둔 성현심학"(周月琴)이라는 주장들은 분명 퇴계학이 본체론적 차원 또는 리학과 대비되는, 리학과 대등한 차원에서의 심학이라는 것을 의미하지 않는다. 퇴계학은 본체론적 차원 또는 대범주 차원에서는 정주학 또는 리학이지만 수양론·인식론·실천론 차원에 있어서는 주자학에 비해 상대적으로 마음의 주체성과 능동성과 실천성을 인정하고 중시한다는 측면에서 심학적 특성을 지니고 있다는 것을 의미한다. 동시에 리학이라는 대범주의 하위 범주로서의 심학, 즉 '정주학적 심학', '거경적居敬的 심학'이라고 말할 수 있다는 것이다. 따라서 대범주 차원과 본체론적 차원에서 '퇴계심학' 또는 "퇴계학은 심학이다"라고 말할 수는 없다 하더라도, 리학의 하위 범주라는 차원에서 퇴계학을 '정주학적 심학', '거경적 심학'이라고 말하는 것은 퇴계학의 본질을 위배하지 않으면서도 퇴계학이 내재하고 있는 심학적 특성을 잘 드러내 준다고 평가할 수 있다.

　이러한 퇴계학과 달리 양명심학은 마음의 창조성에서 출발한다. 앞에서 살펴본 바와 같이, 왕수인은 주희의 정리定理를 비판하고 리가 아닌 마음을 우주본체 또는 제일 원리로 하는 심학을 수립하였다. 왕수인의 '심즉리'는 김기주의 주장처럼 퇴계학에서와 같이 선험적 정리를 마음이 완벽하게 내재하고 있다가 마음이 리를 주체적으로 운용한다거나 마음은 리기의 합이라는 의미에서의 심즉리가 아니다. 천지만물과의 감응 주체이자 본체인 마음은 정리를 내재하고 있지 않다. 인간의 본심은 천지만물과의 감응 과정에서 시비是非를 주체적으로 판단하고 실천의지를 발휘하며 능동적으로 실천할 수 있다. 이러한 마음으로부터 창출되는 '실천조리'가 바로 리이다. 즉 리는 감응 과정에서 마음에 의해 창출되는바, 리는 결국 마음의 발현 형태가 된다. 감응 주체인 마음이 있고 나서 감응 과정에서 마음으로부터 리가 창출되는바, '리理 → 심心'의 심즉리가 아닌 '심 → 리'의 심즉리의 구조를 지닌다. 즉 양명학에 있어 우주본체, 제일 원리는 선험적 마음이다. 마음은 천지만물과의 감응을 통해 실천조리인 리를 창조하는바, 리는 마음에 의해 창출되는 후천적 결과물에 불과하다. 따라서 선험적 정리定理를 본체로 한 주자학이나 퇴계학에서와 같이 궁리의 과정은 불필요하게 된다.

이상의 내용을 토대로 본체론적 차원의 '양명심학'과 본체론적 차원의 리학의 하위 범주로서의 '퇴계심학'의 차이점을 다음과 같이 정리해 볼 수 있다.

첫째, 무엇이 본체인가? 퇴계학은 마음 이전의 선험적 당위의 도덕규범으로서의 정리定理를 인정하는바, 마음이 아닌 리가 우주본체이다. 그러나 양명학은 선험적 정리 자체를 인정하지 않으며 인간 마음이 바로 우주본체로서, 마음은 영명한 자각적 시비 판단력(양지)과 능동적 실천력(양능)을 통합한 천지만물과의 감응 주체이자 생명 주체이다.

둘째, 마음과 리의 관계는 어떠한가? 퇴계학에 있어 '심 = 리'의 의미는 마음이 선험적 정리들을 성性의 형태로 완벽하게 구비하고 있다고 하는, '구중리具衆理' 즉 '리 → 심'의 '심 = 리'를 의미한다. 그러나 양명학에 있어서는 마음이 천지만물과의 감응 과정에서 실천조리인 리를 창출한다고 하는 의미에서의 '심 → 리'의 '심 = 리'를 의미한다.

셋째, 마음의 주체성과 능동성 문제는 어떠한가? 퇴계학에 있어 심의 주체성과 능동성은 마음의 본체론적 주체성이나 능동성이 아닌 이미 정해진 당위의 도덕규범들, 즉 중리衆理 가운데 마음이 취사선택하여 이를 운용할 수 있는, 사실상 리에 대한 주종 관계와 종속을 전제로 한 주체성과 능동성을 의미한다. 그러나 양명학에 있어서는 마음이 어떠한 준칙이나 규범에 얽매임 없이 감응에 따라 주체적으로 리를 창출하고 마음의 발현인 의지에 따라 능동적으로 실천하는 본체론적 차원의 주체성과 능동성이다.

넷째, 궁리窮理의 필요성과 지행知行의 문제이다. 퇴계학에 있어서는 당위의 도덕규범으로서의 선험적 정리定理를 전제하기 때문에 비록 마음이 완벽하게 리를 내재하고 있다 하더라도 이에 대한 인식의 과정인 궁리가 필요하며, 지행 문제에 있어서도 인간이 준수해야 하는 당위의 도덕규범에 대한 인식(知) 이후에 실천으로 이행할 수 있기 때문에, 이황은 무엇보다도 거경궁리居敬窮理를 중시하고 강조한다. 그러나 양명학에 있어서는 정리가 전제되지 않으며 천지만물과의 감응 과정에서 마음의 영명한 양지가 시비를 판단하고 실천의지를 발동하고 실천행위를 이끌어 내는바, 이것이 바로 리의 창출 과정으로서 별도의 궁리 과정이 불필요하며, 지행 또한 본체론적 차원에서 합일일 수밖에 없다.

9. 나오는 말

지금까지 주자성리학의 특성, 왕수인의 주자학 비판과 양명심학의 특성, 그리고 이황의 양명학 비판과 퇴계학의 특성에 대해 살펴보고, 퇴계학이 심학이라는 주장의 타당성은 물론 양명학과 퇴계학의 차이점에 대해 살펴보았다.

학문과 사상에 있어 전통과 권위에 대한 단순한 맹종과 교조주의적 답습 및 묵수는 곧 죽음을 의미한다. 학문과 사상은 시대의 변화와 새로운 시대 문제들을 담아내면서 끊임없이 새롭게 태어나야 한다. 새로운 탄생의 밑바탕에는 비판과 창조정신이 자리하고 있다. 공자에게서 시작된 유학사상이 수천 년간 동아시아 역사에서 생명력을 잃지 않고 주도적인 역할을 담당할 수 있었던 가장 중요한 이유 또한 전통에 대한 교조주의적 답습이나 권위에 대한 맹종이 아닌 유학사상 내부의 끊임없는 비판과 창조에 있었다. 왕수인의 주자학 비판과 이황의 양명학 비판은 맹목적 비판이 아닌 창조를 위한 발판이었으며, 이들은 비판과 창조를 통해 중세사회에서 유학사상을 발전시키며 유학의 생명력을 유지시켜 나갔던 것이다.

북송오자와 남송의 주희는 선진시대 인성론(인간론) 중심의 공맹유학을 형이상학적 우주론으로 확대 발전시킴으로써 도불의 시대에 종지부를 찍고 새로운 신유학의 시대를 개창하였다. 그러나 명대에 이르러 주자학은 인간 주체성의 상실과 실천성의 약화라는 문제를 야기한다. 이에 왕수인은 주자학 전반을 비판하고 독창적 심학사상을 수립함으로써 시대 문제를 해결하고자 하였던 것이다. 왕수인의 주자학 비판의 핵심은 마음 밖에서 리理를 찾는 주희의 격물설을 비롯하여 궁리 이후에 실천한다는 선지후행설先知後行 說과 백성들을 교화의 대상으로만 보는 신민설이 인간 마음을 외재적 리理에 종속시키고 인간을 지적 탐구에만 매달리게 함으로써 인간의 주체성과 창조성 그리고 역동적인 실천성을 상실시키는 결과를 야기한다는 데 있다. 이에 왕수인은 마음과 리를 일원화시킴으로써 주희의 주지주의적 궁리를 배격하고 인간의 주체성과 창조성을 회복시키며, 마음(양지)에 리理와 행行의 창출성을 부여하고 지행知行을 하나의 과정으로 통합함으로써 역동적인 실천성을 회복하였으며, 백성들을 명명덕과 친민의 주체로 규정함으로써 권위주의적 위계질서를 타파하고 상보적이고 유기적인 평등사회의 길로 나아갈 수 있는 발판을 마련하였던 것이다.

왕수인이 살았던 15세기 후반~16세기 초반의 중국은 주자학의 폐해가 심각했다면, 이황이 살던 16세기 조선은 정주학적 유학이 정치이념(관학)으로서 조선 정통 성리학으로 확고하게 확립되어 있었으며 학술적으로 주자학이 꽃을 피우던 시기였다. 4대 사화로 인해 불의不義가 판을 치는 시대의 아픔을 경험한 이황은 오히려 당시의 정학正學, 즉 학문 연구의 절대적 기준을 제시해 주는 정주학에 전념함으로써 정도正道를 수립하고, 정주학을 지키기 위한 '위도衛道'의 입장에서 정주학에 위배되거나 이를 위협하는 이학을 비판·배척하는 것(破邪顯正)을 시대적 사명으로 삼았다. 이황은 「전습록논변」에서 선험적 정리를 부정하고 궁리를 무시하는 왕수인의 심즉리설心卽理說, 도덕적 차원의 지행을 감각적 차원(形氣)의 지행합일과 동일한 것으로 간주하는 왕수인의 지행관, 그리고 리에 대한 배움과 교육(교화)의 신민을 친민으로 규정한 왕수인 친민설에 대한 전방위적 비판을 통해 주희의 격물궁리설과 선지후행설 및 신민설의 타당성을 강력하게 옹호·변론함으로써 주자학 수호의 목적을 달성하고자 하였던 것이다.

비록 이황이 「전습록논변」을 통해 양명학을 전방위적으로 비판하면서 주자학을 옹호하였지만, 그렇다고 이황이 단지 주자학을 교조주의적으로 답습하거나 맹목적으로 묵수한 것은 아니다. 한편으로는 리동설理動說과 리발설理發說 등을 통해 주희와 달리 리에 능동성을 부여하여 리의 철학을 더욱 심화·발전시킨 반면, 다른 한편으로는 최근 "퇴계학이 심학이다"라는 주장에서 볼 수 있듯 주자학과 다른 발전된 모습을 보여 준다. 양명심학과 동일한 의미의 심학이라고 할 수는 없지만, 퇴계학은 주자학과 달리 소이연지고보다는 소당연지칙을 중시하고, 경敬을 지향하는 존덕성공부를 중시하며, 성리학적 논의의 무게중심을 리기론에서 심성론으로, 세계에서 인간으로 옮겨 놓고, 마음에 주재적 통섭성을 부여하며, 마음을 리기의 합合으로 규정하고, 도덕실천을 중시하는 등 심학적 요소를 상당히 내포하는 심학적 경향으로 나아간 것 또한 사실이다. 이러한 점은 이황이 한편으로는 궁리를 부정함으로써 주관주의로 경도될 수 있는 양명학의 폐단을 비판하면서, 한편으로는 자신이 의도했든 의도하지 않았든 왕수인의 주자학 비판의 핵심 문제인 인간의 주체성과 실천성의 약화라는 문제를 해결하기 위한 노력의 과정에서 마음과 실천을 강조하는 등, 심학적 요소가 창출되고 심학적 경향이 강해졌다고 할 수 있다. 이로써 퇴계학은 주자학을 바탕으로 하면서도 주자학의 문제점들을 극복하면서 주자학과 다른 독창적 퇴계학으로 발전하였다고 평가된다. 퇴계학의 이러한 특성은 이후 한국 성리학이 리기론 중심의 중국 성리학과 달리 인성론과 인간론 중심의 성리학으로 발전해 나갈 수 있는 기틀로 작용하였다.

비록 이황이 주희에 비해 마음을 중시하고 도덕실천을 강조하였다 하더라도 리를 최고 원리로 하는 리학＝정주학과 대등한 대립적 범주 개념으로서의 심학 즉 심을 최고 원리와 우주본체로 하는 심학이라는 의미에서 퇴계학을 심학이라고 할 수 없다. 다만 '양명심학'은 본체론적 차원의 심학을 의미하지만, '퇴계학'은 본체론적 차원에서는 리학이나 리학의 하위 범주의 심학이라는 의미에서 '퇴계심학'이라고 할 수는 있다. 양명심학은 마음이 우주본체이며 마음이 실천조리인 리를 창출한다고 하는 의미에서 '심心 → 리理'의 '심＝리'이다. 마음은 어떠한 준칙이나 규범에 얽매임 없이 주체적으로 리를 창출하고 능동적으로 실천하는 본체론적 차원의 주체성과 능동성을 지니기 때문에, 별도의 궁리 과정이 불필요하고 지행 또한 본체론적 차원에서의 합일이다. 그러나 퇴계학에서는 리가 우주본체로서, 퇴계심학의 근거로 주장되는 '심＝리'의 의미는 마음이 선험적 정리들을 성性의 형태로 완벽하게 구비하고 있다고 하는 '구중리具衆理', 즉 '리→심'의 '심＝리'를 의미한다. 마음은 구비된 중리衆理를 취사선택하고 운용(具衆理應萬事)할 수 있다는 의미에서 리에 대한 주재성을 갖기는 하지만 리에 대한 창출성은 없다. 인간이 따라야 하는 당위의 도덕규범들은 이미 선험적으로 존재하며 또한 인간의 마음에 구비되어 있다. 인간에게는 이 규범들을 잘 운용할 수 있는 도덕적이고 능동적인 마음이 있는바, 단지 마음에 대한 수양공부, 즉 거경궁리를 통해 이 규범들을 자각해서 실천으로 이행하면 될 뿐, 스스로 도덕규범들을 창조할 수도 없고 창조해서도 안 된다.

정주리학은 당시 이황을 비롯한 성리학자들 자신이 따르고 실천하고 지켜야 하는 불변의 지극한 삶의 표준이자 당위의 도덕규범이었다. 그런데 선험적인 당위의 도덕규범(定理)을 부정하고 리가 아닌 마음을 우주본체로, 그리고 리를 최고 원리가 아닌 단지 마음으로부터 창출되는 실천조리로 규정하는 양명심학은 이러한 정주리학을 위협하는 사상일 수밖에 없었다. 이에 이황은 정주리학을 수호하기 위해 「전습록논변」을 저술하여 양명학을 이단사설로 배척했던 것이다. 이러한 이황의 양명학 비판과 배척은 이황에서 끝나지 아니하고 이황 문하의 이정李楨(1512~1571), 조목趙穆(1571~1563), 이덕홍李德弘(1541~1596), 유성룡柳成龍(1542~1607) 등과 유성룡의 제자 정경세鄭經世 등으로 이어짐은 물론, 조선조 후기에 이르러 김창협金昌協(1651~1708), 한원진韓元震(1682~1751), 이진상李震相 등에 의해서도 계속된다.[139] 이러한 이황

---

139) 琴章泰, 「退溪門下의 陽明學 이해와 비판」, 『陽明學』 2호(1998), 23~52쪽 참조.

과 이황 문하를 비롯한 조선 성리학자들에 의한 양명학 비판과 배척의 분위기는, 중국이나 일본에서 양명학이 상당히 융성하였던 것과 다르게, 주자학 일색으로 경도되어 학자들이 겉으로 드러내 놓고 양명학을 연구하지 못함으로써 양명학이 성리학과 대등한 관계에서 하나의 학파로 융성하지 못하는 결과를 야기한다.

2장 우계 성혼의 거경궁리의 심학사상

1. 들어가는 말

조선조 사육신 가운데 한 사람인 매죽헌梅竹軒 성삼문成三問(1418~1456)의 후예인 우계牛溪 성혼成渾(1535~1598)은 가학家學으로서의 도학적 전통을 몸소 실천한 사상가이다. 성혼은 실천적 사상가이기 때문에, 퇴계退溪 이황李滉, 율곡栗谷 이이李珥(1536~1584), 고봉高峯 기대승奇大升(1527~1572) 등 당시 유명한 유학자들과 달리 리기론과 심성론 등에 관한 철학적인 글을 많이 남겨 놓지 않았다. 철학적인 글로는 이이와 사단칠정四端七情・인심도심人心道心에 관한 논변이 대표적인데, 이마저도 성혼의 7・8・9번째 편지가 산일되어 전해지지 않는다. 성혼이 리기심성론, 특히 리기론에 대해 많은 글을 남기지 않은 이유는 그의 「의등대계사초이조擬登對啓辭草二條」라는 글에서 찾아볼 수 있다.

이 글에서 성혼은 성리설에 대해서는 이미 선유들이 모두 밝혀 놓았기 때문에 이에 대해 계속 논의하는 것은 무의미하다는 입장을 분명하게 피력하고 있다. 문제가 되는 것은 성리설에 대한 이론적 탐구가 아니라 '진심眞心의 확립' 여부라는 것이다. 진심의 확립은 독서・정치・교화의 근간이 된다. 진심은 바로 본원을 배양하고 마음을 비우는 '양심養心'의 방법을 통해 확립될 수 있다는 것이다.[1] 이러한 입장에서 성혼은 리기심성론에 대한 철학적이고 이론적인 글을 남기는 데 주력하기보다는 진심을 확립하고 이를 실천하는 데 주력한 것으로 보인다. 이러한 점에서 성혼의 '심학적 요소'와 '심학화 가능성'을 엿볼 수 있다. 더욱이 우계학파에서 육왕학군陸王學群으로 분류되고 있는 상촌象村 신흠申欽(1566~1628), 포저浦渚 조익趙翼(1579~1655), 지천遲川 최명길崔鳴吉(1586~1647), 계곡谿谷 장유張維(1587~1638), 하곡霞谷 정제두鄭齊斗(1649~1736) 등이 배출되고, 탄옹炭翁 권시權諰(1604~1672), 명재明齋 윤증尹拯(1629~1714), 서계西溪 박세당朴世堂(1629~1703)의 경우에도 육왕학적 경향이 없지 않다고 평가되고 있는바,[2] 이 또한 성혼의 심학화 가능성을 엿볼 수 있는 단서가 되기도 한다.

성혼에 대한 선행 연구물을 분석해 보면, 대체로 이이와의 '사단칠정'·'인심도심'에 관한 왕복 서한에 대한 분석을 중심으로 성혼의 리기심성론에 대한 연구가 주를 이루고 있다.[3] 아직까지 성혼 사상에 내재된 심학적 요소를 탐색하거나 성혼 사상의 심학화 가능성을 모색한 논문은 보이지 않는다.

---

1) 『牛溪集』續集, 권2, 「擬登對啓辭草二條」, 167쪽 참조. 『牛溪集』의 쪽수는 한국문집총간의 쪽수이다. 이하 원문 번역은 『국역 우계집』(성백효 옮김, 민족문화추진회)의 내용을 따랐다.

2) 황의동, 「우계학의 전승과 그 학풍」, 『우계 성혼의 학문과 사상』(우계문화재단, 이화, 2009), 150쪽 참조.

3) 『우계 성혼의 학문과 사상』(우계문화재단, 이화, 2009)의 부록 「우계 성혼 연구자료 목록」에는 107편의 성혼 관련 연구논문 목록이 수록되어 있다. 이 가운데 철학 관련 논문은 「우계의 사단칠정설에 대한 재조명」, 「율곡과 우계의 성리학 논변」, 「성혼과 이이의 이기론」, 「율곡과 우계의 사단칠정논변」, 「牛栗인심도심설의 비교적 연구」, 「성 우계의 理氣一發說」, 「우계와 율곡의 심성론 연구」 등과 같은 제목이 대다수를 차지하고 있다. 그 내용 또한 이이와의 왕복서한을 중심으로 한 이이와의 비교논문이나 성혼의 리기심성론에 대한 연구가 대부분이다.

그 이유 가운데 하나가 이이와의 왕복서한에 국한하여 성혼의 사상을 다룬 데 있다고 보인다. 조선조 주요 3대 논쟁인 '사단칠정논쟁四端七情論爭', '인심도심논쟁人心道心論爭', '인물성동이논쟁人物性同異論爭'은 모두가 주자성리학의 범주 안에서 진행된 논쟁이기 때문에 이이와 성혼 사이에 전개된 두 논변의 내용 또한 주자성리학의 범주를 벗어나지 않는다. 따라서 이 왕복서한의 내용만으로는 성혼의 사상에 내재된 심학적 요소와 특성들을 제대로 밝혀 내기가 어렵다. 오히려 성혼이 쓴 수 편의 장소章疏에서 성혼 사상의 심학적 요소들을 쉽게 발견할 수 있다.

여기에서는 왕복서한보다는 성혼이 쓴 장소들에 대한 분석을 통해 성혼 사상에 내재된 심학적 요소들을 탐구할 것이다. 아울러 성혼의 마음과 관련된 다양한 주장들, 예컨대 '허심순리虛心順理(從善)', '만리함비萬理咸備', '연구중리研究衆理', '거경居敬의 심법心法' 등에 대한 분석을 토대로 성혼 사상의 심학적 특성을 밝혀 보고자 한다. 특히 성혼 사상의 심학적 요소와 특성들을 인정할 때 성혼의 사상이 양명심학과 퇴계심학이라는 넓은 스펙트럼 안에서 어디에 위치하는지를 가늠해 보고자 한다.

2. 천지의 생물지심이 곧 사람 마음

성혼의 사상을 '심학'으로 볼 수 있는가 하는 문제에 있어 중요한 관건 중에 하나는 '인간과 천지만물의 관계' 및 '인간의 마음을 어떻게 규정하고 있는가?' 하는 것이다. 성혼은 먼저 「사소명소辭召命疏」에서 '사람 마음'(人心)

은 '천지가 만물을 낳는 마음'(天地生物之心)에 근원하는 것임을 다음과 같이
밝히고 있다.

> 사람이 태어날 때에 천지가 만물을 낳는 마음을 얻어서 마음으로 삼기 때문
> 에 따뜻하게 사람을 사랑하고 만물을 이롭게 하는 마음을 그만둘 수 없는
> 것이니, 이는 억지로 조작하는 것이 아니요, 바로 천성에 근원하여 측은지
> 심惻隱之心의 실제에 드러나 그만둘 수 없는 것입니다. 이 때문에 선비가 집
> 안에 행실을 닦아 천하와 국가에까지 미치는 것이니, 장차 이 마음을 미루
> 어서 남에게 미치고자 하는 것이요 홀로 자기 몸을 선善하게 하고자 할 뿐
> 만이 아닙니다.4)

천지의 위대한 공능功能은 바로 만물을 창생하고 양육하는 것이다. 이러
한 천지가 만물을 낳는 마음은 생명력이 없는 선험적인 이법이 아니라 바로
지금 이 순간 만물을 잉태하고 양육하는, 살아 숨 쉬는 '생명'이요 역동적
'생명력'이다. 이것이 바로 도道요 심心이다. 도와 심은 형이상자와 형이하자
로 이원화되어 있는 것이 아니라 도가 곧 심이요 심이 곧 도인 일원적 체계
를 지닌다. 인간은 이러한 천지가 만물을 창생·양육하는 마음을 자신의 마
음으로 삼는다는 것이다. 사람의 마음이 곧 '천지가 만물을 낳는 마음'이다.
사람 마음은 단지 리理로서의 성性을 담고 있는 그릇(器)이 아니라 그 자체가
전우주적인 생생生生한 도道요 생명의 주체이다. 이러한 마음을 지니고 있기
때문에 인간은 이기적 존재가 될 수도 없으며 되어서도 안 된다. 인간은

---

4) 『牛溪集』, 권2, 「辭召命疏」, 17쪽, "夫人之生也, 得天地生物之心以爲心, 故溫然愛人利物之心
有不能已, 非有所作爲也, 乃根於天而著於惻隱之實, 有不容已也. 是故士修之於家而達於天下國
家, 將欲推是心以及於物也, 非欲獨善其身而已也."

선천적으로 천지가 만물을 낳는 마음을 소유하고 있기 때문에 다른 사람을 사랑(愛人)하고 만물을 이롭게(利物) 할 수 있는 것이다. 이 마음은 따뜻하고 살아 있는 마음으로서 현실 속에서는 측은지심惻隱之心과 같은 형태로 드러난다. 그리고 사람의 마음이 곧 천지가 만물을 낳는 마음이기 때문에 수신修身과 독선기신獨善其身 또한 단지 개체의 수양에만 목적이 있거나 개체의 수양에서만 끝나는 것이 아니다. 이는 제가齊家하고 치국治國하는 데 목적이 있을 뿐만 아니라 평천하平天下로 귀결된다. 즉 인간은 천지가 만물을 낳는 마음을 자신의 마음으로 부여받았기에 천지만물의 중추적 존재가 될 수 있으며, 또한 평천하의 사명을 부여받게 된 것이다.

'천지가 만물을 낳는 마음'(天地生物之心)은 『주역』과 『중용』 및 명도明道 정호程顥(1032~1085)와 양명陽明 왕수인王守仁으로 이어지는 유기체적 세계관과 심학의 근간이 되기도 한다. 『주역』에서는 "천지의 위대한 덕德을 생生이라 한다", "낳고 또 낳는 것을 역易이라 한다"[5]라고 하면서 '천지의 마음'과 '천지의 정情'[6]을 말하고 있다. 이 마음이 곧 '천지가 만물을 낳는 마음'으로서, 『주역』에서는 자연을 기계적 물체가 아니라 목적 지향적 생명체로 이해하고 있다. 『중용』 또한 "천지가 만물을 화육한다", "하늘이 만물을 생성한다", "천지가 서고 만물이 길러진다"[7]라고 하여, 천지만물을 유기적인 생명체로 인식하고 있다. 나아가 『주역』에서는 "한 번 음陰하고 한 번 양陽하는 것을 일러 도道라 한다. 이것(道)을 계승하는 것이 선善이며, 이것을 담고 있는 것이 성性이다"[8]라고 한다. 우주자연의 변화가 '생명을 낳고 기름'(生育)을

---

5) 『周易』, 「繫辭上傳」, 1장, "天地之大德曰生."; 5장, "生生之謂易."

6) 『周易』, 復卦 「象傳」, "復 其見天地之心乎."; 咸卦 「象傳」, "天地之情 見矣."

7) 『中庸』, 22장, "天地之化育."; 17장, "天之生物."; 1장, "致中和, 天地位焉, 萬物育焉."

8) 『周易』, 「繫辭上傳」, 5장, "一陰一陽之謂道. 繼之者善也, 成之者性也."

그 본질(道)로 한다면, 이러한 우주자연의 생명성을 계승하는 행위가 바로 선이며, 우주자연의 존재원리이자 도덕법칙인 천도天道가 내재된 것이 바로 '인간의 본성'(性)이라는 것이다.9) 즉 인간의 생명원리와 생명본질의 근원을 바로 '천지의 생물지심'에 두고 있는 것이다. 『중용』 또한 자연의 생명본질(天道)을 '성誠'으로 규정하고, 이러한 성을 실천으로 이행하는 '성지誠之'를 인간의 생명본질(人道)로 규정하고 있다.10) '성誠'이 유기체적 세계의 자기ー생성원리이자 생명력이라면, 인간은 이러한 성을 자신의 생명본질로 하여 자신은 물론 여타 존재물들의 생명을 온전히 유지시켜 주면서 만물과 한 몸(一體)이 될 수 있는 계기를 마련한다.11) 『주역』과 『중용』에서는 만물을 생육하는 천지의 활발발한 생명력(天地之心)을 인간의 생명본질로 규정하고 있는바, '천天'과 '심心'과 '성性'이 곧 하나가 된다. 따라서 '성性'은 곧 사람 마음에 담겨 있는 무작위無作爲·무계탁無計度·무사려無思慮하는 형이상학적 소이연지고所以然之故·소당연지칙所當然之則이 아니라, 그 자체가 역동적인 생명력으로서 성性이 곧 심心이요, 심이 곧 성인 일원적 체계를 지닌다. 사람 마음의 근거를 '천지가 만물을 낳는 마음'에서 찾는 성혼의 주장에는 이러한 『주역』과 『중용』의 유기체적 세계관과 심학적 요소가 잘 반영되어 있다.

이러한 선진유학에서 보이는 유기체적 세계관과 심학적 요소는 송·명대에 이르러 정호와 왕수인에 의해 보다 심화 발전된다. 정호는 인간을 포함한 세계는 '만물일체萬物一體', 즉 하나의 유기적인 생명체이며, 유기적인

---

9) 최영진, 『유교사상의 본질과 현재성』(유교문화연구소, 2002), 117~135쪽 참조.
10) 『中庸』, 20장, "誠者, 天之道也, 誠之者, 人之道也."
11) 『中庸』, 25장, "誠者, 自成也, 而道, 自道也. 誠者, 物之終始, 不誠無物, 是故君子誠之爲貴. 誠者, 非自成己而已也, 所以成物也, 成己, 仁也, 成物, 知也, 性之德也. 合內外之道也, 故時措之宜也."

생명체는 자체의 생명원리인 '도道'(理)를 내재하고 있다고 보았다.12) 이 세상에 존재하는 모든 것들은 도의 현현顯現으로, '도가 곧 사事'인 일원적 체계를 지닌다.13) 이 도는 작용하지 않는 형이상학적인 원리가 아니라 만물을 끊임없이 창생·양육하는 우주자연의 자기-조직성이자 생명력이다.14) 이러한 도를 통해 탄생한 만물은 각기 강한 생명 의지(春意·生意)를 내재하고 있으며, 생명 의지는 '인仁'을 통해 가장 잘 드러난다. '인仁'은 인간과 천지만물을 하나의 생명체로 연결해 준다.15) 사람은 바로 이러한 인을 자신의 생명본질로 삼는다. 이에 정호는 "학자는 모름지기 인을 체득해야 한다. 인이란 혼연히 만물과 일체一體가 되는 것으로, 의義·예禮·지智·신信이 모두 인仁이다.…… 천지의 작용은 모두 나의 작용이다"16)라 하고, 또한 "인자仁者는 천지만물을 일체로 여기니, 자기 아님이 없다. 천지만물이 바로 자기임을 체득한다면, 어느 것인들 이르지 못하겠는가?…… 널리 베풀어서 대중을 구제하는 것(博施濟衆)이 바로 성인聖人의 공용功用인 것이다"17)라고 하였다. 사람은 곧 인심仁心의 발현을 통해 진정으로 천지만물과 하나가 될 수 있는 것이다.

이러한 정호의 만물일체의 심학적 요소를 잘 계승한 왕수인은 "사람이

---

12) 『二程全書』,「遺書二上」, "有道有理, 天人一也, 更不分別.";"所以爲萬物一體者, 皆有此理."
13) 『二程全書』,「遺書四」, "道之外無物, 物之外無道, 是天地之間無敵而非道也."
14) 『二程全書』,「遺書二上」, "生生之謂易, 是天之所以爲道也, 天只是以生爲道."
15) 『二程全書』,「遺書六」, "觀天地生物氣象.……靜後見萬物自然皆有春意.";「遺書十一」, "天地之大德曰生. 天地絪縕, 萬物化醇, 生之謂性, 萬物之生意最可觀. 此元者, 善之長也, 斯所謂仁也. 人與天地一物也."
16) 『二程全書』,「遺書二上」, "學者須先識仁. 仁者渾然與物同體, 義禮智信皆仁也.……天地之用皆我之用."
17) 『二程全書』,「遺書二上」, "仁者以天地萬物爲一體, 莫非己也. 認得爲己, 何所不至?……故博施濟衆, 乃聖人之功用."

란 천지의 마음으로 천지만물은 본래 나와 한 몸이다"[18]라고 주장하면서, 사람이 천지만물의 마음이 될 수 있는 근거를 '인심仁心'에서 찾고 있다. 예컨대 "대인大人은 천지만물을 한 몸으로 여기는 사람인지라, 천하를 한 집안처럼 보고, 나라 전체를 한 사람처럼 본다.…… 대인이 천지만물을 한 몸으로 여길 수 있는 것은 그것을 의도해서가 아니라, 그 마음의 인仁이 본래 그와 같아서 천지만물과 더불어 하나가 되는 것이다.…… 그러한 까닭에 어린아이가 우물에 빠지려는 것을 보면 반드시 두려워하고 근심하며 측은해하는 마음(怵惕惻隱之心)이 일어나는데, 이것은 그의 인仁이 어린아이와 더불어 한 몸이 된 것이다."[19] 인간은 선천적인 '만물일체萬物一體의 인심仁心'이 있기에 천지만물과 하나가 될 수 있다는 것이다. 따라서 인심은 한 개체로서의 인간의 마음으로 국한되는 것이 아니라 인간과 천지만물을 하나의 생명체로 연결시켜 주는 선천적이고 본원적인 전우주적 마음으로 확대된다. 그리고 천지만물이 한 몸으로 이루어진 세계는 단순히 형이상학적 관념의 세계가 아니라 인심을 통해 사실적으로 느끼고 감응할 수 있는 사실적 세계이다. 인간의 '만물일체의 인심仁心'은 바로 인간이 천지만물의 생명 손상을 자신의 아픔으로 느끼는 '통각의 주체'인 것이다.[20]

정호와 왕수인이 '인심仁心'을 인간과 천지만물을 하나로 연결해 주는 인간 마음의 생명력으로 규정하듯, 성혼 또한 '천지가 만물을 낳는 마음'을 사람의 인심으로 규정한다.

---

18) 『傳習錄』 中, 「答聶文蔚」, 179조목, "夫人者, 天地之心, 天地萬物, 本吾一體者也."
19) 『王陽明全集』, 권26, 「大學問」, "大人者, 以天地萬物爲一體者也, 其視天下猶一家, 中國猶一人焉.……大人之能以天地萬物一體也, 非意之也, 其心之仁本若是, 其與天地萬物而爲一也.……是故見孺子之入井, 而必有怵惕惻隱之心焉, 是其仁之與孺子而爲一體也."
20) 김세정, 『왕양명의 생명철학』(청계, 2006), 175쪽 참조.

만물을 낳아 주는 마음이 하늘과 땅 사이에 충만한데, 사람이 이 마음을 얻어서 어진 마음(仁心)으로 삼았습니다. 그러므로 측은해하는 마음이 두루 흐르고 통하여 갓난아이가 우물 속으로 빠지는 것을 보면 깜짝 놀라는 마음이 저절로 생기며 길에 굶어 죽은 시체가 있으면 음식을 먹어도 입맛이 좋지 않은 것입니다. 참다운 한 생각이 안으로부터 동하여 마치 샘물이 처음 솟아 나오듯이 한다면 백성을 기르는 정사가 깊은 자애와 두터운 사람에서 근본하여 백성들로 하여금 각각 살 곳을 얻게 해서 사람을 사랑하고 물건을 이롭게 하려는 나의 마음을 채우게 될 것이니, 이는 남이 권면하고 감독함으로 말미암아 겨우 그 책임에 부응하려고 하는 것이 아닙니다. 이와 같다면 전하께서 어찌 급하게 여기지 않으시어 마음을 다할 것을 생각하지 않으실 수 있겠습니까?[21]

하늘은 만물을 내주는 것을 마음으로 삼는데, 사람은 이것을 얻어 마음으로 삼았기 때문에 사람을 사랑하고 물건을 이롭게 하려는 마음이 가슴속에 충만하여 어린아이가 우물로 들어가려 하면 놀라고 두려워하는 마음이 저절로 생겨나며, 길에 굶어 죽은 시체가 있으면 음식을 먹어도 맛이 없는 것입니다. 그리하여 사람마다 각각 살 곳을 얻게 하려고 하니, 이는 바로 진실하고 간절한 양심이며 본체가 드러난 것이어서 저절로 그칠 수가 없어 큰 욕망을 미루어 확충하는 것이요, 권면하고 감독함으로 말미암아 애오라지 자신의 책임을 면하려는 것이 아닙니다.[22]

---

21) 『牛溪集』, 권3, 「庚寅封事」, 62쪽, "夫惟生物之心块然充塞于兩間, 人得此心以爲心. 故惻隱之端, 周流貫徹, 赤子入井而怵惕自生, 道有餓殍而所食不美. 一念之眞自內而動, 如泉之達, 則其所以養民者. 本於深仁厚愛, 而使之各得其所, 而充吾愛人利物之心耳, 非由勸勉程督而聊欲應其責也. 夫如是則, 殿下安得不以爲急, 而思所以盡其心哉."

22) 『牛溪集』, 권3, 「上王世子箚」, 69쪽, "天以生物爲之心, 而人得之以爲心, 故块然愛人利物之心充溢於中, 赤子入井而怵惕自生, 道有餓莩而所食不美. 欲使人人各得其所者, 乃良心之眞切, 本體之呈露, 不能自已, 而推擴其所大欲耳, 非由勸勉程督而聊欲塞其責也."

사람은 천지가 만물을 낳는 마음을 얻어서 그것을 자신의 '인심'으로 삼는다는 것이다. 정호와 왕수인이 인심을 인간과 천지만물이 한 몸이 될 수 있는 근거로 삼은 바 있듯, 여기서도 인심은 천지만물과 인간이 한 몸이 될 수 있는 근거가 된다. 사람은 누구나 자신의 인심을 매개로 천지만물과 한 몸이 되기에 타인을 사랑(愛人)하고 타물을 이롭게(利物) 할 수 있는 것이다. 인심은 곧 왕수인이 말하는 측은지심과 같은 통각 작용으로 드러나게 된다. 예컨대 인심이 있기에 갓난아이가 우물에 빠지려는 순간을 목격하게 되면 그 순간 그 아이가 죽거나 다칠까 걱정되어 깜짝 놀라 두려워하는 마음이 발동하게 되고, 굶어 죽은 시체를 보면 그 죽음이 슬프고 안쓰러워 음식을 먹지 못하고 입맛이 없게 된다. 이러한 인심은 참다운 일념으로 발동하여 종국에는 양민(養民)으로 귀결된다. 이는 밖으로부터 주어지거나 강요되는 것이 아니라, 내적인 자발성에서 기인한 것, 즉 진실하고 절실한 양심 본체가 밖으로 드러난 것에 불과하다. 여기서 성혼은 인간 마음의 근원을 역동적인 천지가 만물을 낳는 마음에 두고 인간이 천지만물과 한 몸이 될 수 있는 근거를 보편적 형이상자로서의 리(理)가 아닌 역동적이고 주체적인 인심에 두고 있는바, 이는 성혼의 사상에서 보이는 심학적 요소라고 말할 수 있다.

3. 진심의 중시와 존심·치심의 요체

사람은 천지의 생물지심(生物之心)을 얻어서 자신의 '인심'으로 삼는다는 주장과 더불어 '실심實心'과 '진심眞心'에 대한 강조는 성혼에게서 보이는 또 하나의 심학적 요소라고 할 수 있다. 성혼은 「신사봉사辛巳封事」와 「의등대계사초이조擬登對啓辭草二條」에서 실심과 진심을 확립할 필요성에 대해 다음과 같이 주장하고 있다.

대체로 정자와 주자 이후로 강학이 밝게 구비되었으니 의리義理를 설명함에 부족함을 염려할 것이 없고 오직 걱정되는 것은 실심實心을 세우지 못하여 근본이 견고하지 못한 것뿐입니다. 진심眞心을 이미 세우고 힘을 다해 앞으로 전진한다면 성현의 한마디 말씀을 평생토록 수용하여도 남음이 있습니다. 만일 그렇지 않으면 비록 성명性命의 진리를 높이 담론하고 현묘한 진리에 들어간다 하더라도 자신의 몸과 마음에 무슨 상관이 있겠습니까?23)

대체로 오늘날 선유들의 성리性理를 밝히는 공부가 모두 구비되어 있으니, 의리를 밝힘에 어찌 부족함을 염려하겠습니까? 염려되는 것은 오직 진심일 뿐입니다. 진심이 이미 확립되어 있다면 비록 한 구절을 읽더라도 평생토록 쓰고도 남아 정치와 교화에 이것으로 말미암아 나올 것입니다. 그러나 만일 확실한 뜻이 없이 범범하게 여러 책을 널리 보기만 한다면 비록 경전을 모두 독파한다 하더라도 자신의 몸과 마음에 무슨 도움이 되겠습니까?…… 본원을 배양하고 마음을 비워 자신에게 절실한 공부를 하는 데 있어서는 실로 절실하고도 요긴하니, 비단 마음을 수양하는 대법大法이 될 뿐만 아니라 기운을 기르고 섭생攝生하는 데도 중요한 지침이 될 것입니다.24)

---

23) 『牛溪集』, 권2, 「辛巳封事」, 27쪽, "大抵程朱以後講學明備, 義理不患其不足, 而所患者實心不立, 根本未固耳. 眞心其立, 竭力向前, 則聖賢一語, 爲終身受用而有餘. 苟爲不然, 雖高談性命, 妙入玄微, 於吾身心, 有何干涉."

24) 『牛溪集』 續集, 권2, 「擬登對啓辭草二條」, 167쪽, "大抵今日先儒明理之功必備, 義理何患其不足. 所患者眞心耳. 眞心旣立, 則雖讀一句, 爲平生受用而有餘, 治化由玆而出. 苟無其志, 泛然博觀, 雖讀盡經傳, 而與吾身心, 有何干涉.……然於培養本原, 虛心切己之功, 實爲切要, 非但爲養

정자(程顥와 程頤)와 주희는 물론 그 이후 수많은 학자들의 강학에 의해 의리에 대한 이론정립이 이미 완비되었기 때문에 이제는 앎(知)이 문제가 아니라 실천(行)이 문제로, 실천의 주체인 '실심' · '진심'을 확립하는 것이 무엇보다도 중요한 선결 과제라는 것이다. 진심을 확립하여 의리를 실천하는 것이 무엇보다 중요한 시점으로, 만일 진심을 확립해서 의리를 실천하지 않는다면 의리성명義理性命에 대한 앎은 무의미하게 된다. 반드시 의리를 실천할 수 있는 진심을 수립하여 정치와 교화에 활용해야 한다. 그리고 의리에 대한 앎 또한 진심(실심)이 먼저 확립되어 있어야 참된 앎에 도달할 수 있으며, 진심이 확립되지 않은 상태에서의 독서궁리는 아무런 득이 되지 않는 공허하고 무의미한 일이 된다고 주장하고 있다. 진심의 확립은 실천만이 아니라 참된 앎을 추구하는 데 있어서도 선결 조건이 된다는 것이다. 여기서 성혼은 왕수인처럼 마음이 의리를 창출할 수 있다고 하는 주장으로까지 나아가지는 않았지만, 진심(실심)을 앎과 실천의 주체로 강조하고 앎과 실천의 주체로서의 진심의 확립을 가장 중요한 선결과제로 제시함으로써 마음을 주체로 보는 심학적 경향을 충분히 내재하고 있다. 윤증을 비롯한 일군의 우계학파에서 실심을 매우 중시하고 있는 경향[25] 또한 성혼의 이러한 진심 · 실심 중시와 무관하지 않다.

진심의 확립을 지知와 행行의 선결 요건으로 삼는 성혼은 나아가 마음을 보존하고 다스리는 '존심存心'과 '치심治心'의 방법을 다양하게 제시한다. 먼저 「신사봉사」에서는 치심의 방법에 대해 다음과 같이 말하고 있다.

心之大法, 兼亦是養氣攝生之至訣也."
25) 황의동, 「우계학의 전승과 그 학풍」 및 김경수, 「우계학파의 형성과 그 특징」, 『우계학보』 제28호(우계문화재단, 2010), 30~31쪽 참조.

처음 배우는 요점은 반드시 먼저 그 큰 것을 확립하여야 합니다. 몸과 마음을 수습하고 정신을 보존하여 마음을 전일專─하게 하고 응집하여 뜻과 기운이 항상 맑아지고 의리가 밝게 드러나도록 하여야 하는데, 이는 공자와 맹자 이래로 제일의 법문입니다.26)

성혼은 먼저 맹자가 말한 "먼저 그 큰 것을 확립하라"(先立乎其大)27)는 말을 학문의 요체로 삼았다. 확립의 대상인 '그 큰 것'(其大者)은 앞에서 말한 '진심'(실심)이다. 우리의 일상적 마음의 상태는 끊임없이 솟아나는 욕망과 잡념과 망상과 공상으로 인해 항상 분주하고 혼란스럽다. 이 상태에서는 진심이 차폐되어 온전하게 드러나지도 또한 제대로 작용하지도 못한다. 이에 성혼은 진심을 수립하는 구체적 방안으로 먼저 '몸과 마음을 수습'하고 '정신을 보존'하며 '마음을 전일專─·응집·안정'되게 할 것을 주장한다. 이렇게 마음을 안정되게 하여 진심을 수립해야만 비로소 사욕에 흔들리지 않고 뜻과 기운이 항상 맑아지고 의리가 밝게 드러나게 된다는 것이다. 즉 마음을 수습하고 안정시켜 진심을 수립하는 일은 의리를 온전하게 드러내기 위한 선결 조건이 된다.

이러한 내용은 「신사봉사」뿐만 아니라 「의등대계사초이조」와 「등대사정전계사登對思政展啓辭」에도 수록되어 있다. 「등대사정전계사」에서 성혼은 성현聖賢 심법心法의 원칙에 대해 다음과 같이 밝히고 있다.

---

26) 『牛溪集』, 권2, 「辛巳封事」, 27쪽, "始學之要, 必先立乎其大者. 收拾身心, 保惜精神, 專一凝定, 使志氣常清而義理昭著, 此孔孟以來第一法門也."
27) 『孟子』, 「告子上」, "曰鈞是人也, 或從其大體, 或從其小體, 何也. 曰耳目之官不思而蔽於物, 物交物則引之而已矣. 心之官則思, 思則得之, 不思則不得也, 此天之所與我者. 先立乎其大者, 則其小者不能奪也, 此爲大人而已矣."

군주가 제일 먼저 해야 할 일은 몸과 마음을 수습하고 정신을 보전하며 전일하고 안정되게 하여 마음과 기운을 항상 맑게 하는 것이니, 이렇게 하면 본원인 마음이 맑고 고요해지며 의리가 밝게 드러날 것입니다. 그러나 성현聖賢이 전수한 심법心法은 비록 일정한 원칙(定本)이 있으나 또 일정한 원칙이 없기도 하니, 정일집중精一執中과 극기복례克己復禮는 일정한 원칙이라 할 수 있습니다. 다만 상지上智의 인물이 아니면 기질상氣質上에 있어서 누구라도 여유가 있거나 부족한 병폐가 있을 것입니다. 이 때문에 옛날에 학문을 잘한 자들은 반드시 먼저 자신의 몸에 병통이 있는 곳을 살펴서 여유가 있는 것을 덜어내고 부족한 것은 보충하며, 병을 살펴보고 약을 써서 사람마다 치료하는 방법을 달리하였습니다. 그러므로 일정한 원칙이 없는 것 같기도 합니다. 반드시 간절히 묻고 가까이 생각하며 요점을 알고 간략함을 지키며 병을 살펴보고 약을 써서 자신에게 절실한 공부를 한 뒤에야 정일집중精一執中과 사욕을 이겨 다스리는 학문이 의거할 곳이 있어서 덕에 나아갈 수 있는 것입니다. 이렇게 하지 않으면 비록 아름다운 자질이 있더라도 한쪽으로 치우치는 사사로움을 면치 못하여, 자신의 장점만 기뻐하고 자신의 단점을 고치는 데는 태만하여 장점이 있는 것으로 인해 병폐가 생겨나 이러한 덕이 있는 것이 도리어 이러한 병통이 되고 맙니다.[28]

초학자와 같이 군주가 우선시해야 할 일은 '몸과 마음을 수습'하고 '정신을 보존'하며 '전일專一·응집·안정'되게 하여 뜻과 기운을 항상 맑게 하는 것이다. 그렇게 하면 본원이 맑고 고요해져서 의리가 밝게 드러나게 된다는 것이다. 즉 마음을 안정되게 하여 진심을 수립하는 일은 학문뿐만 아

---

28) 『牛溪集』 續集, 권2, 「登對思政展啓辭」, 167쪽, "人主第一法, 必收拾身心, 保惜精神, 專一凝定, 使志氣常淸, 則本源澄靜, 義理昭著矣. 然聖賢傳心之法, 雖有定本, 亦無定本, 有定本者, 精一克復之謂也. 無定本者, 必就氣質上, 先究有餘不足. 深察病痛所在, 損其有餘, 補其不足, 輕當矯之以重, 焉當矯之以緩, 人人異法. 各有切己之功是也. 雖如此以後, 精一克復之功, 有所据依而進德. 苟不知要守約, 切密下工, 則雖有美質, 固有是德, 而反爲是病矣."

니라 정사政事에 있어서도 선결 요건이 된다. 진심을 수립하고 의리를 드러
내는 심법心法의 가장 중요한 원칙으로는 『중용』의 '유정유일惟精惟一'과 '집
중執中' 그리고 『논어』의 '극기복례克己復禮'가 제시되고 있다. '유정유일'은 곧
앞에서 말한 몸과 마음을 수습하고 마음을 '전일·응집·안정'되게 하는 일
의 다름 아니며, '집중執中'은 정일精一을 통해 수립된 진심이 상황에 따라
일을 적의타당適宜妥當하게 처리해 나가는 것을 의미한다. 그리고 '극기복례'
는 사욕을 극복하고 진심을 회복하여 의리가 밝게 드러나게 하는 일이다.
이는 모두가 진심을 수립하고 진심에 따라 의리를 실천하는 방안이다. 다만
여기서 중요한 점은 이러한 원칙(定本)을 모든 사람들에게 고정불변하게 일
방적으로 적용하는 것이 아니라는 점이다. 사실상 사람은 마치 『중용』에서
말하는 '생지안행자生知安行者', '학지이행자學知利行者', '곤지면행자困知勉行者'처
럼[29] 타고난 기질에 따라 차등을 지닌다. 따라서 그 차이를 인정하고 자신
이 처한 입장과 능력에 따라 사욕을 극복하고 진심을 확립해 나가야 하는
것이다. 즉 자신의 과過·불급처不及處를 잘 판단하여 지나친 곳은 덜어 내고
부족한 곳은 채워 주는 방식을 통해 스스로 조절해 나가야 한다는 것이다.
여기서 두 가지 중요한 심학적 요소가 발견된다. 첫째는 자신의 병폐와
과·불급은 남이 아닌 자기 자신이 스스로 판단하고 이에 맞는 처방 또한
자기 스스로 하여 공부해 나간다고 하는 주체성이다. 이 주체가 바로 진심
이다. 둘째는 마치 병세에 따라 약을 다르게 처방하듯 고정불변한 격식에
얽매이는 것이 아니라 자신의 과·불급 상태에 따라 원칙을 수정하고 조절
해 나간다는 권도權道의 정신이다. '마음의 주체성'과 '권도의 정신'은 모두

---

29) 『中庸』, 20장, "或生而知之, 或學而知之, 或困而知之, 及其知之, 一也. 或安而行
之, 或利而行之, 或勉強而行之, 及其成功, 一也."

가 심학을 구성하는 주요한 요소이다.

　주체적 판단과 처방을 중시하는 성혼은 '치심治心'하고 '존심存心'하는 방안에 대해서도 구체적으로 밝히고 있다. 치심과 존심의 첫 번째 방안은 '진심의 확립'이다. 성혼은 "오직 염려되는 것은 진심이 확립되지 못하여 근본에 돌이키지 못할까 하는 점뿐입니다. 진심이 이미 확립되면 비록 성현의 한마디 말씀이라 하더라도 평생 동안 써도 넉넉합니다"30)라고 하였다. 격물궁리를 통한 지식의 확충보다도 오히려 격물궁리의 주체 그리고 이를 통해 획득된 지식을 운용할 진심의 확립이 무엇보다 중요하다는 것이다. 둘째, '본원本源 함양의 필요성'이다. 그는 "반드시 깊고 후하게 본원을 배양하여 의리義理의 마음이 항상 이겨서 지기志氣가 항상 맑게 한다면 이목구비의 욕심이 저절로 그 사이에서 용사用事하지 못하여 본심의 덕德을 온전히 지킬 수 있을 것입니다"31)라고 하여, 본원을 잘 함양하면 사욕이 없어지고 본심의 덕이 온전하게 발휘될 수 있다고 보았다. 셋째, 계신공구戒愼恐懼하고 전전긍긍戰戰兢兢하는 것이다. 그는 "예로부터 성현이 말씀하신 마음을 다스리는 법(治心之法)은 별도로 화평하고 편안한 방도가 있는 것이 아니요, 바로 계신공구와 전전긍긍일 뿐이었습니다. 마음은 형체가 없으므로 잡아서 지키는 요점은 반드시 항상 경계하고 두려워하는 생각을 간직하여 혹시라도 과실이 있을까 두려워하는 것이니, 이렇게 하여야 비로소 그 마음을 보전하여 지킬 수 있습니다. 그러므로 마음을 잡아 지키는 요체는 이와 같이 할 뿐이요, 별도로 요긴하고 신묘한 방법이 있는 것이 아닙니다"32)라고 하였

---

30) 『牛溪集』 續集, 권2, 「登對思政展啓辭」, 167쪽, "所患者眞心耳. 眞心旣立, 則雖讀一句, 爲平生受用而有餘."
31) 『牛溪集』 續集, 권2, 「登對宣政展啓辭」, 169쪽, "必深培厚養, 使義理之心常勝, 而志氣常淸, 則耳目口鼻之欲, 自不能用事於其間, 足以保守本心之德."

다. 즉 마음은 형상이 없기 때문에 항상 경계하고 두려워(敬畏)하여 과실이 없도록 해야 한다는 것이다.

4. 시중과 권도의 중시

세 번째 성혼의 심학적 요소는 그의 '수시부동隨時不同'하고 '무정체無定體한 중中', 즉 '시중時中'과 '권도權道'를 중시하는 태도에서 찾을 수 있다. 성혼은 "저의 소견에는 천하의 의리가 때에 따라 똑같지 않으니, 똑같지 않은 것은 바로 처한 상황이 각각 다른 것입니다"[33]라고 하였다. '의리'는 시대적 상황이나 변화와 무관하게 시간과 공간을 초월하여 동일하게 고정불변한 당위의 규범과 격식으로 존재하지 않는다. 오히려 의리는 시대의 변화나 자신이 처한 상황에 따라 달라질 수 있다는 것이다.

왕수인 또한 의리를 고정불변한 것으로 보지 않는다. 예컨대 선물을 받는 경우 오늘은 마땅히 받아도 되지만 다른 날에는 마땅히 받아서는 안 되는 경우가 있고, 또한 오늘은 마땅히 받아서는 안 되나 다른 날에는 마땅히 받아도 되는 경우가 있는데, 만일 오늘 마땅히 받아도 되는 것에 집착하여 일체를 받으며 오늘 마땅히 받아서는 안 되는 것에 집착하여 일체를 받지 않는다면, 이는 곧 참된 의義가 아니라는 것이다.[34] 즉 '의'란 고정불변한

---

32) 『牛溪集』 續集, 권2, 「登對宣政殿啓辭」, 171쪽, "自古聖賢, 言治心之法, 非別有和平泰帖之法, 而乃曰, 戒愼恐懼戰戰兢兢云爾. 盖心無形象, 持守之要, 必常存敬畏, 猶恐或有過失, 能保守厥心. 故其持守體段, 乃如此爾, 非別有要妙之法也."

33) 『牛溪集』 續集, 권3, 「與李叔獻」, 176쪽, "鄙見以爲天下義理, 隨時不同, 其所不同, 乃所以爲分之殊也."

외재적 준칙이나 격식이 아니라 어떠한 상황에 마주하여 자신이 진심(양지)에 의거하여 주체적으로 판단하고 대처해 나가는 것을 의미한다. 이에 왕수인은 『대학』의 후박厚薄,[35] 즉 후하게 대해야 할 상황에 처해서는 후하게 대하고 박하게 대해야 할 상황에 처해서는 박하게 대하는 것은 양지에 의해 창출된 자연한 실천조리라 하면서 이를 '의'로 규정하고 있다.[36] 왕수인에게 있어 '의'는 마음 밖에 존재하는 당위의 도덕규범 또는 고정불변한 준칙으로서 상황의 변화나 자신의 처지에 상관없이 무조건 일방적으로 준수해야 하는 보편적 법칙이 아니다. 의는 마음의 수시변역성隨時變易性을 의미한다. 즉 역동적 마음이 마주한 상황에 부합되도록 항상 새롭게 실천조리를 창출하는 것을 말한다.[37]

　　물론 여기서 성혼은 의리의 근원과 소재에 대해 구체적으로 밝히지 않고 있다. 또한 성혼이 말하는 의리가 왕수인이 말하는 의리와 완전히 동일하다고 말할 수도 없다. 그러나 적어도 의리는 시공을 초월하여 동일한 것이 아니라 때에 따라 즉 처한 상황에 따라 달라질 수 있다고 한 점에 있어서는 수시변역의 측면에서 '의義'를 이해하는 왕수인의 입장과 일치한다. 설사 왕수인처럼 적극적인 의미에서 마음이 의리를 창출한다고까지는 말할 수 없다 하더라도 외재적인 고정된 격식에 얽매이지 않고 변화하는 상황과 처지에 맞추어 그 변화와 처지에 부합되는 의리를 취사선택하고 이를 실천

---

34) 『傳習錄』下,「黃省曾錄」, 248조목, "義卽是良知, 曉得良知是個頭腦, 方無執着. 且如受人餽送, 也有今日當受的, 他日不當受的, 也有今日不當受的, 他日當受的. 你若執着了今日當受的, 便一切受去, 執着了今日不當受的, 便一切不受去, 便是適莫, 便不是良知的本體, 如何喚得做義?"
35) 『大學』, 經文, "其所厚者薄, 而其所薄者厚, 未之有也."
36) 『傳習錄』下,「黃省曾錄」, 276조목, "大學所謂厚薄, 是良知上自然的條理, 不可踰越, 此便謂之義."
37) 『傳習錄』中,「答顧東橋書」, 133조목, "心之體, 性也, 性卽理也.……心一而已,……以其得宜而言謂之義,……不可外心以求義."

으로 옮기는 일은 역동적이고 주체적인 마음이 하는 것이다. 성혼은 이러한 변화와 상황에 따른 마음의 주체적 판단을 매우 중시하였다.

이러한 성혼의 입장은 당시 관리 임용에 대한 입장에도 반영된다. 조선 초기부터 주자학의 귀천의식과 계급사상이 지배계급의 생각으로 자리 잡게 되자 서얼의 등용에 제한을 두기 시작하였다. 서얼은 가정에서도 천하게 여겨 재산상속권이 없었고 관직에 등용되기도 어려웠다. 특히 1550년대 들어 사림파들은 첫째, 존비의 등급을 엄격히 해야 하고, 둘째, 선왕의 법을 지켜야 하며, 셋째, 이들을 등용하면 명분이 문란해진다는 이유를 들어 양인·첩의 경우에는 손자부터 과거에 응시할 수 있도록 하자는 서얼 허통許通마저도 강력하게 반대하였다.[38] 이렇듯 신분질서에 대해 완고했던 조선 사회에서 성혼은 서얼의 관리임용문제에 대해 다음과 같이 주장한 바 있다.

> 우리나라에는 서얼庶孼들을 금고禁錮하고 있는바, 이는 고금천하에 일찍이 없었던 일입니다. 지금처럼 다사다난한 때에는 신분을 구별하지 말고 등용하여야 하니, 마땅히 법을 변통變通해서 서얼들로 하여금 벼슬길에 나아갈 수 있게 하여 재능에 따라 임용하여야 할 것입니다. 이렇게 하신다면 실로 삼대三代 성왕聖王의 제도에 부합하고 천지가 만물을 내는 어진 마음에 위배되지 않을 것입니다.[39]

성혼은 관리를 등용함에 있어 법과 관습에만 얽매어 무조건 신분에 따라 서얼을 등용하지 말 것이 아니라, 시대적 상황의 변화에 따라 신분이

---

38) 『두산대백과사전』 및 『브리태니커백과사전』 참고.
39) 『牛溪集』, 권3, 「時務便宜十五條」, 70쪽, "我國禁錮庶孼, 古今天下, 當無所有. 如今多亂, 立賢無方, 似宜變通近法, 使庶孼通仕路, 隨才任用. 則實合三代聖王之制, 而不拂於天地生物之心矣."

아닌 재능의 유무로 판단하여 재능 있는 서얼은 등용해야 한다는 주장을 하고 있다. 성혼은 시대의 변화와 상황에 따른 '변통變通'을 중시하고 있다. 그 변통의 주체는 곧 마음이다. 외재적 권위와 격식과 법도에 얽매여서 변화를 무시하고 변화하는 세상을 과거의 틀과 이해관계로 질곡시키는 것이 아니라, 열린 마음으로 시대의 변화에 부합되는 새로운 질서와 법도를 만들어야 한다. 이는 변통의 주체인 마음에 대한 강한 신뢰가 뒷받침되어야 가능하다. 그리고 또 하나 중요한 점은 그 변통의 근거가 '천지가 만물을 낳는 마음'에 있다는 것이다. 군주나 기득권자들의 이해득실을 위해서가 아니라 천지가 만물을 낳는 마음, 즉 인심仁心에 근거하여 변통해야 한다. 인심에 근거하기 때문에 당시 신분제 사회에서 고통 받던 서얼들을 외면할 수 없었던 것이며, 천지가 만물을 낳듯 서얼들에게도 인간다운 삶을 살 수 있는 길을 열어 주고자 변통을 주장하였다.

이러한 수시부동隨時不同한 의리와 변통變通은 '시중時中'과 '권도權道'를 근간으로 한다. 성혼은 시중과 권도에 대해 다음과 같이 말하고 있다.

이른바 '이발已發의 중中이 시중時中의 용用에 유행流行한다'는 것과 '중中은 일정한 체體가 없고, 때에 따라 있다'는 것은 모두 일을 처리함에 매우 알맞은 것입니다.…… 하늘은 만물을 낳는 것을 마음으로 삼으니, 반드시 물건을 낳은 뒤에야 천도天道가 유행하는 것입니다. 군신 간의 의리를 미루어 갈 수 없을 때에는 백성을 구제하는 의리가 당연한바, 이 두 가지는 서로 겸할 수가 없습니다. 그러므로 때에 따라 중도中道에 처하는 것입니다.…… 옛사람의 말에 "경도經道는 정해진 권도權道이고 권도는 아직 정해지지 않은 경도이다"라고 하였습니다. 권權이라는 것은 저울과 저울추로 때에 따라 경중에 맞추어 이리저리 옮겨서 앞으로 당기기도 하고 뒤로 물리기도 하여 일찍

이 하나에 집착하지 아니하고 한결같이 고르게 하는 것이니, 곧 이른바 "시
중時中의 중中이요, 중中은 일정한 체體가 없어서 때에 따라 있다"라는 것이
바로 이것입니다.[40]

이발已發의 중中이 시중時中의 용用에 유행流行한다거나 중中은 일정한 체
體가 없고 때에 따라 있다고 하는 주장은 '중中'이 고정불변한 격식으로 존재
하는 것이 아니라 변화하는 상황에 따라 그 변화에 부합되도록 함께 변화한
다는 것을 의미한다. 수시隨時하는 '중中' 즉 시중은 곧 '권도權道'의 다름 아니
다. 물건의 무게를 측정하는 데 있어 이미 달려 있는 저울추를 고집한다든
가 고정된 저울끈의 위치를 고집한다면 그 물건의 무게를 있는 그대로 제대
로 달 수 없다. 물건의 무게에 따라 저울추를 무거운 것 또는 가벼운 것으로
바꾸어 주고, 저울끈의 위치 또한 앞으로 뒤로 조절해 주어야만 물건의 무
게를 제대로 측정할 수 있다. 이렇듯 변화된 또는 변화하는 상황들을 무시
한 채 기존의 격식과 법도만을 고집하여 고정불변한 격식과 법도로써 세상
을 재단한다면, 올바른 판단도 올바른 대처도 할 수 없을 뿐만 아니라 오히
려 세상의 자연한 변화를 가로막고 질곡시키는 부정적인 결과를 초래한다.
따라서 열린 마음으로 변화를 감지하고 이 변화에 부합되는 판단에 따라
대처해 나가야 한다.

이러한 시중과 권도는 바로 천지의 생물지심生物之心에 근거한다. 천지는
생생불식生生不息, 즉 끊임없이 변화하는 환경 속에서 만물을 끊임없이 창출

---

40) 『牛溪集』, 권5, 「與或人論奏本事別紙」, 119쪽, "所謂已發之中, 流行於時中之用, 中無定體, 隨
時而在者, 皆處事之恰好處也.……天以生物爲心, 必須生物然後天道流行. 君臣之義推不去, 救民
之義, 此時爲當然, 二者不可得兼. 故隨時而處中.……古人言, 經是一定之權, 權是未定之經, 權
者稱錘也, 隨時輕重, 游移前却, 未嘗執一而使一於平者, 卽所謂時中之中, 中無定體, 隨時而在者
是也."

하고 양육하는 것을 자신의 생명본질로 한다. 따라서 만일 인간이 고정불변한 당위의 규범에 얽매이게 되면 역동적으로 끊임없이 생명을 창출·전개하는 천지만물의 자기−조직화 과정에 긍정적으로 참여하기보다는 오히려 미리 설정된 틀에 변화하는 천지만물을 가두어 버림으로써 천지만물의 생명을 질곡시키는 결과를 초래하게 된다. 인간 자신 또한 이처럼 고정된 틀에 얽매여 천지만물의 변화를 감지하지 못하고 천지만물의 생명창출 과정에서 이탈함으로써 자신의 생명조차 질곡시키게 된다. 이에 성혼은 만물이 있기 이전에 천도가 먼저 있었던 것이 아니라 천지가 만물을 창생한 연후에 천도가 유행하게 되었다고 주장하고 있다. 사실상 천도는 불변하는 선험적 정리가 아니라 천지의 공능에 의한 만물의 창생 과정 그 자체로서 천지만물의 변화와 함께하기 때문에 천지만물을 질곡시키지 않을 수 있는 것이다.

왕수인 또한 ‘중中’과 ‘천리天理’를 수시변역하는 ‘역易’으로 규정하고 있다. 왕수인은 “중은 다만 천리이며, 다만 역이다. 때에 따라 변역(隨時變易)하니 어떻게 고집할 수가 있겠는가? 모름지기 때에 따라 마땅함을 제정해야 하니, 미리 하나의 규구規矩를 정해 놓기가 어렵다. 예컨대 후세의 유자들이 도리를 일일이 설명하여 조금도 빈틈이 없게 하고자 격식을 세워서 고정시켜 놓은 것이 바로 한 가지만을 고집하는 것이다”[41]라고 한다. 즉 중과 천리는 단일한 규구나 일정한 격식처럼 상황과 무관하게 고정된 불변하는 법칙이나 규범의 형태로 존재하는 것이 아니라, 주어진 상황에 부합되도록 항상 새롭게 설정되어야 한다는 것이다. 성혼 또한 하나의 격식에 얽매이지 않고 때(상황)에 따른 선택을 중시한다. 군신 간의 의리라는 것도 무조건적·

---

41) 『傳習錄』上, 「陸澄錄」, 52조목, “中, 只是天理, 只是易. 隨時變易, 如何執得? 須是因時制宜, 難預先定一箇規矩在. 如後世儒者, 要將道理一一說得無罅漏, 立定箇格式, 此正是執一.”

절대적으로 선행되는 것이 아니라, 상황에 따라 군신 간의 의리보다 백성들을 구제하는 의리가 더 중시되고 선행될 수 있다는 것이다. 변화된 상황 속에서 어떠한 의리가 선행되어야 하는가를 선택하고 결정하는 주체는 바로 자신의 마음인바, 의리라는 것도 결국은 이러한 마음의 판단에 따라 결정되고 실천되는 것이라 말할 수 있다. 이러한 시중과 권도를 중시하는 성혼의 입장은 "지난번 편지에 '사변에 대처하는 것이 권도다'라고 하신 말씀은 정밀하고 심오하며 간략하고 마땅하니, 참으로 옳은 말씀이라 탄복하는 마음 그지없습니다"[42]라는 말에서도 강하게 나타난다.

5. 허심순리의 필요성

지금까지 성혼이 쓴 장소章疏들에 대한 분석을 통해 성혼의 사상에 내재된 심학적 요소들을 탐색해 보았다. 성혼 사상의 심학적 요소는 크게 '천지가 만물을 낳는 마음'을 사람 마음으로 삼는다는 주장, '진심眞心·실심實心의 중시', 그리고 '시중時中과 권도權道의 중시', 이 세 가지로 나누어 볼 수 있다. 지금부터는 앞에서 다루지 않은 성혼의 마음과 관련된 다양한 주장들, 예컨대 '허심순리虛心順理(從善)', '만리함비萬理咸備', '연구중리研究衆理', '거경居敬의 심법心法' 등에 대한 분석을 토대로 성혼 사상의 심학적 특성을 밝혀 보고자 한다. 특히 성혼 사상의 심학적 요소와 특성들을 인정할 때 성혼 사상이 '양명심학'과 '퇴계심학'이라는 넓은 스펙트럼 안에서 어디에 위치하는지를

---

42) 『牛溪集』 續集, 권3, 「與宋雲長」, 188쪽, "前書處變爲權四字, 精深簡當, 不勝服義."

가늠해 보고자 한다.

성혼은 수양의 구체적 방안으로 '마음을 비운다'는 '허심虛心'과 이를 토대로 하여 '선을 따른다'는 '종선從善', 즉 '순리順理'를 제안한다. 먼저 성혼은 「기묘봉사己卯封事」에서 '허심종선虛心從善'의 필요성에 대해 다음과 같이 주장한다.

> 마음을 비우고 선을 따름(虛心從善)은 인군人君의 큰 덕이며 국가를 다스리는 중요한 도道라고 하였습니다. 선善은 사람이 중화中和의 기운을 받고 태어난 본연本然의 이치로서 천하의 공리公理이니, 자신에게 있거나 남에게 있거나 애당초 피차彼此의 간격이 없습니다. 다만 나를 고집하는 사사로움을 힘써 제거하여 마음을 비우고(虛心) 기꺼이 받아들인다면 천하의 선이 모두 자신의 쓰임이 되어서 그 선이 무궁합니다.[43]

마음을 겸허하게 비우는 '허심'은 바로 '종선'의 전제가 된다. '마음을 비운다'는 것은 사적인 나만이 옳다는 고집이나 나의 이익만을 생각하는 욕심을 버리는 것이다. 사적인 고집과 욕심은 사람 마음의 근원으로서의 '천지가 만물을 낳는 마음'에 반하는 것이기도 하다. 마음에 고집과 욕심이 가득 차 있게 되면 다른 것이 들어올 수도 없고 다른 것을 따를 수도 없게 된다. 그 다른 것이란 바로 '선善'이다. 마음으로부터 고집과 욕심을 버려야만 비로소 마음에 선善이 받아들여질 수 있고 그 선이 올바로 쓰일 수 있게 된다. 그렇다면 마음이 채우고 따라야 하는 '선'이란 무엇인가? 인간 누구나 태어

---

43) 『牛溪集』, 권2, 「己卯封事」, 19~20쪽, "虛心從善, 人君之大德, 而有國之要道也. 夫善者, 受中以生之本然, 而天下之公理也, 在己在人, 初無彼此. 但能力去有我之私而虛心樂取, 則天下之善, 皆爲一己之用, 而其善無窮矣."

날 때 부여받은 '본연의 이치'가 바로 '선'이다. '선'은 인간 누구에게나 선험적으로 그리고 보편적으로 내재된 '공리公理'이다. 공리이기에 인간은 이를 토대로 '내·외'와 '피彼·차此'의 구분이 없게 된다. 사욕은 후천적이고 개체적이며 이기적인 것이기 때문에 이로 인해 물物·아我 또는 내·외 그리고 피·차 사이에 분열과 간극이 생길 수밖에 없다. 그러나 공리는 선험적이고 보편적이며 절대적인 것으로서 인간과 사물 어디에나 보편적으로 적용되기 (理一分殊) 때문에 물·아와 피·차 사이에 간격과 차등이 없게 된다. 마치 양명학에서 만물일체의 인심仁心이 내·외와 피·차의 간극을 뛰어넘어 천지만물과 자신을 일체로 연결해 주듯, 성혼에게 있어서는 공리가 내·외와 피·차의 간격을 뛰어넘게 해 준다. 허심에 근거한 종선을 통해 인간은 만물과 하나가 될 수 있는 계기를 마련하게 된다. 다만 양명학에서는 '마음 그 자체가 곧 리理'이자 '지선至善'이라고 한다면,[44] 성혼에게 있어서는 '공리'나 '선' 그 자체가 바로 마음은 아니다. '공리'나 '선'은 마음이 받아들이고 따라야 할 대상이다.

성혼은 또한 '허심순응虛心順應'할 것을 주장하면서 선입견의 폐해를 다음과 같이 비판하고 있다.

사람의 한 마음(一心)은 본래 사물에 대응할 수 있으나 사물이 올 적에 마음을 비우고 순히 대응(虛心順應)하지 못하여 향하는 바가 혹 조금이라도 편벽된 것이 있으면 거울처럼 텅 비고 저울대처럼 평평한 체體가 이미 가려져서 마음속에 사물이 먼저 들어와 있는 상태를 면치 못하니, 먼저 들어온 것이 조금이라도 나타나서 본래의 밝음이 다소라도 어두워지면 사물을 판단하는

---

44) 김세정, 『왕양명의 생명철학』(청계, 2006), 206~208쪽 참조.

저울과 자(尺)가 잘못되어 사물의 이치(物理)가 숨어 버리게 됩니다. 일을 담당한 자가 이러한 선입견에 국한되어 더 살펴지 못하면 마음의 용用이 군색하고 막혀서 올바름을 잃게 됩니다.[45]

인간은 홀로 존재할 수 없다. 인간은 타자 또는 타물과 더불어 살아야 하는, 그리고 더불어 살고 있는 존재이다. 더불어 사는 데 있어 가장 중요한 것은 이들과 순조롭게 감응感應하는 것이다. 순조롭게 감응하면 살고 순조롭게 감응하지 못하면 생명이 질곡되어 종국에는 죽고 만다. 사람에게 있어 마음이 중요한 이유가 여기에 있다. 마음이 바로 만물과 감응하는 주체이기 때문이다. 이에 정호는 "군자의 학문은 확 트여서 크게 공정하여 사물이 다가오면 순순히 응하는 것만 한 것이 없다"라고 하였다.[46] 그리고 주희는 "명덕明德이란 사람이 하늘에서 얻은 바로서 허령虛靈하되 어둡지 아니하며, 중리衆理를 갖추고서 만사에 응하는 것이다"[47]라고 하였다. '곽연대공廓然大公'과 '허령불매虛靈不昧'가 만물과 감응할 수 있는 마음의 속성이자 감응의 전제 조건이라면, '물래순응物來順應'과 '응만사應萬事'는 곧 대공大公하고 허령한 마음이 만물과 감응하는 것을 의미한다. 성혼은 바로 이러한 정호와 주희의 마음의 감응 원리를 온전히 계승하고 있다고 보인다. 마음은 만물과 감응할 수 있는 능력을 지니고 있기 때문에 사물과 마주하여 순조롭게 응할 수 있다. 그러나 모든 마음이 항상 순조롭게 감응할 수 있는 것은 아니다.

---

45) 『牛溪集』, 권2, 「己卯封事」, 20쪽, "夫人之一心, 本以應物, 而事物之來, 不能虛心順應, 所向或有少偏, 則鑑空衡平之體已爲所蔽, 而未免有先入之物矣, 先入稍形而本明稍晦, 則權度差而物理隱矣. 當事者局於此而不加察焉, 心之用有所窒塞而失其正矣."
46) 『明道文集』, 권3, 「明道答橫渠先生定性書」, "君子之學, 莫若廓然而大公, 物來而順應."
47) 『大學集註』, 經1章, "明德者, 人之所得乎天而虛靈不昧, 以具衆理而應萬事者也."

마음이 '편벽'될 경우에는 온전히 순응하지 못한다. 마치 거울이 깨끗하게 비어 있을 때는 다가오는 사물을 있는 그대로 비추지만 거울에 때가 가득하면 다가오는 사물을 있는 그대로 비추지 못하듯, 마음은 '허심'의 상태일 때만이 그 사물의 이치(物理)에 맞게 감응할 수 있다. 만일 마음에 이해득실을 따지거나 무엇인가 빨리 성취되기를 바라는 등의 생각들이 먼저 자리 잡고 있으면 편견에 빠져 물리物理를 온전하게 파악할 수 없을 뿐만 아니라 물리에 맞게 사물에 응할 수 없게 된다. 따라서 항상 선입견을 경계하고 이를 제거하여 허심의 상태를 유지해야만 비로소 사물에 온전하게 순응할 수 있게 된다는 것이다.

성혼이 마음을 거울에 비유한 내용은 왕수인이 마음을 명경明鏡에 비유한 내용과 유사하다. 왕수인은 성인의 마음과 양지良知를 '밝은 거울'에 비유하기를 좋아한다. 천지만물과의 감응 주체인 인간의 선천적 양지가 사욕의 장애로 인해 제약받는 것은 마치 거울에 먼지나 때가 묻으면 본래의 밝은 비춤의 기능이 제약을 받는 것과 같다. 또한 먼지나 때를 제거하면 거울의 본래 기능이 회복되어 사물을 있는 그대로 비추어 주듯, 양지의 유행을 가로막는 사욕을 제거하면 양지가 회복되어 자연스럽게 천지만물과 감응하게 된다는 것이다.[48] 다만 왕수인은 사욕을 제거(虛心)하여 양지를 회복하기만 하면 바로 마음이 사물과 자연스럽게 감응할 수 있다고 주장한 반면, 성혼은 '허심虛心'과 더불어 '순리順理'를 주장하고 있다.

---

48) 『傳習錄』上, 「陸澄錄」, 21조목, "聖人之心如明鏡. 只是一箇明, 則隨感而應, 無物不照."; 76조목, "如明鏡然, 全體瑩徹, 略無纖塵染着.……須是平日好色·好利·好名等項一應私心, 掃除蕩絛, 無復纖毫留滯, 而此心全體廓然, 純是天理."『傳習錄』中, 「答陸原靜書」, 167조목, "其良知之體, 皦如明鏡, 略無纖翳. 妍媸之來, 隨物見形, 而明鏡曾無留染." 등.

마음이 사물과 접할 적에 조금이라도 편향되는 것이 있으면 이미 본체의 밝음을 잃음이 이와 같은데, 하물며 기뻐하고 노여워하는 사사로운 감정을 드러내어 절제할 줄 모르는 자에 있어서이겠습니까? 그러므로 옛날 현명한 왕들은 모두 마음을 비우고 이치를 따르며(虛心順理) 먼저 자신의 견해를 내세우지 아니하여 천하의 선善이 오게 하였으니, 이는 진실로 이 때문입니다.[49]

사물을 응접할 때 사사로운 견해가 조금이라도 개입되어 마음이 편벽되면 사물의 이치가 가려지게 된다. 따라서 바르게 판단하고 올바르게 감응하기 위해서는 마음을 비우고 이치를 따라야 한다. 사사로운 자신의 견해를 내세우지 말고 마음에 천하의 보편적인 선善이 들어오게 해야 한다는 것이다. 이는 자신의 사사로운 견해를 펴지 말고, 보편적 공리公理를 잘 인식하고 이 공리를 잘 따라야 한다는 것을 의미한다.

성혼은 또한 '허심순리虛心順理'를 현명한 군주가 백성들을 편안하게 하고 교화하기 위해 갖추어야 할 필수적인 것으로 강조한다.

옛날 현명한 군주는 공손하고 검소하고 선을 좋아하며 마음을 화평하게 하고 기운을 온화하게 하니, 이것으로써 세상을 바로잡고 물物을 거느리는 근본으로 삼지 않은 이가 없었습니다. 군주가 공손하고 검소하면 욕심이 적어서 근본이 맑아지고, 선을 좋아하면 간언諫言을 따라서 이치를 봄이 더욱 밝아지며, 마음이 화평하고 기운이 온화하면 마음이 담담하여 깊고 고요하며 깨끗하여 한가롭고 편안하여 정신이 안을 지켜서 객기客氣가 요동시키지 못하고 기혈氣血이 순히 돌아서 함부로 기뻐하거나 노여워하지 않습니다. 그

---

49) 『牛溪集』, 권2, 「己卯封事」, 20쪽, "心與物接, 微有偏向, 已失本體之明如此, 況行之以喜怒之私而不知節者哉. 是故古之明王, 莫不虛心順理, 不先立己以來天下之善者, 良以此也."

리고 일에 대응하는 즈음에 또 마음을 비우고 이치를 따라서(虛心順理) 오직 옳고 그름을 볼 뿐이요 이해를 따지지 아니하여 의리를 저울대로 삼고 자신의 사사로운 의견을 개입시키지 않습니다. 이와 같기 때문에 몸을 닦고 현자를 높이고 백성을 편안히 하여 교화가 일어났던 것입니다.50)

현명한 군주가 세상을 바르게 다스리기 위해 요구되는 덕목은 '공검恭儉', '호선好善', '심평기화心平氣和'이다. '공손하고 검소하게'(恭儉) 되면 욕심이 줄어들어 마음이 맑아지게 되고, '선을 좋아하면'(好善) 집착과 사욕에서 벗어나 신하들의 간언을 존중하여 공리公理에 대한 인식이 보다 명확해지고, 심기心氣가 화평和平해지면 마음이 맑고 깊고 고요하고 편안해져서 객기客氣가 함부로 하지 못하고 감정이 중절中節하게 된다. 이러한 공검, 호선, 심기화평은 곧 사물과 감응하기 전에 항상 닦아야 하는 마음의 수양공부이다. 평소에 이러한 수양을 게을리하지 말아야 하며, 일과 마주했을 때에도 허심虛心하고 순리順理해야 한다. 허심순리할 때, 비로소 자신의 이해득실에 얽매이지 아니하고 공정하게 옳고 그름을 분별할 수 있으며, 자신의 사적인 의견에 구애받지 않고 객관적 의리를 저울대로 삼아 일을 올바르게 처리할 수 있게 된다. 군주의 허심순리에 기반을 둔 다스림은 곧 백성들을 편안하게 하고 교화하는 기틀이 된다. 수기修己는 단지 개인적 수양에서 끝나는 것이 아니라, 치인治人·안백성安百姓의 바탕이 되며, 안백성을 통해 비로소 완성되는 것이다.

---

50) 『牛溪集』, 권2, 「辛巳封事」, 28쪽, "古之賢王, 莫不恭儉好善, 平心和氣, 以爲揆世御物之本焉. 恭儉則欲寡而本原澄淸, 好善則從諫而見理愈明, 心平氣和則湛然淵靜, 淸明閑泰, 精神內守而客氣不撓, 氣血順軌而喜怒不溢矣. 應事之際, 又能虛心順理, 唯見是非, 不見利害, 以義理爲權衡, 而己不與焉. 夫如是, 故修身尊賢, 安民而興化矣."

6. 만리함비와 연구중리

성혼은 마음이 만물과 올바르게 감응하기 위해서는 '허심종선虛心從善'·
'허심순리虛心順理'해야 한다고 주장한다. 그렇다면 성혼에게 있어 '심心'과
'리理'의 관계는 어떠한가? 그리고 '선善', 즉 '공리公理'를 따르고 '물리物理'에
순응하기 위한 구체적 방안은 무엇인가? 성혼은 심과 리의 관계에 대해 다
음과 같이 말한다.

> 신은 들으니, 마음은 신명神明한 집으로서 허령하고 밝아 온갖 이치가 모두
> 구비되어 있으나, 한 번이라도 사사로운 마음이 그 사이에서 생겨나면 어두
> 워져서 밝지 못하고 꽉 차서 비지 못하여 선한 말이 들어갈 길이 없다고
> 하였습니다.51)

> 사람의 한 마음에는 온갖 이치가 다 구비되어 대본大本과 달도達道가 동정動
> 靜에 유행되니, 어느 것인들 천지의 중中이 아니며 사람이 간직한 떳떳한 성
> 품이 아니겠습니까?52)

'허령하고 통철한 사람의 마음에 온갖 이치가 다 구비되어 있다'(萬理咸備)
는 주장이다. 즉 심은 '허령'하고 '통철'한 기능을 지니고 있으며, 다른 한편
으로 '온갖 이치를 다 구비하고 있다'는 것이다. 이는 심과 리의 관계에 대
한 주희의 입장과 같다. 주희는 "명덕이란 사람이 하늘에서 얻은 바로서,

---

51) 『牛溪集』, 권2, 「己卯封事」, 21쪽, "臣聞心者, 神明之舍也, 虛靈洞徹, 萬理咸備, 一有私意生乎
其間, 則昏而不明, 實而不虛, 善言無從而入也."
52) 『牛溪集』, 권2, 「辛巳封事」, 26쪽, "人之一心, 萬理咸備, 大本達道, 流行動靜, 何莫非天地之中
而秉執之常也."

허령하되 어둡지 아니하며, 중리를 갖추고서 만사에 응하는 것이다"53)라고
하고, 또한 "마음의 온전한 본체는 담연하여 텅 비어 있고 밝아서 온갖 이
치가 모두 갖추어져 있으며, 조금이라도 사사로운 욕망이 끼어들지 않는
다"54)라고 하였다. 주희도 마음을 허령하고 밝으며 온갖 이치를 다 구비하
고 있는 것으로 보고 있다.

성혼은 마음에 온갖 이치가 다 구비되어 있다는 주장과 더불어 '격물'의
필요성에 대해 다음과 같이 주장하고 있다.

> 자기 몸을 닦음은 진실로 깊은 공부가 있어야 합니다. 반드시 인仁을 찾고
> 사물의 이치를 연구(格物)하여, 동動하고 정靜할 때에 체찰體察하여 이치를 밝
> 히고 마음을 바루어야 합니다. 그런 뒤에야 정사政事에 종사하여 군주를 섬
> 길 수 있는 것입니다. 반드시 먼저 자기 몸에 이룬 뒤에야 미루어 남에게
> 미칠 수 있는 것이니, 이것은 본말本末에 대한 선후先後의 순서요 사리事理의
> 필연적인 형세여서 바꿀 수 없는바, 배우는 자가 학문을 하는 것은 모두 이
> 것을 배우기 위해서일 뿐입니다.55)

치국 · 평천하를 위한 전제로서의 수신修身에는 '구인求仁' · '격물格物'이
필요하다는 것이다. 먼저 격물을 통해 리를 인식한 다음에 비로소 그 리에
부합되게 정사를 시행해야 한다. 즉 '선지후행先知後行'이다. 지知와 행行의 관
계에 있어 선후로 보는 관점은 주자학적 관점이다. 그리고 수기(成己 · 明明德)

---

53) 『大學集註』, 經1章, "明德者, 人之所得乎天而虛靈不昧, 以具衆理而應萬事者也."
54) 『朱子語類』, 권5, 「性理二」, 76조목, "心之全體湛然虛明, 萬理具足, 無一毫私欲之間."
55) 『牛溪集』, 권2, 「辭召命疏」, 17쪽, "修之於己, 儘有深功, 必求仁格物, 動靜體察, 理明心正. 而
後可以從政而事君. 必先成於己, 而後可以推之以及於物, 是其本末先後之序, 事理必然之勢, 有
不可以移易, 而學者之所以爲學, 皆所以學此而已矣."

와 치인(成物 · 親民)을 한 가지 일로 보는 왕수인56)과 달리 성혼은 '선수기先修
己 · 후치인後治人' 즉 본말선후 관계로 보고 있다. 격물을 통해 리에 대한 인
식을 철저하게 하고 이를 토대로 자신을 수신한 이후에야 비로소 나아가
다른 사람 또는 다른 존재물에 미칠 수 있는 것이다.

성혼은 나아가 격물뿐만 아니라 '치지致知'의 필요성에 대해서도 다음과
같이 자세하게 설명하고 있다.

> 이른바 소견所見이라 하였으나, 천하에 소견보다 더 큰 것이 없고, 치지보다
> 더 중요한 것이 없습니다. 소견은 사람들이 이로 말미암아 바른 사람이 되
> 기도 하고 간사한 사람이 되기도 하며, 도道를 들은 자가 되기도 하고 더럽
> 고 나쁜 자가 되기도 하니, 심술心術의 공사公私와 사정邪正, 시비是非와 득실
> 得失이 모두 이로 말미암아 판가름이 나는 것입니다. 한 가지 이치라도 궁구
> 하지 못하면 마음의 심체心體가 곧 어두워지고 막히며, 한 가지 일이라도 통
> 달하지 못하면 처하는 곳마다 전도되게 마련입니다. 이 때문에 군자는 학문
> 에 애를 쓰고 격물에 부지런히 힘쓰는 것이니, 이는 진실로 소견을 통달하
> 고 밝아지게 함으로써 실천하는 터전으로 삼고자 해서입니다.…… 그러나
> 의리는 무궁무진하고 사람의 소견은 편벽되기 쉬우므로 반드시 배우고 묻
> 고 생각하고 분변하는 사이에서 이 이치를 연구(窮理)하고, 사우師友와 강명講
> 明하는 자리에서 이 이치를 안 뒤에야 참고하여 회통會通하고 종합하여 사유
> 함으로써 지식이 날로 더욱 진전되고 행실이 날로 더욱 견고해질 수 있을
> 것입니다.57)

---

56) 김세정, 『왕양명의 생명철학』, 388~401쪽 참조.
57) 『牛溪集』 續集, 권3, 「與李夢應」, 183쪽, "所謂所見云者, 天下莫大於所見, 而莫重於致知. 所見
者, 人之所由而爲正爲邪, 爲聞道, 爲汚下者, 心術之公私邪正, 是非得失, 莫不由玆而判焉. 一理
未窮, 心體便爲之暗塞, 一事不通, 所處卽爲之顚倒. 是以君子汲汲乎學, 而孳孳於格物, 誠欲所見
之通明, 而以爲行已之地.…… 必須窮此理於學問思辨之際, 而會此理於師友講明之地, 然後有以
參會考通, 錯綜思惟, 而知日益進, 行日益固矣."

'치지'가 중요한 이유는 무엇인가? 사람은 '소견所見'에 따라 바른 사람과 간사한 사람으로 나뉘게 되고, 이에 따라 심술의 공公과 사私, 사특함과 올바름, 옳음과 그름의 득실得失이 판가름 나게 된다. 그리고 진실하고 올바른 소견은 실천의 터전이 된다. 그런데 이 소견이 바로 치지에서 비롯된다는 것이다. 그리고 치지는 바로 이치를 하나하나 궁구해 나가는 '궁리窮理'를 통해 이루어진다. 의리가 무궁무진하기 때문에 학學·문問·사思·변辨을 통해 궁리하고, 사우들과 강명講明하는 과정을 통해 이치를 하나씩 알아 나가야 한다. 쌓은 지식을 토대로 회통하고 종합적으로 사유하면 지식이 날로 증진되고, 실천 또한 더욱 견고해진다는 것이다. 소견은 곧 리理에 대한 인식으로서, 격물궁리를 통해 리에 대한 지식이 날로 증가하여 치지하게 되면 소견이 올바르게 되어 바른 사람(正人)이 되고, 공정하고(公) 바르고(正) 옳은 (是) 데로 나아갈 수 있게 됨으로써 실천 또한 견고하게 된다.

격물궁리는 학문의 방법과 목적에도 밀접한 관련이 있다.

대체로 학문이란 모름지기 이치를 연구하여야 하며(窮理) 이치를 연구하는 문제는 반드시 책을 읽는 데(讀書)에 달려 있는데, 책을 읽는 방법은 반드시 글의 뜻을 통달한 뒤에야 의리를 연구하여 자신의 소견으로 삼을 수 있는 것입니다.…… 그러나 학문은 단지 책을 읽는 것을 이르는 것만이 아닙니다. 어버이를 섬기고 형에게 순종함에 그 당연함을 얻는 것 또한 학문입니다. 다만 마음을 잡아 지키는 공부가 동動과 정靜을 꿰뚫어서 행하고 여가가 있으면 강습하는 방법을 가할 수 있는 것입니다.[58]

---

58) 『牛溪集』, 권5, 「答崔不承書」, 125쪽, "大抵爲學要須窮理, 窮理必在讀書, 而讀書之法, 必通達文義, 然後可以究極義理, 以爲己見. 在賢者今日所急.……雖然, 學非但讀書之謂, 事親從兄, 得其當然, 乃學也. 但使操持之功貫通動靜, 而行有餘力, 可加講習之方耳."

여기서 성혼은 학문의 방법과 목적을 두 가지 차원에서 제시하고 있다. 첫째, 학문이란 곧 이치를 궁구하는 '궁리'이며, 궁리의 구체적 방법은 '독서讀書'라는 것이다. 독서를 통해 문의文義에 통달하고 나아가 의리를 궁극窮極하여 자신의 소견으로 삼아야 한다는 것이다. 둘째, 학문은 단지 독서에 머무는 것이 아니라 사친事親·종형從兄과 같은 윤리적 관계에 있어 당연함을 얻어야 한다는 것이다. '당연함을 얻는다'는 것은 어버이와 형을 섬김에 있어 조그마한 미진함도 없이 온 정성을 다해 섬김으로써 소당연지칙에 완전 부합되도록 하는 것을 의미한다. 독서궁리가 '지知'적 차원에서의 학문이라면, 섬김에 있어 당연함을 획득하는 것은 '행行'적 차원에서의 학문이라고 말할 수 있다. 성혼의 학문 목적이 단지 의리에 대한 앎의 단계에 머무는 것이 아니라 실천까지 포함하고 있음을 볼 때, 성혼의 강한 실천정신을 엿볼 수 있다.

7. 거경의 심법

성혼의 "마음에 온갖 이치가 모두 갖추어져 있다"는 주장이나, "독서를 통한 격물궁리가 필요하다"는 주장은 성혼의 사상이 심학적 요소를 다소간 내포하고 있다 하더라도 왕수인의 심학과는 다르다는 것을 보여 준다. 성혼은 성인이 전하는 심법心法에 대해서도 다음과 같이 말하고 있다.

군주가 자신의 사욕을 이기고자 하지 않는 이가 없는데도 사욕을 이기지 못하고, 선善을 따르고자 하지 않는 이가 없는데도 선을 따르지 못하는 것은 그 이유가 무엇입니까? 학문을 잘 알지 못하고 마음을 다스리지 않기 때문입니다. 신이 듣건대, 선을 따르는 요점은 선을 잘 분별함에 있고, 선을 잘 분별하는 방법은 선을 분명히 아는 데에 있으니, 선을 분명히 하는 공부는 이른바 '격물치지'의 방법으로서 학문의 시초인바, 이것을 배우는 방도는 사서四書에 구비되어 있습니다. 옛날 성현이 이것을 강講하여 전수해 주고 물려받은 것이 있으니, 순임금과 우임금의 '정일집중精一執中'과 공자와 안자의 '극기복례克己復禮'가 이것입니다. 애공이 정사를 묻자 공자가 대답하신 삼덕三德과 구경九經에는 선을 밝히고 몸을 성실히 하는 요지가 구비되지 않은 것이 없으니, 끝에 궁극적으로 요약하면, 덕德에 들어가는 문을 가리켜 보인 것인 '박학지博學之' 이하의 다섯 가지가 이것이며, '남이 한 번 하면 자신은 천 번을 하고, 얻지 못하면 버려두지 않는다'는 것이 이것입니다. 위대한 성인이 서로 전수한 심법의 오묘함은 천리의 온전함을 지극히 하고 인욕이 다 없어지도록 살피는 것이니, 오직 이 방법이 있을 뿐이요, 다시 다른 방법이 없습니다.[59]

사욕을 극복하지 못하고 선善을 따르지 못하는 주된 이유는 학문을 잘 알지 못하고 마음을 잘 다스리지 못하는 데 있다는 것이다. 선을 따르는 '종선從善'의 요체는 선을 잘 분별하는 '택선擇善'에 있고, 택선은 선을 분명히 아는 '명선明善'에 있으며, 명선의 가장 좋은 공부 방법은 '격물치지'이며, 그 방도는 '사서四書'에 잘 갖추어져 있다는 것이다. 즉 사서를 근본으로 한 격물치지 공부야말로 종선을 위한 최상의 방법이며, 격물치지의 궁극적 목적

---

59) 『牛溪集』, 권2, 「己卯封事」, 21쪽, "人君莫不欲克己, 而己不可克, 莫不欲從善, 而善不能從, 其故何哉. 不明乎學而不治乎心也. 臣聞從善之要在乎擇善, 擇善之法在乎明善, 明善之功, 卽所謂格致之方而學之始也, 學之之道, 四子之書備矣. 古之聖賢有講此而傳受之者, 舜禹之精一執中, 孔顏之克己復禮是也. 至於哀公問政, 而孔子對言三德九經, 明善誠身之旨無不備具, 卒至究極要約, 指示入德之門, 則博學之以下五者是也, 人一己千, 不得不措是也. 千聖相傳心法之妙, 所以極夫天理之全而察乎人欲之盡者, 只有此法, 更無餘法也."

은 단지 지식의 축적 또는 지식의 외면적 확장에 있는 것이 아니라 바로 종선에 있다고 하는 것을 알 수 있다. 나아가 성혼은 경서를 바탕으로 종선을 위한 성인의 심법에 대해서도 언급하고 있다. 첫째는 강講을 통해 성현 사이에 전수한 심법이다. 『서경』의 '유정유일惟精惟一, 윤집궐중允執厥中'[60]과 『논어』의 '극기복례克己復禮'[61]가 바로 여기에 해당한다. 둘째는 『중용』의 삼덕三德(知·仁·勇)과 구경九經(修身·尊賢·親親·敬大臣·體群臣·子庶民·來百工·柔遠人·懷諸候)이다.[62] 삼덕과 구경이 명선明善과 성신誠身의 요지를 모두 갖춘 것이라면, 이어지는 "널리 배우고, 자세히 묻고, 신중히 생각하고, 명확히 분별하며, 돈독히 수행한다"는 것과 "남이 한 번에 능하면 자신은 백 번을 하고, 남이 열 번에 능하면 자신은 천 번을 한다"[63]라고 하는 말은 바로 덕德에 들어가는 구체적 방법이라는 것이다. 『중용』 20장의 핵심은 바로 천도天道인 성誠에 근원한 인도人道인 '성지誠之'를 구현해 나가는 데 있다. '성지'는 바로 택선擇善하여 그것을 굳게 지켜나가는 것이다.[64] 즉 박학博學 등의 격물치지를 통해 무엇이 선인지를 분명히 알고 잘 택하여 이 선을 잘 실천해 나가는 것이 바로 인도人道로서의 성지誠之를 구현하는 것이다. 이러한 것들은 모두가 성인이 서로 전수한 심법의 오묘함, 즉 '천리의 온전함을 지극히 하고

---

60) 『書經』, 「大禹謨」, 제15절, "人心惟危, 道心惟微. 惟精惟一, 允執厥中."

61) 『論語』, 「顔淵篇」, 第1章, "顔淵問仁, 子曰, 克己復禮爲仁, 一日克己復禮, 天下歸仁, 爲仁由己, 而由人乎哉."

62) 『中庸』, 20장, "好學近乎知, 力行近乎仁, 知恥近乎勇.……凡爲天下國家有九經曰, 修身也, 尊賢也, 親親也, 敬大臣也, 體群臣也, 子庶民也, 來百工也, 柔遠人也, 懷諸候也."

63) 『中庸』, 20장, "博學之, 審問之, 愼思之, 明辨之, 篤行之. 有弗學, 學之弗能弗措也, 有弗問, 問之弗知弗措也, 有弗思, 思之弗得弗措也, 有弗辨, 辨之弗明弗措也, 有弗行, 行之弗篤弗措也, 人一能之, 己百之, 人十能之, 己千之. 果能此道矣, 雖愚必明, 雖柔必强."

64) 『中庸』, 20장, "誠者, 天之道也, 誠之者, 人之道也. 誠者, 不勉而中, 不思而得, 從容中道, 聖人也. 誠之者, 擇善而固執之者也."

인욕이 다 없어지도록 하는' 방법이다. 결국 격물치지 그리고 격물치지에 따른 종선從善의 귀결처는 바로 천리를 구현하고 인욕을 완전하게 없애는 데 있다고 말할 수 있다. 천리를 보존하고 인욕을 없애야 한다는 점에 대해서는 주희나 왕수인 모두 동일하게 주장한다. 다만 왕수인은 이를 위해 독서궁리를 필요로 하지 않는 반면, 주희는 독서궁리가 필요하다고 본다. 따라서 천리를 보존하고 인욕을 없애기 위한 방안으로 독서궁리를 주장하는 성혼의 입장은 왕수인보다는 주희에 가깝다.

종선의 방법으로 격물치지를 제안한 성혼은 여기서 한 발 더 나아가 주희의 '거경居敬'을 주장한다. 그는 「상왕세자차上王世子箚」에서 군주가 훌륭한 정치를 하기 위해서는 직분의 소재를 알아야 하고, 직분을 다하려면 먼저 본심을 잘 보존하고 잃지 말아야 하며, 본심을 잘 보존하려면 제왕의 학문을 공부하여 스승으로 삼고 본받아야 한다고 주장한다.[65] 성혼은 군주의 제왕의 학문에 대한 공부를 중시하고 있는바, 제왕학이 하나의 표준이자 준칙이 된다. 이는 주자학적인 즉물궁리卽物窮理의 격물공부를 내포한다. 먼저 군주는 궁리를 통해 군주가 지켜야 할 덕목을 잘 인식해야 하기 때문이다. 궁리한 후 본심을 잘 보존해야 하는바, 본심을 잘 보존한다는 것은 군주가 지켜야 할 덕목을 잘 인식하고 간직하는 것이라고 할 수 있다. 이어 성혼은 주희의 '거경궁리' 공부법을 다음과 같이 소개하고 있다.

이 때문에 송나라 영종寧宗이 처음 즉위하자, 주자가 강관講官이 되어 행궁行宮의 편전便殿에 차자箚子를 올렸는데, 그 말에 이르기를, "학문을 하는 방법

---

65) 『牛溪集』, 권3, 「上王世子箚」, 69쪽, "是以人君欲爲善治, 當先知識分之所在, 欲盡職分, 當先保本心而勿失, 欲保本心, 當先治帝王之學而師法之."

은 이치를 궁구(窮理)하는 것보다 먼저 할 것이 없고 이치를 궁구하는 요점은 반드시 책을 읽음에 있으며, 책을 읽는 방법은 차례에 따라 정독하는 것보다 귀한 것이 없고 정독하는 근본은 또 거경居敬하여 뜻을 지키는 데에 있다'라고 하고, 그 아래에 단락을 나누어 말한 것이 명백하고 간절하여 은미한 것은 발명하고 지극한 경지에 나아갔으며 의리를 정밀히 연구하고 신묘한 경지에 들어갔으니, 군주와 신하가 있은 이래로 군주의 마음을 바로잡는 말이 이보다 더 분명하고 구비된 것은 있지 않았습니다.[66]

학문 방법은 궁리가 제일 우선이고, 궁리의 요점은 독서에 있고, 독서의 방법은 순서에 따라 정독하는 것이며, 정독의 근본은 바로 거경하여 지지持志하는 데 있다는 것이 바로 주희의 입장이라는 것이다. 그렇다고 한다면 앞에서 성혼이 말한 궁리와 독서 등은 모두가 주희의 입장을 충실히 반영하고 계승한 것이라는 사실을 이 글을 통해 알 수 있다. 학문의 근본은 바로 거경에서 시작한다. 거경에 근본하여 정독해야만 비로소 궁리를 온전하게 할 수 있는 것이다. 성혼은 또한 주희의 『대학혹문大學或問』이 입덕入德하는 내용을 자세하게 말하고 있다고 전제하면서 "『대학혹문』은 맨 처음에는 도道의 큰 근원이 하늘에서 나와 사람의 몸에 갖추어져 있음을 말하였고, 중간에는 경을 주장(主敬)하는 방법과 이치를 궁구하는(窮理) 요체를 말하여 공부하는 의미가 명백하게 다 구비되어 있으니, 제왕의 학문을 찾으려고 한다면 반드시 이 책을 입문으로 삼아야 할 것입니다"라고 주장한다.[67]

---

66) 『牛溪集』, 권3, 「上王世子箚」, 69쪽, "是以宋之寧宗初卽位, 朱子爲講官, 進箚子於行宮便殿, 其言曰, 爲學之道, 莫先於窮理, 窮理之要, 必在於讀書, 讀書之法, 莫貴於循序而致精, 而致精之本則又在於居敬而持志, 其下分段立說, 明白切至, 發微詣極, 精義入神, 自有君臣以來, 格君之言, 未有如此說之明備者."

67) 『牛溪集』, 권3, 「上王世子箚」, 69쪽, "至如入德之門, 則小學養其本, 大學備其法, 或問推其詳, 或問之書, 首言道之大原出於天而其於身, 中言主敬之方窮理之要, 工程意味明白畢備, 欲求帝王

성혼은 주희의 거경과 더불어 이황의 거경에 대해서도 소개하고 있다.

옛사람의 이른바 "하나를 위주로 한다"(主一)는 것은 오로지 이 병통을 다스리기 위하여 만든 것이니, 이른바 "정靜할 때에 하나를 위주로 하면 잡념이 다시 일어나지 않고 동動할 때에 하나를 위주로 하면 외물의 유혹이 빼앗지 못한다"라는 것은 바로 이 병통을 다스리는 방법을 말한 것입니다. 그러나 이른바 '거경居敬과 주일主一의 공부에 힘쓰는 방법'은『대학혹문』에 자세히 말하였으니, 이에 따라 힘써야 할 것입니다. 그리하여 동정動靜을 꿰뚫어서 중간에 단절되는 일이 없게 해야 합니다. 또 힘쓰는 방법을 알아서 너무 빠르게 하지도 말고 너무 느리게 하지도 말며 잊지도 말고 억지로 조장助長하지도 말아서 무겁게 짓누르거나 얽어매는 일이 없도록 해야 할 것이니, 퇴계선생의 이른바 "평평하게 보존하고 간략하게 수습한다"라는 것은 바로 마음을 다스리는 데에 간절하고 요긴한 방법입니다. 그러나 이는 큰 뜻을 세워 전일하게 힘쓰고, 책을 읽고 이치를 궁구하며, 이치를 밝혀 마음이 안정되게 하고, 의리에 젖어 들어 심성을 잘 보존해 가는 자가 아니면 어떻게 올바른 길을 얻어 습관이 되게 할 수 있겠습니까?[68]

성혼이 여기서 말하는 '주일'은 곧 주희가 '경敬'을 설명한 말이기도 하다. 주희는 "경이란 주일무적主一無適이다"[69]라고 하고, 또한 "주일을 경이라 하고, 무적을 일一이라고 한다"[70], "주일은 다만 전일專一인 것이다"[71]라고

之學, 則必以此書爲入處."

68) 『牛溪集』, 권5, 「答韓澄中書」, 122쪽, "古人所謂主一者, 專爲治此病而設, 所謂靜而主於一, 則客念不復作矣, 動而主於一, 則外誘不能奪者, 正說治病之法也. 雖然所謂居敬主一, 用力之方, 大學或問詳之, 當依此用力. 使之通貫動靜, 無間斷. 又知用力不疾不徐, 勿忘勿助, 毋令壓重, 勿令拘迫, 退溪先生所謂平平存在, 略略收拾者, 正是心法切要之方也. 雖然此非立大志專一刻勵, 讀書窮理, 使之理明心靜, 浸灌存養, 則 何以得路而成習耶."

69) 『論語集註』, 「學而」, "敬者, 主一無適之謂."

70) 『朱子語類』, 권69, 「坤」, "主一之謂敬, 無適之謂一."

하였다. 마음은 잠시도 고요할 때가 없다. 아무 일이 없을 때조차 온갖 잡념과 망상이 일어나고, 외물을 접하게 되면 소유하고자 하는 욕망이 일기도 하며, 어떤 일을 처리할 때에는 빨리 끝내고자 하는 조급한 마음 또는 대충 끝내고자 하는 안일한 마음이 일기도 하는 등 잠시도 쉴 때가 없다. 이러한 욕망, 망상, 잡념 등에 이끌리다 보면 일을 올바르게 처리할 수 없게 된다. 따라서 마음이 고요할 때에는 마음을 오로지 하여 아무런 잡념이 일어나지 않도록 하고, 마음이 움직일 때 또한 마음을 오로지 하여 외물의 유혹에 이끌리지 않도록 하는 거경의 공부가 필요하게 되는 것이다. 거경은 동정動靜을 관통하여 맹자가 말한 '물망勿忘·물조장勿助長'하는 자세를 유지해 나가는 것으로 설명된다. 이러한 거경은 곧 이황의 심법으로 연결된다. 성혼은 이황의 "평평하게 보존하고 간략하게 수습한다"(平平存在, 略略收拾)라는 말이야 말로 절실하고 요긴한 심법이라고 호평하고 있다. 본래 '경敬'은 '하나를 주장으로 삼아 다른 것에 분산하지 않는다'는 주일무적과 '몸가짐을 가지런히 하며 마음을 엄숙하게 한다'는 정제엄숙整齊嚴肅의 과제가 있고, 또한 '그 마음을 수렴한다'는 기심수렴其心收斂의 방법과 '항상 깨어 있게 하는 방법'인 상성성법常惺惺法이 있다.72) '평평하게 보존한다'(平平存在)는 것은 주일무적과 정제엄숙의 경을, '간략하게 수습한다'(略略收拾)는 것은 기심수렴과 상성성을 각각 의미한다고 볼 수 있다. 즉 전자는 정시靜時의 거경의 상태를 의미하고, 후자는 동시動時의 거경의 상태를 의미한다. 이렇듯 동정을 관통하는 이황의 거경이야말로 절실하고 긴요한 심법이라고 할 수 있다는 것이다. 동정을 일관一貫하는 거경의 상태에서 입지전일立志專一하고 독서궁리함으로써 이치

---

71) 『朱子語類』, 권96, 「程子之書二」, "主一只是專一."
72) 금장태, 『퇴계의 삶과 철학』(서울대출판부, 2003), 203쪽 참조.

를 밝히고 마음을 안정시켜 나감으로써 의리를 내재화하고 심성을 올바르게 보존할 수 있는 것이다.

거경주일居敬主一은 곧 마음을 잡아 보존하고 살피는 '조존성찰操存省察'의 다름 아니다. 조존성찰을 통해 동과 정이 서로 수양되게 하고 체험하고 확충해서 내외가 화합하고 통하게 하여 사사로운 인욕을 용납하지 않고 천리의 바름을 온전히 하여 몸을 수양하기를 정성스럽게 하고 한결같이 하여 털끝만한 간격도 없게 해야 한다. 모든 이치를 궁구하여 지선至善의 소재를 정밀하게 밝혀 알고 조존성찰하여 인욕을 제거하고 천리를 온전히 함으로써 비로소 지기志氣가 항상 맑게 되고 의리가 밝게 드러나며 정일집중精一執中의 도道와 전체불식全體不息의 인仁의 경지에 도달하게 된다고 한다.[73] 독서궁리와 거경주일의 궁극적 귀결처는 바로 '천지가 만물을 낳는 마음'에 근원한 '전체불식의 인仁'을 구현하는 데 있다.

이상에서 살펴본 바와 같이 성혼이 독서궁리와 거경주일을 중시하는 점에 있어서는 주희와 이황을 온전히 계승하고 있기 때문에 성혼의 사상은 왕수인의 심학과 다르다. 그렇다 하더라도 성혼이 사람 마음의 근원을 천지가 만물을 낳는 마음에서 찾고 그 귀결처를 전체불식全體不息의 인仁을 구현하는 데 두고 있다는 점에 있어서는 왕수인과도 통하는 바가 있다고 할 수 있다.

---

73) 『牛溪集』, 권2, 「己卯封事」, 21쪽, "必使研窮衆理, 以極夫事物之變, 融貫會通, 以達乎一原之本, 而於至善之所在, 精之明之, 無纖芥之疑焉. 必使操存省察, 動靜交養, 體驗充擴, 內外融徹, 不容人欲之私, 全乎天理之正, 而於修身之地. 誠之一之, 無毫髮之間焉. 二者之事, 必有誠心恭己專一悠久之習爲之本根田地, 然後志氣常淸, 義理昭著, 而精一執中之道, 全體不息之仁, 由斯而可至也."

8. 나오는 말

지금까지 우계 성혼의 사상에 내재된 심학적 요소와 특성들에 대해서 고찰해 보았다. 성혼은 사람이 '천지가 만물을 낳는 마음'(天地生物之心)을 얻어서 '사람의 마음'(人心)을 삼는다고 주장한다. 성혼에게 있어 천지만물과 인간은 역동적인 '심心'을 통해 하나가 되며, '천도天道'와 '천심天心' 그리고 '천리天理'와 '인심人心' 또한 일원적 체계를 지닌다. 성혼은 또한 '진심眞心'과 '실심實心'을 확립해야 한다고 강력하게 주장한다. 진심과 실심의 확립은 참된 앎과 실천의 선행 조건으로 제시되는바, 이는 우계학파 내에 실심과 실천을 중시하는 심학적 흐름으로 전승·발전해 나가는 근원이 된다. 나아가 성혼은 '시중時中'과 '권도權道'를 중시한다. 의리義理는 시대의 변화나 자신이 처한 상황에 따라 달라질 수 있기 때문에 '변통變通'과 '수시隨時'하는 '중中' 즉 '시중'을 중시해야 한다. 시중은 곧 '권도'로서 천지가 만물을 낳는 마음에 근거한다. 이러한 성혼 사상의 심학적 요소는 양명심학과도 상통하는 바가 매우 크다. 그러나 성혼은 주회에서 이황으로 이어지는 '거경궁리설居敬窮理說'을 수용·전개시켜 나감으로써 양명심학의 길로는 적극적으로 나가지 않는다.

성혼 사상의 심학적 요소와 특성 가운데 양명심학보다는 주자학 또는 퇴계학적 요소와 맞닿는 부분들을 정리해 보면 다음과 같다.

첫째, '허심종선虛心從善'과 '허심순리虛心順理'에 대한 주장이다. 마음으로부터 사욕과 집착 및 선입관 등을 제거하여 마음을 비운다고 하는 측면에서는 언뜻 양명심학으로 기우는 듯하다. 하지만 마음을 비우는 허심이 선을 따르는 종선과 이치에 순응하는 순리를 위한 전제라고 하는 점에 있어서는 주희 쪽으로 기운다. 성혼에게 있어 '종선從善'의 '선善'은 왕수인처럼 '지선至善한 본심本心' 그 자체를 가리키는 것이 아니라 보편적 '공리公理'를 가리킨다. 종선은 마음이 공리를 수용하여 그것을 따르는 것을 의미한다. 그리고 '허심순응'과 '허심순리'는 또한 주관적 견해나 편견을 버리고 객관적인 사물의 이치에 따라 대상사물과 감응한다는 것을 의미한다. 즉 '순리順理'의 '리理'도 왕수인이 말하는 심즉리心卽理의 리가 아니라 주희가 말하는 보편적이고 객관적인 '물리物理' 또는 '의리義理'를 의미한다고 말할 수 있다.

둘째, '만리함비萬理咸備'와 '연구중리研究衆理'를 주장한다는 것이다. 성혼은 인심人心은 허령하고 통철하고 온갖 이치가 모두 갖추어져 있다고 주장한다. 주희 또한 마음은 허명하고 온갖 이치가 모두 갖추어져 있다고 주장한다. 마음이 곧 리가 아니라 마음은 리를 담고 있는 그릇과 같은 존재로서, 심과 리는 이원적 체계를 지닌다. 그렇기 때문에 성혼은 리를 궁구하는 '격물'의 필요성을 강하게 주장한다. 성혼에게 있어 격물은 왕수인처럼 '정심正心' · '정사正事'가 아니라 주희처럼 '궁리'를 의미하며, 궁리의 최상의 방법으로 '독서'가 제시된다.

셋째, '거경居敬'의 '심법心法'이다. 종선을 위한 최선의 방법으로 사서를 근본으로 한 격물치지를 제시한 성혼은 거경을 제시하고 있다. 학문의 근본은 거경에서 시작하며 거경에 근본하여 정독精讀해야만 궁리를 온전하게 할 수 있다는 주희의 입장을 충실하게 계승하고 있다. 나아가 이황의 '경敬공부'는 절실하고 요긴한 심법이라고 호평하고 있다.

이상의 내용에 비추어 볼 때, 성혼의 사상에 내재된 심학적 요소와 특성들은 분명 양명심학이라고 말할 수 없다. 오히려 주자학과 퇴계학이 지닌 심학적 요소나 특성에 보다 가깝게 접근되어 있다고 할 수 있다. 퇴계학을 심학이라 칭하면서도 퇴계심학과 양명심학의 차이에 대해, 양명심학은 '심체心體의 학學'인 반면 퇴계심학은 '심체를 보존하고 심용心用을 응용하는 심법心法의 심학'이라는 주장,74) 양명심학은 본체론으로서 마음을 만사만물의 근원으로 본 반면 퇴계심학은 인식론이자 도덕수양론으로서 마음을 다스리는 학문이라는 주장,75) 양명심학은 도덕에 대한 깨달음을 위주로 하는 반면 퇴계심학은 주경主敬을 통한 도덕의 실천에 그 목적을 둔 차이점이 있다는 주장76)들이 있다. 이러한 주장들을 양명심학과 성혼의 심학적 특성들의 차이를 언급하는 데 적용하더라도 큰 무리는 없을 것으로 보인다. 이에 성혼 사상이 내포하고 있는 심학적 요소와 특성들에 대하여 '성혼의 거경궁리居敬窮理의 심학사상'이라고 칭하고자 한다.

---

74) 金吉煥, 『朝鮮朝 儒學思想硏究』(一志社, 1980), 68 · 79~80쪽 참조.
75) 高令印, 「李退溪의 心理學과 眞西山의 『心經』」, 『중국의 퇴계연구』(퇴계학연구총서 제8권, 경북대 퇴계연구소, 1997), 548~549쪽 참조.
76) 周月琴, 「『心經附註』가 退溪心學 形成에 미친 影響에 관한 硏究」(계명대 박사학위논문, 2000) 참고.

3장 계곡 장유의 주체성과 창조정신

1. 들어가는 말

조선은 건국 초기부터 유교를 국교로 정하고 '숭유억불崇儒抑佛'을 표방하였다. 그러한 여건 속에서 조선의 거유 퇴계 이황은 공자—맹자—정자—주자로 전수된 유학 계통만을 정학正學으로 인정하였다. 그리고 확고한 '파사현정破邪顯正'의 입장에서 정주학을 지키기 위해 불교, 노장학, 육왕학 모두를 이단으로 간주하여 철저히 배격하였다. 특히 1장에서 살펴본 바와 같이, 양명학은 조선에 전래되어 뿌리를 내리기도 전에 이황에 의해 선학禪學 같으면서도 선학만도 못한 학문이라는 혹독한 평가를 받았고, 「전습록논변」이란 글을 통해 양명 왕수인의 '친민설親民說', '심즉리설心卽理說', '지행합일설知行合一說'은 총체적으로 비판당하였다. 이후 양명학은 조선에서 이단異端·사문난적斯文亂賊이라는 굴레를 쓰고 혹독한 배척의 길로 내몰렸다. 그러한 고난과 시련의 험난한 여정에도 불구하고 양명학은 동강東岡 남언경南彦經(1528~1594), 경안령慶安令 이요李瑤(생몰년 미상), 교산蛟山 허균許筠(1569~1618), 계곡谿谷 장유張維(1587~1638), 지천遲川 최명길崔鳴吉(1586~1647) 등 뜻있는 학자들에 의해 수용되고, 하곡霞谷 정제두鄭齊斗(1669~1736)와 강화학파江華學派 등을 거쳐 명맥을 유지하면서 한국적 양명학으로 자리매김해 나갔다.

국내에서는 지난 30~40년 동안 이러한 조선조 양명학에 대한 연구가 많이 이루어졌다. 한국 양명학 관련 저서·번역서만 해도 30여 권, 박사학위 논문 30여 편, 석사학위논문 120여 편, 일반 연구논문 400여 편에 이르기까지 한국 양명학 연구는 괄목할 만한 성과를 이루어 냈다.[1] 그러나 이러한 양적인 연구 성과에도 불구하고 한국 양명학과 관련하여 해결해야 할 과제들이 많이 남아 있다. 예컨대 "양명학은 언제 최초로 조선에 전래되었는가?" 하는 문제에 대해서도 다양한 입장들이 개진되고 있다. 이황의 「전습록논변」이 쓰인 시기가 1566년임을 고려할 때 적어도 양명학은 1566년 이전에 조선에 전래되었다는 주장,[2] 양명학 전래 시기를 명종明宗 8년(1553)까지 소급할 수 있다는 주장,[3] 양명학 전래 시기를 중종 16년(1521)으로 추정하고 눌재訥齋 박상朴祥(1474~1530)이 양명학을 긍정적으로 수용한 최초의 학자라는 주장,[4] 양명학을 긍정적으로 수용하였던 최초의 학자는 십청헌十淸軒 김세필金世弼(1473~1553)이라는 주장[5] 등 매우 다양하다. 아울러 "양명학 전래 시기에 누가 양명학을 수용하였는가?" 하는 문제에 있어서도 의견이 다양하다. 예컨대 남언경을 최초의 양명학 수용학자로 보는 윤남한은 치재恥齋

---

1) 김세정, 「한국에서의 상산학과 양명학 관련 연구 목록」, 『儒學硏究』 15집(충남대유학연구소, 2007), 206~249쪽 참조.
2) 張志淵, 『朝鮮儒敎淵源』(同文社, 大正十一年, 1922), 81쪽 및 玄相允, 『朝鮮儒學史』(玄音社, 1982), 267쪽 참조.
3) 尹南漢, 『朝鮮時代의 陽明學 硏究』(집문당, 1982), 117쪽 참조.
4) 오종일, 「陽明 傳習錄 傳來考」, 『철학연구』 5(고려대 철학연구소, 1978), 67~86쪽 참조.
5) 신향림, 「16C 전반 陽明學의 전래와 수용에 관한 고찰」, 『退溪學報』 118집(퇴계학연구원, 2005.12), 181~222쪽 참조.

홍인우洪仁祐(1515~1554)와 이요, 그리고 장유, 최명길 등을 전래 초기 양명학 수용학자로 평가하고,6) 유명종은 남언경, 이요, 장유, 최명길뿐만 아니라 허균과 지봉芝峯 이수광李晬光(1563~1628)을 양명학 수용학자로 규정하고 있으며,7) 나아가 송석준 또한 남언경, 이요, 최명길, 장유, 허균 이외에 포저浦渚 조익趙翼(1579~1655)을 양명학 수용학자로 보고 있다.8) 이렇듯 이전에는 위에 언급된 인물들만을 전래 초기 양명학 수용학자로 보는 것이 정설이었다. 그러나 최근에는 지금까지 16세기 주자성리학자로 지목된 상당수의 주요한 학자들이 양명학을 수용 또는 절충했다고 하는 주장이 제기되고 있다. 손영식은 남명南冥 조식曺植(1501~1572)이 학문적 이론이나 수양론, 평소의 기질이나 생활 태도 등으로 볼 때 성리학자라기보다는 양명학자에 가깝다고 주장하고 있으며,9) 신향림은 소재穌齋 노수신盧守愼(1515~1590)이 만년에 양명학을 수용하여 주자학과는 이질적인 새로운 심성론과 수양론을 주장한 우리나라 최초의 양명학자라고 주장하고 있고,10) 김길락은 고봉高峯 기대승奇大升(1527~1572)이 왕수인의 양지론을 긍정하거나 일심설一心說을 주장하고 있는 등의 내용에 근거해 기대승을 육왕학을 수용 내지 긍정한 학자로 평가하고, 율곡栗谷 이이李珥(1536~1584)의 일심설, 격물설, 지행병진설知行竝進說 등에 근거하여 율곡학이 육왕학 특히 양명학적 성향을 띠고 발전하였다고 하여 이이가 어느 정도 양명학을 수용한 것으로 평가하고 있다.11)

---

6) 윤남한, 『朝鮮時代의 陽明學 硏究』(집문당, 1982), 33 · 115 · 140쪽 등 참조.

7) 유명종, 『韓國의 陽明學』(동화출판사, 1983), 44~98쪽 참조.

8) 송석준, 「韓國 陽明學과 實學 및 天主敎와의 思想的 關聯性에 關한 硏究」(성균관대 박사학위논문, 1992).

9) 손영식 · 조남호 지음, 『남명 조식의 철학사상연구』(서울대출판부, 2002), 11쪽.

10) 신향림, 「盧守愼의 詩에 나타난 思想 硏究 – 朱子學에서 陽明學으로의 轉變」(고려대 박사학위논문, 2005.6), 4쪽 등 참조.

이상에서와 같이 양명학 전래 시기에 대한 정확한 정설은 없다 하더라도 새로운 자료의 발굴을 통해 전래의 시기가 앞당겨져 가고 있는 것만은 사실이다. 전래 시기의 양명학 수용학자에 대해서도 새로운 인물들이 계속 발굴·소개되고 있는 것 또한 사실이다. 특히 주자성리학자로만 알려진 인물들의 사상 속에 녹아 있는 양명학적 성향들이 새롭게 밝혀지고 있어, 전래 시기 양명학의 영향이 기존의 평가보다 컸을 것이라는 것을 짐작하게 한다. 이황이 전면에 나서서 「전습록논변」을 지어 양명학을 배척해야 할 만큼 당시 양명학은 조선에 유행하고 있었다고 보인다.

한국 양명학에 대한 연구가 많이 이루어졌다고는 하지만 아직도 미해결된 과제들이 많이 남아 있다. 더욱이 새로운 자료의 발굴과 연구 성과로 인해 양명학 전래 시기와 양명학 수용학자들에 대한 기존의 정설들을 새롭게 수정·보완해야 할 필요성이 요구되고 있다. 이러한 작업과 함께 전래 초기 양명학 수용 과정에 있어서의 한국 양명학의 독창성과 특성을 체계적으로 밝혀 나가는 작업 또한 함께 진행해야 할 필요가 있다. 전래 초기 양명학 수용학자들은 한편으로는 주자학에 대한 교조주의에서 벗어나 당시 이단으로 지탄받는 양명학을 주체적으로 수용하면서도, 다른 한편으로는 단순히 양명학을 모방하거나 답습한 것이 아니라 자신이 처한 시대적 위난의 문제를 해결하기 위한 새로운 대안으로 재창조해 나갔다고 보인다. 이러한 전래 초기 양명학 수용학자들이 보여 준 주체성과 창조정신은 이후 정제두와 강화학파를 비롯하여 박은식과 정인보 등 한말 양명학자들에게서 공통적으로 나타나는 주체성과 자주정신, 창조성과 실천성[12] 등과 같은 독창성

---

11) 김길락, 『한국의 상산학과 양명학』(청계, 2004.5) 참조.
12) 김세정, 「한국양명학의 생명사상」, 『동서철학연구』 39호(한국동서철학회, 2006.3), 98~

의 뿌리가 된다. 따라서 한국 양명학 전체의 특성을 밝히기 위해서도 그 뿌리가 되는 양명학 전래 초기의 특성을 체계적으로 구명할 필요성이 요구된다. 본 장에서는 먼저 계곡 장유를 중심으로 전래 초기 양명학 수용학자에게서 보이는 주체성과 창조정신의 특성에 대해 고찰해 보고자 한다.

2. 교조주의 비판과 주체적 학문 자세

양명학 전래·수용기에 있어서 양명학에 대한 폭넓은 이해를 바탕으로 한편으론 당시의 시대적 폐단을 비판하고 다른 한편으론 주체적 학문을 전개한 대표적 인물로 먼저 장유를 꼽을 수 있다. 장유의 자字는 지국指國이고, 호는 계곡谿谷·묵소黙所이며, 우의정 선원仙源 김상용金尙容(1561~1637)의 사위이자, 효종비孝宗妃인 인선왕후仁宣王后의 아버지이고, 사계沙溪 김장생金長生(1548~1631)의 문인이다. 1623년 인조반정에 가담하였으며, 1636년 병자호란 때는 공조판서로서 최명길과 함께 강화講和를 주장하였다. 월사月沙 이정구李廷龜(1564~1635), 상촌象村 신흠申欽(1566~1628), 택당澤堂 이식李植(1584~1647) 등과 더불어 조선 문학의 4대가로 칭송된다.

이러한 장유의 생애와 사상에 있어 중요한 특징 가운데 하나는 강인한 '주체성'이다. 장유는 당시 학문적 답습과 맹목적인 교조주의에 대해 다음과 같이 강하게 비판하고 있다.

106쪽 참조.

중국의 학술은 갈래가 많아서 정학正學이 있는가 하면 선학禪學도 있고 단학丹學도 있으며, 정주程朱를 배우는 자도 있고 육씨陸氏(象山)를 배우는 자도 있어서 학문의 길이 하나만 있는 것이 아니다. 그런데 우리나라는 유식·무식을 논할 것 없이 책을 끼고 다니며 글을 읽는 자라면 모두 정주만을 칭송할 뿐 다른 학문에 종사하는 자가 있다는 말을 들어 보지 못하였다. 우리나라 선비의 풍습이 과연 중국보다 훌륭해서 그런 것인가? 그런 것이 아니다. 중국에는 학자가 있으나 우리나라에는 학자가 없기 때문에 그러한 것이다. 중국의 인재들은 그 의지와 취향이 자못 평범하지 않아서, 때때로 뜻이 있는 선비가 있어 실심實心으로 학문에 매진하였다. 그러므로 각각 좋아하는 바를 따라서 학문하는 것이 같지 않았으나 각자 실제로 터득하는 바가 왕왕 있게 되었다. 그러나 우리나라는 그렇지 못해서 도량이 워낙 좁아 구속을 받은 나머지 도대체 지기志氣라는 것을 찾아볼 수가 없었다. 다만 정주의 학문을 세상에서 귀중하게 여긴다는 것을 듣고는 입으로만 말하고 겉으로만 높이는 척하고 있을 따름이다. 그런 까닭에 소위 잡학雜學이라는 것조차 없는데 또한 어떻게 정학正學에서 얻는 바가 있겠는가?13)

당시 중국은 정주학뿐만 아니라 선학禪學과 단학丹學, 나아가 상산학象山學 등 학문의 다양성이 인정되고 있었다. 반면 조선에서는 정주학만이 정학正學으로 인정되고 다른 학문들은 모두 이단으로 배척되었다. 장유는 조선에는 오로지 정주학만을 칭송하는 획일성과 교조주의만이 존재한다고 보았다. 학문의 다양성은 새로운 창조를 위한 밑거름이자 필수 조건이다. 반면

---

13) 『谿谷先生漫筆』(한국문집총간 92), 권1, 「我國學風硬直」, 573쪽, "中國學術多岐, 有正學焉, 有禪學焉, 有丹學焉, 有學程朱者, 學陸氏者, 門徑不一. 而我國則無論有識無識, 挾筴讀書者, 皆稱誦程朱, 未聞有他學焉. 豈我國士習果賢於中國耶. 曰非然也. 中國有學者, 我國無學者. 蓋中國人材志趣, 頗不碌碌, 時有有志之士, 以實心向學. 故隨其所好而所學不同, 然往往各有實得. 我國則不然, 齷齪拘束, 都無志氣. 但聞程朱之學世所貴重, 口道而貌尊之而已. 不唯無所謂雜學者, 亦何嘗有得於正學也."

획일성과 교조주의는 학문함에 있어 생명이라고 할 수 있는 비판정신을 말살시키는 것으로 오히려 학문을 질곡시키는 결과를 초래한다. 그렇다면 중국과 조선의 이러한 차이는 어디에서 비롯되는 것일까? 장유는 그 이유를 당시 중국과 조선 학자들의 학문적 자세의 다름에서 찾고 있다. 중국의 진정한 학자들은 학문의 출발점을 외적인 권위나 명분에서 찾는 것이 아니라 자신의 내면적 '실심實心'에서 찾는다. 따라서 학자들 개개인의 기질이나 취향 그리고 주체적 판단에 따라 다양한 성격의 학문이 전개될 수 있다. 반면 조선은 내면적 실심을 바탕으로 하는 것이 아니라 외적인 '권위', 즉 정주학만이 귀하다고 하는 당시의 외면적 평가와 흐름에 편승하여 획일적으로 정주학만을 답습할 뿐이다. 이러한 몰주체성과 획일적 교조주의로 인해 참된 학문은 물론 독창적이고 창조적인 학문이 나올 수 없는 폐단이 야기되는 것이다.

다음의 우물 안 개구리와 여름벌레에 대한 장유의 비유는 맹목적인 교조주의와 획일주의의 폐단이 무엇인지를 보여 준다.

> 우물 안의 개구리는 바다를 의심하고 여름벌레는 얼음을 의심하니, 이것은 보는 것이 국한되어 있기 때문이다. 그런데 세상의 군자라고 하는 이들은 물리物理와 세상의 변화와 관련하여 조금이라도 이상한 것을 듣기라도 하면, 문득 손을 내저으며 믿지 않고 말하기를 "세상에 어찌 이러한 이치가 있겠는가?"라고 한다. 이것은 천지가 커서 없는 것이 없다는 것을 모르는 것이다. 이제 자기의 견해로 이해가 되지 않는다 하여 모든 것을 거짓으로 치부해 버리고 무시해 버린다면 이 얼마나 옹졸한 것인가?[14]

---

14) 『谿谷先生漫筆』, 권2, 「井蛙疑海夏蟲疑氷」, 602쪽, "井蛙疑海, 夏蟲疑氷, 所見之局也. 然世之君子, 每聞物理事變, 稍涉異常者, 輒斥之不信曰, 世豈有此理. 不知天地大矣, 無物不有. 今以已

우물 안 개구리는 평생을 우물 안에서만 살기 때문에 우물 밖에 큰 강이나 호수나 바다가 있음을 알지 못하고, 여름벌레는 단지 여름만을 살기 때문에 봄·가을·겨울이 있음을 알지 못한다. 정주학만이 절대적이라는 편견과 아집에 사로잡혀 다른 학문을 인정하지 않을 뿐만 아니라 일방적으로 폄하하는 당시 사대부들의 고루한 모습은 결국 우물 밖 세상을 모르는 개구리나 사계절을 모르는 여름벌레와 다를 것이 없다는 것이다. 제한된 지식과 권위에만 사로잡혀 마치 그것만이 절대적이고 그것이 전체인 것처럼 착각하며 살아가고 있다. 나아가 자신이 아는 것, 그리고 자신이 인정하는 것 이외의 다른 학문에 대해서는 보려고도 하지 않으며 알려고도 하지 않으면서 일방적으로 부정하고 매도한다. 이러한 편협하고 폐쇄적인 태도는 자기반성은 물론 참다운 학문을 할 수 있는 계기조차 상실하게 하는 문제를 야기한다.

장유는 참다운 학문이란 주체적이면서도 비판적인 학문자세가 뒷받침되어야 한다고 역설하고 있다. 선유先儒의 정설定說에 대해서는 본래 깍듯이 따르며 지키는 것이 마땅하겠지만, 마음속에 의심이 들 경우에는 이를 강구해 보는 것 또한 당연하다는 것이다.[15] 아무리 정학正學으로 인정되고 추앙받는 선유의 정설이라 하더라도 단지 이를 맹목적으로 답습하거나 추종만 해서는 안 된다. 만일 조금이라도 의심되는 부분이 있다고 한다면 이를 해결하고자 하는 비판적이고 주체적인 자세가 필요하다는 것이다. 선유의 정설을 학습하되 주체적이고 비판적인 자세를 견지하면서 의심이 들면 묻고 생각하고 변별하는 등의 주체적이고 비판적인 탐구과정을 통해 스스로 터

見所未達, 而一切誣之爲無, 何其陋也."

15) 『谿谷先生漫筆』, 권1, 「中庸章句中有疑者三」, 565쪽, "先儒定說, 本當恪守, 心有所疑, 亦宜講究."

득해 나가는 것이 학자의 바른 자세인 것이다.16) 이는 선유의 정설을 무조
건 맹목적으로 추종하는 것도 아니고 그렇다고 무조건 배척하는 것도 아니
다. 그것은 선유들의 정설이 지닌 참뜻을 올바르게 파악하는 학문적 자세이
며, 과거에 얽매이지 않으면서 주체적으로 학문을 새로운 차원으로 창조해
나갈 수 있는 기틀이 된다.

3. 창조적 삶의 토대로서의 주체적 양지와 실천성

참다운 학문을 위해 필요한 주체성과 비판의식은 능동적인 실천과 창조
정신의 토대가 된다. 외적 권위나 명분에 일방적으로 끌려가거나 매몰되지
않기 위해서는 무엇보다 주체성의 근간이 되는 자아에 대한 내적 성찰을
필요로 한다.

대저 하늘이 사람에게 부여한 것은 그 영령명명靈靈明明한 것이 아니겠는가?
사람에게 있는 영령명명한 것은 옛날에는 통하고 지금은 막힌 것이 아니고
오랑캐나 중화인中華人에 따라 풍족하게 있거나 적게 있는 것도 아니다. 그
러므로 사람들이 영령명명한 것이 나에게 있다는 것을 알 수 있어서 외물의
영향을 받지 않게 된다면, 객체는 작아지고 주체는 커져서 어떤 상황에 처
하더라도 자득하지 않는 경우가 없게 되어, 외물은 모두 나의 관광자료로
제공되면서 나의 주체성을 빼앗기지 않을 수 있게 될 것이니, 천하를 돌아

---

16) 『鷄谷先生集』, 권6, 「沙溪先生經書疑問後序」, 108쪽, "夫學問思辨, 篤行之興衛也. 世之學者,
誰不讀書, 鮮有能知疑者, 此無它, 學而不能思也. 思而後有疑, 有疑而後有問辨, 問辨有得而後推
之於行. 此古之所謂切問近思."

다님에 있어 어찌 여유작작하게 되지 않겠는가?[17]

장유는 여기서 인간 누구나 '영령명명靈靈明明'(이하 '靈明'으로 표기)한 것을 내재하고 있으며, 이 '영명'함이 바로 주체성의 근거가 된다고 주장하고 있다. 장유가 말하는 '영명'은 곧 왕수인이 말하는 '양지良知'의 다름 아니다.[18] 위의 내용을 분석해 볼 때, '영명'한 양지는 다음과 같은 특성을 지닌다.

첫째, 선천성과 보편성이다. 양지는 학습과 같은 방식을 통해 후천적으로 획득된 지식이 아니라 선천적으로 타고난 영명성이라는 것이다. 왕수인은 일찍이 "대개 양지가 사람 마음에 있어서는 만고에 뻗치고 우주를 가득 채워서 같지 아니함이 없다"[19]라고 하고, "양지가 사람의 마음에 있음은 성인이나 어리석은 사람에 있어 구분이 없는 것이니 천하에 예로부터 지금까지 동일한 것이다"[20]라고 하여 양지의 보편성을 주장한 바 있다. 그런데 장유 또한 영명한 양지가 옛날에는 통하고 지금은 막힌 것이 아니라고 하여, 양지의 선천적 내재성은 어느 일시적 현상이 아니라 역사적 보편성과 영속성을 지니는 것으로 보고 있다.

두 번째 특성은 평등성이다. 주자학의 논리체계에서 인간은 기氣의 청탁수박淸濁粹駁에 따라 태어나면서부터 자질이 결정되며, 이에 따라서 성인과 범인은 물론 문화인으로서의 중화中華와 미개인으로서의 오랑캐(夷狄) 또한 엄격하게 구분된다. 이러한 구분은 엄격한 위계질서와 신분질서를 형성하

---

17) 『谿谷先生集』, 권5, 「送高書狀善行赴京師序」, 86쪽, "夫天之畀於人者, 非以其靈靈明明者歟. 靈靈明明者之在於人也, 未嘗以古今通塞而夷夏豐嗇也. 故人能知靈靈明明者之在我而無待於外, 則物小而我大, 無入而不自得, 物皆供吾之觀, 而不能奪吾之守, 其於行天下也, 豈不綽綽有餘裕哉."
18) '靈明한 양지'에 대해서는 김세정의 『왕양명의 생명철학』(청계, 2006), 286~291쪽 참조.
19) 『傳習錄』 中, 「答歐陽崇一」, 171조목, "蓋良知之在人心, 亘萬古, 塞宇宙, 而無不同."
20) 『傳習錄』 中, 「答聶文蔚」, 179조목, "良知之在人心, 無間於聖愚, 天下古今之所同也."

고 나아가 명분론名分論을 강조하게 된다. 그러나 양명학에서는 일반인들뿐만 아니라 어리석은 사람조차도 성인과 동일하게 선천적으로 양지를 내재하고 있는 것으로 본다. 양지는 특정한 신분 계층 또는 선천적으로 우수한 기질을 소유한 특수한 사람만 지닌 것이 아니다. 따라서 양지는 모든 인간이 신분과 계급의 위계질서와 선천적 기질상의 등급을 뛰어넘어 이상적 인간상으로서의 성인이 될 수 있는 근거가 된다.21) 장유는 영명한 양지가 중화라 하여 더 풍부하고 오랑캐라 하여 더 빈약한 것이 아니라, 중화나 오랑캐의 구분 없이 모두 동일하게 영명한 양지를 지니고 있는 것으로 본다. 즉 양지는 평등한 인간관의 근거가 된다. 양지를 토대로 한 장유의 평등적 사고는 종래의 중국 중심의 종속적 세계관에서 벗어나 독립적이고 주체적인 존재로서의 자아에 대한 각성으로 나타난다.

세 번째 특성은 외물에 이끌리지 않는 주체성이다. 내 자신이 양지를 지니고 있다는 사실을 자각하지 못하면 인간은 외물外物, 즉 금은보화와 같은 물질은 물론 사회적 지위, 권위, 명예, 명분, 칭찬, 비난 등에 얽매여 일희일비一喜一悲하면서 이끌려 다니게 된다. 외물이 주인이 되고 나는 외물에 종속된 종속물이 되는 비주체적인 삶을 살게 되는 것이다. 그러나 인간은 누구나 자신에게 양지가 내재해 있다는 사실을 자각함으로써 외물의 유혹과 굴레에서 벗어나 비로소 외물이 아닌 자기 자신이 진정한 주체가 될 수 있는 것이다. 양지에 대한 자각은 곧 외물에 이끌리지 않을 뿐만 아니라 오히려 외물을 주체적으로 통솔하고 활용할 수 있는 자유로운 삶, 즉 창조적 삶을 살기 위한 기반이 된다.

---

21) 김세정, 『왕양명의 생명철학』(청계, 2006), 255~257쪽 참조.

참된 자아의 실현은 물론 주체적이고 창조적인 삶의 구현은 단지 관념적 탐구나 사유만으로 완성될 수 없다. 반드시 실제적이고 능동적인 실천이 수반되어야 한다. 인간 실천성의 근거를 장유는 왕수인의 '지행합일설知行合一說'과 '치양지설致良知說'에서 찾고 있다.

선유先儒는 궁리窮理를 격물格物로 삼고 치지致知하는 일을 오로지 지知에 귀속시켰는데, 오직 왕양명만이 지행知行을 겸해서 말해야 한다고 주장하였다. 범순부范淳夫는 말하기를 "군신 관계로 말하면, 임금이 된 자는 임금의 도리를 극진히 하고, 신하된 자는 신하의 도리를 극진히 하는, 이것이 궁리이니, 도리를 끝까지 밀고 나가면 본성이 모두 발휘하게 되고, 본성이 다 발휘되면 명命에 이르게 된다"라고 하였는데, 양명의 말과 합치된다.[22]

주희는 성즉리性卽理, 즉 심리이원론에 근거하여 리理를 인식대상으로 삼고 마음을 인식주체로 삼으면서 격물치지를 마음이 리를 인식하는 '지知'의 문제로만 국한시켜 보고 있다. 반면 왕수인은 심즉리心卽理에 근거하여 격물을 '정기부정이귀어정正其不正而歸於正', '정심正心', '정사正事', '위선거악爲善去惡' 등으로 정의하여 단지 앎의 문제에 국한되는 것이 아니라 실천을 포함하는 지행합일로 규정하고 있다. 치지 또한 치양지致良知로서 지뿐만 아니라 행을 포함한다고 본다. 궁리에 있어서도 주희가 궁리를 이치를 궁구하는 앎의 문제로 국한시켜 보는 반면, 왕수인은 궁리란 그 앎을 실천으로까지 완전하게 이행하는 것을 의미한다고 보아 궁리조차 지와 행을 합일시키는 실천공

---

22) 『谿谷先生漫筆』, 권1, 「王陽明范淳夫格物致知辨」, 572쪽, "先儒以窮理爲格物, 致知之事, 專屬於知, 唯王陽明以兼知行而言. 范淳夫曰, 自君臣而言之, 爲君盡君道, 爲臣盡臣道, 此窮理也, 理窮則性盡, 性盡則至於命矣, 與陽明之說合."

부로 규정하고 있다.[23] 장유가 인용하고 있는 궁리에 대한 범조우范祖禹(范淳夫)의 주장, 즉 궁리란 군주와 신하의 도리에 대한 앎의 단계만을 의미하는 것이 아니라 실제로 신하의 도리와 군주의 도리를 미진함 없이 다하는 실천 행위를 의미한다는 주장은 왕수인의 주장과 일치한다. 장유가 이러한 왕수인의 입장을 지지하고 있다고 하는 것은, 장유 또한 왕수인과 같이 인간의 본심을 지행의 합일체로 인식하고 있었다는 것을 의미한다. 즉 장유에게 있어 본심은 앎의 주체일 뿐만 아니라 능동적인 실천을 통해 앎을 완성하는 실천 주체인 것이다.

지행합일뿐만 아니라 치양지에 있어서도 장유는 왕수인의 입장을 지지하고 있다.

양명陽明과 백사白沙를 논하는 자들은 이 둘을 모두 싸잡아 선학禪學이라고 매도하고 있다. 백사의 학문은 실제로 정靜에 치우쳐 적寂으로 흐른 점이 있다. 양명의 양지良知에 대한 가르침으로 말하면, 실질적인 곳에서 부지런히 공부하면서 성찰省察하고 확충擴充하는 데에 오로지 하고, 매번 정靜만 좋아하고 동動은 싫어하는 것으로써 배움을 삼는 것을 경계시키고 있으니, 백사의 학풍과는 전혀 같지 않다.[24]

이황의 양명학 비판에서 확인할 수 있듯,[25] 당시에는 양명학을 백사학

---

23) 김세정, 『왕양명의 생명철학』(청계, 2006), 4·5·8장 참조.
24) 『谿谷先生漫筆』, 권1, 「陽明與白沙」, 579쪽, "陽明白沙論者, 竝稱以禪學. 白沙之學, 誠有偏於靜而流於寂者. 若陽明良知之訓, 其用功實地, 專在於省察擴充, 每以喜靜厭動, 爲學者之戒, 與白沙之學絶不同."
25) 『退溪全書』, 권41, 「白沙詩教傳習錄抄傳因書其後」, "滉謹按, 陳白沙王陽明之學, 皆出於象山而本心爲宗, 蓋皆禪學也.";「抄醫閭先生集附白沙陽明抄後復書其末」, "……至於陽明似禪非禪, 亦不專主於靜, 而其害正甚矣."

과 함께 선학禪學으로 비판하는 풍조가 만연해 있었다. 이에 대해 장유는 백사白沙 진헌장陳獻章(1428~1500)의 학문은 정靜에 치우쳐 적寂으로 흐름으로써 선학으로 간주될 수 있는 여지가 있지만 양명학은 이와 다르다고 항변하고 있다. 왕수인의 치양지설致良知說은 정적靜的인 공허空虛한 수행이 아니라 현실세계의 실제적인 일 위에서 성찰省察하고 확충擴充하는 일로서 오히려 역동적이고 능동적인 성격을 지니고 있다는 것이다. 왕수인의 치양지설에 대한 장유의 이해와 설명은 매우 정확하다고 할 수 있다. 왕수인은 일찍이 정적인 수양공부의 폐단을 비판하면서 실제적인 일 위에서 갈고 닦아야 한다는 사상마련事上磨鍊의 필요성을 강조한 바 있다.26) 왕수인은 동적動的인 실천공부로서의 사상마련은 곧 양지를 실현하는 일이며, 양지의 실현은 곧 이러한 동적인 사상마련을 통해 이루어진다고 본다.27) 나아가 사상마련은 물론 집의集義와 필유사언必有事焉 또한 양지를 실현하는 구체적 방안으로 제시한 바 있다.28) 이러한 양지는 안과 밖을 하나로 연결하는 역동적 주체로서, 치양지致良知라는 역동적이고 능동적인 실천을 통해 비로소 내외합일內外合一, 물아일체物我一體를 구현할 수 있게 된다. 왕수인은 진헌장과 달리 '동動을 싫어하고 정靜으로 치닫는 것'을 우려하였다. 장유는 이러한 왕수인의 입장을 대변하면서 정적인 공부가 아닌 실질적인 일에서 자기성찰을 통해 본심양지를 확충해 나가는 역동적인 학문과 실천적인 공부를 중시하였던

---

26) 『傳習錄』上, 「陸澄錄」, 23조목, "問, 靜時亦覺意思好, 才遇事變不同, 如何? 先生曰, 是徒知靜養, 而不用克己工夫也. 如此臨事, 便要傾倒. 人須在事上磨, 方立得住. 方能靜亦定, 動亦定."

27) 『傳習錄』中, 「答歐陽崇一」, 168조목, "蓋日用之間, 見聞酬酢, 雖千頭萬緒, 莫非良知之發用流行, 除卻見聞酬酢, 亦無良知可致矣. 故只是一事."

28) 『傳習錄』中, 「答聶文蔚」, 187조목, "夫必有事焉, 只是集義. 集義只是致良知. 說集義則一時未見頭腦, 說致良知郎當下便有實地步可用工. 故區區專說致良知, 隨時就事上致其良知, 便是格物."

것이다.

4. 주체성에 근거한 창조정신의 전개

비판정신과 주체성을 바탕으로 한 장유의 창조정신의 전개는 다음과 같이 크게 두 측면으로 나누어 살펴볼 수 있다. 첫째는 주희의 『중용장구中庸章句』에 대한 비판과 새로운 해석이며, 둘째는 정치에 있어 시세時勢를 중시하는 인시제의因時制宜적 태도이다.

장유는 주희의 『중용장구』에 대해 세 가지 의문을 제시하고 있는데, 먼저 『중용』 1장에 대한 주희의 해석에 관해 다음과 같이 문제를 제기한다.

내가 『중용장구』를 읽으면서 의심나는 것이 세 가지가 있어, 이를 기록하여 도道 있는 자에게 질정質正을 구하고자 한다. 수장首章에 "하늘이 명한 것을 성性이라 하고, 성을 따르는 것을 도道라 하며, 도를 닦는 것을 교敎라고 한다"라고 하였으니, 『중용』은 도를 닦는 가르침을 위주로 하여 지어진 것이다. 그러므로 아래의 글에서 곧바로 이어서 말하기를, "도라는 것은 잠시도 떠날 수가 없는 것이니, 떠날 수 있다면 도가 아니다"라고 하였으며, 이어서 계구戒懼와 신독愼獨과 치중화致中和의 일을 말하였으니, 이것이 곧 도를 닦는 알맹이다. 닦는다는 것은 닦아서 밝게 하고(修明) 닦아서 다스린다(修治)는 것을 의미하니, "군자는 닦아서 길하게 된다"(君子修之吉)는 뜻과 같다고 하겠다. 그런데 『장구』에서는 "닦는다는 것(修)은 등급을 정해서 절제해 나가는 것(品節之)"이라고 하였고, "교敎는 예禮, 악樂, 형刑, 정政 등이 그것이다"라고 하였다. 그러나 품절品節로 수자修字를 해석한 것은 적절하지 못하다. 예악은 비록 몸을 다스리기 위한 것이기는 하지만, 계구와 신독에 비교해 보면 다소 맞지 않는 것 같다. 더구나 형정 같은 것은 다스리기 위한 도구일 뿐, 원래 학자들의 몸과 마음에는 아무 관계도 없는 것인데, 이것을 가지고 도를 닦는다고 한다면 너무 동떨어진 일이 아니겠는가? 대저 본장本章에서 말하는 계구와 신독과 치중화 등 우리 몸에 절실하고 가까운 가르침을 버리고 멀리서 예악형정을 끌어다 교敎를 삼는 것, 이것이 내가 의심하는 것의 첫 번째이다.[29]

장유는 전반부에서 먼저 『중용』 1장에 대한 자신의 이해를 제시하고 후반부에서 주희의 해석을 소개하며 조목조목 문제를 제기하고 있다. 먼저 장유의 『중용』 1장에 대한 입장을 분석해 보면 다음과 같다. 첫째, 『중용』은 '수도지위교修道之謂敎'를 위해 지어진 책이다. 둘째, 그 근거로는 바로 이어지는 문장에서 "도라는 것은 잠시도 떠날 수가 없는 것이니, 떠날 수 있다면 도가 아니다"라고 하여 수도修道를 말하고 있기 때문이다. 셋째, 수도의 구체적 방안으로서의 계신공구戒慎恐懼, 신독慎獨, 치중화致中和는 모두가 '자기 스스로 갈고 닦는다'고 하는 '수신修身'의 의미이지 결코 누가 누구를 다스린다고 하는 '치인治人'을 의미하지 않는다. 넷째, 수도修道의 수修는 스스로 자신의 몸과 마음을 닦아서 덕성을 밝히고 몸이 덕성에 잘 부합되도록 하는 자발적이고 주체적인 수양을 의미한다. 결국 『중용』이란 인간 누구나

---

29) 『谿谷先生漫筆』, 권1, 「中庸章句中有疑者三」, 564쪽, "余讀中庸章句, 有疑者三焉, 錄之以求正於有道. 首章曰, 天命之謂性, 率性之謂道, 修道之謂敎, 中庸爲脩道之敎而作也. 故下文卽繼之曰, 道也者, 不可須臾離也, 可離非道也, 因言戒懼慎獨致中和之事, 此卽脩道之實也. 脩是脩明脩治之謂, 猶君子脩之吉之脩也. 章句曰, 脩, 品節之也, 敎, 若禮樂刑政之屬是也. 以品節釋脩字, 本欠親切. 禮樂雖所以治身, 比之戒懼慎獨則似差緩. 若乃刑政是爲治之具, 元無關於學者心身, 以是脩道, 無乃外乎. 夫捨本章所言戒懼慎獨致中和等切近之訓, 而遠擧禮樂刑政以爲敎, 此余之所疑一也."

자발적 노력, 즉 주체적이고 능동적인 수양을 통해 스스로 본성을 실현할 수 있다고 하는 내용과 그 수양 방법을 담은 책이라는 것이다.

반면 천명지위성天命之謂性을 성즉리性卽理의 근거로, 솔성지위도率性之謂道를 인간이 리理에 순응하고 리를 실천해야 하는 '보편적 당위성'으로 해석하고 있는 주희는 수도지위교修道之謂敎에 대해 왕수인은 물론 장유와도 다른 해석을 하고 있다. 인간은 성性과 도道의 보편성을 지니는 반면 기품氣稟의 차별성으로 인해 지나치거나 부족한 층차를 지니게 된다. 따라서 성인聖人이 성과 도의 보편성을 토대로 '등급과 제한을 정하여' 천하의 법으로 삼는 바, 이러한 '성인의 교화敎化'가 바로 수도修道의 교敎로서, '예禮·악樂·형刑·정政'이 이 '교敎'에 속한다는 것이다.30) 주희에게 있어 '수도의 교'는 인간의 차별성에 근거한 성인의 교화로만 한정된다. 수도를 성인의 교화로만 한정함으로써 인간 개개인의 주체성과 능동성은 사실상 배제된다.

인간의 주체성과 능동성을 중시하는 장유의 입장에서 보았을 때 주희의 이러한 해석은 받아들이기 어렵다. 장유는 『중용』의 내용을 근거로 주희의 이러한 해석에 대해 구체적으로 반론을 제기하고 있다. 주희의 해석에 대한 장유의 비판은 다음과 같이 정리해 볼 수 있다. 첫째, '수修'를 품절品節로 해석하는 것은 문제가 있다. 수修를 주체적·능동적 수양으로 여기는 장유의 입장에서 볼 때, 수를 품절로 해석하는 것은 인간을 계층화·위계화하는 문제를 야기한다. 둘째, 교敎를 예악禮樂으로 해석하는 것은 계구戒懼·신독愼獨만큼 절실하지 못하다. 계구와 신독은 철저하게 내적인 자발성에 근거한 주체적 수양방법인 반면, 예악은 품절을 전제로 하며 계구와 신독에 비해

---

30) 『中庸集註』, 1장, 1절, "脩品節之也, 性道雖同, 而氣稟或異, 故不能無過不及之差, 聖人因人物之所當行者, 而品節之, 以爲法於天下, 則謂之敎, 若禮樂刑政之屬是也."

상대적으로 외재적인 방식이라고 할 수 있다. 셋째, 더더욱 형정刑政은 백성을 다스리는 도구일 뿐 수도와는 거리가 멀다. 수도의 교를 형정으로 해석할 경우 일반 백성들은 주체성과 능동성을 상실한 채 단지 통치와 교화의 대상, 즉 수동적인 비주체적 인간으로 전락하게 된다.

장유는 이러한 문제점을 우려하였다고 보인다. 장유에게 있어 인간은 타고난 신분이나 화이華夷의 구분 없이 누구나 영명靈明한 양지를 소유하고 있으며, 그러한 양지의 발현과 실현을 통해 참다운 인간이 될 수 있다. 따라서 계신공구戒愼恐懼하고 신독愼獨하고 치중화致中和하는 주체적이고 능동적인 자발적 수양을 필요로 할 뿐, 성인에 의한 품절品節은 물론 예악형정과 같은 외형적인 도구에 의한 교화나 지배는 불필요하다. 오히려 이러한 품절과 예악형정 같은 외재적인 방법들은 인간의 주체성과 능동성을 억압·말살시키고 비주체적이고 종속적인 인간으로 전락시키는 폐해를 야기하게 된다. 장유는 이렇듯 주희의 주장처럼 성인에 의한 일방적 교화가 아니라 인간은 누구나 자발적인 수양을 통해 참다운 인간이 될 수 있다고 보아 인간에게 주체성과 능동성을 부여하고 인간을 창조적인 삶의 주체로 새롭게 자리매김 시켰던 것이다.

인간은 누구나 영명한 양지를 지닌 역동적이고 주체적인 존재이다. 따라서 타인에 의한 교화나 외적인 지배가 아닌 스스로의 자발적이고 주체적이며 능동적인 수양(修道)과 실천을 통해 참다운 인간이 될 수 있다. 그러나 장유 당시 지배계층들은 주체적 각성에 기인하여 현실을 판단하고 능동적으로 대처하기보다는 주자학 독존과 존명사대尊明事大라는 고정불변한 명분론에 집착하여 오히려 변화하는 현실을 부정하는 보수적 태도를 견지함으로써 현실을 왜곡시키고 있었다. 이에 장유는 인간의 영명성과 주체성에 근거하여 시세에 따라 적절하게 대처하는 인시제의를 내세워 고정불변한 명분론에 대응하였다.

> 천지가 생겨나고 오래되어 기운은 나날이 더욱 엷어지고 사람들은 나날이
> 더욱 경박해지고 풍속도 나날이 더욱 야박해지니, 상고시대의 정치로 다스
> 릴 수 없다는 것은 분명하다. 천둥 치고 바람 불고 억수같이 비가 쏟아질
> 때에는 나무등지나 풀옷만으로 몸을 보호할 수가 없는 일이고, 백성이 완악
> 해지고 풍속이 사나워졌을 때에는 새끼 매듭으로 의사를 소통하고 팔짱을
> 끼고서 정치하던 방식으로는 다스려 나갈 수가 없는 일이다. 그 형세에 따
> 라서 다스림을 제정하고 변화하는 상황에 맞추어 온당한 방법을 강구하는,
> 이것이야말로 진실로 자연의 도道인 동시에 성인의 공功인 것이다.[31]

자연이나 인간의 일 모두 변화를 그 생명력으로 한다. 고정불변한 것은 없다. 고정불변은 죽음을 의미할 뿐이다. 제도는 그 변화하는 시대에 적합해야 한다. 상고시대는 수렵채집생활을 하는 단순한 원시시대였다. 그러나 장유가 살던 시대는 상고시대와는 비교할 수 없을 만큼 사회 현상과 인간성이 모두 복잡하게 변화된 시대였다. 따라서 상고시대에는 아무리 훌륭한 정치제도였다 하더라도 상고시대의 정치제도를 그대로 사용할 수는 없다. 변화를 무시하고 상고시대의 정치제도를 그대로 적용하는 것은 오히려 현실을 왜곡시키고 질곡시키는 결과를 초래하게 된다. 그러한 우를 범하지 않기 위해서는 주어진 상황과 변화하는 상황에 맞추어 적합한 정법政法을

---

31) 『谿谷先生集』, 권3, 「設孟莊論辯」, 62쪽, "天地之生久矣, 氣日益漓, 而人日益偷, 俗日益薄, 則
其不可以上古之治, 治之也明矣. 震風凌雨, 非巢居卉服之所可庇也, 頑民悍俗, 非結繩垂衣之所
可理也. 因其勢而制其治, 通其變而適其宜, 此固自然之道, 而聖人之功也."

제정하고 적절한 방법을 강구해야 하는 것이다.

그 형세에 따라서 다스림을 제정하고 변화하는 상황에 맞추어 온당한 방법을 강구해야 한다고 하는 장유의 '인시제의'적 사고는 왕수인의 수시변역隨時變易의 논리와 일맥상통한다. 왕수인은 '중中'과 '천리天理'와 '역易'을 하나로 규정하면서 "때에 따라 변역變易하니 어떻게 고집할 수가 있겠는가? 모름지기 때에 따라 마땅함을 제정해야 하니, 미리 하나의 규구規矩를 정해 놓기가 어렵다"라고 하여, 수시변역의 필요성을 역설하면서 당시 유학자들이 불변하는 도리道理에 얽매여서 격식格式을 고정시키고 이에 집착하는 폐단을 비판한 바 있다.[32] 세상은 끊임없이 변화하기 때문에 불변하는 준칙과 격식만을 고집할 수가 없다. 이는 오히려 변화하는 현실을 왜곡시키고 질곡시키는 폐단을 야기한다. 주어진 상황에 따라 지나치거나 부족함이 없는 '중中' 즉 시중時中과 상황에 따라 끊임없이 변화하는 '역易'과 같이, 변화하는 현실에 따라 주체적·능동적으로 대처할 수 있어야 한다.

이렇듯 인시제의적 태도를 중시하는 장유는 다음과 같이 '시세를 살피는 일'과 '인심을 수습하는 일'을 정치의 요체로 규정한다.

삼가 아룁니다. 나라를 다스리는 도에 있어서는 시세時勢를 살피는 것보다 중요한 것이 없고, 인심人心을 수습하는 것보다 시급한 것이 없습니다. 인심은 나라의 근본이 되고, 시세는 일을 행하는 기틀이 되기 때문입니다. 이전의 역사를 두루 살펴보건대, 일이 반드시 옳은 것이 아니라 하더라도 만약시세에 합당하고 인심에 순응하는 것일 경우에는 시행해서 이루어지지 않은 것이 없었고 나라가 안정되고 임금은 영화를 누렸습니다. 그렇지 않을

---

32) 『傳習錄』上, 「陸澄錄」, 52조목, "中, 只是天理, 只是易. 隨時變易, 如何執得? 須是因時制宜, 難預先定一箇規矩在. 如後世儒者, 要將道理一一說得無罅漏, 立定箇格式. 此正是執一."

경우에는 비록 그 일이 꼭 옳지 않은 것은 아니라 하더라도 백번 시행하면 백번 망쳐지고 망하지 않으면 혼란스럽게 되었습니다. 이것은 필연적인 이 치이니 자세히 살피지 않으면 안 될 것입니다.[33)]

'인심人心'은 나라의 근본이고 '시세時勢'는 일의 기틀이기 때문에 정치의 요체는 '시세를 살피는 일'과 '인심을 수습하는 일'에 있다는 것이다. 백성들 의 마음이 나라의 근본이고 이러한 백성들의 마음을 헤아려서 국사를 처리 하여 백성의 마음을 얻는 것이 올바른 정치의 요체라고 하는 사실은 민본정 치民本政治의 핵심이다. 그러나 정치에 있어 인심과 더불어 중요한 것은 바로 시세라는 것이다. 시세가 중요한 이유는, 시세는 고정불변한 것이 아니라 끊임없이 변화하기 때문이다. 변화를 감지하여 이에 적합한 제도를 새롭게 만들어 변통變通해야 하는데, 그렇지 못하고 이전의 제도나 기준을 가지고 일을 재단한다면 오히려 일을 그르치는 결과를 초래하게 된다. 옳고 그름이 란 고정불변한 것이 아니라 인심과 시세의 변화에 따라 함께 변화해 가는 것이다. 따라서 고정불변한 옳음에 집착하기보다는 변화하는 인심과 시세 를 잘 살펴서 그것에 부합되도록 기준과 제도를 새롭게 제정하고 일을 처리 하는 것이 바람직한 정치의 요체이다.

시세에 변통하기 위해서 위정자는 능동적이고 주체적인 자세를 필요로 한다. 그럼에도 불구하고 당시 조정에서는 변화된 인심과 시세는 외면한 채 오히려 현실에도 부합되지 않는 조종조祖宗朝의 선례先例만을 고집하여 현실에서 실행하기 어려운 법 제도를 실행하려고 하였다. 이에 장유는 당시

---

33) 『谿谷先生集』, 권17, 「論軍籍擬上箚」, 287쪽, "伏以爲國之道, 莫要於審時勢, 而莫急於收人心. 人 心國之本也, 時勢事之機也. 歷觀前史, 事雖未必是也, 若便於時勢, 順於人心, 則行之而無不成, 國以 安固, 君以尊榮. 不然, 雖其事之未必不是也, 百擧而百敗, 不亡則亂. 此必然之理, 不可不察也."

명분론에만 얽매인 이러한 위정자들을 변통할 줄 모르는 자들이라고 비난한 것이다.[34) 위정자가 시세에 따라 변통할 수 있는 것은 위정자 또한 영명한 양지를 지니고 있기 때문이다. 위정자는 양지를 통해 세상의 변화를 감지하고 변화에 부합되는 새로운 제도를 만들어 시행함으로써 명분에 얽매이지 아니하고 국가를 창조적으로 경영할 수 있다.

5. 나오는 말

이상에서 장유의 삶과 사상에서 나타나는 주체성과 창조정신이라는 한국 양명학의 특성에 대해 고찰하였다. 양명학이 이단·사문난적으로 심하게 배척받던 당시 상황 속에서도 장유는 주체적으로 양명학을 수용하였다. 장유는 단지 양명학을 수용하여 답습하는 단계에 머무르지 않았다. 그는 진취적으로 당시 교조주의적 학문 풍토와 대의명분에 집착하여 위급한 현실에 제대로 대처하지 못하는 관료사회를 비판하였으며, 주체적 양지와 인시제의를 중시하는 태도를 바탕으로 자신이 마주한 현실 문제들을 주체적이고 창조적이며 실천적인 자세로 처리해 나갔다.

이러한 장유의 삶과 사상에서 보이는 주체성과 창조정신의 특징은 다음과 같이 정리해 볼 수 있다.

첫째, 당시의 학문적 답습과 맹목적인 교조주의에 대한 장유의 강한 비판에서 그의 주체의식을 찾아볼 수 있다. 장유는 조선에는 오로지 정주학만

---

34) 『谿谷先生集』, 권17, 「論軍籍擬上箚」, 288쪽, "今之時勢, 非祖宗朝時勢也, 今之人心, 非祖宗朝人心也. 顧以祖宗藉口, 欲行難行之法, 尙可謂之知變乎."

을 칭송하는 획일성과 교조주의만이 존재한다고 본다. 이러한 폐단은 내면적 실심實心을 바탕으로 하는 것이 아니라 외적인 권위, 즉 정주학만이 귀하다고 하는 당시의 외면적 평가와 흐름에 편승한 결과라는 것이다. 그는 이러한 몰주체성과 획일적 교조주의로 인해 참된 학문은 물론 독창적이고 창조적인 학문이 나올 수 없는 폐단이 야기된다고 비판하고 있다. 참다운 학문은 주체적이면서도 비판적인 자세가 뒷받침되어야 한다고 주장한다.

둘째, 창조적 삶의 토대로서의 주체적 양지良知와 실천성이다. 장유는 인간 누구나 '영명靈明'한 것을 내재하고 있으며, 이 '영명'함이 바로 주체성의 근거가 된다고 주장한다. 영명한 양지는 선천성과 보편성을 지니며, 평등한 인간관의 근거가 되고, 외물에 이끌리지 않는 주체성이 된다. 주체적이고 창조적인 삶의 구현은 반드시 실제적이고 능동적인 실천이 수반되어야 하는바, 장유는 인간 실천성의 근거를 왕수인의 지행합일설知行合一說과 치양지설致良知說에서 찾고 있다. 장유는 왕수인의 입장을 대변하면서 정적靜的인 공부가 아닌 실질적인 일에서 자기성찰을 통해 본심양지를 확충해 나가는 역동적인 학문과 실천적인 공부를 중시하였다.

셋째, 주체성에 근거한 창조정신의 전개이다. 먼저 주희의 『중용장구』에 대한 비판과 새로운 해석이다. 장유는 인간은 누구나 선천적 양지의 발현과 실현을 통해 참다운 인간이 될 수 있기 때문에, 성인에 의한 품절品節은 물론 예악형정禮樂刑政과 같은 외형적인 도구에 의한 교화나 지배가 불필요하다고 본다. 이러한 품절과 예악형정 같은 외재적인 방법들은 인간의 주체성과 능동성을 억압·말살시키고 비주체적이고 종속적인 인간으로 전락시키는 폐해를 야기한다. 장유는 주희의 주장처럼 성인에 의한 일방적 교화가 아니라 인간은 누구나 자발적인 수양을 통해 참다운 인간이 될 수 있다고 보아 인간에게 주체성과 능동성을 부여하고 인간을 창조적인 삶의 주체로 새롭게 자리매김 시키고 있다. 장유는 인시제의因時制宜적 태도를 중시하면서 '시세時勢를 살피는 일'과 '인심人心을 수습하는 일'을 정치의 요체로 규정한다. 시세가 중요한 이유는, 시세는 고정불변한 것이 아니라 끊임없이 변화하기 때문이다. 고정불변한 옳음에 집착하기보다는 변화하는 인심과 시세를 잘 살펴서 그것에 부합되도록 기준과 제도를 새롭게 제정하고 일을 처리하는 것이 바람직한 정치의 요체라는 것이다.

4장 지천 최명길의 주체성과 창조정신

1. 들어가는 말

'숭유억불崇儒抑佛' 정책을 표방하던 조선에서는 양명학도 숭유가 아닌 억불의 대상이었다. 숭유의 대상으로서의 유학은 오로지 정주학만이 포함될 뿐, 유학의 한 갈래인 상산학이나 양명학은 유학이 아닌 선학, 아니 선학만도 못한 이단·사문난적으로 배척을 받았다. 양명학을 이단·사문난적으로 규정하고 혹독하게 배척한 선봉에는 조선의 거유 퇴계 이황이 서 있으며, 이황의 뒤를 이어 이황의 고제자高弟子인 서애西厓 유성룡柳成龍(1542~1607)을 비롯한 남계南溪 박세채朴世采(1631~1695), 남당南塘 한원진韓元震(1682~1751) 등 수많은 조선의 유학자들이 양명학을 적극적으로 비판하고 배척하였다.[1]

양명학이 이단으로 매도되고 강하게 배척되는 험난한 분위기에도 불구하고 이황 당시 동강東岡 남언경南彦經과 그의 제자 이요李瑤는 양명학을 수용하였다. 이후 교산蛟山 허균許筠, 계곡谿谷 장유張維, 지천遲川 최명길崔鳴吉 등에

---

1) 조선 유학자들의 양명학 비판에 관한 자료들은 『강화양명학 연구사』 II, 「IV. 조선시대 양명학 비판 자료」(강화 양명학 연구팀 지음, 한국학술정보 주, 2008), 480~721쪽을 참조 바람.

의해 적극적으로 수용되어 병자호란과 같은 현실 문제를 해결하는 대응 방안으로 모색되기도 하였다. 나아가 하곡霞谷 정제두鄭齊斗와 그의 문인들에 의해 양명학은 '하곡학파霞谷學派'·'강화학파江華學派'라고 하는 한국 양명학으로 새롭게 탄생하고, 고난과 위난의 시대에 나타난 시대 문제를 해결하기 위해 노력하였다. 그리고 19세기 말 서세동점西勢東漸의 한말전환기에 박은식과 정인보는 양명학을 통해 서구문화에 대한 대응이라는 동북아시아의 공통적 과제와 일제로부터의 국권회복이라는 시대적·민족적 과제를 해결하기 위해 노력하였다.[2]

그러나 한국 양명학은 아쉽게도 한말 이후 그 명맥이 끊어졌다. 그러나 다행히 1970~1980년대 들어서서 한국 양명학은 새로운 관심과 함께 새롭게 조명되기 시작하였다. 초창기 대표적인 연구 성과로 윤남한의 『조선시대의 양명학 연구』(집문당, 1982)와 유명종의 『한국의 양명학』(동화출판사, 1983)을 들 수 있다. 그리고 지난 30~40년 동안 30여 권의 저서·번역서, 30여 편의 박사학위논문, 120여 편의 석사학위논문, 400여 편의 일반 연구논문에 이르기까지, 한국 양명학에 대한 연구는 괄목할 만한 성과를 이루었다.[3] 이러한 연구 과정에서 양명학의 전래 시기가 점점 앞당겨지고, 양명학을 수용했다고 평가되는 학자들 또한 늘어나고 있으며, 한국 양명학자들의 문집이 새롭게 소개되고 있다. 이로 인해 양명학 전래 시기에 대한 정확한 고증의 문제, 양명학 수용학자들의 수용 정도의 문제 및 각 학자들의 양명학 수용 이후 독창적으로 발전할 가능성 문제, 새로운 자료들에 대한 분석과 연구의 문제

---

2) 김세정, 「한국양명학의 생명사상」, 『東西哲學硏究』 39호(한국동서철학회, 2006) 참조.
3) 김세정, 「한국에서의 상산학과 양명학 관련 연구 목록」, 『儒學硏究』 15집(충남대유학연구소, 2007), 206~249쪽 참조.

등 해결해야 할 과제들 또한 점차 늘어나고 있는 실정이다.

특히 한국 양명학의 독창성과 특성을 밝혀내는 작업은 한국 양명학에 있어 꼭 해결해야 하는 과제이다. 전래 초기 양명학 수용학자들은 한편으로는 주자학에 대한 교조주의에서 벗어나 당시 이단으로 지탄받는 양명학을 주체적으로 수용하면서도, 다른 한편으로는 단순히 양명학을 모방하거나 답습한 것이 아니라 자신이 처한 시대적 위난의 문제를 해결하기 위한 새로운 대안으로 재창조해 나갔다. 이러한 전래 초기 양명학 수용학자들이 보여준 주체성과 창조정신은 이후 정제두와 강화학파를 비롯하여 정인보와 박은식 등 한말 양명학자들에게서 공통적으로 나타나는 주체성과 자주정신, 창조성과 실천성 등과 같은 독창성의 뿌리가 된다. 따라서 한국 양명학 전체의 특성을 밝히기 위해서도 그 뿌리가 되는 양명학 전래 초기 한국 양명학의 특성을 체계적으로 구명할 필요성이 요구된다. 이에 앞 장에서는 장유의 주체성과 창조정신에 대해 살펴보았다. 이어 본 장에서는 최명길의 삶과 사상을 중심으로 전래 초기 양명학 수용학자에게서 보이는 주체성과 창조정신의 뿌리에 대해 고찰해 보고자 한다.

2. 명분론자들에 대한 비판과 주체적 마음 중시

최명길崔鳴吉(1586~1647)의 자字는 자겸自謙이며 호는 지천遲川·창랑滄浪이다. 우계 성혼과 율곡 이이 계통의 이항복李恒福과 신흠申欽의 문인이고, 조익趙翼, 장유張維, 이시백李時白과 교유 관계이며, 남언경南彦經 및 장유와 동서

간이다. 최명길은 병자호란 때 청淸과의 강화講和를 주장하고 인조반정(1623)
에 참여하였다. 정제두는 최명길의 형 최내길崔來吉의 외손서外孫壻이다. 최
명길의 손자 명곡明谷 최석정崔錫鼎과 증손 최곤륜崔崑崙이 당화로부터 벗어나
기 위해 최명길은 양명학자가 아니라고 부인하기도 하였다.[4]

인조반정과 병자호란(1636) 등 혼란과 위기의 시대를 산 최명길은 '권도權
道'와 '변통變通'을 중시하면서 자신이 직면한 시대적 과제를 해결하기 위해
노력하였다. 그 밑바탕에는 외적인 명분名分과 권위權威보다는 '실질實質'과
'주체적인 태도'를 중시하는 그의 삶의 태도가 자리 잡고 있다. 그의 실질을
중시하는 태도는 먼저 당시 인조仁祖의 생부인 정원군定遠君(1580~1619)의 추
존追尊과 종묘宗廟에의 입묘와 관련한 원종추숭元宗追崇논쟁을 통해 살펴볼 수
있다.[5] 대부분의 관인 유자들이 원종추숭을 반대함에도 불구하고 최명길은
이를 찬성하였다. 최명길은 다수가 찬성한다 하여 반드시 옳은 것은 아니라
고 하면서, 당시 신료들의 잘못이 명분을 숭상하는 풍토에서 비롯된 것이라
하여 다음과 같이 비판하고 있다.

　　대저 명칭(名)은 실질(實)의 그림자이니, 명칭만을 따라 그 실질을 책망하면
　　잃는 것이 많을 것입니다. 자취(迹)는 마음이 드러난 것이니 자취만을 고집
　　하여 마음을 구한다면 잃는 것이 또한 많을 것입니다.…… 아아! 지금 세상
　　사람들이 숭상하는 것은 명칭이요, 신이 힘쓰는 것은 실질입니다. 세상 사
　　람들이 논하는 것은 자취요, 신이 믿는 바는 마음입니다.…… 우리나라 사

---

　4) 최명길의 생애에 대한 구체적인 내용은 이성무의 『조선시대 사상사연구』2, 「지천 최
　　　명길의 생애와 사상」(주 지식산업사, 2009)을 참조 바람.
　5) 元宗追崇과 관련한 구체적 내용은 김용흠의 「朝鮮後期 仁祖代 政治論의 分化와 變通論」
　　　(연세대 박사학위논문, 2005), 81~125쪽을 참조 바람.

람들은 심성이 편애(偏隘)하여 움직일 때 꺼리는 것이 많으니 부인이나 어린 아이와 같은 점이 있습니다. 근사한 것에 미혹되어 진실(眞實)된 의견이 결핍되어 있고 근엄(謹嚴)한 것이 지나쳐서 충후(忠厚)한 실질(實質)이 부족합니다.[6]

'명칭'(名)이 실제 사물이나 사실 그 자체는 아니다. 이는 사물이나 사실을 지칭하는 개념 또는 언어일 뿐이다. 즉 명칭은 '실질'(實)의 그림자인 것이다. 따라서 사실과 실질이 바뀌면 그 명칭 또한 바뀌어야 한다. '명분(名分)'이라는 것도 명칭과 같이 실질을 의미하지는 않는다. 시대의 변화나 역사적 상황 등 실제적 현상에 따라 명분 또한 달라질 수 있다. 그럼에도 불구하고 대다수의 사람들은 실질의 그림자인 명칭과 명분에 사로잡혀 변화를 외면한 채 고정된 명칭과 명분으로 변화하는 사실과 실질을 재단하고 질곡시키는 우를 범한다. 아울러 판단과 행위의 주체는 마음이지 자취가 아니다. 자취는 마음이 겉으로 드러나 지나가 버린 흔적에 불과하다. 인간이 마주하는 현실은 시시각각 변화한다. 그런데 지나간 자취는 변화한 현실의 새로운 내용들을 반영하고 있지 못하다. 따라서 지나간 자취에 얽매이면 사태를 정확하게 판단하지 못할 뿐만 아니라 오히려 현실을 왜곡하는 우를 범할 수 있다.

변화하는 현실에 대한 정확한 판단과 올바른 실천을 위해서는 판단과 실천 주체로서의 마음을 확고하게 확립해야 한다. 명분과 자취에 얽매일 것이 아니라 마음과 실질이 만나야 한다. 명분에만 집착하면 변화를 감지하

<hr>

6) 『遲川集』(한국문집총간 89), 권8, 「疏箚 · 論典禮箚」, 390~392쪽, "夫名者, 實之影也, 而循名以責其實, 則失之者, 多矣. 迹者, 心之著也, 而執迹以求其心, 則失之者, 亦多.……嗚呼, 今世之所尙者, 名也, 而臣之所務者, 實也. 世之所論者, 迹也, 而臣之所信者, 心也.……我國之人, 心性偏隘, 動多拘忌, 有同婦人小兒. 惑於近似而乏眞實之見, 過於謹嚴而少忠厚之實."

지 못할 뿐만 아니라 사태를 정확하게 판단하지 못하고, 자취만을 고집하면 감응하는 주체를 상실하게 된다. 감응하는 주체로서의 마음을 회복하여 마음이 변화하는 사물과 사태, 즉 실질과 감응해야 한다. 그래야만 변화에 적의타당하게 대응하면서 일을 올바르게 처리할 수 있다. 그럼에도 당시 관인 유자들은 주자학의 명분론名分論과 의리론義理論에 지나치게 집착한 나머지 변화하는 현실을 제대로 파악하지도 못하고 현실의 문제를 절실하게 인식하지도 못하는 우를 범하고 있었다는 것이 최명길의 비판적 생각이다.

최명길이 믿고 중시하는 것은 그림자인 명분이나 겉으로 드러난 자취가 아니라 실질과 마음이다. 실질에 힘쓰고 자신의 마음을 믿을 때 명분이나 자취와 같이 근사한 것에 미혹되지 아니하고 진실된 의견을 낼 수 있다. 또한 지나치게 겉으로만 근엄한 척하지 아니하고 내면적으로 충후한 참됨이 있게 된다. 이에 최명길은 "군자가 믿는 바는 마음이니 마음에 돌이켜 생각할 때 부끄러움이 없으면 비방이나 칭찬은 다만 외물外物일 뿐이다"[7]라고 하여, 자신의 마음에 대한 강인한 믿음을 표현하고 있다. 마음이야말로 옳고 그름에 대한 판단 주체이자 참된 행위의 실질적 주체이다. 비방이나 칭찬과 같은 타인들의 평가는 단지 외물에 불과하다. 따라서 자신의 마음에 비추어 옳고 떳떳하다고 한다면 흔들림 없이 굳건하게 실천으로 이행할 수 있다. 최명길은 이렇듯 자신의 마음에 대한 믿음을 바탕으로 병자호란 당시 많은 주자학자들의 반대에도 불구하고 주화主和를 주장할 수 있었다.

---

7) 『遲川集』, 권11, 「丙子封事」, 454쪽, "君子之所信者, 心也, 求諸心而無愧, 則毀譽之來, 特其外物耳."

3. 주체적 본심양지의 함양

최명길의 학문적 목표는 외적인 권위나 명분 그리고 타인의 평가에 이끌리지 아니하고 인간 주체의 본심本心을 보존하고 확충하는 데 있다. 그는 평생 동안 이러한 학문태도를 견지하여 주체의 본심을 확립하기 위해 정진하였다. 이러한 학문 경향으로 인해 부분적으로는 주자학적인 독서궁리讀書窮理를 긍정하고 있음에도 불구하고 최명길의 학문은 인간 주체의 본심을 근저로 하는 '심학心學'이 그 바탕을 이루고 있다고 평가된다.[8]

그렇다면 최명길에게 있어서 '본심本心'은 구체적으로 무엇을 의미하며 어떠한 성격을 지니고 있는 것일까? 먼저 최명길은 「복잠復箴」에서 "사람에게 이 마음이 있을 때, 이치가 그 가운데 젖어 있다. 비어 있으면서 밝으며 맑고 순수하여, 느낌이 있으면 이에 통한다"라고 하였다.[9] 최명길에게 있어 리理는 마음 밖에 있는 것이 아니라 사람의 마음에 함유되어 있다. 그렇다면 마음이 함유하고 있는 리理는 주자학적 의미의 선험적 정리定理를 의미하는 것일까?

최명길은 허虛와 명明을 마음의 속성으로, 그리고 감感하여 통通하는 것을 마음의 작용으로 규정하고 있다. 여기서 마음이 '허虛'하다는 것은 마음 속에 고정된 정리定理가 존재하지 않는다는 것을 의미하고, '명明'하다는 것은 고정된 정리가 없음에도 불구하고 마음이 감응을 통해 마주한 상황에 잘 대처한다는 것을 의미한다. 따라서 마음에 함유된 이치라는 것은 주자학

---

8) 송석준, 「韓國 陽明學과 實學 및 天主教와의 思想的 聯關性에 關한 研究」(성균관대 박사학위논문, 1992), 83쪽 참조.

9) 『遲川集』, 권17, 「雜著·復箴」, 529쪽, "人有此心, 理涵其中. 虛明湛壹, 有感斯通."

에서와 같이 선험적이며 고정불변한 이치(定理)를 의미하는 것이 아니라, 양명학에서와 같이 수시변역隨時變易하는 '실천조리'를 의미한다고 할 수 있다. 그러하기에 최명길은 마음의 주된 기능을 감통感通으로 정의한다. 마음은 선험적 정리에 종속된 마음이 아니라 끊임없이 변화하는 환경 속에서 마주한 상황에 따라 주체적으로 감응하면서 사태를 능동적으로 처리하는 창조적인 마음이다. 그러므로 최명길은 마음은 영명하며 그 마음의 본질적 속성은 선善하다고 규정하고 있는 것이다.[10)]

왕수인 또한 마음의 허령명각虛靈明覺한 속성을 본연의 '양지良知'로 규정하면서 양지의 감응 작용에 대해 다음과 같이 말한 바 있다.

> 마음은 몸의 주재이며, 마음의 허령명각이 이른바 본연의 양지이다. 허령명각의 양지가 감응하여 움직이는 것을 의意라 한다. 지知가 있는 뒤에 의가 있고, 지가 없으면 의가 없으니, 지는 의의 본체가 아니겠는가? 의가 작용하는 곳에는 반드시 그 물物이 있으니, 물이 곧 사事이다. 만일 의가 어버이를 섬기는 데 작용하면 어버이 섬기는 것이 하나의 물이 되고, 의가 백성을 다스리는 데 작용하면 백성을 다스리는 것이 하나의 물이 된다.…… [11)]

마음의 '허령명각한 양지'는 마주한 상황 또는 대상과의 감응 과정을 통해 시비를 판단함과 아울러 실천의지를 발동하고 실천행위를 주재한다. 여기서 '허령명각'이란 표현에 근거해 볼 때, 양지는 고정된 격식과 규범으로 존재하거나 이에 얽매여 있는 것이 아니라 인간 자신이 마주한 상황에 따라

---

10) 『遲川集』, 권17, 「雜著·復箴」, 529쪽, "惟心本靈, 惟性本善. 日夜攸息, 其端可見."
11) 『傳習錄』 中, 「答顧東橋書」, 137조목, "心者身之主也, 而心之虛靈明覺, 卽所謂本然之良知也. 其虛靈明覺之良知應感而動者謂之意. 有知而後有意, 無知則無意矣. 知非意之體乎? 意之所用, 必有其物, 物卽事也. 如意用於事親, 卽事親爲一物, 意用於治民, 卽治民爲一物……."

가장 적의타당한 상태로 시비준칙을 설정하고 시비를 판단함과 아울러 자신의 실천 방향성을 제시하는 마음의 영명한 자각성이다. 그리고 양지는 실천의지를 발동시켜 '어버이 섬김'(事親)·'백성을 다스림'(治民)과 같은 실천 행위를 창출함으로써 천지만물과의 유기적인 관계맺음을 지속해 나간다.[12] 비록 최명길이 양지라는 말을 직접적으로 사용하지는 않았지만, 마음의 속성을 허명虛明과 감통感通으로 규정함으로써 마음의 허령명각을 양지로 규정하고 양지의 주된 작용을 감응으로 규정하고 있는 왕수인의 입장과 궤를 같이하고 있었다고 평가할 수 있다.

최명길은 선한 마음의 주된 기능이 다름 아닌 '감응感應'임을 다음과 같이 역설하고 있다.

우리의 마음은 스스로 무심無心하게 감응함이 있고 또 유심有心하게 감응함이 있습니다. 그 감응에는 비록 무심한 감응과 유심한 감응의 차이가 있으나, 감응의 이치는 같습니다.…… 어디에 간들 볼만한 도가 없겠으며, 어디에 있은들 감응할 만한 사물이 없겠습니까? 다만 그 감응하는 묘妙한 이치는 모두 이 마음의 착하고 착하지 않은 데 달려 있을 따름입니다.[13]

유심한 감응이든 무심한 감응이든 마음의 핵심은 바로 감응에 있으며, 그 오묘한 감응의 조건은 곧 마음의 순선함이라는 것이다. 감응의 주체로서의 순선한 마음은 수시수처隨時隨處 감응한다. 최명길은 "능히 선입견으로

---

12) 김세정, 『왕양명의 생명철학』(청계, 2006), 290~291쪽 참조.
13) 『증보역주 지천선생집』IV(도서출판 선비, 2008); 『遲川先生續集』, 권20, 「答張溪谷持國維書(三)」, 323쪽, "吾人之心, 自有無心之感, 亦有有心之感. 其感雖有無心有心之感, 而感應之理一也.……何往而無可見之道? 何處而無可感之物乎? 其感應之妙, 都在此心之善不善如何耳."

주主를 삼지 않고 마음을 비우고 이치를 살펴 이를 구할 따름이다"14)라고 하고, "사물에 응하는 도道는 대소를 막론하고 마음을 비우고 기氣를 평안히 하여 일을 따라 대범하게 응하여 사사로운 꾀가 그 사이에 끼어들지 않은 후라야 그 합당함을 얻는 데 처할 수가 있다"15)라고 하였다. 최명길은 순선한 마음의 상태는 '허심虛心'을 통해 도달한다고 보고 있는 것이다. 변화를 도외시하고 기존의 권위나 명분에 얽매이는 것 또한 선입견이다. 이러한 선입견은 끊임없이 변화하는 현실 속에서 올바른 판단을 저해한다. 올바른 판단과 대처를 위해서는 사욕뿐만 아니라 기성의 권위와 명분에 얽매여서도 안 된다. 마음으로부터 모든 사욕과 기성의 선입견을 버릴 때, 즉 마음을 비울 때만이 변화하는 사태를 올바로 판단하고 올바르게 처리할 수 있는 계기가 마련된다. 사욕과 선입견에 얽매이지 않는 허심의 상태가 곧 순선한 마음의 상태이며, 허심을 통해 도달하는 순선한 마음의 상태는 올바른 감응을 위한 전제가 된다.

최명길은 나아가 각고의 노력 끝에 스스로 양지를 깨우쳤다고 고백한 바 있다.16) 그가 깨우쳤다고 하는 양지는 왕수인이 말하는 양지와 같은 것일까, 다른 것일까? 일단은 앞에서 살펴본 바와 같이 최명길이 본심을 허명虛明하고 감통感通하는 것으로 규정하고 있다는 점에서 마음의 허령명각虛靈明覺이 양지라는 왕수인의 주장과 상당히 일치한다는 사실을 알 수 있다. 더욱이 다음과 같은 주장은 최명길이 말하는 양지가 왕수인이 말하는 양지

14) 『遲川集』, 권8, 「論典禮箚」(丙寅), 380쪽, "又能不以先入爲主, 虛心察理, 唯是是求."
15) 『遲川集』, 권9, 「請追給日本欠幣箚」(己巳), 413쪽, "應物之道, 無論大小, 虛心平氣, 隨事泛應, 不着私智於其間, 然後處得其當."
16) 『遲川集』, 권8, 「論典禮箚」(丙寅), 380쪽, "又能耐久咀嚼, 苦心力索, 故良知之天, 一朝開悟而不可掩也."

와 일치한다는 사실을 더욱 명확하게 해 준다.

형체 없는 물체가 곧 조화의 뿌리이니
본래 그것은 내 몸속에 있도다.
여기에 뜻을 두어 조섭을 잘 한다면
신령스러운 광채가 분수 밖에 새로워지리.[17]

'본래 내 몸속에 있는 형체 없는 물체'란 내 마음을 의미한다고 할 때, 마음이 곧 '조화의 뿌리'라는 것이다. 왕수인 또한 양지를 '조화造化의 정령精靈'으로 규정하고, 양지로부터 모든 것이 나오지만 진실로 만물과 대립되지 않는다고 주장한 바 있다.[18] 우주의 생명현상은 부단한 자기전개를 통한 '되어 감의 과정'이라 말할 수 있으며, 인간의 양지는 이러한 되어 감의 과정 안에서 자신의 판단과 행동을 통해 천지만물의 끊임없는 창생·양육 과정에 주체적으로 참여해 나가야 한다. 이는 양지의 독단적인 판단이나 행위를 통해 가능한 것이 아니라, 천지만물과의 끊임없는 감응을 통해 이루어진다. 즉 항상 새롭게 펼쳐지는 천지만물의 창생·양육 과정에 언제나 새롭게 감응하고 주체적으로 참여함으로써 천지만물이 건강하고 온전하게 창생·양육될 수 있도록 돕는 것이다.[19]

나아가 왕수인은 양지를 '본래면목本來面目'으로 정의한 바 있는데,[20] 최

---

17) 『遲川集』, 권4,「北扉酬唱錄續稿」, 309쪽, "一物無形是化根, 看來元只在吾身. 煩君着意加調護, 應有靈光分外新."
18) 『傳習錄』下,「黃省曾錄」, 261조목, "良知是造化的精靈. 這些精靈, 生天生地, 成鬼成帝, 皆從此出, 眞是與物無對."
19) 김세정, 『왕양명의 생명철학』(청계, 2006), 274쪽 참조.
20) 『傳習錄』中,「答陸原靜書」, 162조목, "本來面目, 卽吾聖門所謂良知."

명길 또한 심양의 옥에 있을 때 아들 최후량崔後亮과 주고받은 서한에서 본래면목을 언급하고 있다.

> 네 편지에 이르되 "본래면목本來面目이 오직 황홀恍惚한 사이에 희미하게 보일 뿐이니 공부가 익지 못하여 그런가 합니다"라고 하였다. 네가 능히 이러함을 깨달았으니 그동안 점검點檢하고 성찰省察한 공功을 알 수 있어 너무 기쁘다. 양명서陽明書에 이르기를 "마음은 본래 활물活物이다. 오래 지키고 있으면 마음에서 병이 날까 두렵다"라고 하였다. 이는 반드시 친절하게 본 바 있으며 자신이 분명하게 체험하여 이렇게 말한 것이다. 양명의 고명함으로도 이러한 근심이 있거늘 하물며 너는 모진 역경에 있으니 어찌 심사心事가 일반인처럼 태평할 수 있겠느냐? 이때에 급히 각고刻苦하는 공부를 하여 지키기를 지나치게 하면 도리어 다른 병이 날까 염려하지 않을 수 없다. 다만 평소의 말과 행동을 때때로 점검하여 이 마음으로 하여금 흩어져 달아나지 않게 하고 이따금 고요히 앉아 묵묵히 보아(靜坐黙觀) 천기天機의 오묘함을 알아내어, 언제든지 내 마음의 본체로 하여금 소리개가 날고 물고기가 뛰는 천天에 오묘하게 합하게 하면, 비록 감옥 속에 묶여 있을지라도 무우無雩에서 시를 읊조리며 돌아오는 정취가 절로 있어 스스로 족히 즐거워서 근심을 잊게 될 것이다.[21]

이 편지글에서 본심을 함양하고 양지를 실현하는 공부법을 읽을 수 있다. 최명길의 이 편지글은 전반부와 후반부로 나누어 볼 수 있는바, 먼저

---

21) 『遲川集』, 권17, 「寄後亮書」, 531쪽, "汝書云本來面目, 只於恍惚間看得依俙, 此乃工夫未熟而然也. 汝能覺得如此, 亦見日間點檢省察之功, 深可喜也. 陽明書云心本爲活物, 久久守着, 亦恐於心地上發病. 此必見得親切自家體驗分明, 故其言如此. 以陽明之高明, 猶有是憂, 況汝方處逆境, 心事何能和泰如平人耶. 此時遽下刻苦工夫, 過爲持守, 或轉成他病, 亦不可不慮. 但就尋常言動間, 時加提挈, 不使此心走放, 往往靜坐黙觀, 認取天機之妙, 常使吾心之體, 妙合於鳶飛魚躍之天, 則雖在囹圄幽繁之中, 自有詠歸舞雩之趣, 自足以樂而忘憂."

전반부에서 최명길은 왕수인의 말을 인용하면서 마음은 활물活物이기 때문에 지나치게 붙잡아 두려고 하면 오히려 병이 날 수 있다고 본다. 왕수인은 맹자와 고자의 부동심不動心의 차이에 대한 질문에서, 고자의 경우는 인위적으로 마음으로 하여금 움직이지 못하도록 꼭 붙잡아 둠으로써 오히려 생생불식生生不息의 뿌리, 즉 양지가 작용하지 못하도록 하는 폐단을 야기한다고 비판한 바 있다. 반면 맹자의 경우는 본래 심본체가 부동不動하다는 입장에서 부동심을 말하는 것으로, 집의集義를 부동심을 잘 확충해 나가는 일로 보고 있다. 심본체가 부동하다는 것은 마음이 작용하지 않는다는 것이 아니라 활발발活潑潑한 본심이 사욕에 흔들리지 않는다는 의미에서 부동이고, 집의는 활발발한 마음이 천지만물과 끊임없이 감응하면서 양지를 실현시켜 나간다는 것을 의미한다.22) 감응 주체인 본심양지는 활발발하게 끊임없이 감응(生生不息) 작용을 진행한다. 따라서 이를 인위적으로 움직이지 못하도록 붙잡아 두게 되면 오히려 양지를 질곡시키는 병폐를 야기하게 되는 것이다. 최명길 또한 이러한 우려 때문에 "평소의 말과 행동을 때때로 점검하여 이 마음으로 하여금 흩어져 달아나지 않도록 해야 한다"라고 하여, 마음을 인위적으로 붙들어 매는 것이 아니라 오히려 마음이 활발발하게 작용하고 있는 실제적인 일 위에서 마음이 사욕에 흔들리지 않도록 하는 공부, 즉 사상마련事上磨鍊을 해야 한다고 주장하고 있는 것이다. 물론 "이따금 고요히 앉아 묵묵히 보아(靜坐黙觀) 천기天機의 오묘함을 알아낸다"라고 하여 정적靜的인

---

22) 『傳習錄』下, 「黃省曾錄」, 272조목, "孟子不動心, 與告子不動心, 所異只在毫釐間. 告子只在不動心上着功, 孟子便直從此心原不動處分曉. 心之本體原是不動的, 只爲所行有不合義, 便動了. 孟子不論心之動與不動, 只是集義, 所行無不是義, 此心自然無可動處. 若告子只要此心不動, 便是把捉此心, 將他生生不息之根反阻撓了. 此非徒無益, 而反害之. 孟子集義工夫, 自是養得充滿, 並無餒歉, 自是縱橫自在, 活潑潑地, 此便是浩然之氣."

공부를 말하고 있으나, 이 또한 억지로 마음을 묶어 두거나 붙잡아 두는 공부가 아니라 역동적인 본심을 자각하는 공부이다. 이에 최명길은 공부의 궁극적인 목적이 언제든지 내 마음의 본체로 하여금 소리개가 날고 물고기가 뛰는 천天에 오묘하게 합하게 하는 데 있다고 주장한다. 정좌묵관靜坐黙觀을 통해 천기의 오묘함을 자각하는 것은 곧 자신의 활발발한 양지를 자각하기 위함이다.

왕수인 또한 역동적 양지는 '활발발'을 생명본질로 하는바, 마치 소리개가 날고 물고기가 뛰노는 것처럼 양지는 쉼 없이 역동적으로 감응 작용을 진행한다고 본다. 이러한 양지를 실현하는 일이 곧 맹자가 말하는 '반드시 일을 두라'(必有事焉)는 사상마련 공부라는 것이다.[23] 최명길이 말하는 본래면목本來面目이 바로 왕수인이 말하는 활발발한 양지로서, 최명길 또한 양지 실현을 위한 사상마련 공부를 매우 중시하였다고 할 수 있다. 역동적 양지에 대한 중시는 최명길의 다음과 같은 본래면목에 대한 설명에서도 읽을 수 있다.

이른바 본래면목이란 것은 항상 허명虛明·징철澄澈한 데 들어 있으면서 희노애락喜怒哀樂의 사이에 나타난다. 옛사람들이 공부를 하는 데 있어 동動과 정靜에 차이를 두지 않은 까닭으로서, 해와 달, 추위와 더위가 교차하는 것과, 연기와 비의 변화하는 모습이 도체道體가 유행流行하는 오묘함 아님이 없는데, 내 마음의 지각知覺 작용과 함께 상하로 유행하고 화합하여 하나가 되는 것이다. 다만 능히 깨달음이 여기에 이를 수 있어 항상 체인體認한다면, 이른바 희미하던 것이 자연히 분명해지고, 이른바 '황홀한 가운데'라는 것이

---

23) 『傳習錄』 中, 「黃以方錄」, 330조목, "問. 先儒謂鳶飛魚躍與必有事焉, 同一活潑潑地. 先生曰. 亦是. 天地間活潑潑地無非此理, 便是吾良知的流行不息. 致良知便是必有事的功夫."

자연히 항구적으로 순숙純熟해질 것이다.24)

  일단 본래면목은 항상 허명虛明·징철澄澈한 데 들어 있다는 주장에서 본
래면목이 허령명각한 양지임을 알 수 있다. 이러한 양지로서의 본래면목은
기쁨·성냄·슬픔·즐거움 등과 같은 감정 작용을 통해 드러난다는 것이다.
왕수인 또한 희喜·노怒·애哀·구懼·애愛·오惡·욕欲이라는 칠정七情은 모두
사람의 마음에 본래 있는 것으로, 칠정이 그 자연스러운 유행에 따르는 것
은 모두 양지의 작용이며 선과 악으로 구별할 수가 없지만, 칠정에 집착이
있으면 모두 욕망으로서 양지를 가리게 된다고 주장한 바 있다.25) 양지는
바로 인간의 감정을 통해 발현되는 것으로서, 왕수인에게 있어 감정 그 자
체는 신뢰할 수 없는 부정과 극복과 제어의 대상이 아니다. 최명길에게 있
어서도 본래면목, 즉 심본체인 양지는 감정을 통해 드러난다. 또 하나 중요
한 점은 심본체의 작용은 천지만물의 작용과 무관치 않다는 것이다. 양지
발현의 궁극적 귀결처는 바로 천지만물과 하나 됨에 있다. 인간은 양지를
통해 천지와 감응하면서 변화하는 만물과 더불어 화합할 수 있다.

---

24) 『遲川集』, 권17, 「寄後亮書」, 531쪽, "抑所謂本來面目常涵於虛明澄澈之地, 而發見於喜怒哀樂
    之間. 古人用功所以無間於動靜, 而日月寒暑之代謝, 風雲煙雨之變態, 莫非道體流行之妙, 而與
    吾方寸知覺之用, 上下同流, 滾合爲一. 但能覺得到此而常常體認, 則所謂依俙者自然分明, 所謂
    恍惚之間者自然恒久純熟矣."
25) 『傳習錄』 下, 「黃省曾錄」, 290조목, "喜怒哀懼愛惡欲, 謂之七情. 七者俱是人心合有的, 但要認
    得良知明白.……七情順其自然之流行, 皆是良知之用, 不可分別善惡, 但不可有所著, 七情有著,
    俱謂之欲, 俱爲良知之蔽."

4. 권도에 따른 주체적인 주화 주장

최명길이 원종추숭元宗追崇을 찬성한 일, 병자호란 때 주화主和를 주장한 일, 임경업林慶業(1594~1646) 등과 명나라와 내통하며 반청反淸운동을 하다가 청나라에 끌려가 심양에서 옥살이한 일 등은 모두가 그의 양지에 근거한 사상마련의 일환이다. 임진왜란과 병자호란 양대 전란은 조선을 전기와 후기로 구분하는 분기점이 된다. 주자학이 그 현실적 한계를 노정하는 계기가 되었으며, 또한 현실적 문제를 해결하기 위한 실학實學이 대두되는 기점이 된다. 당시의 주자학적인 정치 분위기는 전적으로 관념적인 명분론에 의존하고 있었으므로 현실을 타개할 수 있는 정치적 역량을 기대하기 어려운 실정이었다고 평가된다.[26]

이러한 역사적 상황 속에서 1620년대 중반 금金의 위협에 대해 조정의 다수 세력들이 척화론斥和論을 주장한 데 반해, 최명길은 겉으로는 화약을 맺고 안으로는 군대를 양성하여 명明과의 의리를 저버리지 않는다는 '주화론主和論'을 주장하였다. 1636년 이조판서로 있을 때 병자호란이 일어나 청나라 군대가 남한산성을 포위하자 홍익한洪翼漢(1586~1637) 등이 척화론·주전론主戰論을 주장했는데, 최명길은 다시금 주화론을 주장하여 청나라와 화친和親하는 데 중추적 역할을 담당하고 항복문서를 초안했다.[27]

병자년(1636) 12월 22일 오랑캐의 사신이 또 와서 화친을 청하였으나 허락하

---

26) 송석준, 「韓國 陽明學과 實學 및 天主敎와의 思想的 關聯性에 關한 硏究」(성균관대 박사학위논문, 1992), 88쪽 참조.
27) Daum 백과사전 및 『브리태니커』, 「최명길」편 참조.

지 않았다.…… 정축년(1637) 1월 3일 김류가 최명길의 손을 잡고 말하기를 "나의 뜻은 그대와 조금도 다를 것이 없으나 다만 선비들의 공론을 어찌할 꼬?" 하니, 최명길이 말하기를 "우리들은 비록 만고의 죄인이 될지라도, 반 드시 임금이 망할 줄 알면서도 차마 그대로 둘 수 없으니 오늘의 화친은 아니하지 못할 것이요" 하고 홍서봉과 이경직을 오랑캐에게 보냈다.[28]

병자호란이라는 풍전등화의 위기 속에 최명길이 화친을 주장한 근거는 당시 정황이 청과 화친하지 아니하고 끝까지 싸울 경우 나라가 망할 것이라 는 데에 있다. 무엇보다 최명길 자신이 화친을 주장하는 일이 만고의 죄인 이 되리라는 것을 알면서도 화친을 끝까지 주장하였다는 점에서, 화친의 주장이 한말 이완용李完用(1858~1926)과 같이 일신의 부귀영달을 위한 것이 아 니었다는 것을 알게 해 준다. 더욱이 병자호란 이듬해에 청나라와 포로석방 과 척화신斥和臣 귀환을 교섭한 일이나, 임경업 등과 함께 명나라와 내통하 며 반청운동을 하다가 그 사실이 밝혀져 심양에서 옥살이한 사실들을 보더 라도, 그가 화친을 주장한 목적은 나라를 위기로부터 구하고자 한 데 있다 고 할 수 있다.

그렇다면 그가 만고의 죄인이 될 줄 알면서도 화친을 주장한 사상적 근 거는 무엇일까? 우선 그의 '수시변역隨時變易'하는 '시중지도時中之道'에서 찾을 수 있다.

대개 도道에는 정도正道와 패도覇道가 있고, 일에는 가볍고 무거운 것이 있으 니, 의義도 때에 따라 달라집니다. 성인께서『주역』을 지을 때에 중도中道를

---

28) 이긍익,『練藜室記述』, 권25,「丙子胡亂丁丑南漢出城」.

정도보다 귀하게 여긴 것도 이런 까닭입니다.[29]

유학에 있어 도道는 획일적인 것이 아니다. 도는 어떠한 상황에서도 불변하는 '상도常道'가 있는 반면, 변화하는 상황에 따라 적합하게 변화하는 '권도權道'가 있다. 권도의 입장에서 보았을 때 의義라는 것도 주어진 상황과 무관하게 고정불변한 것이 아니라 상황에 따라 그에 부합되게 변화한다. 따라서 『주역』에서도 때에 따라 적합하게 변화하는 '중도中道', 즉 '시중지도時中之道'를 중시하였다는 것이다. 그렇다면 권도로서의 시중지도가 중시되는 이유는 무엇인가?

  대개 알 수 없는 것이 세상의 변화이고, 한없는 것은 의리입니다. 천하가
  무사할 때에는 삼가 정상적인 법만을 지켜 가니 현명한 이와 못난 사람이
  동등한 길로 귀일할 수 있사오나, 난리로 역경을 당하여 어찌할 수 없을 지
  경에는 변통성이 있어서 도와 함께 행하여야 바야흐로 성인의 큰 권도라
  할 수 있습니다.[30]

권도로서의 '시중지도'가 중시되는 이유는 바로 무궁무진한 세상의 변화에 있다는 것이다. 세상이 변화하지 않고 늘 안정되어 있다고 한다면 상도만을 따르더라도 큰 문제가 발생하지 않는다. 그러나 세상은 끊임없이 변화한다. 따라서 질서 있고 안정되어 보이던 사회도 급격한 변화를 맞이할

---

29) 『遲川集』, 권11, 「丙子封書」 제3, 452쪽, "蓋道有經權, 事有輕重, 時之所在, 義亦隨之. 聖人作易, 中貴於正, 良以此也."
30) 『遲川集』, 권12, 「丁丑封書」 제2, 464쪽, "蓋難測者世變, 無窮者義理. 天下無事, 謹守經常, 賢與不肖, 同歸一塗, 及至遭權逆境, 身處無可奈何之域, 而能變而通之, 與道偕行, 然後方可謂之聖人之大權也."

경우 혼란과 곤경에 빠지게 된다. 역경을 해결하기 위해서는 변화한 사태를 정확하게 판단하고 주어진 상황에 적절하게 대처할 수 있는 능동적이고 주체적인 판단력과 역동적인 실천력이 요구된다. 변화하는 세상을 마주하여 고정된 격식에 얽매이지 않으면서 변화에 맞게 주체적으로 판단하고 대처하는 것이 바로 '권도'인 것이다.

이러한 권도와 시중時中의 중시는 왕수인의 주체성과 창조성의 근간이 되는 수시변역隨時變易의 논리와 일맥상통한다. 왕수인은 '중中'과 '천리天理'와 '역易'을 하나로 규정하면서 "때에 따라 변역하니 어떻게 고집할 수가 있겠는가? 모름지기 때에 따라 마땅함을 제정해야 하니, 미리 하나의 규구規矩를 정해 놓기가 어렵다"라고 하여, 수시변역의 필요성을 역설하면서 당시 유학자들이 불변하는 도리道理에 얽매여서 격식格式을 고정시키고 이에 집착하는 폐단을 비판한 바 있다.[31] 세상은 끊임없이 변화하기 때문에 불변하는 준칙과 격식만을 고집할 수가 없다. 이는 오히려 변화하는 현실을 왜곡시키고 질곡시키는 폐단을 야기한다. 이에 왕수인은 주자학에서 선험적이며 절대적이고 보편적인 것으로 규정되는 고정불변한 천리天理조차도 주어진 상황에 따라 지나치거나 부족함이 없는 '중中' 즉 시중과 상황에 따라 끊임없이 변화하는 '역易'으로 규정하고 있다. 이로써 인간에게 변화하는 현실에 주체적·능동적으로 대처할 수 있는 계기를 마련해 준다.

이에 왕수인은 의義를 양지良知로 규정하면서, 의를 주자학에서와 같이 고정불변한 것으로 보지 않는다. 예컨대 사람이 보내 준 선물을 받는 경우, 오늘은 마땅히 받아도 되나 다른 날에는 마땅히 받아서는 안 되는 경우가

---

31) 『傳習錄』上, 「陸澄錄」, 52조목, "中, 只是天理, 只是易. 隨時變易, 如何執得? 須是因時制宜, 難預先定一箇規矩在. 如後世儒者, 要將道理一一說得無罅漏, 立定箇格式. 此正是執一."

있으며, 오늘은 마땅히 받아서는 안 되나 다른 날에는 마땅히 받아도 되는 경우가 있다는 것이다. 만일 오늘 마땅히 받아도 되는 것에 집착하여 일체를 받으며 오늘 마땅히 받아서는 안 되는 것에 집착하여 일체를 받지 않는다면, 이는 곧 집착으로서 양지의 본체가 아니므로 의라고 부를 수 없다는 것이다.[32] 일반적으로 사람들은 고정된 격식과 표준화된 법칙의 틀 안에 갇혀 살아간다. 그래서 일정한 기준과 경험에 근거하여 이러이러한 상황에서는 선물을 꼭 받아야 한다고 하거나 반대로 선물을 받아서는 안 된다고 단정하고 이에 따르는 행동만을 고집한다. 이는 다름 아닌 '집착'으로, 인간은 이러한 집착으로 인해 항상 새롭게 전개되는 상황을 있는 그대로 감지하지 못할 뿐만 아니라 새로운 상황에 부합되는 행동을 하지 못하게 된다. 이는 오히려 역동적인 양지의 창출성을 질곡시키는 결과를 초래하게 된다. 역동적 양지는 끊임없이 변화하는 현실 상황과 감응하면서 시비 판단의 준거를 항상 새롭게 설정하고 이에 대응함으로써 기존의 고정 관념의 질곡으로부터 인간을 해방시켜 줌은 물론 마주한 상황을 주체적·긍정적으로 해결할 수 있는 계기를 마련해 준다.[33]

이러한 수시변역隨時變易에 근거한 '시중時中', '권도權道', '양지良知', '의義'는 인간이 단순히 주어진 체계 속에서 수동적으로 이끌려 가거나 고정된 격식과 원칙에 얽매여 있는 것이 아니라, 변화하는 사회 현상 안에서 감응을 통해 스스로 끊임없이 판단 준거를 새롭게 창출함은 물론, 이를 바탕으로 변화된 상황에 가장 타당한 판단을 내리는 '창조성'과 '창출성'의 근거가

---

32) 『傳習錄』 下, 「黃省曾錄」, 248조목, "義卽是良知, 曉得良知是個頭腦, 方無執着. 且如受人餽送, 也有今日當受的, 他日不當受的, 也有今日不當受的, 他日當受的. 你若執着了今日當受的, 便一切受去, 執着了今日不當受的, 便一切不受去, 便是適莫, 便不是良知之本體, 如何喚得做義?"
33) 김세정, 『왕양명의 생명철학』(청계, 2006), 273쪽 참조.

된다. 최명길은 병자호란이라는 위기 상황에 직면하여 이러한 수시변역하는 양지의 주체성과 창조정신을 온전하게 구현한 인물이라고 말할 수 있다. 최명길은 다음과 같이 말한다.

신이 이렇게 화친和親을 주장하는 것이, 시비是非를 고려하지 않고 단지 이해利害로만 아뢰어 전하를 잘못 인도함이 아닙니다. 현 정세를 참작하고 의리義理를 재량裁量하며, 선유들의 정론定論에 고증考證도 해 보고, 조종祖宗께서 행하신 사적史跡을 참고하여, 이렇게 하면 반드시 나라가 위태로울 것이고, 이렇게 하면 백성을 보호할 수 있을 것이며, 이렇게 하면 도리道理에 해로울 것이고, 이렇게 하면 사리事理에 합당할 것임을 익히 생각하여, 그것이 꼭 옳다는 자신自信이 서서 아뢴 것입니다.[34]

풍전등화의 국난을 당하여 급박한 현 사태를 어떻게 처리할 것인가? 최명길은 무작정 화친和親을 주장하거나 자신의 이익을 위해 화친을 주장한 것이 아니다. 그는 나라를 위기로부터 구하고 백성들을 고난으로부터 구하고자 하는 데 궁극적인 목적을 두고, 그 방안을 찾기 위해 마주한 정세를 충분하게 고려하여 의리에 견주어 보기도 하고 선유들의 정론에 맞추어 고증도 해 보고 유사한 역사적 사건들을 참고해 보기도 하였다. 이러한 모든 과정을 거쳐 화친이 꼭 옳다고 하는 확고한 믿음이 있었기에 화친을 주장하였다. 화친은 당시의 주도적인 흐름으로서의 대의명분大義名分이나 이해득실利害得失에 얽매이지 아니한 주체적인 판단에 의거한 것이다. 그러하기에 최

---

34) 『遲川集』, 권11, 「丙子封書」 제3, 453쪽, "臣之爲此齦齗之言者, 非敢不顧是非, 徒爲利害之說, 以誤君父也. 酌之以時勢, 裁之以義理, 證之以先儒之定論, 參之以祖宗之往迹, 如是則國必危, 如是則民可保, 如是則害於道理, 如是則合於事宜, 靡不爛熟思量, 有以信其必然."

명길은 "이에 주화主和(화친을 주장한다)라는 두 글자가 신의 일평생 신변의 누累가 될 줄로 압니다. 그러하오나 신의 마음은 아직도 오늘날 화친하려는 일이 그르다고 생각하지는 않습니다"35)라고 하여, 화친이 주체적 양지에 따른 것으로 후대의 어떠한 비난도 감수할 수 있을 만큼 확고한 신념에 근거함 것임을 밝히고 있다. 외재적인 명분이 아닌 내재적인 양지의 주체적 판단이기에 외적인 어떠한 고난과 비난도 무릅쓰고 끝까지 화친을 주장하며 이를 행동으로 옮길 수 있었다.

그리고 한 가지 간과할 수 없는 사실은, 어떠한 비난과 불명예를 감수하면서까지 최명길이 화친을 주장한 근저에는 백성들에 대한 사랑이 있었다는 것이다. 예컨대 최명길은 "자기의 힘을 헤아리지 아니하고 경망하게 큰 소리를 쳐서 오랑캐들의 노여움을 도발, 마침내는 백성이 도탄에 빠지고 종묘와 사직에 제사 지내는 일조차 못하게 된다면 그 허물이 이보다 클 수 있겠습니까?"36)라고 하여, 화친을 주장한 이유가 백성을 도탄으로부터 구하고 종묘사직을 보존하고자 하는 데 있었음을 명확히 밝히고 있다.

5. 나오는 말

이상에서 최명길을 중심으로 주체성과 창조정신이라는 한국 양명학의

---

35) 『遲川集』, 권11, 「丙子封書」 제3, 450쪽, "此見主和二字, 爲臣一生身累. 然於臣心, 尙未覺今日和事之爲非."

36) 『遲川集』, 권11, 「丙子封書」 제3, 453쪽, "夫不自量力, 輕爲大言, 橫挑犬羊之怒, 終至於生靈塗炭, 宗社不血食, 則其爲過也孰大於是."

특성에 대해 살펴보았다. 위난의 시대를 살면서 양명학을 수용한 최명길은 양명학을 단지 관념적 차원에서 수용하지 않았다. 그는 실질實質을 중시하면서 당시 대의명분에 사로잡혀 위급한 현실에 제대로 대처하지 못하는 관료사회를 비판하였으며, 수시변역隨時變易과 권도權道를 바탕으로 병자호란과 같이 자신이 마주한 현실 문제들을 주체적이고 창조적이며 실천적인 자세로 처리해 나갔다. 최명길은 왕수인의 양지철학을 단순히 관념과 사변의 차원이 아니라 현실 문제를 해결할 수 있는 실제적인 대안으로 발전시켰을 뿐만 아니라 몸소 실천함을 통해 이를 실현해 보고자 하였다는 점에서, 계곡 장유와 마찬가지로 양명학을 주체적이고 창조적인 한국적 양명학으로 새롭게 탄생시키는 기틀을 마련했다고 평가할 수 있다.

실질에 바탕을 둔 권도를 중시하는 이러한 최명길의 사상과 삶에서 보이는 주체성과 창조정신이라는 특성은 다음과 같이 정리해 볼 수 있다.

첫째, 명분론자들에 대한 비판과 주체적 마음 중시이다. 최명길은 당시 관인 유자들이 주자학의 명분론名分論과 의리론義理論에 지나치게 집착한 나머지 변화하는 현실을 제대로 파악하지 못하고 현실을 질곡시키는 우를 범하고 있다고 비판한다. 자신이 믿고 중시하는 것은 명분이나 자취가 아니라 실질과 마음으로, 실질에 힘쓰고 자신의 마음을 믿을 때 진실한 의견을 낼 수 있고 내면적으로 충후忠厚한 참됨이 있게 된다고 주장한다. 마음이야말로 옳고 그름에 대한 판단 주체이자 참된 행위의 실질적 주체라는 것이다.

둘째, 주체적 본심양지의 함양이다. 최명길의 학문적 목표는 인간 주체의 본심本心을 보존하고 확충하는 데 있다. 본심은 허명虛明한 속성을 지니고 감통感通하는 작용을 하는 것으로서, 왕수인이 말하는 허령명각虛靈明覺한 양지良知를 의미한다. 본심은 선험적 정리定理에 종속된 마음이 아니라 끊임없이 변화하는 환경 속에서 마주한 상황에 따라 주체적으로 감응하면서 사태를 능동적으로 처리하는 창조적인 마음, 즉 양지인 것이다. 최명길이 말하는 본래면목本來面目은 왕수인이 말하는 활발발活潑潑한 양지로서, 최명길 또한 양지 실현을 위한 사상마련事上磨鍊 공부를 매우 중시하였다.

셋째, 권도權道에 따른 주체적인 주화主和의 주장이다. 최명길은 병자호란 당시 만고의 죄인이 될 것을 알면서도 끝까지 화친和親을 주장하였다. 화친을 주장한 이유는 끝까지 싸울 경우 나라가 망하고 백성들이 도탄에 빠질 것이라는 데 있으며, 그 사상적 근거는 수시변역隨時變易하는 시중지도時中之道에서 찾을 수 있다. 권도로서의 시중지도가 중시되는 이유는 바로 무궁무진한 세상의 변화에 있다는 것이다. 변화하는 세상을 마주하여 고정된 격식에 얽매이지 않으면서 변화에 맞게 주체적으로 판단하고 대처하는 것이 바로 권도이다. 수시변역에 근거한 시중지도, 권도, 양지는 인간이 단순히 주어진 체계 속에서 수동적으로 이끌려 가거나 고정된 격식과 원칙에 얽매여 있는 것이 아니라, 변화하는 사회 현상 안에서 감응을 통해 스스로 끊임없이 판단 준거를 새롭게 창출함은 물론, 이를 바탕으로 변화된 상황에 가장 타당한 판단을 내리는 '창조성'과 '창출성'의 근거가 된다. 최명길은 병자호란이라는 위기 상황에 직면하여 이러한 수시변역하는 양지의 주체성과 창조정신을 온전하게 구현한 인물이라고 말할 수 있다.

이렇듯 장유와 최명길에 의해 정초된 주체적이고 창조적이며 실천적인 양명학은 이후 정제두를 비롯한 많은 학자들에게 계승되어 한국 양명학으로 발전해 나간다. 예컨대 정제두는 주체성과 실천성을 기저로 하는 생리설生理說과 지행합일설知行合一說 및 치양지설致良知說을 주장하면서, 당시 교조주의적이고 명분론적인 사고에 경도된 주자학파들의 폐단을 비판하고 '인간

주체성의 회복'과 '인간 평등' 및 '주체적이고 평등한 외교'를 주장하였다. 양지 본체가 모든 인간들의 마음속에 본질적으로 다 존재한다고 보아 인간의 보편적인 마음에 기초한 '주체성'을 강조하고 '평등 의식'을 드러내었다. 강화학파의 경우에는 인간의 천부적 양지를 근거로 하여 인간의 주체적 사관 확립에 역점을 두고 고질적 노예사상으로부터 인간해방을 추구하고자 하였으며, 대의명분론이나 허위의식에 사로잡히지 아니하고 실질적으로 민초들의 삶에 도움이 될 수 있는 학문 연구에 주력하였다. 나아가 중세에서 근대로의 전환점, 즉 19세기 말 서세동점 한말전환기에 백암白巖 박은식朴殷植(1859~1925)과 위당爲堂 정인보鄭寅普(1893~1950)는 양지론을 근간으로 한 '인간평등론'과 '천지만물일체설'에 근거한 양명학을 통해 서구문화에 대한 대응이라는 동북아시아의 공통적 과제와 일제로부터의 국권회복이라는 시대적·민족적 과제를 해결하고자 하였다. 박은식은 천부적 양지는 천하만인 누구나가 차별 없이 동일하게 품수하고 있다고 하는 '인간평등론'에 근거하여 '민권신장론'과 사상의 자유, 개개인의 자립화와 인간의 주체성을 근본으로 하는 '자주정신 계발'을 강조하고, 자주정신의 확대를 통하여 국가와 민족의 자주독립을 쟁취해야 한다고 주장하였다. 그리고 정인보는 과거 수백 년간의 조선의 역사는 허虛와 가假로써 연출한 자취이며 온 세상에 가득 찬 것은 가행假行과 허학虛學이라고 진단하고, '실심實心'에 기초한 '실행實行'을 주장하였다. 실심인 '양지良知'의 회복을 통해 개인의 주체의식 확립과 한민족 정신을 고취시키고, 나아가 전 인류의 화합을 꾀하고자 하였다.37) 이렇듯 장유와 최명길에 의해 정초된 주체적이고 창조적이며 실천적인 한

---

37) 김세정, 「한국양명학의 생명사상」, 『東西哲學硏究』 39호(한국동서철학회, 2006), 98~110쪽 참조.

국 양명학은 정제두를 비롯한 많은 학자들을 통해 꽃을 피우고 열매를 맺게
되었다.

5장 율곡학의 심학적 계승과 변용

1. 들어가는 말

퇴계退溪 이황李滉(1501~1570)과 율곡栗谷 이이李珥(1536~1584)는 16세기 한국 유학을 대표하는 양대 거봉이다. 이들은 모두 동일하게 주자학을 수용하면서도 각기 자신의 독창적 사유를 바탕으로 서로 다른 차별화된 사상 체계를 수립하였다. 예컨대 리기론理氣論에 있어 이황이 '기발리승氣發理乘, 리발기수理發氣隨'라는 '리기양발설理氣兩發說'을 주장한 반면, 이이는 '기발리승일도설氣發理乘一途說'을 주장하였다. 그리고 이황이 상대적으로 '경敬'을 중시한 반면, 이이는 '성誠'을 중시하였다. 이러한 사상적 차이는 이후 '영남학파'와 '기호학파'라는 양대 산맥이 탄생할 수 있는 토대가 되었다. 이황과 이이는 물론 조선의 수많은 성리학자들이 주자학과의 동질성을 강조함으로써, 표면적으로는 이들이 단지 주자학만을 답습하고 모방한 것처럼 보일 수 있다. 그러나 이들은 주자학을 맹목적으로 답습하고 교조주의적으로 추종만 한 것이 아니라 자신의 독창적 견해를 바탕으로 한국적 특성을 지닌 한국 성리학으로 발전시켜 나갔다. 특히 '퇴계학'과 '율곡학'의 다름, '율곡학파'와 '퇴계학파'의 다름, 나아가 양대 학파 안에서의 서로 다름이라는 학문과 사상의 다양성, 그리고 학파와 학자 상호 간의 비판의식은 조선에서 성리학이 기나긴 세월 성장하고 존속할 수 있었던 밑거름이었다.

이이를 종주로 하는 기호학파 또한 단지 교조주의적으로 이이를 묵수하거나 추종만 한 것이 아니라 자신들의 독창적 견해와 비판의식을 바탕으로 율곡학을 발전적으로 계승하는 한편 독창적으로 탈바꿈하였다. '다양성'과 '유연성' 그리고 '비판의식'과 '창조정신'이 이이와 율곡학파의 주요한 학문적 특징이라고 해도 과언이 아니다. 율곡학의 이러한 특성을 함축하고 있는 흐름 가운데 하나가 바로 '율곡학의 심학적 계승과 변용'이다. 이러한 흐름은 명재明齋 윤증尹拯(1629~1714)을 징검다리로 하여 하곡霞谷 정제두鄭齊斗(1649~1736)를 통해 완성된다.

본 장에서는 '율곡학의 변용과 계승' 가운데 윤증과 정제두를 통해 전개되는 '율곡학의 심학적 계승과 변용'에 대해 살펴보고자 한다. 이 주제는 '이이와 양명학'의 연관성 문제는 물론 '이이와 윤증', '이이와 정제두', '윤증과 정제두'의 상호 연관성 문제를 함께 고찰해야 하는 방대한 주제이다. 이 네 가지 소주제에 대한 각각의 연구만 하더라도 많은 편차를 지니고 있다. '이이와 양명학'의 상호 연관성이나 '이이와 윤증'의 학문적 연관성 및 '윤증과 양명학'의 관련성에 대해서는 각각 수편의 글이 있는[1] 반면, '윤증과 정

---

1) '이이와 양명학'의 경우는 유명종의 『성리학과 양명학』(연세대출판부, 1994)에 수록된 '李珥' 부분과 김길락의 『한국의 상산학과 양명학』(청계, 2004)에 수록된 「율곡 이이와 육왕학」을 포함하여, 김경호의 「양명 심즉리에 대한 조선유학의 응전―퇴계와 율곡을 중심으로」(『東洋哲學硏究』 50집, 동양철학연구회, 2007) 등이 있고, '이이와 윤증'의 경우는 최영찬의 「명재 사상의 主氣 철학적 심성관」(『명재 윤증』, 충남대유학연구소 편, 청계, 2001)과 리기용의 「율곡학과 명재학」(『동양철학과 현대사회』, 충남대유학연구소 편, 이화, 2003) 및 최정묵의 「율곡학과 명재실학」(『율곡학과 한국유학』, 충남대유학연

제두'의 관련성에 대해서는 김교빈의 「명재 윤증과 하곡 정제두의 교유」[2] 1편만이 있고, '이이와 정제두'의 연관성을 다룬 논문은 전무한 상태이다. 본 장에서는 선행 연구들의 연구 성과를 최대한 반영하면서 율곡학이 윤증을 거쳐 정제두에 이르러 어떻게 심학적으로 계승되고 변용되었는지를 고찰할 것이다.

2. 이이의 양명학에 대한 대응과 성誠사상

이이 후학에서 나타나는 율곡학의 심학적 계승과 변용의 문제를 살펴보기 위해서는 다음과 같은 세 가지 문제를 먼저 고찰해 볼 필요가 있다. 첫째는 당시 이단, 사문난적으로 배척받던 양명학에 대해 이이가 어떠한 입장을 취하였는가 하는 문제, 둘째는 이이가 양명학으로부터 영향을 받았는가 하는 문제, 셋째는 만일 받았다면 어떠한 영향을 받았는가 하는 문제이다.

1) 양명학에 대한 유연한 대응(비판)과 영향 관계

이황은 공자-맹자-정자-주자로 전수된 유학 계통만을 정학正學으로 인정하고 도통론道統論에 근거, 정주학을 원본으로 삼아 확고한 위도衛道의

구소 편, 예문서원, 2007) 등이 있다. 그리고 '윤증과 양명학'의 경우는 『명재 윤증』(충남대유학연구소 편)에 수록된 송석준의 「명재 윤증의 심학 사상」, 김길락의 「명재 윤증의 육왕학적 특징」, 유명종의 「명재 윤증의 무실 실학」 등이 있다.
2) 김교빈, 「明齋 尹拯과 霞谷 鄭齊斗의 交遊」, 『시대와 철학』 제21권 1호(한국철학사상연구회, 2010).

입장, 즉 '파사현정破邪顯正'의 입장에서 정주학을 지키기 위해 불교, 노장학, 육왕학 모두를 이단으로 간주하여 철저히 배격하였다. 특히 이황은 「전습록논변」을 통해 양명학에 대해 총체적으로 비판하면서 주자학을 옹호하고, 나아가 「초의려선생집부백사양명초후부서기말抄醫閭先生集附白沙陽明抄後復書其末」 등에서는 양명학을 선학이라 비판하거나 또는 선학보다 못한 이단으로 배척하였다. 이황이 양명학을 이단으로 배척한 이후, 조선에서 양명학은 드러내 놓고 학습하며 수용하기 어렵게 되었다. 이에 영남학파의 많은 학자들은 이황에 동조하여 양명학을 이단·사문난적이라고 심하게 비판하고 배척하였다.

이러한 분위기 속에서 이이는 과연 양명학에 대해 어떠한 입장을 취하였을까? 영남학파에서와 같이 이단, 사문난적이라 비판하고 배척했을까? 아니면 적극적으로 학습하고 수용했을까? 그것도 아니면 오로지 무관심으로 일관했을까? 이이는 이황처럼 비판·배척이든 긍정·수용이든 양명학에 대한 자신의 입장을 체계적인 글로 남겨 놓지는 않았다. 이로 인해 이황은 양명학을 비판·배척했다고 보는 학계의 공통된 입장과 달리, 이이와 양명학과의 연관성에 대해서는 학자에 따라 상이한 주장들이 제기되어 오고 있다. 비록 단편적이기는 하지만 이이가 양명학에 대해 언급한 내용을 토대로 이이의 양명학에 대한 이해와 입장을 살펴볼 수 있다.

이이는 왕수인의 학문이 어떠냐는 질문에 대해 "주자의 해독이 홍수나 맹수의 화보다 심하다"라고 한 왕수인의 말을 언급하면서 왕수인의 학문을 알 수 있다고 주장하고, 또한 중국에서 왕수인을 성묘聖廟에 종사從祀한 일을 언급하면서 중국의 학문을 알 만하다고 주장한 바 있다.[3] 문제는 이 말만으로는 이이가 왕수인을 비판·배척한 것인지 아니면 긍정·칭찬한 것인지 정확히 알기 어렵다는 것이다. 이 때문에 혹자는 이 말을 근거로 이이가 왕수인을 아주 부정적으로 평가했다고 주장[4]하는 반면, 혹자는 양명학에 대한 흠보다는 오히려 그 장점을 내세워 평하고자 한 의도가 역력히 엿보이고 있어 주목을 끈다고 주장[5]하는 등 상반된 주장이 나오고 있다.

이이는 나아가 육왕학 변척서인 진건陳建의 『학부통변學蔀通辨』(1535)에 대한 발문에서 상산象山 육구연陸九淵(1139~1192)과 왕수인의 학문을 '겉은 유학이나 속은 선종인 학문'(外儒內禪之學)이라 하여 육왕학을 이단으로 규정하고, 진건의 『학부통변』이 육왕학에 숨어 있는 사특한 술법術法을 드러내 준 공로가 있다고 인정한다. 그리고 이이는 당시 중국에서 육왕학이 유행하고 있었다는 사실과 왕수인의 문묘종사에 대해서도 인지하고 있었으며, 이러한 상황들에 대해 우려하는 태도를 보인다.[6] 「학부통변발學蔀通辨跋」에서 보이는 이이의 양명학에 대한 입장은 분명 긍정적이기보다는 부정적이라고 할 수 있다. 그러나 양명학의 어떤 부분에 대해 이이가 못마땅하게 생각하고 있었는지는 이 글에서는 전혀 드러나지 않는다. 그리고 이 글의 성격이 양명학을 비판한 『학부통변』에 대한 발문이기 때문에 양명학보다는 진건에 대해 호의적인 입장을 취하고 있다고 할 수 있다. 따라서 이 글은 객관적인

---

3) 『栗谷全書』II(한국문집총간 45), 권31, 「語錄上」, 259쪽, "問羅欽順薛瑄王守仁之學.……王守仁則以謂朱子之害, 甚於洪水猛獸之禍, 其學可知, 而中朝至乃從祀於聖廟云, 中朝之學, 可知."

4) 주광호, 「明儒와 朝鮮朝의 王陽明 工夫論 비판」, 『退溪學報』121집(퇴계학연구원, 2007), 316쪽 참조.

5) 김길락, 「율곡학과 육왕학」, 『율곡학과 한국유학』(충남대유학연구소 편, 예문서원, 2007), 343쪽 참조.

6) 『栗谷全書』I(한국문집총간 44), 권13, 「學蔀通辨跋」, 274~275쪽, "程朱旣沒, 乃有外儒內禪之學, 噓灰起火, 復熾於世, 甚矣異端之難息, 有如是夫!……淸瀾陳建氏, 慨然以闢邪扶正爲志, 著學蔀通辨, 博搜深究, 明辨詳言, 指出象山·陽明掩藏之心肝, 使迷者不被詿惑, 其志甚盛, 而其論甚正矣.……但因其言, 深知陸·王之邪術, 則其功已偉矣,……但中朝之士, 靡靡入於陸學, 傳聞王陽明得參從祀之列, 然則邪說之禍, 懷山襄陵, 匹夫之力, 難以救止,……"

학술적 평가라고 보기는 어렵다.

더욱이 다음의 이어지는 글을 보면 이이가 진심으로 양명학의 문제점을 인식하고 비판·배척했는가 하는 의문이 든다. 혹자가 "중조中朝의 선비는 육상산의 학문에 많이 물들었는데 우리나라에서는 아직 듣지 못하였으니 아마 우리나라 인심의 바른 것이 중국 사람들보다 나은 것인가?"라고 묻자 이이는 다음과 같이 대답하였다.

> 육상산의 학문에 물들지 않고 오로지 주자의 학문을 공부하는 데 힘써 잘 알고 잘 실천한다면 중국보다 낫겠지만, 만약 이욕利欲만을 오로지 힘써 취하여 주자의 학문과 육상산의 학문을 둘 다 폐한다면 그 우열優劣이 어떠하겠는가? 나는 일찍이 탄식하기를, 중국의 선비는 오히려 일삼는 것이 있어서 여간해서 방심放心하지 않기 때문에 혹은 주자의 학문을 하기도 하고 혹은 육상산의 학문을 하기도 하여 마침내 헛되이 인생을 보내지 않으니, 사도邪道와 정도正道가 비록 다를지라도 오히려 배불리 먹고 종일토록 마음을 쓰는 데도 없이 멍청하게 보내는 것보다는 나은 것이다. 우리나라 선비는 주자의 학문도 하지 않고 육상산의 학문도 하지 않고서 오로지 저 세속의 습관만을 힘쓰는 자가 많으니, 이것이야 말로 날품팔이꾼이나 장사하는 노복과 더불어 무엇이 다르겠는가. 이것을 가지고 중국보다 낫기를 구한다면 잘못된 것이 아니겠는가. 이단의 말이란 어찌 반드시 불교와 노자와 선학과 육학陸學만이 그러한 것이겠는가? 세상에서 선왕의 도를 그르게 여기고 나 한 몸의 욕심만을 따르는 자는 이단 아닌 것이 없는 것이다.[7]

---

7) 『栗谷全書』Ⅰ, 권13, 「學蔀通辨跋」, 275쪽, "或問, 中朝之士, 多染陸學, 而我國則未之聞也, 豈我國人心之正, 勝於中朝乎? 答曰, 不染陸學, 而專用功於朱學, 能知能踐, 則固勝於中朝矣, 若專攻利欲, 而朱·陸之學兩廢, 則其優劣何如哉? 余嘗嘆中朝之士, 猶有所事, 不肯放心, 故或朱或陸, 終不虛老, 邪正雖殊, 猶愈於飽食終日, 無所用心也. 我國之士, 不朱不陸, 專務俗習者多矣, 此與傭夫販奴何別? 以此求勝於中朝, 無乃左乎? 異端之言, 豈必佛老禪陸爲然乎? 世之非先王之道, 循一己之欲者, 莫非異端也."

육구연에 대한 발언이기는 하지만, 이이가 서두에서 육구연과 왕수인을 하나로 묶어서 '육왕학'으로 언급하고 있는 관계로 이 또한 양명학에 대한 이이의 이해와 무관하지 않다고 보인다. 이이는 중국에서 주자학만이 아니라 상산학을 연구하는 풍조 자체에 대해 그렇게 부정적이지 않다. 오히려 그는 조선에서 이욕만을 위해 힘쓰는 폐단을 문제 삼는다. 이이는 주자학뿐만 아니라 육구연의 학문도 도외시하고 선왕의 도를 그르게 여기면서 오직 자신의 이익과 욕심만을 추구하는 당대 조선 사회의 학문풍토가 오히려 더한 이단이라고 혹평하고 있다. 비록 이이가 주자학만을 정학正學으로 보고 육왕학을 포함하여 그 외의 것은 사도邪道로 규정하고는 있지만, 그렇다 하더라도 이황처럼 육왕학을 절대 부정하거나 극단적으로 배척한 것으로 보이지는 않는다. 이에 이이는 왕수인의 단처短處도 지적하지만 그의 장점을 취하였다고 평가되거나,8) 상대적으로 이황 문하의 인물들보다 육왕학에 대해서 유연한 태도를 취하였다고 평가된다.9)

이황과 달리 이이는 양명학에 대한 자신의 입장을 명확하게 밝히는 글을 남기지 않고 단편적인 글에서도 다소 모호한 태도를 취하였기 때문에, 이이와 양명학과의 연관성에 대해서는 학자에 따라 상이한 주장들이 제기되고 있다. 이이가 비판적 입장을 취했다는 주장에 있어서도, 주광호는 이이가 양명학을 매우 부정적으로 평가하고 비판적인 관점을 유지했으며 이런 분위기 속에서 양명학은 조선 학계에 발 디딜 틈조차 없었다고 하는 극단적 주장10)을 제기한 반면, 김경호는 이이가 양명학을 이단으로 규정하고

---

8) 유승국, 「율곡 철학의 근본정신」, 『율곡 이이』(황의동 편저, 예문서원, 2002), 83쪽 참조.
9) 김경호, 「양명학의 전파와 조선지식인 사회의 대응」, 『東洋哲學』 24집(한국동양철학회, 2005), 13쪽 참조.
10) 주광호, 「明儒와 朝鮮朝의 王陽明 工夫論 비판」 참조.

심즉리心卽理를 비판했지만 그 과정에서 약화된 경敬과 성의誠意공부를 다시 회복하고 존덕성尊德性의 측면을 보완하면서 도문학道問學을 아울러 강조하는 공부방법론을 정립하려 한 점은 양명학의 영향으로 보아도 좋을 듯하다고 주장한다.[11] 황의동 또한 「학부통변발」을 통해 알 수 있듯 이이는 양명학을 무조건 반대한 것이 아니라 비판적 입장에서 수용했다고 주장한다.[12] 이러한 입장과 함께 이이의 양명학에 대한 입장을 매우 긍정적으로 보는 견해들이 있다. 예컨대 유명종은 성의誠意를 기본으로 한 이이의 생각은 양명학의 영향을 받았다고 하겠으며, 이러한 새로운 학풍은 바로 양명학이 토착화하는 과정에서 중요한 토양이 되었다고 주장한다.[13] 그리고 김길락은 이이가 왕수인에 대해 비교적 긍정적으로 평가했다고 전제하면서 이이가 일심설一心說을 주장하고 격물格物의 격格을 정正으로 해석하며 성의誠意를 강조하고 지행병진知行竝進을 주장한 것 등은 양명학적 성향을 띠고 발전한 것으로, 이이가 양명학을 긍정적으로 수용했다고 본다.[14] 이렇듯 이이의 양명학에 대한 입장과 수용 여부에 관한 평가는 스펙트럼이 매우 넓다.

이상의 이이의 말과 선행 연구들을 종합적으로 고려해 볼 때, 분명 이이는 주자학자이지 양명학자가 아니다. 아울러 이이가 양명학을 적극적으로 수용했다고도 말할 수 없다. 다만 이이는 양명학을 한편으론 선학과 같은 이단으로 규정하고 비판하기는 하지만, 이황이나 이황 문하에서와 같이 강

---

11) 김경호, 「양명 심즉리에 대한 조선유학의 응전—퇴계와 율곡을 중심으로」, 『東洋哲學研究』 50집(동양철학연구회, 2007.5) 참조.
12) 황의동, 「17~18세기 기호학파의 철학사상」, 『韓國儒學思想大系 Ⅲ: 哲學思想編 下』(한국국학진흥원, 2005), 51쪽 참조.
13) 유명종, 『성리학과 양명학』(연세대출판부, 1994), 199쪽 참조.
14) 김길락, 「율곡학과 육왕학」, 『율곡학과 한국유학』, 329~350쪽 참조.

경하게 비판하고 배척하지는 않았다. 이이는 학문의 다양성을 존중하는 맥락에서 유연하게 양명학의 장점을 인정하면서 양명학의 긍정적 요소들을 비판적으로 수용했을 가능성이 엿보인다.

2) 실리와 실심의 성誠사상

이이와 양명학과의 영향 관계와 더불어, 이이가 한국 양명학의 형성과 전개에 있어 어떠한 영향을 미쳤는가 하는 문제 또한 매우 중요하다. 이 문제를 다루는 데 있어 다음과 같은 선행 연구는 시사하는 바가 크다. 예컨대 유명종은 "율곡학의 특징 가운데 하나는 『성학집요聖學輯要』와 『격몽요결擊蒙要訣』, 「시폐구사소時弊九事疏」, 『동호문답東湖問答』, 「신사진계辛巳進啓」 등에서 강조되는 실효實效, 실공實功, 실무務實 등이다. 이러한 무실務實 · 자득自得 · 실심實心의 사상은 이수광李晬光 및 윤선거尹宣擧 · 윤증尹拯 부자에게 계승되었다"[15]라고 주장하면서, "성의를 기본으로 한 그의 생각은 양명학의 영향을 받았다고 하겠으며, 이러한 새로운 학풍은 바로 양명학의 토착화 과정에서 중요한 토양이 되었다고 생각된다"[16]라고 주장한다. 그리고 민혜진은 "이이는 학문적으로 타 학문에 대해서 개방적이었고, 정제두의 학파적 연원을 고려할 때 이황보다 정제두와 밀접한 관련성을 가진다. 그리고 이이는 이황이 경을 중시하는 데(主敬) 비해서 성을 중시하는(主誠) 실천론을 가진다. 이러한 점에서 이이의 성을 살펴보는 것은 정제두의 성誠사상 파악에 유익한 역할을 할 것이다"[17]라고 주장한다. 김경호 또한 조심스럽게 "성의誠意를

---

15) 유명종, 『성리학과 양명학』, 158쪽.
16) 유명종, 『성리학과 양명학』, 199쪽.

강조한다고 해서 모두 양명학의 영향이라고 할 수는 없지만, 성의를 강조하는 점은 의意에 대한 정찰精察을 중요시한다는 점에서 양명학과의 연결 고리가 될 수 있음 또한 사실이다"[18]라고 주장한다. 이들의 주장이 다소간의 차이는 있지만, 양명학과 율곡학 그리고 율곡학과 한국 양명학의 연결 고리를 '성誠'에 대한 강조에서 찾을 수 있다는 점에 있어서는 동일한 입장을 견지한다. 그렇다고 한다면 이이가 성과 성의를 어떻게 이해하였는가 하는 점을 검토하는 것은 율곡학과 한국 양명학의 연결 고리를 밝혀내는 데 있어 매우 중요한 문제라 생각된다.

이이는 성誠을 '실리實理의 성誠'과 '실심實心의 성誠', 두 차원으로 구분하여 말하고 있는데,[19] 먼저 실리와 실심에 대한 이이의 주장을 살펴보자.

> 하늘은 실리實理로써 화육化育하는 공功을 이루고, 사람은 실심實心으로써 감통感通하는 효험을 이룩하는 것이니, 이른바 실리와 실심이라는 것은 성誠에 불과합니다.[20]

> 하늘에는 실리가 있기 때문에 기화氣化가 쉬지 아니하고 유행하며, 사람에게는 실심이 있기 때문에 공부가 틈이 없이 밝아지고 넓어지는 것이니, 사람에게 실심이 없으면 천리天理에 어긋나게 됩니다.[21]

---

17) 민혜진, 「鄭齊斗의 誠 思想에 관한 硏究」(부산대 박사논문, 2005), 48쪽.
18) 김경호, 「양명 심즉리에 대한 조선유학의 응전」, 182쪽.
19) 『栗谷全書』 II, 拾遺, 권6, 「四子言誠疑」, 583쪽, "誠者眞實無妄之謂, 而有實理之誠, 有實其心之誠, 知乎此則可以論乎誠矣."
20) 『栗谷全書』 II, 拾遺, 권6, 「誠策」, 572쪽, "天以實理而有化育之功, 人以實心而致感通之效, 所謂實理實心者, 不過曰誠而已矣."
21) 『栗谷全書』 I, 권21, 「聖學輯要 3」, '誠實章', 466쪽, "天有實理, 故氣化流行而不息, 人有實心, 故工夫緝熙而無間, 人無實心, 則悖乎天理矣."

하늘은 '실리'로써 만물을 화육하는 공능을 성취하고 실리가 있기 때문에 기화가 쉼 없이 유행할 수 있다는 것이다. 여기서 실리는 생명력이 없는 죽은 재와 같은 단순한 기계적 원리나 법칙을 의미하지 않는다. 실리는 자연의 살아 숨 쉬는 역동적 생명원리임과 동시에 그 자체가 끊임없는 생생生生함이다. 즉 실리는 기氣와 분리된 관념적 리理가 아닌 리기가 합일된 본체이다. 반면 사람은 '실심'으로써 만물과 감이수통感而遂通하는 효험을 이룩할 수 있다. 실심의 가장 중요한 공능은 만물과의 감응이며, 사람은 실심의 감응을 통해 천리를 구현할 수 있다. 여기서 실심은 단지 기질적 차원의 일반적 심心, 즉 리와 분리된 심시기心是氣로서의 심을 의미하지 않는다. 실심은 본체론적 차원에서 천리와 하나 된 진실된 마음을 의미한다. 실심은 인간의 진실된 생명본질임과 동시에 만물과 감응하는 역동적인 생명력이다. 천天의 차원에서의 실리와 인간 차원에서의 실심은 모두 단지 리만 지칭하거나 기만 지칭하는 것이 아니다. 실리와 실심은 리와 기가 합일된 생명본질이자 생명력으로서, 이이의 '리기지묘理氣之妙'(理氣妙合)를 가장 잘 함축하고 있다고 말할 수 있다. 이러한 리기합일적 존재로서의 실리와 실심이 곧 '성誠'이라는 것이다. 따라서 성은 곧 천과 인간을 관통하여 하나로 연결시켜 주는 본질적 생명원리이자 천과 인간을 하나로 합일시켜 주는 감응력이라고 말할 수 있다. 인간은 이러한 성을 바탕으로 하여 진실된 마음으로 천지만물과 감이수통함으로써 만사를 성취하고 천리를 구현할 수 있다.

이이는 또한 성誠을 '천도天道의 성誠'과 '인도人道의 성誠'으로 구분하기도 한다. 천도의 성은 어떠한 인위적인 노력의 개입 없이 자연스럽게 진행되고 성취되는 것(自然而然)으로서 진실무망眞實無妄함 그 자체요, 인도의 성은 인위적인 노력(有爲)을 통해 진실무망하고자 노력하는 것이다.[22] '천도의 성'은

'실리의 성'이고 '인도의 성'은 '실심의 성'으로서, 전자는 성인聖人의 일이고 후자는 대현大賢 이하의 일이라고 이이는 말한다. 즉 천도와 인도로 구분되지만 그렇다고 천도는 자연에만 해당되고 인도는 인간에만 해당되는 것은 아니다. 어떠한 인위적인 노력도 개입되지 않은 자연의 자연한 유행은 물론 인간의 자연한 도덕실천행위 또한 자연한 본성의 발현으로서 천도天道로 정의된다. 반면 인간으로 하여금 자신의 직분에 부합되는 도덕을 실천토록 하는 인위적인 노력은 물론, 천지만물로 하여금 자연한 질서를 잃지 않도록 하는 인위적인 노력 또한 부여받은 역할(직분)에서 비롯된 것으로 천도가 아닌 인도로 정의된다. 그리고 천도는 곧 실리이고 인도는 실심이라는 것이다.23) 즉 천도는 인간이나 자연에 있어 인위의 개입 없이 자연스럽게 발현되는 것이므로 그 자체가 실리라고 할 수 있다. 그렇지만 인도는 천리에 부합되도록 하는 인위적인 노력이 필요하기 때문에 천리를 자각하고 진실되게 실천할 수 있는 주체적이고 역동적인 심을 필요로 하는바, 이에 실심이라고 할 수 있다. 나아가 '천도 = 실리', '인도 = 실심'을 전제로 하여, '실리의 성誠'은 성인의 일로, '실심의 성'은 대현 이하 사람들의 일로 구분한다. 이러한 구분은 기품氣稟의 청명淸明함 여부에 달려 있다. 기품이 청명한 성인은 자신의 본성을 그대로 실현하여 선善을 밝히는 것이기 때문에 후천적인 노력을 통하지 않고 자연스럽게 도리에 합치할 수 있다. 반면 기품이 청명

---

22) 『栗谷全書』 II, 拾遺, 권6, 「四子言誠疑」, 583~584쪽, "修其人事之當然而擇善固執, 思而得勉而中, 則誠之者之事而人道之誠也. 全其天理之本然, 而不勉而中, 不思而得, 從容中道, 則誠者之事而天道之誠也.……自然而然者, 天道也. 有爲而然者, 人道也. 眞實無妄者, 天道也, 欲其眞實無妄者, 人道也."

23) 『栗谷全書』 II, 拾遺, 권6, 「四子言誠疑」, 584쪽, "體於物則天高地厚, 日月代明, 四時錯行. 體於人則父慈子孝, 君義臣忠, 出於性分者, 天道也. 使天地定位, 日月不失其度, 四時不失其行, 父勉於慈, 子勉於孝, 君盡其義, 臣盡其忠, 出於職分者, 人道也. 天道卽實理, 而人道卽實心也."

하지 못하면 천리를 온전하게 보전하지 못하고 인욕에 끌려가게 되어 모든 행위가 진실하지 못하게 되므로 후천적으로 선을 밝혀서 마음을 진실 되게 하려는 노력을 필요로 한다.[24] 그러나 현실적으로 성인은 매우 희박하다. 대부분의 사람들은 성인 이하의 자질을 지니고 있다. 성자誠者의 일은 지성 至聖만이 가능한바, 현실에 견주어 볼 때 사실상 기품이 청명하지 못한 일반 인으로서는 어려운 일이다. 따라서 학자는 마땅히 그 의념을 성실하게 하는 '성의誠意'로부터 공부를 시작해야 한다. 성의에서 시작하여 항상 조심하고 경계하며 자기의 도리를 다하고 진실하게 하여(忠信) 모든 언어와 행위가 실 심에서 비롯될 수 있도록 해야 한다. 즉 학자들은 성인의 일인 '실리의 성' 이 아니라 대현 이하의 일인 '실심의 성'을 해야 한다. 그러나 비록 실심의 성에서 출발하지만, 그 귀결처는 만물을 발육시키고 도도 극에 달하게 하는 실리의 성의 경지에 도달하게 된다는 것이다.[25] 비록 기품에 따라 성인의 일(實理의 誠)과 대현 이하의 일(實心의 誠)로 구분되지만, 그 귀결처는 동일하다 고 말할 수 있다.

---

24) 『栗谷全書』 II, 拾遺, 권6, 「四子言誠疑」, 584쪽, "實理之誠則聖人氣稟淸明, 道理渾然, 體此而 生知安行, 此乃自誠明者, 而孟子所謂萬物皆備於我, 是也. 然則中庸之誠者, 豈非實理之誠乎! 實 心之誠則大賢以下, 氣稟未純乎淸明, 而不能渾全其天理, 性情或牽於人欲, 而不能百行之皆實, 故 明善而實其心. 此乃自明誠者, 而中庸所謂誠身, 是也. 然則大學之誠其意, 論語之忠信, 孟子之反 身而誠, 與夫中庸之誠之者, 何莫非實心之誠乎?"
25) 『栗谷全書』 II, 拾遺, 권6, 「四子言誠疑」, 584쪽, "此所謂雖有淺深之異, 而相爲終始. 學者當 以誠其意, 爲用功之始, 而戒愼恐懼於不聞不睹之地, 主於忠信而使日用之間, 動靜云爲, 皆出於實 心. 然後可以心廣體胖, 仰不愧天, 俯不作人, 反身而誠矣. 推而至於形而著, 著而明, 明而動, 動 而變, 變而化, 以至洋洋乎發育萬物, 峻極于天, 則大賢之用功, 於是乎終, 而誠之之道, 極矣."

3) 실심에 근거한 실공과 무실의 경장

'실심實心'은 심시기心是氣의 기氣가 아닌 리기불상리理氣不相離의 묘합체妙合體로서 인간의 생명본질이며 그 자체가 실리實理이기도 한바, 실심은 인간이 천天과 하나가 될 수 있는 바탕이다. 다만 인간은 기질적인 장애로 인해 기질을 바로잡고 인욕을 제거하는 등의 인위적인 노력을 필요로 한다. 이러한 노력이 곧 '성지誠之'요 '성의誠意'이다. 이렇게 성지할 수 있는 이유는 바로 인간에게 실심이 있기 때문인바, 실심은 곧 인간이 인간다울 수 있는 인간의 주체성이라고 말할 수 있다.

이러한 실심은 바로 인간의 실천행위의 주체로서 '실공實功'의 토대가 된다. 이이는 "궁리窮理가 분명한 뒤에는 궁행躬行할 수가 있는데, 반드시 실심이 있은 연후에 실공에 착수할 수 있는 것입니다. 그 때문에 성실誠實이 궁행躬行의 근본이 됩니다"[26]라고 하였다. 궁리가 궁행의 선행 조건이라면, 궁행은 궁리의 귀결처이다. 사람에게 있어 앎의 궁극적 목적은 단지 알기 위한 데 있는 것이 아니라 그 앎에 근거하여 참된 삶을 사는 데 있다. 이는 구체적이고 실질적인 일인 실공을 몸소 실천함으로써 성취된다. 이 실공의 주체가 바로 실심이다. 궁리와 궁행은 실심을 통해 비로소 하나로 연결된다. 실심이 전제되지 않으면 그 궁리는 단지 앎의 단계에 머물게 되고 실질적인 실천으로 나아가지 못하게 된다. 실심이 있을 때 비로소 앎에 부합되는 실질적인 일을 착수하고 몸소 실천할 수 있게 되는바, 실심에 근거한 성실이 바로 실천궁행實踐躬行의 근본이 된다. 올바른 도리를 깨닫는 주체도

---

26) 『栗谷全書』 I, 권21, 「聖學輯要 3」, '誠實章', 465쪽, "窮理旣明, 可以躬行. 而必有實心, 然後乃下實功, 故誠實爲躬行之本."

실심이요, 이 도리를 실천으로 이행하는 것도 바로 실심이다. 따라서 실심은 주체적인 자각능력과 능동적인 실천능력을 동시에 함축한다.

이이는 또한 '실질적인 효과'(實效)를 가져오는 실공은 성의가 그 밑바탕이 되는 반면, 빈말(空言)은 실공에 반한다고 주장한다.[27] 빈말은 이욕에 근거한 거짓(假)과 위선에서 비롯되는 것으로서 오히려 인간의 실심을 가로막는 장애물이다. 따라서 성의를 통해 거짓의 뿌리가 되는 이욕을 제거하고 실심을 회복할 때, 실공을 실행하고 이로 인해 실질적인 효과가 성취될 수 있다. 성의는 곧 '실심 → 실공 → 실효'라는 일련의 과정으로서, 성의는 곧 실實의 토대가 되고 성誠은 실實을 통해 성취되는바, 성과 실은 하나라고 말할 수 있다.

이이는 무실務實과 성의·실심 및 변통變通, 혁구革舊, 경장更張과 자득自得을 제일의第一義로 삼았으며[28] 무실의 강조와 무실의 실천방법으로서의 경장의 실천은 율곡학의 뚜렷한 특징이라고 평가될[29] 만큼, '무실'과 '경장'은 율곡학에 있어 매우 중요한 요소이다. 이이는 시대를 창업創業과 수성守成과 경장更張 세 시기로 구분하고,[30] 자신의 시대는 중쇠기中衰期로서 경장, 곧 개혁이 필요한 때라고 주장한다.[31] 경장은 그 시기에 가장 적합(時宜)하고 절실한 사업(時務)을 추진하는 것인바, 시의時宜에 대해 이이는 다음과 같이 말한다.

---

27) 『栗谷全書』 I, 권5, 「萬言封事」, 100쪽, "所謂實功者, 作事有誠, 不務空言之謂也. 子思子曰, 不誠無物. 孟子曰, 至誠, 未有不動者也. 苟有實功, 豈無實效哉?"
28) 유명종, 『성리학과 양명학』, 156쪽 참조.
29) 장숙필, 「율곡학과 기호유학」, 『율곡사상연구』 15집(율곡학회, 2007), 11~12쪽 참조.
30) 『栗谷全書』 II, 권25, 「聖學輯要 7」, '識時務章', 33쪽, "時務不一, 各有攸宜. 撮其大要, 創業守成, 與夫更張, 三者而已."
31) 김경호, 『인격 성숙의 새로운 지평－율곡의 인간론』(정보와 사람, 2008.4), 310쪽 참조.

이른바 때에 알맞게 한다(時宜)는 것은 때에 따라 변통(隨時變通)을 하고 법을 마련하여 백성을 구제하는 것을 말합니다. 정자程子께서 『역易』을 논하여 말하기를, "때를 알고 형세를 아는 것이 『역』을 배우는 큰 방도이다"라고 하였고, "때에 따라 변역(隨時變易)하는 것이 바로 영원불변의 도道이다"라고 하였습니다. 대개 법法이란 때에 따라 제정하는 것(因時制)이니, 때가 바뀌면 법도 같지 않게 되는 것입니다.[32]

경장의 한 축으로서의 '시의'는 '때에 따라 변통(隨時變通)을 하고 법을 마련하여 백성을 구제하는 것'으로 정의된다. 세상은 끊임없이 변화하기 때문에 그 변화에 맞추어 법을 새롭게 제정하면 백성들을 온전하게 구제할 수 있다. 시의가 곧 시무時務이다. 여기서 중요한 것은 수시변통隨時變通의 주체가 무엇인가 하는 것이다. 수시변통의 주체는 다름 아닌 바로 인간의 '마음'이다. 다만 모든 마음이 아니라 이욕이 제거된 순수한 마음, 즉 '실심'이다. 실심을 지닌 사람만이 자신의 이기적인 욕망이나 이해득실에 얽매이지 않으면서 변화하는 상황을 있는 그대로 판단하고, 변화에 타당하고 부합되는 법을 제정할 수 있다. 실심은 바로 수시변통하는 경장의 토대가 되는바, 수기修己와 치인治人은 실심을 통해 비로소 하나가 된다.

정사에 있어서는 때를 아는 것(知時)이 소중하고, 일에 있어서는 실질적인 것에 힘쓰는 것(務實)이 긴요합니다. 정사를 하면서도 때에 알맞게 할 줄을 모르고, 일을 당하여 실질적인 공(實功)에 힘쓰지 아니한다면, 비록 성왕聖王과 현신賢臣이 어울렸다고 하더라도 다스림의 효과는 이루어지지 않을 것입니

---

32) 『栗谷全書』 I, 권5, 「萬言封事」, 93쪽, "夫所謂時宜者, 隨時變通, 設法救民之謂也. 程子論易曰, 知時識勢, 學易之大方也. 又曰, 隨時變易, 乃常道也. 蓋法因時制, 時變則法不同."

다.33)

정치의 핵심은 때를 아는 '지시知時'와 실질에 힘쓰는 '무실務實'에 있다. 지시는 곧 시의時宜이며, 무실은 실질적인 일인 실공에 힘쓰는 것이다. 때에 맞추어 할 줄 모르고 실질적인 노력을 하지 않는다면 실질적인 공효를 얻을 수 없게 된다. 그러므로 시의를 제대로 파악하고 실공에 힘써야만 비로소 다스림의 방책이 실효를 거둘 수 있게 된다. 때를 알아서(知時) 그 시기에 마땅하고(時宜) 화급을 다투어 처리해야 할 일(時務)을 파악한다는 것은 지知에 속하고, 실질적인 공(實功)을 이루기 위하여 실질에 힘써서 일하면(務實) 실질적인 효과(實效)를 거둘 수 있다는 것은 행行에 속한다.34) 통치에 있어 중요한 관건은 바로 '때를 파악하는 능력'인 지시와 '실질에 힘쓰는 행위'인 무실에 있는바, 통치행위는 실질적인 효과를 거두어야 한다.35) 이는 이이의 실공, 실효, 실질을 강조하는 무실사상의 근거가 된다. 여기서도 실심은 지시의 주체가 됨은 물론 무실의 주체가 되는바, 실심을 통해 지와 행은 하나가 될 수 있다. 경장에 있어서도 실심은 지시와 무실을 하나로 통합하는 주체일 뿐만 아니라, 수기와 치인을 하나로 통합하는 생명 주체인 것이다.

이상에서 살펴본 바와 같이 이이는 비록 양명학에 대해 적극적인 지지를 보이지 않지만 그렇다고 이황과 같이 강경하게 비판·배척하지도 않는다. 오히려 양명학 수용 여부와 무관하게 경敬보다는 성誠을 중시하고, 실리·실심·실공·실효 등 '실實'을 강조하면서 '무실'을 중시하며, 수시변역

---

33) 『栗谷全書』 I, 권5, 「萬言封事」, 98쪽, "政貴知時, 事要務實, 爲政而不知時宜, 當事而不務實功, 雖聖賢相遇, 治效不成矣."
34) 김경호, 『인격 성숙의 새로운 지평』, 312쪽 참조.
35) 『栗谷全書』 I, 권5, 「萬言封事」, "治則必求實效."

에 근거한 '경장'을 중시하는 이이의 사상 경향은 사실상 양명학과도 상통하는 바가 매우 크다. 이러한 성과 실심과 실공과 무실을 중시하는 이이의 사상 경향은 이후 윤증과 정제두를 통해 계승되어 한국적 심학으로 발전해 나가는 밑거름이 된다.

3. 윤증과 정제두로 이어지는 성誠사상

기호학파의 성리학적 흐름은 크게 '율곡학파', '우계학파', 그리고 이 두 개 학파 사이에서 이황과 이이의 학설을 절충해 보고자 했던 '절충학파', 이상 세 갈래로 나누어진다.[36] 사승 관계를 중심으로 고찰할 때, 윤증과 정제두의 학맥은 이이와 우계 성혼 양쪽에 모두 걸쳐 있다. 하나는 율곡 이이－사계 김장생－신독재愼獨齋 김집金集(1574~1656)－미촌美村 윤선거尹宣擧(1610~1669)－명재 윤증－하곡 정제두 계열이며, 다른 하나는 성혼－팔송八松 윤황尹煌(1572~1639)－윤선거－윤증－정제두 계열이다.[37] 윤증은 이이와 정제두를 연결해 주는 징검다리 역할을 하고 있다. 이이, 윤증, 정제두 세 사람의 사상에서 나타나는 공통분모는 '성誠'에 대한 강조에서 찾을 수 있다. 본 절에서는 이이의 '성誠사상'이 윤증을 통해 정제두로 계승되어진 측면을 고찰하고자 한다.

---

36) 황의동, 「17~18세기 기호학파의 철학사상」, 28쪽 참조.
37) 황의동, 「17~18세기 기호학파의 철학사상」, 36쪽 참조.

1) 이이와 정제두의 징검다리 윤증

윤증의 유학사상에 대해서는 성혼 또는 이이를 통해 내려오는 주자성리학적 사유의 맥락을 계승했다고 보는 입장, 성리학 계승의 연장선상에서 실학적이라고 보는 입장, 육왕학적 심학에 바탕을 두고 있다고 보는 입장 등 다양하다.[38] 그러나 어떠한 입장을 취하든 '실심實心'과 '무실務實'을 윤증 유학사상의 특징으로 보는 점에 있어서는 공통적이다. 예컨대 윤증 유학사상의 연원을 이이와 성혼으로 보는 이애희는 윤증은 실심과 실공實功을 중시하는 '무실학'에 입각한 무실 학풍을 보이고 있다고 주장하고,[39] 한우근은 윤증의 유학을 학문하는 사람의 기본적 자세인 덕성의 체인體認을 뜻하는 '실심실학實心實學'이라고 평가하며,[40] 윤사순 또한 성리학적 실학으로서의 '무실실학務實實學'이라고 정의한다.[41] 나아가 송석준은 실심을 중시하는 윤증의 심학 속에는 무실적務實的 경향과 함께 양명학적 학문 경향이 노정되어 있다고 주장한다.[42]

실심實心에 바탕을 둔 윤증의 무실 학풍은 한편으론 실심과 천리돈확踐履敦確을 중시하는 성혼에서 발원하여 무실을 강조한 윤선거를 통해 전해 내려오는 '가학적 연원'에 기인하기도 한다.[43] 다른 한편 이이의 무실·자득·

---

38) 김세정, 「명재 윤증과 서계 박세당의 학문과 交遊 관계」, 『동서철학연구』 42호(한국동서철학회, 2006), 120~121쪽 참조.
39) 이애희, 「윤증의 유학과 우계 성혼」, 『명재 윤증의 학문연원과 가학』(충남대유학연구소 편, 예문서원, 2006), 44쪽 참조.
40) 한우근, 「명재 윤증의 실학관」, 『명재 윤증』(충남대유학연구소 편, 청계), 491쪽 참조.
41) 윤사순, 「명재 윤증의 성리학적 실학」, 『명재 윤증』, 506쪽 참조.
42) 송석준, 「명재 윤증의 심학 사상」, 『명재 윤증』, 173쪽 참조.
43) 황의동, 「윤증 유학사상의 가학적 연원」, 『명재 윤증의 학문연원과 가학』, 71~89쪽 참조.

실심의 사상은 지봉芝峯 이수광李晬光 및 윤선거·윤증 부자에게 계승되었다고 하는 주장44)도 있거니와, 윤증의 무실 학풍은 실리와 실심의 성誠을 토대로 무실과 경장을 중시하는 이이의 사상에도 뿌리를 두고 있다고 말할수 있다.45) 예컨대 윤증은 이이의 주요한 저술인 『격몽요결擊蒙要訣』과 『성학집요聖學輯要』의 핵심을 '입지立志'와 '무실務實'로 규정하고46) 자신의 학문의 근본을 입지와 무실에 두고 있다.47) 나아가 "가르치고 배우는 기술에어떠한 특별한 방법이 있겠는가? 입지와 무실은 배우는 자가 가장 힘써야할 것이니, 그 나머지는 책에 있을 따름이다"48)라고 하여, 입지와 무실을학문의 출발점이자 최고의 방안으로 삼고 있다. 입지가 학문의 출발점이라면 무실은 그 학문을 성취시켜 가는 동력이자 과정이다. 윤증은 또한 성誠을 실리와 실심으로 나누어 설명한 이이의 주장을 다음과 같이 소개한다.

> 공자는 주충신主忠信이라 하였고, 주자는 이를 해석하여 사람이 충신忠信하지 못하면 일이 모두 진실하지 않아 악을 짓기는 쉽지만 선을 하기는 어렵다고 하였다. 그러므로 배우는 자는 반드시 이것을 위주로 하여야 한다. 또한 이르기를 '충忠'은 마음을 참되게 하는 것이고, '신信'은 일을 참되게 하는것이라 하였다. 율곡선생은 이것을 펴서 하늘에는 실리實理가 있고 사람에게는 실심實心이 있다고 하였다. 사람에게 실심이 없으면 천리에 어긋나게

---

44) 유명종, 『성리학과 양명학』, 158쪽 참조.
45) 최정묵, 「율곡학과 명재실학」, 『율곡학과 한국유학』(충남대유학연구소 편, 예문서원, 2007), 287쪽 참조.
46) 『明齋遺稿』 II(한국문집총간 136), 권26, 「答或人」, 32쪽, "擊蒙要訣及聖學輯要, 皆以立志爲首章. 蓋有是志, 然後方可爲其事故也. 雖爲其事, 不以誠, 則不能成, 故欲其務實, 非以務實爲學之終也. 亦非以爲學之極功也."
47) 『明齋遺稿』, 「年譜」, 권1, 17장, "又必以立志務實爲本, 此乃先生家傳旨訣爾."
48) 『明齋遺稿』 I(한국문집총간 135), 권14, 「答羅顯道」, 334쪽, "所叩敎學之術, 有何別方, 立志務實, 最爲學者之先務, 其餘在方冊耳."

된다. 한 마음이 실로 성실하지 못하다면 만사가 거짓되고, 한 마음이 실로 진실하다면 만사가 모두 진실하게 된다. 그러므로 주자周子는 성誠이란 성인의 본령이라고 말한 것이다.[49]

공자가 말한 '주충신主忠信'의 '충忠'은 실심을 의미하고 신信은 실사實事를 의미하는바, 일을 성실하게 처리할 수 있는 실심實心이 바탕이 되어 실사가 행해질 수 있는 것이다. 이러한 공자의 충신은 곧 이이에게 있어 실심으로 표현된다. 실심은 곧 사람에게 있어서의 실리이기도 하다. 실심의 심은 심즉기心卽氣의 기질적 차원의 심이 아닌 리理와 기氣가 합일된 마음으로서, 실심은 그 자체가 인간의 생명본질이자 동시에 역동적인 생명력이다. 따라서 마음의 진실성 여부에 따라 만사가 거짓될 수도 있고 진실하게 될 수도 있다. 이러한 의미에서 이이가 말하는 실심은 그 자체가 염계濂溪 주돈이周敦頤가 말하는 '성誠'이다. 윤증은 실심을 '성'으로 보는 이이의 입장을 온전하게 계승하고 있다.

나아가 윤증은 "모름지기 실심으로써 실공을 이루어야 한다"[50], "실심이 서지 못하면 실공에 나아가기 어렵다"[51]라고 주장하여 실심을 실공의 바탕으로 삼는 이이의 입장을 계승한다. 실심은 실공의 토대요 실공은 실심의 발현으로서, 실심과 실공은 하나가 된다. 윤증은 궁리를 위한 독서 또한 실심으로 해야 함을 강조하고 있다.[52] 실심으로 하는 독서는 기억하고 외우

---

49) 『明齋遺稿』 II, 別集, 권3, 「擬與懷川書」, 536~537쪽, "子曰主忠信, 而朱子解之曰, 人不忠信則事皆無實, 爲惡則易, 爲善則難. 故學者, 必以是爲主焉. 又曰, 忠爲實心, 信爲實事. 栗谷先生因以伸之曰, 天有實理, 人有實心. 人無實心則悖乎天理矣. 一心不實, 萬事皆假, 一心苟實, 萬事皆眞. 故周子曰, 誠者聖人之本令也."

50) 『明齋遺稿』 I, 권19, 「與閔彦暉」, 426쪽, "唯當以實心做實功."

51) 『明齋遺稿』 I, 권18, 「與鄭君啓」, 415쪽, "實心未立, 實功難進."

는 것이 아니라 몸과 마음으로 체인하는 것이다.[53] 이에 윤증은 "벗들에게
바라는 것은 역시 오로지 실공에 있을 뿐이다. 우리의 학문이 나아가고 서
로 더불어 의리를 강구하며 힘써 직무를 행하여 뒤떨어진 사람들로 하여금
선인들이 남겨 놓은 은덕을 입게 하는 것, 이것을 바랄 뿐이다"[54]라고 하여,
학문의 궁극적 목적이 실심을 바탕으로 한 실공에 있다고 본다. 즉 학문의
목적 또한 단순히 관념적 차원에서의 지식의 추구나 축적에 있는 것이 아니
라, 현실의 장 한가운데에서 타인과의 관계 속에서 참된 실천으로 이행하여
몸소 체인하는 데 있다는 것이다. 앎은 실공을 통해 체인됨으로써 비로소
나와 하나가 된 참된 앎이 된다.

그렇다고 윤증이 이이를 단지 묵수하거나 답습만 한 것은 아니다. 윤증
은 율곡학을 철저하게 계승하여 이를 당시의 현실적 문제로 실현시키기 위
해 힘쓰면서(務實) 외명外名의 우암학에 대해 '내실內實'의 명재학明齋學이라는
독자적 지평을 열었으며,[55] 예학 부분에 있어서도 이이 계열의 예학을 묵수
한 것이 아니라 '무실적 예학'으로 발전시켜 나갔다고 평가된다.[56] 또한 김
문준의 윤증에 대한 다음의 평가는 매우 의미가 있다.

송시열과 윤증의 성리학은 율곡의 성리설을 바탕으로 이론을 전개하였지만,
송시열이 율곡의 기발일도설氣發一途說을 강화하기 위하여 주자의 학문뿐만

---

52) 『明齋遺稿』 Ⅰ, 권21, 「答李彦緯武叔」, 477쪽, "古人爲學之方, 具在方冊, 而世之學者, 罕有眞
實心地."
53) 『明齋言行錄』, 권4, 「問答上」, "爲學不專在讀書, 不專在記誦. 惟體認身心, 則隨時隨處, 無非爲
學之事矣."
54) 『明齋遺稿』 Ⅰ, 권21, 「與李燔希敬」, 487쪽, "所望於朋友者, 亦唯做實功. 進吾學, 相與講究義
理, 强勉服行, 使衰朽者, 得借餘光, 是冀而已."
55) 리기용, 「율곡학과 윤증의 유학」, 『명재 윤증의 학문연원과 가학』, 68~69쪽 참조.
56) 유권종, 「윤증 유학사상의 예학적 연원」, 『명재 윤증의 학문연원과 가학』, 112쪽 참조.

아니라 역대 성리학 이론 전반을 정밀하게 검토, 분석적이고 체계적인 이론을 바탕으로 하여 강력한 객관적 의리실천으로 나아가는 의리학을 도출한 반면, 윤증은 존양성찰과 주관적 성실성을 강조한 무실학을 전개하여 양자가 차별적인 발전 양상을 보였다. 송시열은 주자학과 율곡학 및 퇴계학의 비판적 계승을 통한 한국 성리학의 정립에 주력하였고, 윤증은 성리학의 범주를 벗어나지 않으면서도 내면적 덕성 확립에 주력하여 한국 양명학 성립에 기여하였다.[57]

윤증은 이이의 성리학을 계승하되 무실학의 측면으로 발전시켜 나가면서 한국 양명학이 성립할 수 있는 바탕을 만들어 주었다는 것이다. 이러한 평가들을 종합할 때, 윤증은 입지立志와 무실務實을 율곡학의 핵심으로 보고 이이의 성誠사상을 적극적으로 계승·발전시켜 나갔다고 평가할 수 있다. 윤증은 무실의 토대를 실심에 두고 실심에 근거한 실공을 강조하면서 '무실학務實學'을 수립하였다. 이러한 학문적 성향으로 인해 그의 문하에서는 양지설良知說과 실사구시實事求是를 통일한 덕촌德村 양득중梁得中(1665~1742)이 배출되었고, 정제두와 같은 한국 양명학의 거두가 탄생할 수 있었다.[58] 윤증의 무실학은 이이와 정제두를 연결하는 가교 역할을 했다고 평가할 수 있다.

2) 정제두의 학문연원과 성誠사상의 계승

정제두의 생애(1669~1736)는 크게 세 시기, 41세 이전까지 서울에서 살던

---

57) 김문준, 「윤증 유학의 성리학적 연원―송시열을 중심으로」, 『명재 윤증의 학문연원과 가학』, 126쪽 참조.
58) 유명종, 「명재 윤증의 무실 실학」, 『명재 윤증』, 519쪽 참조.

시기, 60대까지 안산에서 살던 시기, 그 이후 강화에서 살던 시기로 나누어진다.59) 10세 무렵 우암尤庵 송시열宋時烈(1607~1689)과 동춘당同春堂 송준길宋浚吉(1606~1672)의 문인인 계동溪東 이찬한李燦漢(1610~1680), 이상익李商翼 등에게 가르침을 받기도 했던 정제두의 학맥은 윤증을 통해 내려오는 이이 계열과 성혼 계열 이외에, 사서沙西 김식金湜(1482~1520)－이진자頤眞子 김덕수金德秀(1500 ~1552)－월정月汀 윤근수尹根壽(1537~1616)－청음淸陰 김상헌金尙憲(1570~1652)－ 남계南溪 박세채朴世采－정제두로 이어지는 또 하나의 계열이 있다.60) 이렇듯 정제두는 다양한 학맥을 갖고 있다. 그러나 정제두는 윤증이 박세채로부터 학맥을 잇고 있다고 하여 이들의 사상을 맹목적으로 추종하거나 답습하지 않았다. 젊었을 때 주자학을 배웠던 정제두는 다른 한편으론 양명학에 심취하였다. 30대 초반부터 양명학을 드러내 놓고 공부하기 시작한 정제두가 34세 때 시작한 박세채와의 논쟁은 43세 때 이르러서야 끝이 난다. 박세채는 정제두가 양명학에 심취하는 것을 반대하여 「왕양명학변王陽明學辨」을 짓기까지 하였다.61) 그리고 윤증 또한 정제두의 양명학 공부를 염려하였으나, 정제두는 양명학 공부에 대해 소신을 굽히지 않는다는 서신을 56세까지 주고받는다.62) 물론 이들의 학문적 영향 관계를 무시할 수는 없다 하더라도, 정제두는 청년기에 주희 격물설格物說에 대한 문제제기를 통해 주자학에서 양명학으로 전환하고 중년기에 독창적 심학사상을 수립함으로써 문제를 해결했던 것으로 보인다. 이는 정제두의 양명학적 성격과 독창적 철학체계가

---

59) 김교빈, 『양명학자 정제두의 철학사상』(한길사, 1996), 20쪽 참조.
60) 황의동, 「17~18세기 기호학파의 철학사상」, 36쪽 참조.
61) 『南溪集』(한국문집총간 138), 권59, 「王陽明學辨」, 217쪽.
62) 김교빈, 「明齋 尹拯과 霞谷 鄭齊斗의 交遊」, 『시대와 철학』 제21권 1호(한국철학사상연구회, 2010), 44~61쪽 참조.

잘 드러나는 「학변學辨」과 「존언存言」을 비롯한 대부분의 저술이 41세 이후에 나온 것을 통해서도 알 수 있다.[63] 윤증이 학문적 유연성을 가지면서도 주자학의 틀을 벗어나려 하지 않았다면, 정제두는 과감하게 그 틀을 벗어나 양명학을 자신의 학문으로 삼았다고 평가된다.[64] 정제두는 한편으로는 이이와 윤증으로 이어지는 성誠을 중시하는 무실학을 계승하면서도, 다른 한편으로는 양명학을 수용하여 통섭과 자득自得을 바탕으로 이이와는 다른 리기론과 심성론을 주장하면서 자신의 독창적 심학사상을 수립하였다.

이이와 윤증과 정제두가 만나질 수 있는 접점은 무엇보다 '성誠' 사상에서 찾을 수 있다. 앞에서 윤증은 성誠을 '실리實理의 성誠'과 '실심實心의 성誠'으로 구분하는 이이의 입장을 계승하고 있음을 살펴보았다. 그런데 정제두 또한 『중용』 25장의 "성誠이란 스스로 이루는 것이요, 도道란 스스로 가는 것이다"(誠者自成, 而道自道也)라는 구절을 해석하면서 성을 실리와 실심으로 나누어 다음과 같이 말하고 있다.

> 성誠은 실리로써 말하는 것이 있고, 실심으로써 말하는 것이 있다. 실리로 볼 때에는 성誠이란 것은 물物이 스스로 이루어지는 까닭이요, 도道라는 것은 이 리理가 쓰이는 까닭이다.('誠者物之終始'의 해석에 응한 것이다.) 실심으로 볼 때에는 성誠이란 것은 마음이 스스로 근본으로 삼는 바요, 도道란 것은 사람이 마땅히 스스로 행하는 바이다.('不誠無物'의 해석에 응한 것이다.)[65]

---

63) 김교빈 편저, 『하곡 정제두』(예문서원, 2005), 20~22쪽 참조.
64) 김교빈, 「明齋 尹拯과 霞谷 鄭齊斗의 交遊」, 59쪽 참조.
65) 『霞谷集』(한국문집총간 160), 권12, 「中庸說」, '中庸雜解', 343쪽, "誠者自成而道自道也. 誠有以實理言, 有以實心言. 以實理則誠者物之所以自成, 道者理之所以爲用.(以應誠者物之終始之解.) 以實心則誠者心之所自爲本, 道者人之所當自行.(以應不誠無物之解.)"

성誠과 도道는 실리의 차원과 실심의 차원으로 나누어 볼 수 있다는 것이다. 실리의 입장에서 볼 때, 성은 자연만물이 스스로 생성되고 양육되는 원인이라면, 도는 만물 화생化生의 원리가 스스로 작용하는 원인이다. 반면 실심의 입장에서 볼 때, 성은 사람의 마음이 스스로 근본으로 삼는 것을 말하고, 도는 사람이 주체적으로 실천해야 함의 당위성을 말한다. 전자는 성이란 사물의 시작과 끝이라는 말에 대한 해석이고, 후자는 성실하지 않으면 사물이 없다는 말에 대한 해석이라는 것이다. 이러한 주장은 성을 실리와 실심으로 나누어 전자를 만물화육의 천도天道로, 후자를 인심감통人心感通의 인도人道로 나누어 보는 이이의 입장과 상통하는 것으로 보인다.

정제두에게 있어 '실리實理'란 보다 구체적으로 어떠한 존재일까? 정제두는 실리에 대해 다음과 같이 말한다.

> 대저 태극太極의 최초의 권圈으로써 음양陰陽 이전에 있는 것이라 하고, 도道와 기器가 판별됨으로 인해서 이 그림에서 심心과 리理가 두 근본으로 된 모양입니다만, 주염계周濂溪의 뜻은 태극이 음양·만화萬化의 근원이 된다는 이론에 근거하여 특히 그 본체가 이렇다 함을 말한 것이요, 따로 하나의 리理가 심체心體의 밖에, 음양에 앞서서, 공공空空히 홀로 묘하게 있다고 말한 것은 아닙니다. 그러면 기실은 다만 하나의 실리實理일 뿐이니, 어찌 일식一息 간인들 떠날 수 있는 것이겠습니까? 사람의 마음이 감感하지 않고 양의兩儀가 갈라지지 않은 때는 본래 하나인 이 리이니, 이것을 보아도 그 실체는 처음부터 일식 사이도 떠날 수 없음이 분명하지 않습니까? 반드시 이 밖에 리가 따로 있다고 한다면 저로서는 알 수 없는 일입니다.[66]

---

66) 『霞谷集』, 권2, 「答朴大叔論天命圖書」, 55쪽, "夫以太極之最初圈子, 謂在陰陽之先而爲道器之判, 以之有此圖心理之二本, 然濂溪之旨則推原於太極之爲陰陽萬化之源本, 而特說其本體之如此, 非謂別有一件之理在乎心體之外, 陰陽之先, 空空而獨妙也. 然則其實只一實理, 烏

정제두는 태극과 음양을 선후의 관계로 보거나 도道와 기器를 둘로 나누어 보는 견해는 리理와 심心을 둘로 나누는 문제를 야기한다고 하여 반대의 입장을 취하고 있다. 태극은 심체 밖이나 음양에 앞서 존재하는 것이 아니라 이들과 하나로 존재하며, 이것이 곧 '실리'라는 것이다. 실리는 작용성이 없는 관념적인 공허한 리가 아니라 그 자체가 태극임과 동시에 심체요 음양으로서, 리기합일적 존재라고 말할 수 있다. 실리는 그 자체가 세계의 실질적 원리임과 동시에 허다한 조화와 무궁무진한 작용을 진행하는 생명주체이다. 이러한 정제두의 입장은 실리를 리기합일적 존재로 보는 이이의 입장과 일치한다.

이 세계의 근원이자 이 세계를 창조하는 원리로서의 실리는 다음과 같이 이 세계를 창조하는 힘이자 동시에 인간의 생명본질이기도 하다.

> 천天을 구성하는 수水·화火·토土·석石·산천山川·초목草木·인물人物이란 것은 그 물物이고, 봄에는 자라나고 가을에는 죽는 것과 굴신屈伸과 한서寒暑는 그 일(事)인 것이요(氣가 지극히 변하는 것이다), 그 원형이정元亨利貞과 건순명부健順明溥가 순수하고 전일하여 깊고 먼 것은 그 리理인 것이니(道가 지극히 精한 것이다), 그 조리條理가 각각 있어서 그 본체에서 나온 것이 그러한 것이다. 그 사물에서 각각 성명性命을 바르게 하는 데 이르러서는 그 순일純一한 체體는 실리實理가 아닌 것이 없으니, 이것은 인심人心의 순일한 본체와 더불어 각각 그 사물에서 리理를 다하는 것과 한 가지 체體인 것이다. 그러므로 내 마음의 리가 다하면 사물의 성명을 얻지 아니함이 없는 것이고, 각기 사물 위에서 그 성명을 강구하여 리로 삼거나 법으로 삼아서 정교政敎로

有一息之可離者哉. 觀於人心未感, 兩儀未分, 本一此理, 則其實體之初無一息之離者, 豈不了然. 然而必以是理爲別具於此外則誠不敢知也."

삼을 수는 없는 것이다.[67]

'실리實理'는 조리條理를 창출하는 주체이다. 이 세계는 생태계와 자연존
재물과 인간으로 이루어진 '만물'과 생사와 사계절의 변화와 같은 '사事'와
원형이정元亨利貞으로 대표되는 건순健順하고 순일純一한 '리理'로 이루어졌다.
이러한 물과 사와 리를 이루는 개별적인 이치들은 모두가 본체로부터 출연
하는데, 그 순일한 본체가 바로 '실리'라는 것이다. 실리는 이 우주자연의
근원이며 이 세계를 창조하는 생명력이다. 주자학에서 말하는 원형이정과
같은 초월적이고 본원적인 원리로서의 리조차도 정제두에게 있어서는 하나
의 조리로서 이 또한 실리에서 창출된다. 사람 마음의 순일한 본체는 사실
상 우주자연의 순일한 본체로서의 실리와 다르지 않다. 정제두에게 있어
사람 마음은 우주자연의 영靈이며 만물과의 감응 주체이기 때문에,[68] 우주
자연의 순일한 본체가 바로 사람 마음의 순일한 본체가 된다. 만물의 성명
性命을 바르게 하는 일은 곧 인심人心의 입장에서 보았을 때 남의 일이 아닌
자신의 일이 된다. 따라서 만물과의 감응을 통해 내 마음으로부터 창출되는
실천조리를 극진히 실천하면 곧 각각의 사물들은 성명을 온전하게 유지하
고 구현할 수 있다. 대상사물을 궁구하여 리理와 법法으로 삼을 수 있는 것
이 아니다.

---

67) 『霞谷集』, 권9, 「存言」中, 256쪽, "天之水火土石草木人物者, 其物也, 其春生秋殺屈伸寒暑者,
其事也,(氣之至變者.) 其元亨利貞健順明溥之純一於穆者, 其理也,(道之至精者.) 其條理之各有
焉, 而出於本體者然. 至其於物各正性命, 而其純一之體, 無非實理, 與人心純一之本體, 而各盡其
理於物者, 一體也. 故吾心之理盡, 而物之性命無不得矣, 非可以於各物上講究其性命, 而爲理爲
法以爲政敎也."

68) 『霞谷集』, 권9, 「存言」中, 258쪽, "人心者, 天地萬物之靈, 而爲天地萬物之總會者也.……以人
心者, 感應之主, 萬理之體也, 大哉心也."

정제두에게 있어서도 인간의 실심은 인간 마음의 실리로서 실심의 주된 공능은 만물과의 '감응'임을 정제두는 다음과 같이 밝히고 있다.

대개 성誠이란 것은 둘이 되지 아니하고 그치지도 않는 것이며 가리어질 수도 없는 것이다. 그 감응하여 통하게 하는 도道라는 것은 이광李廣이 돌을 쏘았던 것과 같은 것이다. 그의 마음이 지극히 전일專一하였으며 그 성誠이 흔들려서 둘로 되지 않았던 까닭에 이를 꿰뚫었던 것이다. 감열感悅하는 것이 있다는 것은 곧 생물의 빈牝과 모牡 그리고 자雌와 웅雄이 서로 느끼고 사랑하며, 초목草木도 역시 빈牝과 모牡가 있다는 것이요, 기상氣相에 느끼는 것이 있다는 것은 자석이 바늘을 끌어당기는 것과 모난 것이 물을 받는 따위와 같은 것이다. 정성에 감동하는 것이 있다는 것은 실심實心과 진정眞情으로 서로 감동하는 것이 이것이니, 무릇 실덕實德으로 화기和氣가 감응感應하는 것과 음덕陰德으로 도움을 받는 것과 지성至誠으로 신령에 통하는 것과 신명神明에 길흉吉凶을 점치는 것이 모두 이것이다.[69]

인간의 성誠인 실심의 주된 기능은 '감응'이라는 것이다. 이 세상 모든 존재물들은 상호 간에 감응한다. 들짐승과 날짐승의 암컷과 수컷, 그리고 식물의 암컷과 수컷은 서로 간에 감응하고 아끼며 즐거워한다. 생물만이 아니라 무생물 또한 자석이 바늘을 끌어당기듯이 서로 감응한다. 이러한 사물세계의 감응을 감열感悅이라고 하는 반면, 인간의 감응은 '감성感誠'이라고 칭한다. '성誠'은 진실무위眞實無僞한 체體로 정의된다.[70] 나아가 성誠은 둘

69) 『霞谷集』, 권9, 「存言」 中, 256쪽, "夫誠者, 不貳也不已也, 其不可揜也. 其感而通之道也者, 其李廣之射石歟. 其心至專至一, 其誠無所撓貳, 故貫之. 有感悅者, 卽生物牝牡雌雄之相感愛, 草木亦有牝牡是也, 有感氣相者, 如磁石引針, 方諸取水之類. 有感誠者, 以實心眞情相感動者是也, 凡以實德而和氣應, 陰德而得祐, 至誠而通靈, 占吉凶於神明皆是也."
70) 『霞谷集』, 권13, 「大學說」, '大學說', 379쪽, "誠者眞實無僞之體."

(貳)이 되지 아니하고 그치지도 않으며 가리어질 수도 없는, 감응하여 통通하게 하는 도道로서, 어떠한 일에 마음을 지극히 전일專—하게 하여 그 정성됨이 흔들리지 않도록 하는 것으로 정의된다.[71] 성誠은 한 터럭의 거짓됨도 없이 진실 되게 다른 존재물과 감응하여 진실로 둘이 아닌 하나가 되는 것을 말한다. 감성이란 실심과 진정으로 서로 감동하는 것으로 정의된다. 정제두가 "실심으로 볼 것 같으면 성誠이란 마음이 스스로 근본으로 삼는 바이다"[72]라고 밝힌 바 있듯, 실심은 스스로 성을 근본으로 삼은 마음으로서 실심은 인간에게 있어서의 성 그 자체인 것이다. 인간은 다른 존재물과 달리 실심을 지니고 있어서 거짓됨 없는 실심으로 서로를 감동시킬 수 있다. 진정眞情, 실덕實德, 지성至誠, 신명神明 모두 이름만 다를 뿐 '실심'을 의미한다. 실덕으로 화기和氣가 감응하고 음덕으로 도움을 주고받으며 지성으로 신령함에 통하고 신명으로 길흉을 점치는 것 모두 실심으로 감응하는 일의 다름이 아니다.

정제두가 성誠을 실리와 실심으로 나누어 보고, 실리를 리기합일적 존재로 보며, 실심을 인간 마음의 실리로 보고 또 감응의 주체로 보는 견해는 분명 이이와 윤증의 입장에서 크게 벗어나지 않는다. 이이의 실리·실심으로서의 성 개념은 정제두와 유사한 점이 많으며, 성의誠意·성지誠之·성誠 등 성誠의 실천방법도 상당히 같은 맥락에서 논의된다고 평가[73]되기도 하거니와, 성誠사상에 있어서는 이이와 정제두의 긴밀한 접합점을 찾을 수 있다.

---

71)『霞谷集』, 권9,「存言」中, 256쪽, "夫誠者, 不貳也不已也, 其不可揜也. 其感而通之道也者, 其李廣之射石歟. 其心至專至一, 其誠無所撓貳, 故貫之."
72)『霞谷集』, 권12,「中庸說」, '中庸雜解', 343쪽, "以實心則誠者心之所自爲本."
73) 민혜진,「鄭齊斗의 誠 思想에 관한 硏究」(부산대 박사논문, 2005), 195쪽 참조.

4. 정제두의 양지심학으로의 변용

정제두가 한편으론 이이와 윤증으로 이어지는 실리實理와 실심實心의 '성誠사상'을 계승하고는 있지만, 그렇다고 자신의 독창적 견해 없이 이들을 추종하거나 답습하고 있지는 않다. 정제두는 자기 나름의 독창적 심학사상을 수립하고 있는바, 정제두의 율곡학에 대한 변용變容은 그의 독창적 리기론에서 찾을 수 있다. 정제두는 왕수인은 물론 여타의 중국 양명학자들에 비해 리기론에 관해 상대적으로 많은 논의를 하고 있다. 지두환은 "발發하는 것은 기氣이다.(기가 아니면 발할 바가 없다.) 발하는 소이所以란 리理이다.(리가 아니면 능히 발함이 없다.)"[74], "형이상자形而上者를 도道라 하고, 형이하자形而下者를 기器라 한다. 리理는 기氣 가운데 있기 때문에 그 체體는 분리하여 말하기가 매우 어렵다. 그러므로 반드시 기 위에 나아가서 이와 같이 말해야 한다"[75]라는 정제두의 말을 근거로, 정제두가 리기론은 이이의 리기일원론에 입각한 '기발리승지설氣發理乘之說'을 계승하고 있다고 평가하기도 한다.[76] 지두환의 주장처럼 표면적으로는 정제두의 리기론이 이이의 리기론과 유사해 보이는 측면이 있는 것도 사실이지만, 정제두는 이이의 리기론에 대해 긍정적으로만 평가하고 있지 않을 뿐만 아니라 이이의 리기론과 차별화된 리기론을 주장하고 자신의 독창적 '양지심학良知心學'을 수립하고 있다.

---

74) 『霞谷集』, 권8, 「存言」 上, '生理虛勢說', 235쪽, "發者氣也(非氣無發), 發之者理也(非理無能發)."
75) 『霞谷集』, 권9, 「存言」 中, 252쪽, "形而上者謂之道, 形而下者謂之器, 理在氣中, 其體極難開說, 故必須就氣上而言如此."
76) 지두환, 『조선시대 사상사의 재조명』(도서출판 역사문화, 1998), 394쪽 참조.

1) 이이 리기론에 대한 정제두의 비판

정제두의 비판에 앞서 이이의 리기론의 특성을 간략하게 살펴보면 다음과 같다. 물론 이이는 "리理와 기氣는 원래 서로 떨어지지 않아 한 물건인 것 같다"라고 하거나 "리기는 처음이 없으므로 실로 선후를 말할 것이 없다"라고 하여, 리기 관계에 있어 불상잡不相雜보다는 불상리不相離를 중시하는 태도를 보인다. 그러나 리와 기는 본질적으로 그 속성이 서로 다름으로 인해 구체적 사물이 형성되는 단계에 있어서는 선후의 관계, 즉 리가 기보다 먼저일 수밖에 없다는 입장을 취한다. 이이가 말하는 리는 무형無形·무위無爲의 보편적이고 근원적인 이치로서 어떠한 작용성도 없고 생동성도 없으나, 기는 유위有爲·유형有形의 현상적인 질료(器)로서 작용이 가능한 존재이다. 이로써 리는 관념적 차원에서 어떤 사물에도 보편적으로 통하는 보편성을 지니지만 기는 현실적 차원에서 제한적인 범위에서만 통하는 국한성을 지닌다는 '리통기국설理通氣局說'과, 리는 발동할 수 없고 기만 발동한다는 '기발리승일도설氣發理乘一途說'이 제시된다.[77] 이러한 리와 기의 본질적인 속성의 차이와 더불어 소이연所以然의 근원적인 측면에서 보면 리는 추뉴樞紐요 근저根柢로서 리는 기보다 먼저 있을 수밖에 없다는 입장이다. 예컨대 천지가 생기기 전에 이미 천지의 리가 존재하고 있었다는 것이다.[78] 이러한 이유들로 인해 리理는 두 가지 차원의 리로 나뉜다. 하나는 보편적인 리로

---

77) 『栗谷全書』 I, 권10, 「答成浩原」, 210~211쪽, "理氣元不相離, 似是一物, 而其所以異者, 理無形也, 氣有形也, 理無爲也, 氣有爲也. 無形無爲而爲有形有爲之主者, 理也, 有形有爲而爲無形無爲之器者, 氣也. 理無形而氣有形, 故理通而氣局, 理無爲而氣有爲, 故氣發而理乘."

78) 『栗谷全書』 I, 권10, 「與成浩原」, 217쪽, "理氣無始, 實無先後之可言. 但推本其所以然, 則理是樞紐根柢, 故不得不以理爲先. ……若於物上觀, 則分明先有理而後有氣. 蓋天地未生之前, 不可謂無天地之理也."

서 '총체일태극統體一太極'이라 일컬으며, 다른 하나는 각각의 사물에 내재된 리로서 '각일기성各一其性'이라고 칭한다.[79]

정제두는 이러한 이이의 리기론에 대해 다음과 같이 비판적 입장을 피력한다.

> 율곡은 리理란 본래 무위無爲하다고 생각하여(이것은 그 본체로써 말한다면 이와 같이 생각하는 것이 옳겠지만, 이제 본체가 도리어 실제 있는 것이라 생각했기 때문에, 이제 정작 실제의 모습이 이처럼 텅 빈 헛것이 되어 버렸다), 만물을 통솔하여 모두 받아들인다는 입장(統體)에서는 큰 바다나 전체 하늘과 같은 성격이 있음을 가리켜 하나의 무극無極이라고 했고, 사물들이 각기 가지고 있다는 관점(各具)에서는 물이 모나거나 둥글거나 한 그릇의 모양을 따르며, 공기도 크거나 작거나 한 병의 모양을 따르는 것 같은 성격이 있음을 가리켜 물리物理라고 했으며, 리理와 기氣는 서로 떨어지지 않는다고 했다. 이런 생각을 통해 허공에 매달린 리와 실제 쓰이는 리를 구별하고 있다는 점을 알 수 있다. 이는 리가 같지 않다고 생각했기 때문에 이와 같이 된 것이다.[80]

정제두는 이이가 리理를 공허한 리와 실제 쓰이는 리로 나누는 우를 범하고 있다고 비판한다. 이이가 리를 본체로서 무위하다고 말하는 것 자체는 문제될 것이 없지만, 본체를 관념적 차원이 아닌 현실세계에 실재 존재하는

---

79) 『栗谷全書』 Ⅰ, 권10, 「答成浩原」, 199쪽, "天地人物, 雖各有其理, 而天地之理, 卽萬物之理, 萬物之理, 卽吾人之理也, 此所謂統體一太極也. 雖曰一理, 而人之性, 非物之性, 犬之性, 非牛之性, 此所謂各一其性者也."

80) 『霞谷集』, 권9, 「存言」 中, 254쪽, "栗谷以爲理本無爲(是以其本體言之, 如是可也, 今本體則反以爲實也, 今正作實狀爲如是空空焉). 其統體處, 如大海, 如一天, 謂一無極, 其各具處, 水逐方員器, 空隨大小瓶, 謂物理也. 言理氣不離, 此其爲理之懸空與其爲實用者之所別可見. 此其所以爲理之不同者如此."

것으로 본 것이 문제라는 것이다. 즉 리가 무위하다고 하면 리는 아무런 작용성도 없는 것이 되어 현실세계에서는 아무런 작용도 할 수 없는 빈껍데기에 불과하게 된다는 것이다. 즉 현실세계에 있어서는 무위의 리가 실리實理가 아닌 허리虛理가 된다. 이이는 한편으론 이러한 무위의 리가 모든 만물을 통솔하여 받아들인다는 입장 즉 리통理通의 입장에서 리를 '무극無極'(統體一太極)이라 칭하면서도, 다른 한편으론 사물마다 각기 다른 모습을 가지고 있다는 입장 즉 기국氣局의 입장에서 별도의 물리物理를 말한다는 것이다. 이로 인해 무극의 리는 기와 무관하게 관념적 차원에서나 존재하는 허리虛理가 되고, 물리는 개개사물에서 기와 분리될 수 없는 현실적 차원의 실제적인 리가 된다. 이이가 리기불상리理氣不相離를 주장하는 듯하지만, 실질적으로는 리기일원理氣一元 또는 리기불상리에 철저하지 못한 한계를 갖고 있다는 비판이다.

그렇다면 리기일원 또는 리기불상리에 철저하지 못함으로 인해 어떠한 문제가 발생하는 것일까? 정제두는 당시 성리학자들이 허虛로써 리理를 삼는다고 비판하면서 실實로써 리를 삼을 것을 주장한다. 정제두가 보기에 당시 성리학자들은 "아득히 형체가 없어 아무런 조짐이 없으나 만상이 삼연하게 이미 갖추어져 있으니 응하지 않았다 하여 미리 있는 것이 아니며 이미 응했다 하여 뒤에 있는 것이 아니다"(沖漠無眹, 萬象森然已具, 未應不是先, 已應不是後)라는 정자의 말을 리理만을 설명하는 말로 간주해 버림으로써 충막沖漠에는 기氣가 없고 미응未應에는 사물이 없게 되어 기氣도 없고 물物도 없는 '허虛'를 리로 삼고 있다는 것이다. 허한 것을 리라고 하는 것은 비록 밝은 불이나 물의 흐름이 있지 않다고 하더라도 본래는 저절로 항상 불의 리와 물의 리가 있다고 하여 언제나 사물을 떠나서 리를 논한다는 것이다. 비록 현상적으로 사물이 존재하지 않음에도 그 사물의 리는 존재한다고 하여, 실제적이고 구체적인 사물이 존재하지 않는 것을 리라고 하고 이러한 공허한 리를 구하는 폐단을 야기한다는 것이다.[81] 이들이 말하는 리, 즉 허리虛理는 능동적 작용성이 없을 뿐만 아니라 구체적 사물과 현실세계를 벗어나 물질성을 갖지 않는 추상적인 리로서, 외재적이고 초월적이며 기氣와 이분적二分的인 것으로 생명력이 없는 문제를 안고 있다는 것이다.

2) 리기일체적 존재로서의 생리

이이와 당시 성리학자들의 허리虛理에 대한 정제두의 비판철학은 그의 독창적인 심학사상 전개의 기초가 된다. 먼저 정제두는 리理를 물리物理와 생리生理로 나눈다. 그리고 생리를 능동성을 지닌 리기일체적理氣一體的 존재로 보고 이를 본령本領·종주宗主로 규정한다.

정제두는 대상사물에 나아가 이치를 구한다고 하는 주희의 격물설은 덕성德性을 바탕으로 한 리理의 본 모습을 볼 수 없을 뿐만 아니라 리理를 심체心體에서 구하지 않음으로써 심心과 리를 둘로 삼고 지知와 행行을 둘로 나누게 되는 문제가 있다고 비판한다.[82] 또한 주희의 '즉물지설卽物之說'은 소이연所以然과 소당연所當然의 리가 모두 사물에 있다는 것으로 본령本領이 없는 것이라고 비판한 반면, 왕수인의 '양지지학良知之學'은 그 소이연과 소당연의

---

81) 『霞谷集』, 권9, 「存言」中, 248쪽, "彼之以其虛者爲理者, 蓋以沖漠無眹, 萬象森然已具, 未應不是先, 已應不是後, 以如此處謂之理.(以沖漠爲無氣, 未應爲無物也, 故以此處爲理, 而以爲無有物無有氣者也.)……故彼虛之爲理, 以雖無有明火, 而本自常有火之理, 雖無有水流, 而本自常有水之理, 每離物而論理, 謂雖無物而有其理, 以無物者爲之理而求之."

82) 『霞谷集』, 권9, 「存言」下, 268쪽, "如卽物而窮其理, 不見德性上理體, 不考此理根於心體者, 乃曰人之爲學心與理而已, 分心與理爲二, 知與行爲兩."

리가 그 근원이 모두 심에서 나온 것이어서 심을 근본으로 삼는 학문이니 통솔하는 우두머리와 본원本源이 있다고 긍정적인 평가를 내리고 있다.[83] 이러한 평가를 바탕으로 정제두는 주희의 리에 대한 관점에 대해 다음과 같이 비판한다.

주자는 조리 있게 통하는 것을 리理라고 여겼다. 비록 사물에 두루 통할 수 있다고 하더라도 이것은 물物의 헛된 조리이며 빈 도에 지나지 않을 뿐이니, 넓고 아득하여 본령本領과 종주宗主가 될 수 없다. 성인은 기氣의 주된 명체明體를 리로 삼았는데, 그 능히 인의예지仁義禮知를 할 수 있는 것이 이것이다. 주자는 기가 움직여 가는 조리 있는 궤적을 리理라고 하였다. 기가 움직여 가는 조리 있는 궤적은 생리生理가 없으며 실체實體가 없기 때문에 죽은 물건과 그 모습이 같다. 진실로 그러한 리는 사람 마음의 신령스러운 밝음 속에는 없는 헛된 조리일 뿐이다. 저 마른 나무나 죽은 재가 사람 마음의 신령한 밝음과 더불어 본성의 도道를 함께할 수 있겠으며, 큰 근본이 되는 본성의 참모습이라고 할 수 있겠는가? 사람의 본성이 나무의 본성과 같고 나무의 리가 마음의 리와 같다고 할 수 있겠는가?······ 기조氣條를 리라고 하는 것은 대개 물리物理가 이것이다. 저 사물이 비록 또한 각기 기도氣道를 지니고 있다 하더라도, 다 같이 나의 리 가운데의 조로條路가 되는 것이다.[84]

---

83) 『霞谷集』, 권9, 「存言」中, 257쪽, "其理之爲所以然所當然者, 亦無異者. 然卽物之說, 以其所以然所當然之理爲各在於物, 是則本無本領也. 良知之學, 以其所以然當然之理, 物所各有者, 以其源, 皆出於心也, 卽由心而爲本, 是却有統領却有本源."

84) 『霞谷集』, 권8, 「存言」上, '睿照明睿說', 235쪽, "朱子以其所有條通者謂之理, 雖可以謂之該通於事物, 然而是卽不過在物之虛條空道耳, 茫蕩然, 無可以爲本領宗主者也. 夫聖人以氣主之明體者爲之理, 其能仁義禮知者是也. 朱子則以氣道之條路者爲之理, 氣道之條路者無生理無實體, 與死爲同其體焉. 苟其理者不在於人心神明, 而則是虛條, 則彼枯木死灰之物, 亦可以與人心神明同其性道, 而可以謂之大本性體者歟. 可以謂之人之性猶木之性木之理猶心之理歟······以氣條爲理者, 盖物理是耳. 彼事物者雖亦各有其氣道, 同是爲吾理中之條路者."

주희가 말하는 리는 개개의 사물에 조리 있게 통하는 것(條通) 또는 개개 사물의 기가 움직여 가는 조리 있는 궤적(條路)으로서 '물리物理'라는 것이다. 물리는 물질 일반에서 객관적으로 드러나는 물리적이고 제한된 법칙으로, 각각의 개체에서는 통하지만 그것을 담고 있는 개체성의 제한성을 넘어 모든 존재에 보편적으로 작용할 수 있는 것은 아니다.[85] 주희가 사물과 인간에 보편적으로 존재한다고 여겼던 리는 생리生理도 없고 실체實體도 없는 것이어서 기계적인 법칙성일 뿐이고, 인심人心의 신명神明에 있는 대본大本 · 성체性體로서 능히 인의예지仁義禮智하는 도덕실천, 가치판단의 능동적 주체는 될 수 없다. 물리에는 인의예지하는 것 같은 주체적 능동성이 없기 때문에 실체가 없는 사물死物이 된다.[86] 이 때문에 물리와 다른 만사만물에 영통하는 본원적인 또 다른 리를 필요로 한다.

주희의 리를 허조虛條와 공도空道의 물리物理로 규정한 정제두는 물리와 별도로 '생리生理'를 제시하고, 생리를 본령 · 종주로 하는 독창적 심학사상을 수립한다. 정제두는 생리에 대해 다음과 같이 설명한다.

한 덩어리 생기生氣의 원元과 한 점 신령하게 비치는 정精은 그 하나의(혹은 一자가 없다) 생리生理이니(精神과 生氣가 한 몸의 생리이다), 마음에 깃들어서 중극中極에 둥글게 뭉쳐 있는 것이다. 그것이 신腎에 뿌리를 내리고 얼굴에 꽃을 피우며, 그것이 확충擴充되면 곧 한 몸에 가득하게 되고 천지天地에 가득 차게 될 것이다. 그 영통靈通함은 헤아릴 수 없고 묘용妙用은 다할 수 없어 모든 이치를 주재主宰할 수 있으니, 참으로 이른바 육허六虛에 두루 퍼

---

85) 김교빈, 『양명학자 정제두의 철학사상』, 97쪽 참조.
86) 이해영, 「하곡 정제두 철학의 양명학적 전개」, 『하곡 정제두』(김교빈 편저, 예문서원, 2005), 192쪽 참조.

지고 변동하여 한군데 있지 않은 것이다. 그 본체는 실로 순수하고 본래부
터 지니고 있는 충衷이 있어서 본받을 바가 있지 않음이 없다. 이것이 바로
몸을 만들어 내는 생명의 근원이니, 이른바 성性이다. 다만 그 생리만으로
말한다면 '생지위성生之謂性'이니, 이른바 천지의 대덕大德을 생生이라 하는
것이다. 오직 그 본래부터 지니고 있는 충衷 때문에 성선性善이라 하니, 이른
바 천명天命을 성性이라 하고 도道라 하는 것은 실상 한 가지이다. 모든 일과
모든 이치가 모두 리로부터 나오니 누구나 요순堯舜처럼 될 수 있다는 것은
바로 이 때문이다.[87]

생리生理는 '생기生氣의 원元'과 '영소靈昭의 정精'으로서 마음으로부터 확
충하면 한 몸에 충만할 뿐만 아니라 천지에 가득 차게 된다는 것이다. 먼저
'생리'는 생기라는 질료적인 측면과 영소라는 정신적 측면을 동시에 함축한
다는 사실을 알 수 있다. 따라서 생리는 초월적이고 보편적인 원리나 도덕
규범 또는 개별적인 사물들의 이치(物理)와 같은 주자학적 의미에서의 리理
를 의미하지 않는다고 말할 수 있다. 생리는 주자학에 있어서의 리적理的인
측면보다는 오히려 기적氣的인 측면에 가깝다고 할 수 있다. 그렇다고 주자
학에서와 같이 청탁수박淸濁粹粕에 따라 선善과 악惡으로 분기될 수 있고 리
보다 열등하고 리의 지배를 받아야만 하는 질료적 차원의 기를 의미하지는
않는다. 생리는 헤아릴 수 없는 영통靈通함과 다할 수 없는 묘용妙用을 가지
고 있기 때문에 리의 지배를 받는 것이 아니라 오히려 모든 이치를 주재할

---

87) 『霞谷集』, 권8, 「存言」上, '一點生理說', 234쪽, "一團生氣之元, 一點靈昭之精, 其一(或無一
字)個生理(卽精神生氣爲一身之生理)者, 宅竅於方寸, 團圓於中極, 其植根在腎, 開萃在面, 而其
充卽滿於一身, 彌乎天地. 其靈通不測, 妙用不窮, 可以主宰萬理, 眞所謂周流六虛變動不居也. 其
爲體也, 實有粹然本有之衷, 莫不各有所則, 此卽爲其生身命根, 所謂性也. 只以其生理則曰生之
謂性, 所謂天地之大德曰生. 惟以其本有之衷, 故曰性善, 所謂天命之謂性謂道者, 其實一也, 萬事
萬理皆由此出焉, 人之皆可以爲堯舜者卽以此也."

수 있는 능력을 지니고 있다. 정제두는 리(생리를 의미함)란 기가 영통하는 곳으로서 신적神的인 존재라고 규정하기도 한다.[88] 또한 신묘한 생명력이 리理이며 실實이라고 주장한다.[89] 생리는 인간이 만물과 감응할 수 있는 영명한 정신작용이자 능동적 생명력으로서, 인간은 이 생리로 인해 단순히 존재법칙의 지배만을 받는 인간 이외의 존재들과 달리 신묘한 생명력을 실천을 통해 표출해 낼 수 있는 것이다. 그러므로 물리物理가 필연 이외의 다른 요소가 없기 때문에 '빈조리'(虛條)로 파악된 것과 달리, 생리는 실實한 존재로 파악된다.[90]

다만 생리를 '생지위성生之謂性'과 '천지지대덕왈생天地之大德曰生'의 측면으로만 한정할 경우, 자칫 생리는 도덕적 차원과 무관한 본능적·생리적 차원에서의 능동성으로만 이해될 수 있는 여지가 있다. 이에 정제두는 생리는 성性, 진리眞理, 명덕明德 등으로 다양하게 표현되는 도덕적 주체를 지니고 있다고 주장한다. 먼저 생리의 체體인 성性은 순수하고 선천적인 충衷이며 각기 본받을 바를 지니고 있고 몸을 만들어 내는 생명의 근원으로서 모든 일과 이치가 이로부터 말미암는다는 것이다. 생리의 주체로서의 '성性'은 주자학의 성즉리性卽理에서와 같이 능동적 작용성이 없는 도덕적 규범으로서의 성이 아니라 리(條理)를 창출하고 만사를 만들어 나가는 순수하고 능동적인 도덕성이다. 성은 곧 생리의 본질적 속성으로서 성이 곧 생리인 것이니,[91] 생리는 이러한 성을 통해 능동성과 도덕성의 근거를 확보하고 도덕적

---

88) 『霞谷集』, 권8, 「存言」上, '睿照明睿說', 235쪽, "理者, 氣之靈通處, 神是也."
89) 『霞谷集』, 권8, 「存言」上, '生理虛勢說', 235쪽, "以神生爲理(性志之主, 神性之靈, 生生不息者)爲實(於枯木死灰則絶焉, 於盜賊暴濫則息焉)."
90) 김교빈, 『양명학자 정제두의 철학사상』, 99~100쪽 참조.
91) 『霞谷集』, 권8, 「存言」上, '生理虛勢說', 236쪽, "理性者, 生理耳."

생명의 주체로서도 자리매김할 수 있다. 정제두는 또한 "만물을 통솔하는 본체로서 조리 있는 흐름들의 주인 노릇을 하는 존재가 진리眞理이니, 내 마음 속에 들어 있는 명덕明德이 바로 이것일 뿐이다"[92]라고 한다. 생리의 주체로서의 '진리' 또한 주자학에서와 같이 무형·무위의 형이상학적 원리가 아니라 만사만물을 통솔하고 물리들을 주재할 수 있는 능동적 도덕성으로서 성性의 다름 아니다. 이에 정제두는 "리란 마음의 신명神明이니 태극상제太極上帝이다"[93]라고 하여 진리를 마음의 신명으로 규정하고 절대적 지위에 올려놓기도 하였다. 비록 '성', '진리', '명덕' 등으로 다양하게 표현되지만 이는 모두가 '생리'의 '도덕적 능동성'의 다름 아니다. 따라서 정제두에게 있어 진리를 본체로 하는 생리는 약동하는 생명성을 지니고 있으며 활발하게 유통하고 생생불식生生不息하는 인간 삶의 주체로서 인간 생명의 근원인 동시에 도덕의 원천이라고 평가된다.[94]

이이는 리기지묘理氣之妙를 이야기하고 기발리승일도설氣發理乘一途說을 주장한다. 이는 리발理發과 기발氣發, 즉 양발兩發을 주장하는 이황의 리기이원론에 비해 상대적으로 리기일원론적 입장에 가깝다고 할 수는 있지만, 이이에게 있어 리와 기는 기본적으로 무위·무형의 형이상자와 유위·유형의 형이하자로 구분된다. 따라서 리통기국설理通氣局說이 뒤따르게 된다. 그리고 마음은 리를 인식할 수는 있어도 결코 리를 창출할 수는 없다. 그런데 정제두의 생리生理는 기발리승일도氣發理乘一途의 체계가 아닌 그 자체가 리기일체적理氣一體的 존재로서, 이이의 리기론과는 구분되는 반면 오히려 왕수인의

---

92) 『霞谷集』, 권8, 「存言」上, '睿照明睿說', 235쪽, "其所以統體而爲其條路之主者, 卽其眞理之所在者, 則卽吾心明德是已."
93) 『霞谷集』, 권8, 「存言」上, '道原', 234쪽, "理者, 心之神明者, 太極上帝."
94) 김길락, 『한국의 상산학과 양명학』(청계, 2004), 336쪽 참조.

본심양지本心良知에 가깝다. 생리는 그 자체가 존재원리와 도덕규범을 창출하는 주재자임과 동시에 능동적이고 주체적인 도덕실천의 주체인 것이다.

3) 주체적이고 역동적인 양지심학

이이와 윤증은 없으나 정제두에게는 '양지설良知說'이 있다. 정제두는 양지설을 통해 이이의 성리학과 차별화된 자신의 '양지심학良知心學'을 수립한다. 정제두는 우선 '양지'와 '생리生理'의 관련성에 대해 다음과 같이 말한다.

> 양명의 설에서는 양지良知를 마음의 본체라 하고, 또 양지의 정성스럽게 사랑하고 측은해하는 것을 곧 인仁이라고 말합니다. 그가 양지라고 말한 것은 심체心體가 능히 지知(사람의 生理)를 가질 수 있는 것의 전체를 가지고 이름한 것일 뿐이요, 사려思慮나 성찰察識 같은 일부분을 말하는 것이 아닙니다. 대개 사람의 생리는 능히 밝게 깨닫는 바가 있고 저절로 능히 두루 통하여 어둡지 아니한 것으로, 능히 불쌍히 여기고 능히 부끄러워하거나 미워하며 능히 옳고 그름을 가릴 수 있어 능하지 않은 바가 없는 것이니, 이것이 그 고유한 덕德으로서 이른바 양지란 것이며 또 이른바 인仁이란 것입니다.……그 측은惻隱한 마음이 곧 양지이며 심체의 지知가 곧 생리인 줄을 모르니, 그 논란한 것이 서로 연燕·월越처럼 차이가 날 수밖에 없습니다.[95]

정제두는 먼저 '양지'는 마음의 본체이고 양지의 작용으로서의 성애측

---

95) 『霞谷集』, 권1, 「與閔彦暉論辨言正術書」, 20쪽, "陽明之說曰, 良知是心之本體, 又曰良知之誠愛惻隱處, 便是仁, 其言良知者, 蓋以其心體之能有知(人之生理)者之全體名之耳, 非知以念察識之一端言之也. 蓋人之生理能有所明覺, 自能周流通達而不昧者, 乃能惻隱 能羞惡 能是非, 無所不能者, 是其固有之德而所謂良知者也, 亦卽所謂仁者也.……不察乎其惻隱之心卽良知也, 心體之知卽生理也, 則宜乎其所論者之爲燕越也."

달誠愛惻怛하는 것이 '인仁'이라고 하는 왕수인의 양지체용일원설良知體用一源說을 소개하고 있다. 이때 양지라는 것은 생각하거나 살피는 것 같은 단순한 지각知覺 작용을 의미하는 것이 아니라, 심체心體 차원에서의 지知 즉 '생리生理'를 의미한다고 주장한다. 생리는 감응을 통해 마주한 상황에 따라 불쌍히 여기거나 부끄러워하거나 미워하거나 옳고 그름을 분별할 줄 아는 도덕적 판단과 행위를 할 수 있는데, 이것이 바로 양지요 인仁이라는 것이다. 정제두는 또한 "측은지심惻隱之心은 사람의 생도生道이며, 양지 또한 생도이다. 양지는 측은지심의 본체로서, 측은해할 줄 아는 까닭에 양지라고 할 뿐입니다"[96]라고 주장한다. 측은해하는 마음(用)도 양지이고 측은해하는 마음의 본체(體)도 양지이다. 양지는 그 자체가 도덕적 능동성(體)으로서 그 능동성은 불쌍히 여김과 같은 구체적 작용(用)으로 드러나게 되기 때문에 양지는 체용일원體用一源 나아가 체용합일體用合一의 입장을 지니게 된다. 따라서 양지는 선천적인 도덕적 자각능력과 능동적 실천능력을 모두 함축하는 즉 체용일원 또는 체용합일체라고 말할 수 있다. 이러한 양지가 곧 생리인바, 양지와 생리는 각각 별개로 존재하는 것이 아니라 본래 하나일 따름이다.

이러한 생리로서의 양지는 우주자연과 동일한 공능을 지니는 것으로 정의된다.

주자周子와 정자程子는 이르기를, "태극과 음양의 동정動靜은 서로 생생하는 것이니 음양에는 처음이 없고 동정에는 끝이 없다"라고 하였으나, 이것은 천도天道가 생생生生하여 쉬지 않는 것이다. 어찌 홀로 그 기氣만이 생생하여

---

96) 『霞谷集』, 권1, 「與閔彦暉論辨言正術書」, 20~21쪽, "惻隱之心, 人之生道也, 良知卽亦生道者也. 良知卽是惻隱之心之體."

쉬지 않는 것일까? 그 신神도 역시 생생하여 쉬지 않는 것이다.…… 이것은 사람의 몸이 생생하여 쉬지 않기 때문인 것이다. 어찌 홀로 그 혈기血氣만이 생생하여 쉬지 않겠는가? 그 양지良知도 역시 생생하여 쉬지 않는 것이다. 이것은 바로 성性의 체體이다.[97]

정제두에게 있어서 천도는 곧 태극과 음양의 합일적 존재이다. 태극과 음양의 합일적 존재인 천도의 가장 중요한 특징은 '생생불식生生不息'이다. 끊임없이 만물을 생성하고 양육하는 것이 바로 천도의 공능인 것이다. 우주 자연의 일부인 인간 또한 혈기가 생생불식할 뿐만 아니라, 양지 또한 생생불식하며 이것이 바로 성性의 체體라는 것이다. 인간의 양지는 천도와 동일하게 생생불식을 생명본질로 하는바, 인간은 자연과 본래 하나이며 또한 하나가 될 수 있는 근거를 양지에서 찾을 수 있다. 그리고 생생불식하는 양지가 성性의 체體라는 주장과 더불어 "성性은 하늘이 내려준 알맹이이니 명덕明德이다.…… 그러므로 양지양능良知良能이라고 한다"[98]라는 주장에 근거할 때, 성性은 작용하지 않는 형이상학적 도덕규범이 아니라 생생하게 작용하는 능동적 도덕성임을 다시 한 번 확인할 수 있다.

양지설의 주요한 특징 가운데 하나는 양지가 지행知行의 문제에 있어 단지 지적 영역에 한정되지 않는다는 것이다.

대개 지知와 능能 두 글자는 둘로 가를 수 없습니다. 스스로 능히 아는 것이

---

97) 『霞谷集』, 권9, 「存言」 中, 251쪽, "周程曰, 太極陰陽, 動靜相生, 陰陽無始, 動靜無端, 此天道之生生不息也. 豈獨其氣生生不息而其神生生不息也.……此人身之生生不息也. 豈獨其血氣生生不息, 而其良知生生不息也. 此乃性體也."
98) 『霞谷集』, 권9, 「存言」 下, 259쪽, "性者天降之衷, 明德也.……故曰良知良能."

양지良知이며 양지가 바로 양능良能이니, 오로지 지식 한 부분의 의미에만 속하지 않습니다. 그러므로 양지의 설은 단지 지각知覺 한 부분만 가지고 말할 수 없습니다. 천지가 능히 유행流行·발육發育하고, 만물이 능히 화화생생化化生生하는 것 같은 것이 다 양지양능 아닌 것이 없습니다.(마음의 靈覺만 知라고 할 수 없으니, 무릇 主宰함이 있고 무릇 스스로 능히 알고 행하며 어둡거나 완고하거나 막히지 않는 것을 모두 양지양능이라고 말할 수 있습니다. 『주역』에서는 乾坤의 知能을 말하고 있습니다.) 자연한 리理는 다 이 체體 아님이 없습니다. 우리가 능히 측은惻隱하고 수오羞惡하며 능히 백성을 사랑하고 만물을 사랑하며 능히 중화中和를 이루어 천지를 자리 잡게 하고 만물을 길러 내게 하는 것까지도 모두 우리의 양지양능이 아닌 것이 없습니다. 하늘이 나에게 준, 생각지도 않고 배우지도 않고 저절로 가지는 본연의 체體도 바로 이 체體인 것입니다. 그러므로 마음과 리를 하나로 하고 지와 행을 합치는 것이니, 갈라 나눌 수 없습니다.(다만 사람이 스스로 채우지 못하고 자기가 하나로 하지 못할 뿐입니다.)99)

양지는 맹자가 말한 양지와 양능의 통합체이기 때문에 주자학에서와 같이 지식 또는 지각과 같은 지적인 측면만을 가지고 말할 수 없다는 것이다. 양지가 양지·양능의 통합체인 근거는 우주자연으로부터 말미암는다. 우주자연은 초월적 존재나 전지전능한 외적 존재에 의해 주재되거나 미리 설정된 법칙에 따라 순환 반복하는 무생명의 기계와 같은 물질적 존재가 아니라 창출성과 자발적 능동성에 따라 만물이 생성되고 양육되고 성장해 나가는

---

99) 『霞谷集』, 권1, 「答閔誠齋書」, 30쪽, "蓋知能二字不可二之. 其自能會此者, 是良知, 良知卽是良能, 非專屬知識一邊之意也. 故凡其所謂良知之說, 不可只以知覺一端言之也. 如天地之能流行發育, 萬物之能化化生生, 無非其良知良能.(非獨心之靈覺可謂之知, 凡其有主宰, 凡其自能會此爲此, 而不爲冥頑窒塞者, 皆可言之. 易言乾坤知能.) 自然之理, 無非是此體也. 吾人之能惻隱羞惡, 能仁民愛物, 以至能中和位育也, 無非其良知良能. 天之所與我, 不慮不學而有之本然之體, 卽亦無非是此體也. 故一心理合知行, 而有不得以分歧者也.(獨人自不能充之, 不能一之耳.)"

자기—조직성을 지닌 유기체이다. 이러한 창출성과 능동성이 바로 우주자연의 양지양능인 것이다. 천지의 마음으로서의 인간은 이러한 우주자연의 생명본질을 자신의 생명본질로 한다. 인간은 양지와 양능의 통합체로서의 양지가 있기 때문에, 만물과의 감응을 통해 측은해하거나 부끄러워해야 할 때 측은해하거나 부끄러워할 수 있고, 백성과 만물을 사랑할 수 있으며, 이를 통해 인간은 우주자연의 자기—조직화 과정에 주체적 · 능동적으로 참여할 수 있는 것이다. 따라서 외재적 초월자에 대한 믿음이나 외재적인 도덕규범에 대한 선先이해보다는 자기 자신에 대한 신뢰와 내면에 대한 자각을 더욱 중요시한다. 양지양능은 후천적으로 생각해서 알거나 배워서 할 수 있게 되는 것이 아니라 타고 나면서 알고 행할 수 있는 선천적인 도덕적 자각능력과 능동적 실천력의 통합체, 즉 지행합일체知行合一體이다. 따라서 본체를 가지고 말하면 지는 행이요 행 또한 지로서, 본래 나눌 수 있는 것이 아니다. 그러므로 지의 입장에서 보더라도 또한 하나일 뿐이요 둘이 아니며, 행의 입장에서 보아도 또한 하나일 뿐이요 둘이 아니다.[100]

정제두의 양지설은 바로 '지행합일'로 귀결된다. 비록 이이가 지행병진知行竝進을 말하고는 있지만,[101] 지행병진이 지행합일을 의미하지는 않는다. 이이에게는 인식 대상으로서의 보편적 이치와 도덕규범이 선험적으로 존재한다. 따라서 실천행위에 앞서 먼저 이 이치와 규범을 인식하는 궁리라는 지적 작업이 요청된다.[102] 이에 이이가 비록 지와 행의 병진竝進을 강조하지

100) 『霞谷集』, 권9, 「存言」中, 251쪽, "以本體則是行行亦知, 元無可二者. 是故其在知也, 亦一而非二, 在行也, 亦一而非二."

101) 『栗谷全書』 II, 권38, 「附錄6 · 前後辨誣章疏」, 449쪽, "但學者知行必須并進. 若不知道理, 不辨是非, 則所謂存心者, 亦將何據."

102) 『栗谷全書』 II, 권27, 「擊蒙要訣」, '序', 83쪽, "皆於日用動靜之間, 隨事各得其當而已.……故

만 행위를 위한 올바른 이치의 파악을 무엇보다 중요시한다는 점에서 그의 관심은 거경함양居敬涵養보다는 궁리성찰窮理省察에 무게 중심이 있다고 평가되듯,[103] 지행병진은 궁리를 통해 먼저 이치와 규범을 인식한 후에 실천으로 이행한다는, 선지후행先知後行을 바탕으로 한 지행병진인 것이다. 이이에게 있어 마음은 리를 인식할 수는 있어도 리를 창조할 수는 없으며, 또한 리를 아는 지와 리를 실천으로 이행하는 행은 분명 한 가지 일이 아닌 두 가지 일이다. 반면 정제두는 마음이 인식해야 할 보편적 이치가 존재하지 않으며, 마음의 본체인 양지는 도덕적 능동성과 실천능력의 통합체로서 스스로 이치를 창출하고 이치를 실천으로 이행하는 지행합일체이다. 따라서 정제두의 양지심학은 이이에 비해 인간의 주체성과 능동성과 실천성을 보다 더 강조하고 강화하는 방향으로 변용되었다고 말할 수 있다.

5. 나오는 말

지금까지 이이-윤증-정제두로 이어지는 율곡학의 심학적 계승과 변용에 대해 살펴보았다. 부자지간이라 하더라도 완전히 동일한 외모와 성격 그리고 가치관을 가진 경우가 없듯, 사제지간이라 하더라도 완전히 똑같은 사상을 가진 경우는 없다. 만에 하나 완전히 똑같은 사상을 가지고 똑같은

必須讀書窮理, 以明當行之路, 然後造詣得正, 而踐履得中矣.";「讀書章」, 85쪽, "不被事物所勝, 而必須窮理明善, 然後當行之道, 曉然在前, 可以進步. 故入道莫先於窮理, 窮理莫先予讀書, 以聖賢用心之迹及善惡之可效可戒者, 皆在於書故也."

103) 김경호,『인격 성숙의 새로운 지평』((주) 정보와 사람, 2008), 288쪽 참조.

이론을 주장하는 사람이 있다고 한다면, 그는 사상가가 아니라 녹음기 또는 복사기라고 말해야 할 것이다. 학자마다 살던 시대와 공간이 다르기 때문에 그들의 사상 또한 서로 다를 수밖에 없다. 이이, 윤증, 정제두도 여기서 예외는 아니다. 이들은 16세기에서 18세기에 이르기까지 서로 다른 시대를 살면서 자신이 살던 시대의 한복판에서 서로 다른 시대문제에 직면하여 이를 해결하기 위해 노력하였다. 각자의 시대문제 해결을 위해 한편으론 스승의 학문을 계승하면서도 다른 한편으론 다른 학문과의 통섭과 자득自得을 바탕으로 한 창조를 통해 자신의 독창적 학설과 이론을 수립하였다. 이들은 선유先儒들을 교조주의적으로 추종만 하고 맹목적으로 답습만 하는 생명력 없는 메마른 사상가가 아니라, 역동적으로 창조적으로 시대를 이끌어 간 진정한 지성인들이었다.

이이로부터 발원하여 윤증을 통해 정제두로 이어지는 심학적 변용과 창조의 밑바탕에는 '성誠'과 '실實'이라는 공통분모가 존재한다. 그들에게 있어 '성'과 '실'은 우주자연과 인간의 진실한 생명본질이자 또한 역동적인 삶의 표현 방식이다. 윤증이 이이의 성과 실의 계승이라는 바탕 위에 '무실학'을 꽃피웠다면, 정제두 또한 이들을 계승하여 '양지심학'을 꽃피웠다. 윤증에서 정제두로 이어지는 율곡학 계승의 측면과 아울러 변용의 측면들을 정리하는 것으로 이 장을 마무리하고자 한다.

이이는 양명학을 이단으로 규정하기는 하지만 이황과 같이 강경하게 비판하고 배척하지는 않는다. 오히려 학문의 다양성을 존중하는 맥락에서 유연하게 양명학의 장점을 인정하고 있다. 나아가 율곡학에서는 양명학의 긍정적 요소들을 비판적으로 수용했을 가능성 또한 엿보인다. 경敬보다 성誠을 중시하는 이이는 성을 '실리實理의 성'과 '실심實心의 성'으로 구분한다.

실리는 자연의 살아 숨 쉬는 역동적 생명원리이며, 실심은 만물과의 감응 주체로서의 진실된 마음이다. 실리와 실심 모두 리기합일적 존재로서 '성誠'의 다름 아니다. 실심은 주체적인 자각능력과 능동적인 실천능력의 통합체로서 실공實功과 수시변통隨時變通하는 경장更張의 토대가 된다. 이이의 양명학 수용 여부와 무관하게 이이가 경보다는 성을 중시하고, 실리·실심·실공 등의 실實을 강조하고, 나아가 수시변역에 근거한 경장을 중시한 점은 양명학과 상통할 뿐만 아니라 이후 한국 양명학의 형성과 전개에 있어 밑거름으로 작용하게 된다.

윤증은 이이와 정제두를 연결해 주는 징검다리 역할을 했다고 평가할 수 있다. 윤증은 '실심'과 '천리돈확踐履敦確'을 중시하는 우계학과 '실리'와 '실심'의 성誠을 토대로 무실과 경장을 중시하는 율곡학을 종합적으로 계승하여 '무실실학'을 수립하였다. 특히 윤증은 입지와 무실을 율곡학의 핵심으로 보고 이이의 무실사상을 적극적으로 계승·발전시켜 나갔다. 그는 실심을 바탕으로 한 실공實功을 중시하고 끊임없는 실공으로서의 자강불식自强不息을 무실로 규정한다. 윤증의 무실학은 수양을 통해 마음의 주체성(實心)을 수립하여 외물, 즉 외부 환경이나 사물에 수동적으로 이끌려 가지 아니하고 주체적으로 일을 주관해 나가도록 하는 학문이다. 이러한 학문적 성향으로 인해 그의 문하에서는 실사구시實事求是를 중시한 양득중梁得中과 한국 양명학의 거두 정제두가 탄생할 수 있었던 것이다.

이이의 성리학은 윤증의 심학화를 거쳐 정제두에 이르러 완전한 '한국심학'으로 자리매김하게 된다. 정제두는 한편으론 이이와 윤증으로 이어지는 성誠을 중시하는 무실학을 계승하면서도, 다른 한편으로 양명학을 수용한다. 정제두는 성리학과 양명심학의 통섭과 자득自得을 바탕으로 이이나 윤증과는 다른 리기심성론을 수립하고 자신의 독창적 심학사상을 전개한다. 율곡학의 계승의 측면에서 보았을 때, 정제두는 성誠을 실리의 성誠과 실심의 성誠으로 나누어 보는 이이와 윤증의 견해를 따른다. 정제두에게 있어서도 실리는 절대적이고 초월적인 원리나 규범이 아닌 리기합일적 존재로서 만물을 창생하고 양육하는 활발발한 생명력이며, 실심은 사람 마음의 실리이자 성誠으로서 그 주된 공능은 만물과의 감응에 있다.

정제두의 위대성은 선유에 대한 단순한 답습이나 추종이 아닌 역동적 비판과 창조적 변용에 있다. 이이는 리理를 보편적 차원의 리(統體一太極)와 현실적 차원의 리(各具一太極)로 구분한다. 이에 정제두는 이이가 리를 무위하다고 규정함으로써 현실적으로 아무런 작용성이 없는 빈껍데기에 불과하게 되었다고 비판한다. 이러한 허리虛理(統體一太極)는 능동적 작용성이 없을 뿐만 아니라 구체적 사물과 현실세계를 벗어나 물질성을 갖지 않는 추상적인 리로서, 외재적이고 초월적이며 기와 이분적인 것으로 생명력이 없는 문제를 안고 있다는 것이다. 이러한 보편적 차원의 리가 공허한 것과 달리, 개별 사물에 실제로 쓰이는 리(各具一太極)는 물리로서 본령本領·종주宗主가 되지 못한다는 것이다. 이이가 리기불상잡보다는 리기불상리를 중시하고는 있지만 실질적으로는 리기일원 또는 리기불상리에 철저하지 못한 한계를 갖고 있다는 비판이다.

이이와 주희의 리기론에 대한 비판을 토대로 정제두는 리기일체적 존재로서의 '생리生理'를 제시하고 이를 본령·종주로 규정한다. 생리는 인간이 만물과 감응할 수 있는 영명한 정신작용이자 능동적 생명력으로서, 물리物理와 달리 능동성을 지닌다. 생리의 주체로서의 성性(= 眞理 = 明德)은 주자학의 성즉리性卽理에서와 같이 능동성이 없는 도덕적 규범으로서의 성性이 아니라 조리條理를 창출하고 만사를 만들어 나가는 순수하고 능동적인 도덕성이다. 성性은 곧 생리의 본질적 속성으로서 성이 곧 생리이다. 생리는 이러한 성을 통해 능동성과 도덕성의 근거를 확보하고 도덕적 생명의 주체로서도 자리매김한다. 이이의 리기지묘理氣之妙와 기발리승일도설氣發理乘一途說은 리발理發과 기발氣發, 즉 양발兩發을 주장하는 이황의 리기이원론에 비해 상대적으로 리기일원론적 입장에 가깝다고 할 수는 있지만, 이이에게 있어 리와 기는 기본적으로 무위·무형의 형이상자와 유위·유형의 형이하자로 구분된다. 따라서 리통기국설理通氣局說이 뒤따르게 되고 마음은 리를 인식할 수는 있어도 결코 리를 창출할 수는 없다. 그런데 정제두의 생리는 기발리승일도氣發理乘一途의 체계가 아닌 그 자체가 리기일체적 존재로서 이이의 리기론과는 구분된다. 생리는 그 자체가 존재원리와 도덕규범을 창출하는 주재자임과 동시에 능동적이고 주체적인 도덕실천력으로서, 정제두의 생리설은 이이에 비해 보다 주체적이고 능동적인 인간으로 한 발 더 나아갔다고 하는 학술적 의의가 있다.

그리고 이이와 윤증에게는 없으나 정제두에게는 있는 학설이 바로 '양지설良知說'이다. 정제두는 양지설을 통해 이이의 성리학과 차별화된 자신의 양지심학을 수립한다. 양지는 곧 생리生理로서 그 자체가 도덕적 능동성(體)이다. 그 능동성은 불쌍히 여김과 같은 구체적 작용(用)으로 드러나기 때문에 양지는 체용일원體用一源 또는 체용합일체體用合一體이다. 생생불식生生不息을 생명본질로 하는 양지는 타고나면서 알고 행할 수 있는 선천적인 도덕적 자각능력과 능동적 실천력의 통합체, 즉 지행합일체이다. 정제두 양지설의 귀결처는 바로 지행합일에 있다. 비록 이이가 지행병진을 말하고는 있지만, 지행병진이 지행합일을 의미하지는 않는다. 이이에게서는 인식 대상으로서의 보편적 이치와 도덕규범이 선험적으로 존재한다. 따라서 실천행위에 앞서 먼저 이 이치와 규범을 인식하는 궁리라는 지적知的 작업이 요청된다. 이이에게 있어 마음은 리를 인식할 수는 있어도 리를 창조할 수는 없으며, 또한 리를 아는 지知와 리를 실천으로 이행하는 행行은 분명 한 가지 일이 아닌 두 가지 일이다. 반면 정제두의 경우는 마음이 인식해야 할 보편적 이치가 존재하지 않으며, 마음의 본체인 양지는 도덕적 능동성과 실천능력의 통합체로서 스스로 이치를 창출하고 이치를 실천으로 이행하는 지행합일체이다. 따라서 정제두의 양지심학은 이이에 비해 인간의 주체성과 능동성은 물론 실천성을 보다 더 강조하고 강화하는 방향으로 변용되었다고 평가할 수 있다.

6장 명재 윤증과 서계 박세당의 격물 논변

1. 들어가는 말

명재明齋 윤증尹拯(1629~1714)과 서계西溪 박세당朴世堂(1629~1703)은 생몰연대에서 알 수 있듯이 17세기부터 18세기 초까지 거의 동시대를 살다간 인물들이다. 이들이 살았던 17세기 후반~18세기 전반은 조선 중기에서 후기로넘어가는 전환점이 되는 시기이다. 17세기는 16세기 중반부터 뿌리내린 사림의 지배체계가 내외적인 충격에도 불구하고 그 지배구조를 공고히 한 시기였으나, 한편으로는 임진왜란과 병자호란의 발발을 계기로 사림 지배체재 확립 이후 조선 사상계의 주류로 자리 잡아 가던 성리학의 역사적 기능에 대해 다시 생각하게 된 시기였다. 양란의 피해를 극복해야 하는 현실적필요성 때문에, 성리학의 철학적 측면보다는 의리명분적 측면과 사회경제적 측면에 관심을 두게 되었고, 왕실의 전례 문제와 대동법 등의 사회경제정책을 둘러싸고 각 정치세력 사이에 격렬한 논쟁과 대립이 오갔다.[1] 17세기는 기존의 정치·사회질서 유지에 필요한 주자학적 통치이념을 오히려

---

1) 고영진, 『조선시대 사상사를 어떻게 볼 것인가?』(풀빛, 1999), 90쪽 참조.

강화하려는 보수파와 국민 대중의 생활 안정을 위한 신질서 수립을 요구하는 탈주자학적 개혁파 간의 대립이 예리해진 시기로 평가된다.[2] 따라서 17세기 사상계는 초반부터 주자학 중심의 성리학뿐만 아니라 화담花潭 서경덕徐敬德(1489~1546)과 남명南冥 조식曺植의 사상, 양명학과 노장사상, 유·불·도 삼교회통사상 등이 부각되면서 다양한 사상이 전개되었다.[3]

잇따른 외침에 더하여 내부적으로는 정치적 갈등이 심화되었고 사회적으로도 크게 동요되었던 시기에 윤증과 박세당은 모두 서인西人 그 중에서도 소론少論에 속한 인물로서, 소론의 형성과 노·소론 분당에 있어 주요한 역할을 한 인물들이다. 남계南溪 박세채朴世采와 박세당은 8촌 간의 친족이었고, 박세당의 형 박세후朴世垕(1627~1650)는 윤증의 부친 노서魯西 윤선거尹宣擧의 사위였다. 그리고 박세당의 두 아들 백석白石 박태유朴泰維(1648~1686)와 정재定齋 박태보朴泰輔(1654~1689)는 모두 소론의 중심인물로 활약하였다. 특히 소론의 맹장이었던 박태보는 윤증의 생질이자 문인이었다.[4] 이와 같이 이들은 서로 혈연관계 내지 친인척 관계를 가지면서 또 사제 관계가 중첩되어 이념적으로도 소통되었고 당파적으로도 동지적 관계에 있었다.[5] 그리고 윤증의 「연보」에는 숭정崇禎 61년 무진戊辰(1688, 윤증 60세) 정월에 파주에 가서 박세당과 박세채를 만나 학문을 논했다[6]는 기록, 숭정 64년 신미辛未(1691,

---

2) 이희재, 「朴世堂思想硏究—脫朱子學的 입장에서」(원광대 박사학위논문, 1994), 6쪽 참조.
3) 고영진, 「명재 사상의 형성 과정과 한국사상사적 위치」, 『명재 윤증』(충남대유학연구소 편, 청계, 2001), 17쪽 참조.
4) 최완기, 『한국성리학의 맥』(느티나무, 1991), 223~224쪽 및 황의동, 『우계학파의 연구』(서광사, 2005), 76쪽 참조.
5) 황의동 외, 「명재 유학사상의 정체성 시비에 관한 연구」, 『동서철학연구』 29호(한국동서철학회, 2003.9), 257쪽 참조.
6) 『明齋遺稿』 下, 「附錄·年譜」, 236쪽, "六十一年戊辰正月往坡州回會西溪朴公及玄石."(이하 『明齋遺稿』 쪽수는 충남대학교 유학연구소 영인본[2000]. 단 『明齋遺稿』 上과 中은 文集叢刊

윤증 (63세) 6월에 박세당에게 서신을 보내 박세당의 『대학』과 『논어』 의의疑義에 대해 논했다[7]는 기록, 경진庚辰(1700, 윤증 72세) 8월에는 교산交山에 성묘하면서 명촌明村 나양좌羅良佐(1638~1710)와 박세당의 서재에 들렀다[8]는 기록 등이 있다. 그리고 『명재유고明齋遺稿』에는 윤증이 박세당에게 보낸 서신 총 22편이 수록되어 있으며, 『서계집西溪集』에는 박세당이 윤증에게 보낸 서신 총 23편이 수록되어 있다.[9]

이러한 내용들에 근거할 때, 윤증과 박세당은 상당한 친분 관계에서 정치적으로 뜻을 같이하였을 뿐만 아니라 인간적 교유와 학문적 교류를 지속하면서 서로에게 많은 영향을 주었다고 추측할 수 있다. 그럼에도 불구하고 윤증과 박세당 각각에 대한 개별 연구는 어느 정도 진전된 반면, 두 사람의 관계에 대해서는 약간의 언급만 하고 있을 뿐 윤증과 박세당의 비교연구는 물론 이 두 사람 사이의 인간적·학문적 교류와 영향 관계를 심도 있게 체계적으로 다룬 선행연구는 전무한 편이다. 본 장에서는 윤증과 박세당에 대한 선행연구들을 토대로 지금까지 연구되지 않은 윤증과 박세당의 교유 관계와 학문적 교류를 심도 있게 고찰하면서 두 사람 사이의 영향 관계를 밝혀보고자 한다. 구체적으로 '윤증 유학의 연원과 학문적 특성'과 '박세당의 학문 과정과 사상적 특성'에 대해 먼저 살펴보고, 이를 토대로 두 사람 사이에 이루어진 교유 관계와 격물格物 논변을 고찰할 것이다.

『明齋遺稿』 I, II와 동일함)

7) 『明齋遺稿』 下, 「附錄·年譜」, 238쪽, "六月與西溪書論大學論語疑義."

8) 『明齋遺稿』 下, 「附錄·年譜」, 238쪽, "七十三六年月庚辰八月辛酉省墓于交山……歷宿明村西溪二公書齋."

9) 이에 대해서는 본 장 「4. 윤증과 박세당의 교유 관계」에 자세하게 수록되어 있음.

2. 윤증 유학의 연원과 학문적 특성

윤증의 생애와 다양한 학문적 연원 및 특성 등에 대해서는 이미 많은 연구가 진행되었다.[10] 다만 이곳에서는 박세당과의 교유 관계와 비교를 위해 선행연구를 바탕으로 윤증의 생애와 다양한 학문적 연원 관계 및 사상적 특성을 고찰해 보고자 한다.

1) 산림처사로서의 윤증의 삶

윤증은 윤선거의 장남으로 1629년(인조 7)에 태어났다. 그의 조부 팔송八松 윤황尹煌(1571~1639)은 우계 성혼의 문인이자 사위였다. 윤증은 8세 때인 1636년 병자호란 당시 모친 이씨李氏가 자결하고 부친이 강화도를 탈출하는 사건을 겪게 된다. 이 일을 계기로 윤증은 평생 관직에 나아가지 않고 산림처사山林處士로 일관한다. 고영진은 이러한 윤증의 사상 형성 과정을 크게 세 시기로 구분하고 있는바, 그 주요한 내용은 다음과 같다.[11]

첫째, 10세부터 29세까지로 '수학기'이다. 윤증은 15세 때(1642) 시남市南 유계兪棨(1607~1664)에게 수학하였으며, 19세 때(1647)에는 탄옹炭翁 권시權諰의 딸과 결혼한 것을 계기로 권시 문하에서 수업하였다. 성리학 공부에 전념하던 윤증은 23세 때(1651) 신독재愼獨齋 김집金集을 찾아가 그 문하에 출입하였

---

10) 대표적인 연구 성과로는 『務實과 實心의 유학자 명재 윤증』(충남대유학연구소 편, 청계, 2001)과 『명재 윤증의 학문연원과 가학』(충남대유학연구소 편, 예문서원, 2006)이 있다.
11) 이하 '윤증 사상의 형성 과정'에 대한 내용은 고영진의 「명재 사상의 형성 과정과 한국 사상사적 위치」(『명재 윤증』, 충남대유학연구소 편, 청계, 2001), 22~30쪽에 수록된 내용 가운데 주요한 부분만을 발췌하여 정리한 것임을 밝혀 둔다.

고, 그다음 해에는 동춘당同春堂 송준길宋浚吉을 찾아뵈었으며, 26세 때(1654)에 는 포저浦渚 조익趙翼을 배알하였다. 그리고 1657년 29세 되던 때에 우암尤庵 송시열宋時烈에게서 수개월 동안 『주자대전朱子大全』을 배운 뒤 사제 관계를 맺기도 하였다. 이 시기는 윤증이 성혼으로부터 윤선거로 이어지는 가학적 전통을 계승하며 당대의 명유들에게 수학하면서 자신의 학문적 깊이를 더해 갔던 시기였다.

둘째, 30세부터 52세까지로 '성숙기'이다. 30세 때(1658) 부친을 도와 『가 례원류家禮源流』를 수정한 윤증은 박세채와 서신을 왕복하며 『춘추春秋』, 『예 기禮記』의 복수지의復讐之義에 대해 논의하고, 이듬해에 사우들과 주자서朱子 書를 강론하기도 하였다. 36세(1664) 때 학행學行으로 천거되어 내시교관內侍教 官에 임명되었으나 나아가지 아니하고, 이후 조정으로부터 계속 관직에 임 명되었으나 모두 사양하였다. 41세 때(1669) 부친상을 당하고 1673년에 송시 열에게 부친의 묘갈명墓碣銘을 지어 달라고 청하였으나 송시열이 박세채의 행장을 참조하여 무성의하게 써 보내자 다시 고쳐 달라고 청하였다. 48세 때(1676) 윤증은 본격적으로 제자를 양성했는데, 초학자들에게 반드시 입지 立志와 무실務實을 근본으로 삼도록 했다. 51세 때(1679)에는 생질 박태보의 『역의언결易義諺訣』에 대해 서신으로 논하고, 52세 때(1680)에는 박세채의 『심 학지결心學之訣』에 대해 서신으로 논하였으며, 국상 기간에 사가私家의 예례에 대해 논한 「국휼중사례사의國恤中四禮私議」를 저술하였다. 이 시기는 사우들 과 서신을 통해 활발히 학문을 토론했으며 관직에 나아가지는 않았으나 주 요 사건이 있을 때마다 자신의 견해를 피력했던 시기로서, 이때까지는 그의 학문이 주희 중심의 성리학에서 크게 벗어나지 않았던 것으로 평가된다.

셋째, 53세부터 죽을 때(86세)까지로 '전환기'이다. 53세 때인 1681년(숙종

7) 지진이 일어나자 구언상소求言上訴를 올려 나라의 운명이 임금의 일심一心에 달려 있으니 임금은 실심實心으로 실공實功에 힘쓸 것을 강조하였다. 또한 부친의 묘갈명 수정을 거부한 송시열에게 보내는 「신유의서辛酉擬書」를 작성하여 스승을 통렬히 비판하였다. 이듬해 이 편지가 세상에 드러나 양자는 사제 관계를 끊었고, 이 사건을 계기로 노론과 소론이 정치적으로 분열되기에 이르렀다. 이 글에서 윤증은 송시열을 사의私意와 허명虛名으로 가득 찼다고 비난하면서 실심·실공·실덕實德의 필요성을 역설하였는바, 이 시기 무실務實과 실심의 강조가 본격적으로 나타나고 있다. 이후 『대학언해大學諺解』를 개정하고 「초학획일지도初學劃一之圖」를 만들었으며(54세), 나양좌에게 서신을 보내 입지와 무실을 근본으로 한 교학敎學의 방법을 논하고(59세), 박세당과 서신으로 박세당이 기술한 「대학의의大學疑義」, 「논어의의論語疑義」에 대해 논하고, 박세채와 『포저유서浦渚遺書』에 대해 논하는(63세) 등 끊임없이 사우들과 서신을 주고받으면서 학문을 논하였다. 73세 때(1701)에는 김숙함金叔涵과 서신을 주고받으며 율곡 이이의 「위학지방도爲學之方圖」를 보완하고 발문을 쓰는 과정에서 입지와 무실을 덧붙이고 입지와 무실이 학문의 시작이자 끝이라고 강조하기도 하였다. 이 마지막 시기에는 송시열과 결별하면서 사상적으로도 무실과 실심을 강조하는 등 본격적 변화가 나타났으며, 이러한 변화가 노론의 공세에 정치적·학문적으로 대응하는 과정에서 점점 체계화되고 정체성을 띠어 갔던 시기라고 평가된다.

2) 다양한 학문적 특성과 학문연원

이렇듯 조선 중기에서 후기로의 전환점에 살았던 윤증은 사상 형성 과정에 있어서도 많은 변화를 가져온다. 이로 인해 윤증의 유학사상에 대한 오늘날의 평가가 다양하다. 윤증에 관한 대표적 저술이라 할 수 있는 『무실과 실심의 유학자 명재 윤증』(충남대유학연구소 편, 청계, 2001)과 『명재 윤증의 학문연원과 가학』(충남대유학연구소 편, 예문서원, 2006)을 중심으로 분석해 볼 때, 윤증의 유학사상에 대한 학문적 평가는 크게 다음과 같은 세 가지 정도로 정리해 볼 수 있다. 첫째, 윤증의 유학사상이 성혼 또는 이이를 통해 내려오는 주자성리학적 사유의 맥락을 계승하고 있다는 것이다.[12] 예컨대 윤증의 주기主氣철학은 주희의 현상론의 측면을 '기포리氣包理'와 '기발리승일도설氣發理乘一途說'의 내용으로 전개시킨 율곡철학을 보다 실증적이고 실천적인 방면으로 발전시켰다고 평가되거나,[13] 윤증이 정주나 이이, 성혼을 매우 존숭하여 자신의 학문적 연원으로 삼고 있음이 분명하지만, 실천적 학풍이 강조되고 '실심' · '실공'을 중시하는 '무실학務實學'에 입각한 무실 학풍을 보이고 있다는 점에서 이이보다 실천에 매진한 성혼의 학풍을 따른다고 평가된다.[14] 둘째, 성리학 계승의 연장선상에서 윤증 유학의 특징을 실학적이라고 보는 입장이다.[15] 한우근은 윤증의 유학을 학문하는 사람의 기본적 자세인 덕성의 체인體認을 뜻하는 실심실학이자 그 실제적인 방법과 이상을 삼대의

---

12) 황의동의 「명재 사상의 성리학적 특성」, 최영진의 「명재 사상의 리기론에 관한 고찰」, 최영찬의 「명재 사상의 主氣 철학적 심성관」, 리기용의 「율곡학과 윤증의 유학」, 楊祖漢의 「윤증의 성리학」, 이애희의 「윤증의 유학과 우계 성혼」, 김문준의 「윤증 유학의 성리학적 연원」 등이 이에 해당한다.

13) 최영찬, 「명재 사상의 主氣 철학적 심성관」, 『명재 윤증』(충남대유학연구소 편, 청계, 2001), 152쪽 참조.

14) 이애희, 「윤증의 유학과 우계 성혼」, 『명재 윤증의 학문연원과 가학』(충남대유학연구소 편, 예문서원, 2006), 44쪽 참조.

15) 한우근의 「명재 윤증의 실학관」, 윤사순의 「명재 윤증의 성리학적 실학」, 朱七星의 「명재 윤증의 경세 사상」, 송인창의 「명재 윤증의 무실적 경세학」 등이 이에 해당한다.

정치·성현의 경전에서 찾는 '궁경窮經실학'이라고 평가한다.[16] 윤사순 또한 윤증의 실학을 '성리학적 실학'으로 규정하고 수기修己를 통해 오륜五倫 내지 예禮의 실천궁행을 중시하는 데 윤증의 '무실실학'의 특징이 있다고 주장한다.[17] 셋째, 윤증의 유학사상은 '육왕학적 심학'에 바탕을 두고 있다고 보는 입장이다.[18] 이은순은 윤증이 임진왜란과 병자호란 이후 변모하는 조선 사회에서 실용적인 학문과 사상 체계를 세우기 위해 외주내왕적外朱內王的 실학을 추구하였다고 평가한다.[19] 송석준 또한 '실심'을 중시하는 윤증의 심학 속에는 무실적 경향과 함께 양명학적 학문 경향이 노정되어 있다고 주장한다.[20]

이와 같이 윤증의 유학사상은 주자학을 계승한 성리학 또는 실학이라는 입장과 표면적으로는 주자학을 표방하면서도 내적으로는 양명학적 심학으로 흘러갔다는 평가가 동시에 진행되고 있다. 비록 윤증의 유학사상을 양명학적 심학과 연관시켜 보려는 시도가 이루어지고 있지만, 윤증은 주자성리학을 온전히 계승했다는 주장이 우세하다. 이렇듯 윤증의 유학사상이 다양하게 평가되는 이유는 먼저 윤증이 전환기에 살았다는 점과 윤증의 삶에 있어서의 다양한 사우師友 관계와 이로 인한 다양한 학문적 연원에서 찾을

---

16) 한우근, 「명재 윤증의 실학관」, 『명재 윤증』(충남대유학연구소 편, 청계), 491쪽 참조.

17) 윤사순, 「명재 윤증의 성리학적 실학」, 『명재 윤증』(충남대유학연구소 편, 청계), 506쪽 참조.

18) 이은순의 「명재 윤증의 생애와 회니 시비의 명분론」, 송석준의 「명재 윤증의 심학 사상」, 김길락의 「명재 윤증의 육왕학적 특징」, 余懷彦의 「명재 윤증의 심학 사상 초탐」, 유명종의 「명재 윤증의 무실 실학」 등이 여기에 속한다.

19) 이은순, 「명재 윤증의 생애와 회니 시비의 명분론」, 『명재 윤증』(충남대유학연구소 편, 청계, 2001), 68쪽 참조.

20) 송석준, 「명재 윤증의 심학 사상」, 『명재 윤증』(충남대유학연구소 편, 청계, 2001), 173쪽 참조.

수 있다. 그리고 윤증의 역경과 고뇌 등이 뒤얽히면서 어떠한 하나의 사상에 교조주의적으로나 원리주의적으로 매몰되지 않고 역동적으로 끊임없이 변화해 간 데서 기인한 것이라 할 수 있다. 윤증 유학사상의 다양한 특성을 형성하는 데 있어 가장 주요한 요인 가운데 하나는 다양한 학문적 연원 관계이다. 이미 윤증 유학사상의 연원에 대해서는 『명재 윤증의 학문연원과 가학』에서 가학적 연원, 율곡학과의 연관성, 성혼 사상과의 연관성, 예학적 연원, 송시열과의 연관성, 권시를 중심으로 한 심학적 연원 등 다양한 측면으로 조명된 바 있다. 선행연구를 토대로 다양한 연원 관계를 정리해 보면 다음과 같다.

먼저 '가학적 연원'과 '성혼과의 연관성'을 하나로 묶을 수 있다. 리기심성理氣心性의 사변적 탐구보다는 유학 본래의 내면적 성실성을 추구하고 마음공부를 중시하는 윤증의 수기 중심의 심학풍은 외증조부인 성혼―조부 윤황―부친 윤선거와 더불어 장인 권시를 통해 전해 내려온 가학적 전통이었다는 것이다. 그리고 이론적 성리학에서 실천적 성리학으로, 명분적 성리학에서 내면적 성리학으로의 변모가 가학적 전통에서 연유된 것으로 본다. 아울러 윤증의 무실 학풍 또한 실심과 천리돈확踐履敦確을 중시하는 성혼에게서 발원하여 무실을 강조한 윤선거를 통해 전해 내려오는 가학적 연원에 기인한다는 것이다.[21] 리기심성에 대한 이론적 탐구보다 실천을 중시한다는 점에서 윤증의 유학사상은 이이에서 송시열로 이어지는 노론학계의 학풍과는 차별되는바, 윤증은 이이의 학풍보다는 성혼의 학풍을 계승했다고 평가된다.[22]

---

21) 황의동, 「윤증 유학사상의 가학적 연원」, 『명재 윤증의 학문연원과 가학』(충남대유학연구소 편, 예문서원, 2006), 71~89쪽 참조.

이러한 가학적 연원과 달리 율곡학파의 연관성을 보다 중시하는 입장이 있다. 리기용은『명재유고』곳곳에서 윤증이 율곡학에 대한 일체의 의혹을 부정하고 있다는 점 등을 근거로 하여, 윤증은 율곡학을 철저하게 계승하면서 당시의 현실적 문제로 이를 실현시키기 위해 힘쓰며(務實) 외명外名의 우암학尤庵學에 대해 내실內實의 명재학明齋學이라는 독자적 지평을 열었다고 평가한다. 즉 입지와 무실을 전제로 한 지경持敬·강학講學·성찰省察의 학문적 방법은 이이의 사상을 철저하게 계승한 것이면서 동시에 그의 독자적 영역을 구축한 명재학의 방법론을 통해서 명재학의 지평을 단적으로 확인할 수 있다는 것이다.[23] 그리고 윤증의 예학적 연원에 있어서도 성혼이 아닌 이이 쪽으로 연결한다. 유권종은 명재학의 예학적 연원에서 매우 중요한 학자는 이이의 학맥에 닿아 있는 김장생인 듯하다고 전제하면서, 윤증을 이이-김장생-김집-윤선거로 계승되는 기호학파의 예학적 전통을 수성하였던 예학자로 규정한다. 다만 윤증은 무실의 태도를 예학에서도 유감없이 보여주었다고 하여,[24] 윤증이 단지 이이 계열의 예학을 묵수한 것이 아니라 무실적 예학으로 발전시켜 나간 것으로 평가한다.

마지막으로 심학과의 관련성이다. 김문준은 먼저 송시열과 윤증의 성리학은 이이의 성리설을 바탕으로 이론을 전개하였지만, 송시열이 이이의 기발일도설氣發一途說을 강화하기 위해 주희의 학문뿐만 아니라 역대 성리학 이론 전반을 정밀하게 검토하여 분석적이고 체계적인 이론을 바탕으로 강력한 객관적 의리실천으로 나아가는 의리학을 도출한 반면, 윤증은 존양성

22) 이애희,「윤증의 유학과 우계 성혼」,『명재 윤증의 학문연원과 가학』, 44쪽 참조.
23) 리기용,「율곡학과 윤증의 유학」,『명재 윤증의 학문연원과 가학』, 68~69쪽 참조.
24) 유권종,「윤증 유학사상의 예학적 연원」,『명재 윤증의 학문연원과 가학』, 112쪽 참조.

찰存養省察과 주관적 성실성을 강조한 무실학을 전개하여 양자가 차별적인 발전 양상을 보였다고 평가한다. 이러한 평가를 토대로 송시열은 주자학과 율곡학 및 퇴계학의 비판적 계승을 통한 한국 성리학의 정립에 주력하였고, 윤증은 성리학의 범주를 벗어나지 않으면서도 내면적 덕성 확립에 주력하여 한국 양명학 성립에 기여하였다고 하면서,25) 한국 양명학과의 관련성을 밝히고 있다. 반면 권정안은 권시와의 관계를 중심으로 윤증의 심학적 연원에 대해 밝힌 바 있다. 윤증은 19세에 권시의 사위가 되면서 권시를 스승으로 모시고 본격적으로 퇴계 이황의 심학에 대한 이해와 경모敬慕를 하게 된다. 윤증은 권시를 통해서 태극·리기 중심의 이론 성리학에 치중하는 경향에서 벗어남과 동시에, 이황의 성리학적 심학을 만나 성리학의 전 체계를 인간학적 관점을 중심으로 하여 이해하는 틀을 확립하게 되었다는 것이다.26)

　이상에서 살펴본 윤증 유학사상의 다양한 학문적 연원에 근거할 때, 윤증의 학맥은 일면 '성혼-윤황-윤선거-윤증'의 가학적인 학맥이 가능하듯이, 또 다른 일면에 있어서는 '이이-김장생-김집-윤선거-윤증' 또는 '이이-김장생-송시열-윤증'의 학맥도 가능한 것이라 하겠다.27) 특히 윤증이 "입지와 무실 두 조목은 내가 분수에 넘치게 율곡과 우계 두 선생의 뜻을 취하여 덧붙인 것이다"28)라고 한 데서도 입증되듯 무실과 실심의 학풍

---

25) 김문준, 「윤증 유학의 성리학적 연원-송시열을 중심으로」, 『명재 윤증의 학문연원과 가학』, 126쪽 참조.

26) 권정안, 「윤증 유학의 심학적 연원-탄옹 권시를 중심으로」, 『명재 윤증의 학문연원과 가학』, 131~139쪽 참조.

27) 황의동 외, 「명재 유학사상의 정체성 시비에 관한 연구」, 『동서철학연구』 29호(한국동서철학회, 2003.9), 256쪽 참조.

28) 『明齋遺稿』 中, 권30, 「爲學之方圖」, 114쪽, "所謂立志務實二目, 則拯之僭取兩先生之意, 而添

은 성혼과 이이의 영향을 강하게 받은 것이라 볼 수 있다. 다만 "퇴계는 동방의 주자이니, 주자를 배우고자 하는 사람은 마땅히 퇴계에서부터 공부를 시작해야 한다"[29]라는 주장이나 이황과 이이를 함께 우리 동방 학문의 정맥으로 인정하는[30] 윤증의 주장에 근거할 때, 성혼과 이이의 영향 관계뿐만 아니라 '이황-권시-윤증'으로 내려오는 퇴계학의 심학적 영향 또한 충분히 고려해야 한다고 본다.

3) 윤증 유학사상의 특성

윤증의 생애, 학문적 연원, 사상적 특성 등 윤증에 대한 선행 연구들을 종합적으로 고찰해 볼 때, 윤증의 유학사상은 다음과 같은 특성을 지닌다고 볼 수 있다.

첫째, 윤증의 사상은 연원 관계에 있어 무엇보다도 이이의 성리학과 실학, 이황과 권시의 심학, 성혼과 윤선거의 무실학, 김장생의 예학 등 다양한 요소들과 밀접한 관련성을 지니고 있다. 이로 인해 윤증의 사상은 일반적인 성리학자들에 비해 단일한 색깔이 아닌 다양한 색채를 지니게 되었으며, 오늘날 윤증 유학에 대한 다양한 평가가 가능하도록 하는 계기를 마련해 놓았다.

둘째, 윤증 사상의 다양성은 어느 하나의 입장에 서서 이를 고수하며 여타 사상이나 학파를 맹렬히 비판하는 편협한 교조주의적 태도를 보이지

之者也."
29) 『明齋遺稿』 下, 「言行錄」, 권4, 195쪽, "退陶東方之晦翁, 學晦翁當自退陶始."
30) 『明齋遺稿』 上, 권20, 「與朴泰輔士元」, 449쪽, "退栗遺稿, 卽吾東方之正脈也."

않는 개방적인 학문 태도로 나타난다. 예컨대 대부분의 조선조 주자성리학자들은 주자학을 절대적인 진리로 신봉하면서 양명학과 같은 주자학 이외의 학문을 이단異端·사문난적斯文亂賊이라 하여 심하게 배척하거나, 반주자학자의 경우 주자학의 부당함과 폐해를 신랄하게 비판하였다. 그러나 윤증의 경우는 이이와 성혼과 이황을 통해 내려오는 주자성리학을 주체적이고 실천지향적인 방향으로 계승하면서, 당시 반주자학이라 하여 이단·사문난적으로 심하게 비판·배척받았던 박세당의 『사변록思辨錄』에 대해서도 「제문祭文」에 "이른바 『사변록』은 오랫동안 깊이 침잠하여 얻은 바를 기록하여 이루어진 책이다. 비록 간간이 선현의 취지와 다른 것이 있지만, 공의 의사를 헤아려 보건대 어찌 감히 다른 학설을 세우고자 한 것이겠는가? 요컨대 의문 나는 것을 따져 보고자 한 것이니, 이는 또한 명재晦齋나 포저浦渚 같은 선정先正들께서도 일찍이 하신 일이다"[31]라고 하여 개방적이고 포용적인 태도를 보이고 있다.

셋째, 윤증의 사상은 실심으로 표현되는 주체성과 무실로 표현되는 실천지향적 측면을 중시한다. 「사단칠정논변四端七情論辯」·「인심도심논변人心道心論辯」·「인물성동이논변人物性同異論辯」 등 한국 성리학의 3대 논변에서 볼 수 있듯, 16세기 퇴·율 시기부터 17~19세기에 이르는 동안 한국 성리학은 인간 심성心性의 토대가 되는 리기론은 물론 인간 심성에 대한 깊이 있는 천착과 더불어 끊임없는 논변을 전개해 나갔다. 그 과정에서 대부분의 유학자들이 이론 중심의 유학을 발전시켜 나간 측면이 강하다. 그러나 윤증의 경우에는 우계학에 있어서도 리기심성론에 대한 관심보다는 성혼의 실심과

---

31) 『明齋遺稿』 中, 권34, 「祭西溪文 初本」, 217쪽, "所謂思辨一錄, 沈潛旣久, 箚錄成帙. 雖間有出入先賢之旨者, 想公之意, 豈敢立異? 要以質疑, 盖亦晦齋浦渚先正之所嘗爲也."

천리돈확을 중시하는 무실을 계승하고, 율곡학의 경우에도 송시열과 같이 이이의 성리설을 바탕으로 이론을 전개하였지만, 윤증은 송시열과 달리 존양성찰存養省察과 주관적 성실성을 강조한 무실학을 전개하여 송시열과는 다른 차별적인 발전 양상을 보였다.[32] 그리고 이황의 심학에 연원을 둔 윤증의 사상은 입지와 무실을 강조한 이이와 성혼의 인간학적 성취를 계승한 것인 동시에, 거경居敬과 궁리窮理라는 주자학적 인간학의 구조를 입지와 무실을 포함한 좀 더 치밀한 인간학적 구조로 진전시키는 한국 심학의 성취를 반영한 것으로 평가되기도 한다.[33] 또한 예학적 연원에 있어서도 단지 과거의 예설과 학문을 전승하는 데 머물지 않고 '무실의 예학禮學', 즉 주체가 꾸준히 진실을 밝히고 정밀하게 가다듬고 또 실천하는 노력을 통해서 비로소 진정한 실학으로서의 예학이 될 수 있다고 생각하여 무실의 태도를 예학에서도 유감없이 보여 주었다고 평가된다.[34] 이렇듯 윤증은 다양한 사상적 연원 관계에 있어서도 리기심성론에 대한 이론적 천착이 아니라, 실심實心·실사實事·실공實功을 핵심으로 하는 무실사상에서 보여 주듯 주체적이고 실천지향적인 측면을 핵심으로 한다. 윤증 스스로 "이 시대에는 경전에서 정주서程朱書에 이르기까지 서책들이 풍부하다. 학자는 이 책을 읽어 참되게 알고 실천할 일이지, 이와 관계없는 저술에 힘쓰는 것은 무실의 학문이 아니다"[35]라고 주장하고 있는바, 윤증은 "명리를 중시하지 않는 진솔한 삶의

---

32) 김문준, 「윤증 유학의 성리학적 연원-송시열을 중심으로」, 『명재 윤증의 학문연원과 가학』, 126쪽 참조.
33) 권정안, 「윤증 유학의 심학적 연원-탄옹 권시를 중심으로」, 『명재 윤증의 학문연원과 가학』, 138쪽 참조.
34) 유권종, 「윤증 유학사상의 예학적 연원」, 『명재 윤증의 학문연원과 가학』, 112쪽 참조.
35) 『明齋遺稿』 下, 「附錄·年譜」, 245쪽, "編次近思後錄條." 참조.

태도에서 드러나듯이, 명재는 헛된 명분보다는 실용을 숭상하고 이론보다
는 실천을 중시한 학자였다"[36]라고 평가된다. 이러한 윤증의 다양하고 개
방적이며 주체적이고 실천지향적인 학문 태도는 윤증이 양명학을 수용했는
지의 여부와 양명학자였는지의 여부를 떠나 이후 윤증의 문하에서 정제두
와 같은 양명학자가 나올 수 있는 토대로 작용한 것만은 사실이다.

3. 박세당의 학문 과정과 사상적 특성

지금까지 윤증의 생애와 다양한 학문연원 및 사상적 특성 등을 고찰해
보았다. 교유 관계의 또 다른 한 축인 박세당에 대한 연구 또한 많이 이루어
져 있다.[37] 이곳에서는 윤증과 박세당의 직접적인 교유 관계를 살펴보기에
앞서 박세당의 자주적 삶과 학문 과정 및 박세당 학문에 대한 평가들을 고
찰하고, 생애와 사상적 특성에서 드러난 윤증과의 동이점에 대해 밝혀볼
것이다.

1) 박세당의 자주적 삶과 학문 과정

백호白湖 윤휴尹鑴(1617~1680)와 함께 자주적인 경전 주석으로 인해 사문

---

36) 송석준, 「명재 윤증의 심학 사상」, 『명재 윤증』(충남대유학연구소 편, 청계, 2001), 173쪽.
37) 이병도의 「朴西溪와 反朱子學的 思想」(『대동문화연구』 3집, 성균관대 대동문화연구원,
   1966)을 필두로 하여 『국역 사변록』(민족문화추진회, 1968)과 김학목의 『박세당의 노자』
   (예문서원, 1999)가 출간되고, 이희재의 「朴世堂思想硏究－脫朱子學的 입장에서」(원광대
   박사학위논문, 1994) 등 수많은 논문들이 발표되었다.

난적으로 몰렸던 박세당은 박세채와는 당내堂內 사이이며, 소론의 중심인물이자 윤증의 제자였던 박태보는 박세당의 아들이다. 또 박세당의 친형인 박세구朴世坵(1627~1650)는 윤선거의 사위가 된다. 이와 같이 윤증 · 박세당 · 박세채는 서로 혈연관계 내지 친인척 관계를 가지면서 또 사제 관계가 중첩되어 이념적으로도 소통되었고 당파적으로도 동지적 관계에 있었다.[38] 이렇듯 윤증과 밀접한 연관성을 갖고 있는 박세당의 생애와 학문 과정에 대해 간략히 살펴보면 다음과 같다.

박세당은 1629년(인조 7) 당시 남원부사南原府使였던 박정朴炡(1596~1632)의 넷째 아들로 태어났다. 일찍이 4세 때에 부친을 여의고 7세 때에는 맏형 박세규朴世圭(1613~1635)가 젊은 나이로 병사하여 어려운 환경에서 자라게 되었다. 글도 10세가 넘어서야 중형仲兄 박세견朴世堅(1619~1683)에게 배우기 시작하여 13~14세 때에 고모부 정사무鄭四武(敎官)로부터 본격적인 학업을 닦게 되었다. 17세 때 금성현령金城縣令 남일만南一萬의 딸과 결혼하였으며, 처남 약천藥泉 남구만南九萬(1629~1711)과 자주 학문적 토론을 벌였다. 이러한 남구만과의 인척 관계가 뒷날 그의 정치계보를 서인, 그 중에서도 소론에 속하게 하였다.[39] 32세 때(1660) 과거에 급제하여 성균관전적成均館典籍이 된 이후 홍문관교리弘文館校理, 경연시독관經筵侍讀官을 역임하였고, 36세(1664) 때에는 황해도에 암행어사로 나가 민생의 피폐함을 목도하고는 안민지책安民之策의 계啓를 올렸으며, 39세(1667) 때에도 현종에게 「응구언소應求言疏」를 올려 민생고와 개혁해야 될 폐정弊政에 대해 극언하는 등 현실 문제 해결에 적극적인

---

38) 황의동 외, 「명재 유학사상의 정체성 시비에 관한 연구」, 『동서철학연구』 29호(한국동서철학회, 2003.9), 257쪽 참조.
39) 윤사순, 「朴世堂의 實學思想에 관한 硏究」, 『韓國儒學論究』(현암사, 1985), 196쪽 참조.(본 논문은 『아세아연구』 46, 고려대 아세아연구소, 1972에 기 수록된 바 있다.)

관심을 보였다.40)

40세를 고비로 관직에서 물러난 박세당은 수락산水落山 남쪽 골짜기 석천동石泉洞으로 내려와 야인이 되어 몸소 농사를 지으면서 자신에게 주어진 대부분의 관직에 나아가지 않았다. 49세 때에는 차자 박태보가 선천宣川으로 유배되고 계부인繼夫人 정씨鄭氏마저 세상을 떠나는(50세 때) 불행한 시기였다. 이 기간 동안 박세당은 석천동 계곡에 강당을 짓고 후진들을 매일 강론하였다. 52세 되던 해(1680, 숙종 6) 경신대출척庚申大黜陟으로 서인이 득세함에 따라 동부승지同副承旨를 임명 받고 잠시 취임하였다가 곧 퇴임한 이후 60세 때까지 주어지는 어떠한 직책에도 취임하지 않았다. 이 무렵 장자 박태유朴泰維는 시사時事를 논하는 소疏로 인하여 견척見斥, 병사病死하고, 차자 박태보는 장희빈張禧嬪의 아들을 원자元子로 책봉하려는 숙종의 뜻에 반대하는 소론疏論을 주도하여 사형을 당하는 슬픔을 겪어야 했다. 그러나 14년에 걸친 이 기간(52~65세)에 박세당은 석천동으로 물러난 직후부터 고전연구를 본격화하여 『대학사변록大學思辨錄』(52세), 『노자도덕경주老子道德經註』(53세), 『장자남화경주莊子南華經註』, 『중용사변록中庸思辨錄』(59세), 『논어사변록論語思辨錄』(60세), 『맹자사변록孟子思辨錄』(61세), 『상서사변록尙書思辨錄』(63세), 『모시사변록毛詩思辨錄』(65세 저술 미완) 등을 간행하였다. 이로 인해 박세당은 윤증으로부터 학문 태도에 대한 주의까지 받았다.41)

1694년(66세) 갑술옥사甲戌獄事를 계기로 서인이 다시 득세하면서, 박세당의 염퇴恬退하는 청절淸節과 박태보의 대절大節에 대한 논의와 더불어 가선대

---

40) 『유교대사전』(박영사), 480쪽 및 윤사순, 『韓國儒學論究』, 197~198쪽 참조.
41) 『西溪集』 권7 「答尹子仁書」, 123쪽에서 박세당이 윤증에게 "如老莊之說, 雖舛聖人之大法, 又不至都無可採……"라고 말하고 있는 내용을 통해 볼 때, 윤증은 박세당이 老莊思想에 관심을 갖고 노장에 대한 주석서를 간행한 것에 대해 우려했던 것으로 추정된다.

부嘉善大夫 호조참판戶曹參判, 자헌대부資憲大夫 공조참판工曹判書의 관직이 주어
지고, 70세 때 기로소耆老所에 든 뒤에도 대사헌大司憲, 숭정대부崇政大夫, 예조
참판禮曹判書(71세), 이조판서吏曹判書(72세), 지중추부사知中樞府事(73세) 등이 제수
되었지만 모두 취임하지 않았다.42) 1703년(숙종 29) 박세당이 74세 때 지은
백헌白軒 이경석李景奭(1595~1671)의 비문(「領議政白軒李公神道碑銘」)에서 송시열을
비방하였다고 하여 노론의 강력한 반발을 불러일으켰다. 관학유생들과 농
암農巖 김창협金昌協(1651~1708)·삼연三淵 김창흡金昌翕(1653~1722) 형제들의 소
척疏斥을 받아 삭탈관직되고 전라도 옥과玉果로 유배의 명을 받게 되었다.
이때 비문의 내용만이 아니라 『사변록』의 내용까지 탄핵의 대상이 되었다.
김창흡의 주장에 의하면 박세당이 주희를 능모하고자 그 방편으로 주희의
존봉자인 송시열을 공격하고 배척하였다는 것이다. 『사변록』이 지탄의 대
상이 됨으로써 박세당은 사문난적으로 지목되었다. 다행히 박세당 문인들
의 간곡한 상소로 겨우 유배만을 면했으나, 그 후 얼마 안 되어 1703년 8월
21일 병으로 세상을 떠났다.43) 저술활동에 있어 박세당은 정주성리학과 다
른 자주적 입장에서 경전 해석을 시도한 『사변록』을 저술하고 또한 농서農
書인 『색경穡經』과 실학서인 『산림경제山林經濟』를 저술하였으며, 나아가 당
시의 유학자들이 기피하던 『노자도덕경』과 『장자남화경』을 주해하여 『노
자도덕경주』와 『장자남화경주』를 저술함으로써 이단사상에 대해서도 긍정
적인 관심을 보였다.

---

42) 윤사순, 「서계 박세당」, 『한국인물유학사』 3(한길사, 1996), 1221~1223쪽 참조.
43) 윤사순, 「서계 박세당」, 1224쪽 참조.

2) 박세당의 학문에 대한 다양한 평가

앞에서 살펴본 바와 같이 윤증의 유학사상은 주자학을 계승한 성리학 또는 실학이라는 입장과, 표면적으로는 주자학을 표방하면서도 내적으로는 양명학적 심학으로 흘러갔다는 평가가 동시에 진행되고 있다. 비록 윤증의 유학사상을 양명학적 심학과 연관시켜 보려는 시도가 이루어지고 있지만 윤증은 주자성리학을 온전히 계승했다는 주장이 우세한 반면, 박세당의 경우는 윤증과 달리 '반주자학자反朱子學者' 또는 '탈주자학자脫朱子學者'로 평가된다.

먼저 박세당을 '반주자학자'로 보는 입장이다. 박세당은 1702년(숙종 28) 이경석의 신도비명神道碑銘을 지으면서 송시열을 비난한 내용과 노골적으로 주희의 설을 비판한 『사변록』으로 인해, 송시열 문인들로부터 성토를 당해 사문난적으로 단죄되었다.[44] 이때부터 박세당에 대한 평가는 부정적인 의미의 반주자학자로서의 이단 또는 사문난적으로 보편화된다.[45] 그러나 현대에 이르러 이병도가 「박서계朴西溪와 반주자학적反朱子學的 사상思想」에서 박세당의 반주자학적 성향을 긍정적으로 평가한 이후 박세당에 대한 긍정적 평가가 보편화되고 있다. 예컨대 이병도는 박세당의 반주자학적 태도와 사상에 대해 "학문의 자유를 부르짖고 구곡舊穀을 이탈하려는 진보적이고 계몽적인 그 태도와 사상이 귀貴하고 아름답다고 하겠다"라는 매우 긍정적인 평가를 내리고 있다.[46] 윤사순 또한 박세당이 유명론적唯名論的 자각을

---

44) 황의동, 『우계학파의 연구』(서광사, 2005), 30쪽 참조.
45) 이영호, 「西溪 朴世堂의 『思辨錄·大學』에 대한 연구」, 『漢文學報』 제2집(우리한문학회, 2000), 124쪽 참조.
46) 이병도, 「朴西溪와 反朱子學的 思想」, 『대동문화연구』 3집(성균관대 대동문화연구원,

통해 주희의 리기실재론적理氣實在論的 사유를 거부하고 경험적 사유를 진행시켰는바, 실체實體에 치중하는 명실론적名實論的 자각이 그의 반주자학적인 실학사상의 논리적 근거가 된다고 하는 등 박세당의 반주자학적 실학을 긍정적으로 평가하고 있다.[47]

다른 한편 박세당을 반주자학자가 아닌 '탈주자학자脫朱子學者'로 보아야 한다는 입장이 대두되고 있다. 박세당의 사상이 주자학을 이탈한 흔적이 있기는 하지만 주자학적 영향이 그 사상체계 내에 존재하기 때문에 박세당을 반주자학자가 아닌 탈주자학자로 보아야 한다는 견해이다.[48] 특히 이영호는 하향지향下學指向을 박세당의 탈주자학적 성향으로 지적하면서, "일상적이고 구체적인 대상의 중시와 이에 대한 심지心知의 절근切近한 문사작용問思作用으로 바른 이치를 얻는 것 등이 서계의 탈주자학적 지향指向으로서의 '하향下學'의 함의이다. 이는 고원高遠한 외재적外在的 진리眞理의 궁구窮究를 중시하는 주자학의 상향적上學的 성향과는 대별되는 의미에서 하학적下學的이다"라고 주장하고 있다.[49] 반면 이희재는 박세당을 탈주자학적 사상가로 규정하고, 탈주자학의 배경은 본래의 유학정신을 회복하는 데 초점을 맞추고 있다고 주장한다. 그리고 '주자학적 관념론에서 현실적 경험론으로의 전환', '절대주의가 아닌 상대적 진리관', '민본民本을 주장하고, 신분의 평등, 노동의 중시, 그리고 현실적 개혁을 주장하는 실학적 경향', '순수한 인간의 욕망에 대한 근본적인 긍정', '과학 중시와 실무 중시의 행용적行用的인 가치 존중', '명분을 탈피한 청과의 실리적 외교관' 등을 박세당의 탈주자학적 특

---

47) 윤사순, 『韓國儒學論究』(현암사, 1985), 282쪽 참조.
48) 지두환, 『한국사상사』(역사문화, 1999), 222쪽 참조.
49) 이영호, 「西溪 朴世堂의 『思辨錄・大學』에 대한 연구」, 152쪽.

성으로 지목하고 있다.50)

다음은 박세당의 반주자학적 또는 탈주자학적 사상을 양명학의 영향 관계에서 바라보려는 입장이다. 이병도는 박세당의 격물설格物說이 주희와 왕수인의 설을 절충한 감이 있다고 주장한다.51) 이희재는 박세당의 탈주자학적 경향은 어느 정도 지천遲川 최명길崔鳴吉의 영향을 받았다고 보면서, 박세당이 양명학을 직접 인용하지는 않지만 그의 전체적인 논리는 왕수인의 주희 비판과 궤를 같이하고 있음으로 보아 양명학의 영향 관계를 추측할 수 있다고 주장한다.52) 특히 송석준은 박세당의 격물치지설格物致知說을 '지행합일적知行合一的 격물치지'로 명명하고, 박세당의 격물치지설은 주희의 격물설과 왕수인의 치양지설致良知說을 종합·지향함으로써 지행합일적 성격을 지니고 있다고 평가하면서, 윤휴와 함께 박세당을 '초기 양명학 수용자'로까지 규정하고 있다.53)

3) 생애와 사상적 특성에서 드러난 윤증과의 동이점

윤증과 박세당의 생애와 사상적 특성에서 드러나는 공통점은 다음과 같이 몇 가지로 요약해 볼 수 있다. 첫째, 윤증과 박세당은 무엇보다 조선 중기에서 후기로의 전환기라는 동시대를 살았다는 점과 당파에 있어 서인, 그 중에서도 소론에 속한 인물이라는 공통점을 지니고 있다. 둘째, 학문 태

---

50) 이희재, 「朴世堂思想硏究－脫朱子學的 입장에서」(원광대 박사학위논문, 1994), 1~3쪽 참조.
51) 이병도, 「朴西溪와 反朱子學的 思想」, 7쪽.
52) 이희재, 「朴世堂思想硏究－脫朱子學的 입장에서」, 15·142쪽 참조.
53) 송석준, 「한국 양명학의 초기 전개 양상－尹鑴와 朴世堂의 『大學』 해석을 중심으로」, 『동서철학연구』 13호(한국동서철학회), 16~21쪽 참조.

도에 있어서 양자 모두 주자학의 교조주의에 얽매이지 않는 유연한 개방성과 다양성을 지니고 있다. 셋째, 사상 내용에 있어서 다양한 차이점에도 불구하고 양자 모두 '명名'보다는 '실實'을 중시한다. 예컨대 윤사순은 명분名分과 형식形式이 실리實利와 내용內容에 선행하는 풍조가 만연했던 시대에 박세당은 명분, 형식, 명칭보다는 사실事實, 실질實質, 내실內實(內容)을 더 중요시했다고 평가하고,54) 무실정신을 바탕으로 한 윤증 또한 지식보다 행위를 중시하면서, 특히 그 행위가 초래할 실질實質·실효實效·실용實用 등 실제성을 추구했다고 평가하고 있다.55)

이상의 표면적인 공통점과 달리, 윤증과 박세당은 생애와 학문연원 및 사상적 특성 등에 있어 다음과 같이 매우 다른 모습을 보여 주고 있다.

첫째, 학문연원 관계에 있어서의 다른 점이다. 윤증은 학문연원 관계에 있어 가학적 연원(성혼과 윤선거의 무실학), 예학적 연원(김장생의 예학), 성리학적 연원(이이의 성리학과 실학), 심학적 연원(이황과 권시의 심학) 등 매우 다양한 연원 관계와 사승 관계를 갖고 있다. 반면 박세당은 어린 시절 친형과 고모부에게 글을 배웠을 뿐 뚜렷한 학문연원 관계가 없다. 박세당은 『사변록』과 『노자도덕경주』 및 『장자남화경주』 등의 저술 과정과 그 내용에서 알 수 있듯이, 사승 관계보다는 오히려 독학의 측면이 강하다.

---

54) 윤사순, 『韓國儒學論究』, 210~214쪽 참조.
55) 윤사순, 「명재 윤증의 성리학적 실학」, 『명재 윤증』(충남대유학연구소 편, 청계, 2001), 506쪽 참조. 다만 윤사순은 "民生 구제를 위해 당시의 현실적 모순을 개선·개혁하려는 방안, 가령 田制나 稅制, 兵制 등의 개선안이 윤증에게는 나오지 않는다. 이 점이 바로 반계 유형원, 성호 이익, 서계 박세당, 담헌 홍대용 등 이른바 후기 실학자들의 사고와 크게 다른 점이다.…… 명재의 실학은 윤리 특히 禮의 實踐躬行에 초점을 맞춘 까닭에 經世와 利用에 바탕하여 民生의 致用과 厚生을 역설한 후기 실학과는 명칭만 같을 뿐 그 내용이 다르다"(「명재 윤증의 성리학적 실학」, 501쪽)라고 하여, 윤증과 박세당의 차이점에 대해서도 명확히 밝히고 있다.

둘째, 정치적 활동에 있어서의 차이점이다. 윤증은 후대에 '얼굴 없는 재상'이라 불릴 정도로 자신에게 내려진 관직에 단 한 차례도 취임하지 않고 평생을 산림처사로만 지냈다. 반면 박세당은 40대 이후에는 어떠한 관직에도 취임하지 않았으나, 30대 때에는 32세 때 성균관전적을 시작으로 홍문관교리, 경연시독관, 병조정랑, 동지사서장관, 황해도 암행어사 등 수차례 관직에 취임하여 나름대로의 소신도 펼치고 정치적 경륜도 쌓았다.

셋째, 저술과 관련된 차이점이다. 윤증은 "이 시대에는 경전에서 정주서程朱書에 이르기까지 서책들이 풍부하다. 학자는 이 책을 읽어 참으로 알고 실천할 일이지, 이와 관계없는 저술에 힘쓰는 것은 무실의 학문이 아니다"56)라고 하여 저술에 힘쓰지 않았다. 반면, 박세당은 반주자서로 지목받는 『사변록』을 비롯하여 『노자도덕경주』, 『장자남화경주』, 『색경』, 『산림경제』 등 다양한 분야에 걸쳐 많은 저술을 남겼다.

넷째, 사상적 특성과 관련한 차이점이다. 윤증의 유학사상은 주자학을 계승한 성리학 또는 실학이라는 입장과 표면적으로는 주자학을 표방하면서도 내적으로는 양명학적 심학으로 흘러갔다는 평가가 동시에 진행되고 있다. 비록 윤증의 유학사상을 양명학적 심학과 연관시켜 보려는 시도가 이루어지고 있지만 윤증은 주자성리학을 온전히 계승했다는 주장이 우세하다. 반면, 박세당의 경우는 윤증과 달리 '반주자학자' 또는 '탈주자학자'로 평가된다.

다섯째, 이단사상을 대하는 태도의 차이점이다. 윤증과 박세당 모두 양명학과의 연관성이 제기되고 있다는 공통분모를 찾아낼 수는 있으나, 양명

---

56) 『明齋遺稿』 下, 「附錄·年譜」, 245쪽, "編次近思後錄條." 참조.

학을 대하는 방식에 있어서는 서로 다르다. 예컨대 윤증은 양명학을 공부하는 정제두에게 편지를 보내 "전날 양명陽明의 서書가 사우士友의 근심거리가 되었는데, 이제 이미 버렸는지 모르겠소. 그것은 하나의 득도 없소이다"[57]라고 하고, 또 "과연 그대가 마침내 양명에 빠져 스스로 돌아올 수 없으니 우리네 벗들의 후배에게 하나의 글을 통하지 아니해도 어찌 책임을 면하겠는가?"[58]라고 하여 양명학에 대한 공부를 포기하도록 권하고 있다. 그러나 박세당의 경우는 당시 이단 또는 사학邪學이라고 비난받던 양명학자인 최명길의 신도비명을 지으면서 "최명길의 학문은 얕은 사상과 학식으로는 이해하기 어려운 학문이다. 사람들은 첫째로 이 학문이 난해한 까닭으로 이를 비난하는 것이다. 그러나 이 학문은 그러한 비난으로 말미암아 결코 훼손되지 않을 것이며, 백세 이후에는 그 진가를 인정받게 될 것이다"[59]라고 양명학자인 최명길의 학문을 칭찬하여, 윤증과는 다른 태도를 보이고 있다. 또한 노장사상에 대해서도 박세당은 『노자도덕경주』와 『장자남화경주』를 저술하여 긍정적인 관심을 보인 반면, 윤증은 이러한 박세당에 대해 우려를 표한 바 있다.

---

57) 『明齋遺稿』上, 권18, 「與鄭士仰」(丁丑五月七日), 405쪽, "前日陽明之書, 爲士友之所憂者, 未知今已捨去否. 無由一得."

58) 『明齋遺稿』上, 권18, 「與鄭士仰」(甲申一月十二日), 405쪽, "終陷於陽明, 不能自還, 則吾輩在朋友之後者, 雖一不通書, 安能免後世之責乎."

59) 『西溪集』, 권11, 「領議政完城府院君崔公神道碑銘」, 231쪽, "……固非膚學淺識, 遽能窺其一二, 所以詆毁紛然蜂起蝟集猝不可解. 嗚呼! 末流滔滔, 一往不返, 大迷其源, 至於如此, 無足異也. 雖然此於公奚損, 要之可質於百世耳."(이하 『西溪集』 쪽수는 韓國文集叢刊 134)

4. 윤증과 박세당의 교유 관계

그렇다면 이렇듯 같은 소론에 속하면서도 서로 다른 삶을 살았던 윤증
과 박세당의 교유 관계는 과연 어떠했을까? 윤증과 박세당에 대한 개별 연
구는 어느 정도 진전된 반면, 이 두 사람의 교유 관계에 대한 연구는 현재
전무한 실정이다. 두 사람 사이의 교유 관계를 파악하기 위해 먼저 윤증의
「연보」를 살펴본 결과 「연보」에도 박세당과 관련된 기록이 많지 않음을 확
인하였다. 윤증의 「연보」에는 박세채와의 교유 관계가 18차례 기록[60]되어
있는 반면, 박세당에 대해서는 단 3차례 기록되어 있을 뿐이다. 박세당뿐만
아니라 박세당의 아들 박태보에 관한 내용을 포함하더라도 다음과 같이 단
5차례 기록되어 있을 뿐이다.

> 1675년 윤증 47세(崇禎 48년, 乙卯), "8월 생질 박태보의 귀경을 환송하다."(「연보」,
> 권1, 221쪽)
> 1679년 윤증 51세, "9월 박태보가 역의언결易義諺訣을 논한 서신에 답하다."(「연
> 보」, 권1, 224쪽)
> 1688년 윤증 60세, "정월 파주坡州에 가서 서계 박세당 및 현석 박세채와 회
> 동하다. …… 5월 박태보를 곡하다."(「연보」, 권2, 236쪽)
> 1691년 윤증 63세, "6월 서계에게 서신을 주어 『대학』과 『논어』 의의疑義에
> 대해 논하다."(「연보」, 권2, 238쪽)
> 1700년 윤증 72세, "8월 교산交山에 성묘하면서 나양좌와 박세당의 서재에 들

---

60) 고영진, 「명재 윤증과 남계 박세채」, 『明齋 尹拯의 學脈과 學問的 交遊』(충남대유학연구
소 학술대회보, 2006.11), 74~75쪽에 수록된 〈표 1: 윤증 「연보」에 나오는 윤증과 박세
채의 교유 내용〉 참조.

렀다."(「연보」, 권2, 243쪽)

　「연보」에 두 사람 사이의 관련 사실이 모두 기록된 것은 아니지만, 「연보」에 의거할 때 윤증과 박세당의 만남은 2번(60세와 72세)밖에 없다. 이것만으로는 두 사람 사이의 교유 관계를 파악할 수가 없다. 다만 『명재유고』와 『서계집』에 두 사람이 주고받은 서신이 다수 수록되어 있는바, 이 서신들을 중심으로 두 사람 사이의 교유 관계를 간접적으로 고찰해 볼 수 있다.

　『명재유고』에 수록된 윤증이 박세당에게 보낸 서신61)은 총 22편이 있다. 50대 이전에는 38세(1666) 1편, 47세 때(1675) 2편이 있을 뿐이다. 본격적인 서신은 54세 때부터 시작된다. 예컨대 54세(1682) 1편을 시작으로 55세 2편, 56세 1편, 57세 1편 등 50대에 5편, 그리고 60대에 이르러 60세(1688) 1편, 61세 3편, 63세 1편, 66세 2편, 69세 2편 등 60대에 9편, 그리고 70세가 되는 1698년에 1편, 71세·72세·74세에 각 1편씩 그리고 박세당이 세상을 떠난 해인 1703년(윤증 75세)에 1편을 포함 70대에 총 5편의 서신을 보냈다. 그리고 『서계집』에 수록된 박세당이 윤증에게 보낸 서신은 총 23편이 있다.62) 이 중 21편은 『서계집』 권19 「간독簡牘·여윤자인與尹子仁」(393~398쪽)에 수록되어 있다. 41세(1669)·42세 때 각각 1편, 43세·44세·49세 때 각 2편 등 40대 때 8편, 57세 때(1685) 1편, 그리고 61세 때(1689) 3편을 비롯 63세 2편, 65세 1편, 66세 2편, 68세·69세 때 각각 1편씩 60대 때 총 10편, 72세 때(1700) 2편이

---

61) 윤증이 박세당에게 보낸 서신은 『明齋遺稿』 上, 권10, 「書·與朴季肯」, 235~244쪽에 수록되어 있다.

62) 박세당이 윤증에게 보낸 서신은 『西溪集』(韓國文集叢刊本, 123·128~129쪽) 권7 「書·答尹子仁書」와 『西溪集』(韓國文集叢刊本, 393~398쪽) 권19 「簡牘·與尹子仁」에 수록되어 있다.

있다. 그리고 나머지 2편은 『서계집』 권7 서書에 「답윤자인서答尹子仁書」란 제목으로 수록되어 있다.

윤증이 박세당에게 서신을 보낸 시기는 주로 50대 중반부터 70대 초반에 집중되어 있다. 반면 박세당이 윤증에게 서신을 보낸 시기는 40대와 60대에 집중되어 있다. 서로 주고받은 서신이 모두 수록된 것이 아니라고 할 때, 적어도 윤증과 박세당은 40대부터 70대 초반까지 30년 넘게 지속적으로 서신을 주고받으면서 교유하였던 것으로 추정해 볼 수 있다. 이 시기는 박세당이 관직에서 물러나 석천동에 머물면서 죽을 때까지 주로 저술활동에 주력하던 시기이기도 하다. 아마도 이 시기에 윤증과 박세당이 주로 교유하였다고 생각된다. 다만 1705년(윤증 77세) 봄 윤증이 박세당과의 추억을 회상하며 박세당의 외손에게 써준 시 가운데 "서계西溪와는 같은 해, 숭정崇禎 2년에 태어났지. 약관弱冠부터 알고 지내어, 늙도록 함께하였지. 서계가 저세상으로 간 후, 쓸쓸히 혼자 남게 되었네"[63]라는 구절이 있는 것으로 봐서, 이미 20대 때 두 사람 사이의 교우 관계는 시작되었다고 할 수 있다.

서로 주고받은 서신의 내용을 검토해 보면 대체로 안부를 묻고 신변을 염려하는 글이 주종을 이루고 있다. 학문적 논의에 관한 것은 윤증의 서신 가운데 63세이던 1691년(辛未)에 보낸 「논대학격치논어정유인장별지論大學格致論語井有人章別紙」[64] 하나가 있으며, 박세당의 서신 가운데 「답윤자인서答尹子仁書」[65] 하나가 있으나, 이 또한 윤증의 「논대학격치논어정유인장별지」 가운데 '서계답서西溪答書'란 제하로 재수록되어 있다. 윤증이 박세당에게 보낸

---

63) 『明齋遺稿』 上, 권4, 「詩‧題西溪己巳帖後」, 114쪽, "西溪生同歲, 崇禎之二年, 弱冠卽相識, 到老與周旋, 西溪觀化去, 悵然獨留焉.……"
64) 『明齋遺稿』 上, 권10, 「書‧論大學格致論語井有人章別紙」, 238~242쪽.
65) 『西溪集』, 권7, 「書‧答尹子仁書」, 128~129쪽.

서신에 국한해 볼 때,[66] 1666년에 처음 보낸 서신은 박세당의 부인 남씨의 죽음에 대해 위로하는 내용이며, 1675년의 서신은 윤증의 생질이자 박세당의 아들인 박태보의 진사進士 합격을 축하하는 내용이다. 비록 서신을 통해 심도 있는 학문적 교류나 논쟁은 하지 않았다 하더라도, 윤증은 서신을 통해 박세당에게 속내를 털어놓고 시대의 번민을 함께하면서 심정적으로 많이 의지했던 것 같다. 예컨대 윤증은 서신을 통해 자신의 심사를 박세당에게 다음과 같이 전하고 있다.

다만 시대의 일이 여기에 이르러 걱정과 위급함이 눈에 가득하니 가까이 임금을 모시지는 못하지만 나라를 걱정하는 마음은 초야에 있다고 해이할 수 없을 것입니다.(1675, 乙卯, 8월 그믐)[67]

대대로 녹을 받은 신하가 은혜를 받음이 망극한데 이러한 걱정이 많은 날을 만나서 보답하는 길이 있지 않으니 이것이 신하로서의 큰 죄악이라 장차 죽어도 그 죄를 속량하지 못하겠도다. 개탄하며 스스로 슬퍼한들 어찌하겠습니까?(1683, 癸亥, 2월 29일)[68]

아우(윤증)는 쇠퇴하고 용렬함이 날마다 심해지면서 잘못된 임금의 은전이 더욱 더해지니 스스로 헤아려 보건대 이 인생이 보답할 방도는 없으며 또한 세도世道가 저 지경인데 헛된 이름만 또 이와 같으니 밤낮으로 걱정되고 두려워서 자못 몸 둘 바를 모르겠소. 어찌해야 되겠습니까?(1683, 7월 그믐)[69]

---

66) 박세당이 윤증에게 보낸 서신의 내용 또한 대체로 안부를 묻고 신변을 염려하는 글로서 윤증의 서신과 성격상 큰 차이가 없으므로 윤증의 서신을 중심으로 그 내용을 고찰하고자 한다.
67) 『明齋遺稿』上, 권10, 「書·與朴季肯」, 236쪽.
68) 『明齋遺稿』上, 권10, 「書·與朴季肯」, 236쪽.

반평생의 헛된 이름이 무한한 은전을 그르치게 하여 끝내는 세도의 큰 누가 됨을 면치 못해서 국가에 해를 끼치게 되리니, 그 죄가 됨은 다만 선친을 욕되게 함에 그치지 않으며 사사로운 마음 스스로 애통할 뿐입니다. 어찌해야 하겠습니까?(1685, 乙丑, 2월 16일)[70]

윤증은 조정에서의 부름에도 불구하고 출사하지 않는 자신의 고뇌와 당시 잘못된 세도世道에 대해 통탄하고 이에 어쩔 수 없는 자신의 속마음을 박세당에게 토로하고 있다. 이와 같이 주로 50대에 보낸 서신에 의거하건대, 윤증은 이 시기에 박세당과 학문적 교류보다는 마음을 열어 보이고 고뇌를 함께할 수 있는 절친한 벗으로서의 교우 관계에 중점을 두었다고 볼 수 있다.

「연보」에 의하면 윤증이 60세(1688)가 되던 정월에 파주에서 박세당·박세채와 회동하였다고 한다.[71] 그러나 이 시기 윤증과 박세당 사이에 있어 중요한 사건은 1689년(윤증 61세)에 윤증의 생질이자 제자이며 박세당의 아들인 박태보가 인현왕후仁顯王后의 폐위를 강력히 반대해 주동적으로 상소를 올렸다가 심한 고문을 받고 진도로 유배 가는 도중 노량진에서 36세의 나이로 세상을 떠났다. 이때 윤증은 박태보의 죽음에 대해 그 누구보다도 애절하고 통탄해하면서 박세당을 위로하는 서신을 수차례 보낸다.

통곡하고 또 통곡하오니 눈앞의 잔혹상은 어찌 차마 보겠습니까? 오호라! 아들이 장차 벼슬에 나가면 아버지가 충성을 가르치니 충성에 죽은 것을

69) 『明齋遺稿』 上, 권10, 「書·與朴季肯」, 236쪽.
70) 『明齋遺稿』 上, 권10, 「書·與朴季肯」, 237쪽.
71) 『明齋遺稿』 下, 「年譜」, 권2, 236쪽, "六十一年戊辰正月往坡州回會西溪朴公及玄石."

어떻게 허물하리오?…… 이 세상 어느 곳에서 다시 얻을 수 있으리오? 바른
기운이 없어지고 우리의 도덕이 의탁한 데가 없으니 아까운 마음이 슬퍼하
는 마음보다 더합니다.(1689, 己巳, 5월 15일)[72]

하늘이여! 하늘이여! 우리 좋은 사람 죽였도다. 백 명의 몸이 있은들 어찌
그만할 수 있으리오? 하늘에게 무슨 죄를 지었는가? 원통하고 원통하도다.
끝났으니 어찌하리오?(1689, 己巳, 6월 16일)[73]

　　노소분당과 노론과 소론의 끊임없는 정쟁의 한가운데서 살다가 희생된
박태보는 정치적 이해관계와 학문적 차이를 뛰어넘어 윤증과 박세당을 인
간적으로 이어 주는 연결고리였다. 이러한 자신의 생질이자 애제자인 박태
보의 죽음은 평범한 애도로 끝낼 수 있는 일이 아니었던 것이다. 박세당에
게 보낸 서신에는 박태보를 죽게 한 세상에 대한 원망과 죽음을 아파하는
애달픈 마음이 깊이 묻어 있다. 이후의 서신들도 대부분 박세당의 건강을
염려하며 안부를 묻거나 자신의 속마음을 전달하는 인간적인 편지가 주를
이룬다.

5. 윤증과 박세당의 격물 논변

　　두 사람이 주고받은 서신은 대부분 학술적 논변이나 학문적 교류가 아
닌 절친한 벗과 동지로서 서로의 안부를 묻고 신변을 염려하는 것들이다.

---

72) 『明齋遺稿』 上, 권10, 「書·與朴季肯」, 237쪽.
73) 『明齋遺稿』 上, 권10, 「書·與朴季肯」, 238쪽.

다만 1691년(辛未) 윤증 63세 때 쓰인 「논대학격치논어정유인장별지論大學格致論語幷有人章別紙」74)는 『대학』의 '격물치지格物致知'와 『논어』「옹야雍也」의 '정유인장幷有人章'75)과 관련된 왕복 논변 형식의 서신으로서76) 윤증과 박세당의 학문적 교유 관계를 알 수 있도록 해 주는 유일한 학술적 교류 서신이다. 특히 『대학』의 '격물치지'에 대한 논변은 두 사람의 사상적 차이를 명확하게 드러내 주는 자료인바, 이곳에서는 이 서신을 중심으로 두 사람 사이에 전개된 '격물 논변'을 상세하게 분석하여 두 사람의 사상적 차이점에 대해 밝혀보고자 한다. 격물 논변이 담긴 「논대학격치논어정유인장별지」는 크게 세 단락으로 구분된다. 첫째, 박세당의 의문에 대해 윤증이 박세당에게 답변한 내용이다. 둘째, 윤증의 답변에 대한 박세당의 답변 내용이다. 셋째, 윤증이 박세당의 답변에 대해 재답변한 내용이다.

1) 윤증의 주희설 옹호와 박세당에 대한 비판77)

윤증과 박세당 사이의 『대학』과 관련한 첫 번째 주요 논쟁점은 『대학』의 팔조목八條目인 격물格物 · 치지致知 · 성의誠意 · 정심正心 · 수신修身 · 제가齊家 · 치국治國 · 평천하平天下의 실현 방법과 관련된 것이다. 『대학』의 팔조목

---

74) 『明齋遺稿』 上, 권10, 「書 · 論大學格致論語幷有人章別紙」, 238~242쪽.
75) 『論語』, 「雍也」, 24, "宰我問曰, 仁者雖告之曰, 井有仁焉, 其從之也? 子曰, 何爲其然也, 君子可逝也, 不可陷也, 可欺也, 不可罔也."
76) 『明齋遺稿』 上 권10 「論大學格致論語幷有人章別紙」, 238~242쪽에 수록되어 있다. 박세당이 윤증에게 보낸 서신은 『明齋遺稿』 上 권10 「論大學格致論語幷有人章別紙」 가운데 「西溪答書」란 제목으로 239~241쪽에, 그리고 『西溪全書』 上 권7 「答尹子仁書」, 133~134쪽에 동시 수록되어 있다.
77) 『明齋遺稿』 권10 「論大學格致論語幷有人章別紙」에서 「西溪答書」 이전까지의 내용이 여기에 해당한다.

의 실현 방법에 대해서는 크게 세 가지 입장으로 나누어 볼 수 있다. 첫째는 팔조목을 각기 서로 다른 8가지 일이며 반드시 시간적으로 선후의 관계를 지켜야 하는, 즉 반드시 격물하고 나서야 치지하고 치지하고 나서야 성의하며 성의하고 나서야 정심하며 이러한 방식으로 계속해서 수신─제가─치국 하는 과정을 거쳐 종국에 평천하에 도달하게 되는 시간적 선후의 관계로 보는 방식이다. 둘째는 팔조목이 각기 서로 다른 개별적인 일이지만 반드시 선후의 관계를 지켜야 하는 것이 아니라 마주한 상황에 따라 수신할 수도 있고 격물할 수도 있으며 치국할 수도 있다고 보는 방식이다. 셋째는 격물 에서부터 평천하까지를 한 가지 일로 보는 방식이다. 예컨대 명명덕明明德과 친민親民이 일사一事라는 전제 위에 심心·신身·의意·지知·물物이 일물一物이 며 격格·치致·성誠·정正·수修가 일사一事라는 것이다. 즉 하나의 일을 물· 지·의·심·신·가·국·천하 가운데 어디에 중점을 두고 말하느냐에 따라 달리 표현되는 것이라고 보는 입장이다. 일반적으로 주자학에서는 시간적 선후의 관계로 보는 첫 번째 입장을 취한다면, 양명학에서는 한 가지 일로 보는 마지막 입장을 취한다.[78]

윤증은 서신 첫머리에서 먼저 "격물로부터 평천하에 이르기까지는 성인 또한 대략 선후를 나누어 사람들에게 보인 것이니, 한 건을 깨끗이 다하여 남은 데가 없은 후에 바야흐로 한 건을 하는 것이 아니다. 이 같으면 어느 때에 이룰 수가 있겠는가?"[79]라는 주희의 말을 소개하면서, 박세당의 의문에 대해 다음과 같이 답변하였다.

---

78) 김세정, 『왕양명의 생명철학』(청계, 2006), 222~227·412~425쪽 참조.
79) 『明齋遺稿』, 권10, 「論大學格致論語幷有人章別紙」, 238쪽, "朱子曰, 自格物至平天下, 聖人亦 是略分箇先後, 與人看不成做一件, 淨盡無餘, 方做一件. 如此何時做得成."

이 한 단락이 고명高明(박세당)이 의심하는 바를 해결해 줄 수 있겠습니까? 전문傳文(증자가 공자의 經一章을 풀이한 글)은 바로 조목에 따라 발명해서 전하는 것이고, 장구章句(주희가 經一章과 傳十章을 풀이한 글)는 바로 장章에 따라 뜻을 풀이한 것입니다. 그러므로 한 가지 일을 각각 끝까지 설명하는 것입니다. 어찌 한 가지 일이 반드시 끝까지 마무리 된 후에 바야흐로 한 가지 일을 한다는 것이겠습니까? 지금 학자들이 날마다 쓰이는 대로 말한다면 하루 동안에도 앞에 많은 일이 있으니 격물·치지·성의·정심·수신·제가에도 다만 분수에 따라 힘을 쓰면 되는 것이지, 어찌 오늘은 격물하고 내일은 성의하는 이치가 있겠습니까? 다만 앎이 철저하지 못할 때는 실행도 또한 철저하지 못하고, 앎이 철저할 때에는 실행도 또한 철저하다고 말할 뿐입니다.[80]

윤증의 서신 이전에 아마도 박세당이 격물에서 평천하까지를 시간적 선후의 관계로 보는 것을 주희의 입장으로 보고 이에 대한 의문을 제기했던 것 같다. 즉 주희가 말하는 격물~평천하는 선후의 관계로서 반드시 격물을 완벽하게 다하고 나서 비로소 치지致知를 하는 것과 같이 팔조목 가운데 하나를 깨끗이 다하여 남음이 없은 후에 바야흐로 다른 하나를 하는 것으로 이해하고 있는 것이다. 박세당은 이렇게 순차적으로 격물~평천하를 진행할 경우 팔조목 가운데 어느 것도 온전하게 성취할 수 없다고 보고 있다. 이러한 박세당의 의문에 대해 윤증은 주희가 말한 격물~평천하의 차서는 단지 설명을 위해 주희가 그렇게 한 것일 뿐, 선후차서에 따라 반드시 오늘은 격물만 하고 내일에 가서야 치지만 하고 또 완전히 치지하고 나서야 성의

---

80) 『明齋遺稿』, 권10, 「論大學格致論語幷有人章別紙」, 238~239쪽, "此一段, 可解高明之所疑耶否? 傳文是逐條發傳, 章句是逐章解義. 故一事各到底說耳. 豈謂一事必到底而後方做一事? 今以學者日用言之, 日間有面前多少事, 格致誠正修齊, 只可隨分着力, 安有今日格物, 而明日誠意之理? 只是知得不徹時, 做得亦不徹, 知得徹時, 做得亦徹云耳."

誠意만 하는 것이 아니라, 마주한 또는 주어진 상황에 따라 차서에 상관없이 각자 분수에 맞추어서 성의할 수도 있고 격물할 수도 있다고 하여, 격물~평천하에 대한 주희의 입장을 위에서 제시한 세 가지 입장 가운데 두 번째 입장으로 설명하고 있다. 이 주장에만 국한해 보면 주희를 변론하는 윤증도 주희의 입장에서 다소 벗어난 듯하다. 그러나 윤증은 "다만 앎이 철저하지 못할 때는 실행도 또한 철저하지 못하고, 앎이 철저할 때에는 실행도 또한 철저하다고 말할 뿐입니다"라는 주장을 통해 주희의 먼저 격물치지를 통해 리理에 대한 인식을 철저하게 한 후에 비로소 이를 실천으로 이행해야 한다는 '선지후행先知後行'의 입장81)을 견지하고 있는 것으로 보인다.

윤증은 서신 말미에 박세당에게 다음과 같이 충고하고 있다.

참으로 노형(박세당)이 부지런히 힘을 썼지만, 부질없이 공부를 소비한 곳이 애석할 만합니다. 또한 주장을 지나치게 하여 옛사람(아마도 주자)이 잘못 이해했다고 이르는 것은 말의 득실을 논하기 전에 기상이 이미 좋지 않으므로 더욱 안타까워 고루함을 잊고 이렇게 여러 말을 하오니, 마음으로 양해하기를 천만 바라며, 또한 즉시 없애서 후생들로 하여금 보고서 부질없는 논쟁이 되게 하지 마십시오. 이른바 아는 자를 기다린다 함도 또한 반드시 후세에 아는 자를 기다릴 필요가 없습니다. 고명이 공부를 게으르게 아니하니 선현과 마침내 합하지 않겠습니까? 그렇다면 기록하여 스스로 고찰함도 또한 좋습니다. 『장자해莊子解』 같은 것은 횡설수설橫說豎說해도 참으로 무방하지만 궁리·격물·존심·양성 등 큰 절목에는 결단코 다른 견해가 있을 수 없으니, 다시 생각하면 다행이겠습니다.82)

---

81) 『朱子語類』, 권14, "須先知得方行得."; 『朱子文集』, 권54, 「答郭希呂」, "故聖人敎人, 必以窮理爲先, 而力行以終之."; 『朱子語類』, 권9, "義理不明, 如何踐履?" 등 참조.
82) 『明齋遺稿』, 권10, 「論大學格致論語并有人章別紙」, 239쪽, "而誠見老兄用力之勤, 其枉費工夫

여기서 윤증은 박세당에게 질타와 부탁을 동시에 하고 있다. 먼저 『대학』의 '격물치지' 등에 대한 주희의 주석을 오류라고 비판한 박세당의 주장이 지나치다고 질타한다. 그리고 이후에 후생들에게 필요 없는 논쟁이 발생하지 않도록 이러한 내용을 즉시 없애라는, 즉 질타와 함께 다소 혹독한 충고를 하고 있다. 그리고 나서 윤증은 비로소 "박세당이 공부를 게으르게 아니하니 선현과 마침내 합하지 않겠습니까?"라고 하여, 박세당이 주희에 대한 비판적 태도를 버리고 주희로 회귀하기를 바라는 자신의 간절한 마음을 표현하고 있다. 마지막 부분에서 윤증은 박세당이 당시에 이단의 학으로 취급받는 『장자』에 대해 자신의 독창적 해석을 피력하는 것은 무관하지만 사서四書의 핵심이 되는 궁리 · 격물 · 존심 · 양성 등 큰 절목에 있어서는 주희의 해석과 결단코 다른 견해가 있을 수 없다고 하여 다시 한 번 주희의 해석에 대한 정당성을 피력함과 동시에 주희 해석에 대한 박세당의 비판을 강하게 질타하고 있다.

이상의 윤증이 박세당에게 보낸 서신 내용을 통해, 윤증은 박세당이 『대학』에 대한 주희의 해석에 의문을 제기하고 이를 비판하는 것에 대해 긍정적으로 생각하거나 동의하지 않고 있다는 사실을 알 수 있었다. 오히려 주희의 해석을 타당한 것으로 보고 이를 옹호 · 변론하려는 입장을 견지하고 있다. 그러나 노론 계열에서 박세당의 『사변록』을 문제 삼아 박세당을 '반주자학자', 나아가 '사문난적'으로 매도한 것과는 달리, 윤증은 오히려 주자학에 대한 박세당의 비판이 논란이 될 것을 염려하고 주자학으로 회귀할

處爲可惜. 且過於主張, 而謂古人爲錯會者, 無論言之得失, 氣象已不好, 尤爲可惜, 故忘其愚陋, 有此縷縷, 千萬心諒, 且卽去之, 勿令後生覽見之, 以爲閑事也. 所謂以俟知者云者, 亦不必俟知者於後世. 高明用攻不懈, 安知不終與先賢合耶? 然則錄之以自考, 亦好矣. 如莊子解橫說竪說儘無妨, 至於窮格存養等大節目處, 決不容有異見, 幸更思之."

것을 진정 어리게 충고하고 있다. 아마도 윤증은 이미 이때에 박세당의 주자학 비판과 반주자학적 입장이 사회적으로 큰 물의를 일으키고 종국에는 박세당 자신에게도 큰 해로 돌아올 것을 예견하고 있었던 것 같다. 이에 윤증은 박세당이 화를 입지 않도록, 미리 예방할 수 있도록, 절친한 벗으로서 진정 어린 충고를 했던 것으로 보인다.

2) 윤증의 충고에 대한 박세당의 반론[83]

이러한 윤증의 진정 어린 질책과 충고가 담긴 서신에 대해 박세당은 다음과 같은 답서를 보낸다. 일단 "보여 준 바 격물·치지·치국·평천하를 총론한 학설은 도리道理가 과연 이와 같으니, 어찌 평일에 가슴에 새기는 바가 아니겠습니까?"라고 하여, 다소 윤증의 입장을 수용하는 듯한 태도를 보이면서, 다시금 자신의 소신을 굽히지 않은 채 주희의 「격물치지보망장格物致知補亡章」의 내용을 가지고 의문을 제기한다.

다만 이것은 다른 때의 보편적인 설명인 듯합니다. 만약 장구章句에서 찾아 보면 조금 이와 같지 않은 것이 있습니다. 「보망장補亡章」에 이른바 "오랫동안 힘써 나아가면 어느 순간에 확 트여 관통하게 된다. 그러면 모든 사물의 표리表裏와 정조精粗에 이르지 못함이 없게 될 것이고, 내 마음의 전체全體와 대용大用은 밝혀지지 않음이 없을 것이다. 이것을 격물格物이라 이르고, 이것을 지지知至라 이르는 것이다"라고 하였으니, 이는 천하 사물의 리理를 궁진

---

83) 『明齋遺稿』 권10 「論大學格致論語幷有人章別紙」 가운데 239쪽 하단에서부터 241쪽 상단 5줄에 수록된 「西溪答書」의 내용이 여기에 해당한다. 그리고 『西溪全書』 上 권7 「答尹子仁書」, 133~134쪽에도 수록되어 있다.

해서 하나로 관철한 자가 아니면 아마도 이러한 뜻에 당할 수가 없습니다. 어찌 일물一物을 격格해서 물物이 이에 격格해지고 일지一知를 치致해서 지知가 이에 지至해진다고 이르는 것이겠습니까?[84]

여기서 박세당은 주희의 「격물치지보망장」에 대해 비판적 입장을 피력하고 있다. 주희는 「격물치지보망장」에서 "'치지가 격물에 있다'(致知在格物)라고 함은, 나의 앎을 극진히 하려면 사물에 나아가 그 리理를 궁구해야 함을 말하는 것이다. 인심人心의 영명靈明함으로 알지 못할 것이 없고, 천하의 사물 가운데 리를 갖추지 않은 것이 없다. 아직 궁구되지 않은 리가 있기 때문에 그 앎도 다하지 못함이 있는 것이다. 그래서 『대학』의 첫 가르침은 학자들로 하여금 반드시 천하의 사물에 나아가 자신이 이미 알고 있는 리에 근거하여 더욱더 궁구함으로써 그 지극한 데까지 이르도록 하려 한 것이다. 오랫동안 힘써 나아가면 어느 순간에 확 트여 관통하게 된다. 그러면 모든 사물의 표리와 정조에 이르지 못함이 없게 될 것이고, 내 마음의 전체와 대용은 밝혀지지 않음이 없을 것이다. 이것을 격물이라 이르고, 이것을 지지라 이르는 것이다"[85]라고 하였다. 치지의 대상인 '지知'는 주체에 속하고, 격물의 대상인 '리'는 객체에 속한다. '마음'은 리를 인식하는 주체이며, '지'

---

84) 『明齋遺稿』, 권10, 「西溪答書」, 239쪽, "拈示總論格致治平之說, 道理果自如此. 豈非平日所服膺者. 但此似出於異時泛說. 若求之章句, 則微有與此不同者. 如補亡章所謂至於用力之久, 而一朝豁然貫通焉. 則衆物之表裏精粗無不到, 而吾心之全體大用無不明矣. 此謂物格, 此謂知之至也, 非窮盡天下事物之理, 而一以貫之者, 則恐不足以當此義. 豈格一物而物斯格, 致一知而知斯至之謂乎?"

85) 『大學章句』, 「格物致知補亡章」, "所謂致知在格物者, 言欲致吾之知, 在卽物而窮其理也. 蓋人心之靈, 莫不有知, 而天下之物, 莫不有理. 惟於理有未窮, 故其知有不盡也. 是以大學始敎, 必使學者卽凡天下之物, 莫不因其已知之理而益窮之, 以求至乎其極, 至於用力之久, 而一旦豁然貫通焉. 則衆物之表裏精粗無不到, 而吾心之全體大用無不明矣. 此謂格物, 此謂知之至也."

는 리에 대한 마음의 인식 작용과 그 결과를 의미한다. 리는 내 마음 밖의
우주만물에 보편적·선험적으로 존재하며, 리에 대한 마음의 앎(인식)은 선
천적으로 불완전하다. 따라서 리에 대한 내 마음의 앎을 완전하게 하기(致知)
위해서는 마음이 대상사물과 접촉하여 그 사물에 내재된 이치를 궁구하는
격물의 과정을 필요로 하게 된다는 것이다. 격물은 사물에 내재된 이치를
힘껏 궁구하는 것을 의미하며, 사람들이 사물의 이치를 통달하면 자기의
리에 대한 지식도 철저하게 완비된다.[86] 그런데 격물은 개개사물에 나아가
일일이 개개사물의 리를 인식하는 점진적 과정을 거치다가 어느 순간 활연
관통豁然貫通하는 돈오적頓悟的 과정으로 전환하여 비로소 리에 대한 완전한
인식에 도달하게 된다는 것이다. 박세당은 바로 이러한 주희의 돈오적 격물
설을 비판하고 있다. 주희의 격물치지설은 활연관통을 통해 한순간에 천하
사물의 리를 완전하게 인식하는 것으로서, 이는 일반인의 입장에서는 현실
적으로 달성하기 어렵다는 것이다. 여기서 일단 박세당은 주희의 돈오적
격물을 비판하면서, 개개사물의 리를 하나하나씩 알아나가는 과정을 격물
로 보는 자신의 입장을 간접적으로 드러내고 있다. 계속해서 박세당은 주희
의 해석에 대해 다음과 같이 비판한다.

> 또한 만약 위에서 이른바 "치지가 격물에 있다"와 "물격物格한 후에 지지知至
> 한다"는 말도 또한 모두 반드시 리理가 도달하지 못함이 없고 지知가 다하지
> 못함이 없는 것이라 한다면, 이는 자못 '사물에 따라 공부를 하고' '공부에
> 나가 효험을 보는' 뜻과 다른 것이 있습니다. 그러므로 이러한 뜻을 밝히는
> 바에 이르기를 지지는 온 천하 사물의 리에 지가 이르지 못함이 없는 것이

---

86) 김세정, 『왕양명의 생명철학』, 226쪽 참조.

니, 만약 하나만 알고 둘을 모르며 큰 것만 알고 작은 것을 모르며 높고 먼 것만 알고 그윽하고 깊은 것을 모르면 모두 지의 지극함이 아닙니다. 모름지기 알지 못하는 것이 없어야만 지극함이 된다는 것입니다.[87]

주희는 『대학』의 "물격이후지지物格而后知至"에 대한 주석에서 "물격이란 물리物理의 극처極處가 이르지 않음이 없고, 지지란 내 마음이 아는 바가 다하지 않음이 없는 것이다"[88]라고 하여, 물격과 지지를 천하사물의 리理에 대해 알지 못함이 없는 경지에 도달하게 되는, 즉 만리萬理에 달통하여 활연 관통의 경지에 도달하는 초월적이고 초경험적인 것으로 규정한 바 있다. 그러나 박세당은 이러한 주희의 입장이 일상적 삶 속에서 매 순간 마주하는 사물에 따라 공부하고 마주하는 사물에 대한 공부를 통해 효험을 얻어야 한다는 하학下學의 경험주의적인 입장과 괴리된다고 비판하고 있는 것이다.

박세당은 『대학사변록大學思辨錄』에서 주희의 격물설과 다른 자신의 독창적 격물설을 전개하고 있다. 박세당과 윤증의 '격물'에 대한 이해의 차이점을 명확하게 알기 위해서는 『대학사변록』에 나타난 박세당의 격물설 특징을 고찰해 볼 필요가 있다. 박세당은 "구해서 이르는 것을 치致라 하고, 격格은 칙則이며 정正이다"라고 전제하면서 다음과 같이 주장한다.

물物이 있으면 반드시 그 법칙이 있는 것인데 물物에 격格이 있다는 것은 그 법칙을 구하여 바름을 얻도록 하는 것이다. 대개 나의 앎을 이 일이 당연

---

87) 『明齋遺稿』, 권10, 「西溪答書」, 240쪽, "且如上所謂致知在格物, 物格而后知至之說, 又皆必曰理無不到, 知無不盡, 此亦殆與隨物用功卽功見效之義有異. 故其所以指明此義者則有曰, 知至謂天下事物之理, 知無不到, 若知一而不知二, 知大而不知細, 知高遠而不知幽深, 皆非知之至也. 須要無所不知, 乃爲知耳."
88) 『大學章句』, 4, "物格者物理之極處無不到也, 知至者吾心之所知無不盡也."

한 데까지 이르게 하여 이에 대한 처응處應이 다하지 않음이 없게 하고자 한다면, 그 요령은 오직 이 물物의 법칙을 찾아서 그 바른 것을 얻게 하는 데 있다. 앎을 이루고자 하면 먼저 물物을 격格해야 한다고 말하지 않고 앎을 이루는 것은 물을 격하는 데 있다고 한 것은 물을 격하는 것이 앎을 이루는 것으로서 그 일이 한 가지이기 때문이다.[89]

박세당의 '격물'은 경험적으로 사사물물에 개별적으로 존재하는 개별사물의 법칙(則)을 탐구하여 아는 '앎'(知)은 물론, 이 앎을 바탕으로 개별사물로 하여금 그 법칙에 부합되도록 올바르게 하는 '실행'(行)까지 모두 포함한다. 그리고 '치지'는 사물의 법칙에 대한 나의 앎을 미루어서 그 사물로 하여금 그 법칙에 부합되도록 하여 그 앎이 성취되는 것을 의미한다. 따라서 주희에게 있어서는 '격물'과 '치지'가 지행知行에 있어 '지'의 영역에 국한되고 '선격물·후치지'하는 선후관계라면,[90] 박세당에게 있어서 격물과 치지는 지와 행의 영역 모두를 포함하며 격물과 치지는 사실상 둘이 아닌 하나의 일이 된다. 이렇듯 박세당은 주희와 다른 격물치지에 대한 이해를 바탕으로 주희의 격물설을 비판하고 있다. 김용흠은 박세당의 주희 주석의 비판 논점 가운데 하나는 "주희가 말하는 격물치지는 경험적 접근을 거부한다"라는 것이라고 한다. 주희가 말하는 '리무부도理無不到'의 리理는 '리일분수理一分殊'의 리理, 즉 천지만물의 리理를 총괄하는 태극을 의미하지,[91] '수사수물隨事隨物'

---

89) 『西溪全書』下, 「大學思辨錄」, 4쪽, "……求以至曰致, 格, 則也, 正也,. 有物必有則, 物之有格, 所以求其則而期得乎正也. 蓋言欲使吾之知, 能至乎是事之所當而處之無不盡則, 其要唯在乎尋索是物之則而得其正也. 不言欲致知先格物, 而曰致知在格物者, 格物, 所以致知, 其事一故也."
90) 『大學章句』, 「格物致知補亡章」, "所謂致知在格物者, 言欲致吾之知, 在卽物而窮其理也.";『朱子語類』, 권15, "格物者, 窮事事物物之理, 致知者, 知事事物物之理, 無所不知." 등 참조.
91) 『朱子語類』, 권94, 「太極圖」, "總天地萬物之理便是太極.";권18, 「大學五」, "萬物皆有此理, 理皆同出一原.";권94, 「通書」, '理性命章', "自其本而之末, 則一理之實, 而萬物分之以爲體, 故

하여 도달할 수 있는 개별사물의 리인 법칙을 의미하지 않는다. 박세당은 이 두 가지의 리를 구분하고, 『대학』의 격물치지에서 '리무부도理無不到'의 리를 제거하고자 하였다. 그리하여 주희가 "격格은 지至이다. 물物은 사事와 같다"라 하고 격물을 "사물의 리理를 궁지窮至하여, 극처에 이르지 않음이 없고자 하는 것이다"라고 하면서 이 두 가지의 리를 혼재시키는 것을 막고, 격물을 사물의 법칙 즉 개별사물의 리로 못 박고자 하여 격格을 굳이 '칙則'으로 풀이하였다는 것이다. 즉 박세당은 『대학』에서 제시한 '격물치지'의 대상이 만물에 보편적인 '리일분수理一分殊'의 '일리一理'가 아니라 사사물물에 개별적으로 존재하는 법칙, 즉 개별사물의 '리'로 보았다는 것이다.[92]

이에 박세당은 물격物格 · 지지知至 · 의성意誠의 관계를 다음과 같이 설명한다.

구해서 이를 바를 지至라고 하는데 물의 법칙을 구하여 그 바른 것을 얻어야만 나의 앎이 일의 마땅한 데에 이르게 되어 의심이 없게 될 것이다. 일의 마땅한 것을 알아서 의심이 없어져야만 뜻이 성실하게 된다. 대개 일이란 것은 물物을 다스리는 것이다. 지知로써 일의 마땅한 것을 분별하고 의意로써 일의 실상을 행하는 것인데, 물物이 그 법칙을 얻지 못하고도 앎을 분별한다든가, 앎을 분별하지 못하고도 뜻이 행하는 데 성실하다는 것은 있을 수 없는 것이다.[93]

萬物各有一太極." 등 참조.

92) 김용흠, 「朝鮮後期 老 · 少論 分黨의 思想 基盤－朴世堂의 『思辨錄』 是非를 中心으로」, 『學林』 17집(연세대사학연구회, 1996), 99~100쪽 참조.

93) 『西溪全書』 下, 「大學思辨錄」, 4쪽, "得所致曰至, 求物之則而得其正, 然後吾之知, 能至乎事之所當而可以無所疑矣. 知事之所當而無所疑然後, 意乃得以誠. 盖事者, 所以理夫物也. 知以辨事之宜, 意以行事之實, 未有物不得其則而知當乎辨, 知不當其辨而意誠於行者也. ……"

박세당은 주희와 달리 '물격'이 개별사물의 법칙을 구하여 그 사물이 그 법칙에 따라 올바르게 되는 것을 의미한다면, '지지'는 물격의 결과 나의 앎이 일의 마땅한 데에 이르게 되어 의심이 없게 되는 것을 의미하고, '의성'은 지지의 결과 마땅한 것을 알아서 의심이 없어짐으로써 의意가 성실해지는 것을 의미한다고 본다. 그리고 '사事'가 개별사물을 처리하는 것을 의미한다면, '지知'는 '사事의 마땅한 것을 분별하는 것' 즉 개별사물을 처리함에 있어 그 개별사물의 법칙에 부합되는가를 분별하는 것을 의미하고, '의意'는 개별사물을 처리하는 실상을 행하는 것을 의미한다고 본다. 이를 종합해 보면 '물격' 자체가 개별사물의 법칙을 아는 '지知'와 개별사물을 그 법칙에 따라 올바르게 처리하는 '행行'의 의미를 함께 포함하기 때문에, 물격－지지－의성은 순차적인 선행조건의 관계이면서 동시에 한 가지 일을 물物·지知·의意 가운데 어느 측면에 중점을 두고 말하느냐에 따라 달리 표현되는 것일 뿐이다. 박세당은 실상 '물격'·'지지'·'의성'을 '일사一事'로 보면서도, 『대학』 경문의 "물격이후지지物格而后知至, 지지이후의성知至而后意誠, 의성이후심정意誠而后心正,……", 즉 순차적 선후 관계로 언급되는 부분에 부합되도록 물격·지지·의성을 순차적 관계로 규정한 것으로 보인다.

박세당은 이러한 '물격지지物格知至'에 대한 새로운 해석을 바탕으로 주희의 입장에 대해 다음과 같은 의문을 제기한다.

> 앞뒤의 말이 일체 모두 이와 같으니 홀로 의심스러운 것이 없겠습니까? 『대학』은 본래 물격物格한 뒤에 지지知至하고 지지한 후에 의성意誠해진다 하였는데, 지금 도리어 물격지지에 대한 말을 이와 같이 하니, 어찌 위에서 말한 "이루지 못한 한 건을 깨끗이 다하여 남음이 없다"는 것과 더불어 서로 어

굿나지 않겠습니까? 지금 『대학』의 성의정심의 말에 근거해 보면, 모두 일을 가리키고 물에 절실해서 귀에 가까이 대고 입으로 가르침과 같을 뿐이 아니라, 어리석은 부녀자와 작은 아이라도 알 수 있고 할 수 있는 것입니다. 어찌 그와 같이 넓고 큰 말씀이 있어서 듣는 사람으로 하여금 당황해서 가히 따라갈 수 없는 걱정이 있게 합니까? 이것이 어리석고 고루한 나로서는 매우 의혹하는 바입니다. 노형(윤증)은 여기에 대해서 참으로 그렇다고 여깁니까? 이와 같은 경우는 어리석은 나의 의심이 전문傳文에 있는 것이 아니라 장구章句에 있습니다. 이른바 앎이 철저해야 한다는 말은 모든 사물의 이치에 도달하지 못함이 없다는 말이 아니라 다만 한 가지 사물을 말하는 것이며 나머지도 미루어 볼 수 있는 것입니다.[94]

'물격'·'지지'에 대한 "물격이란 물리의 극처가 이르지 않음이 없는 것이고, 지지란 내 마음의 앎이 다하지 않음이 없는 것이다"(物格者物理之極處無不到也, 知至者吾心之所知無不盡也)라는 주희의 해석은 물격과 지지를 천하사물의 리理에 대해 알지 못함이 없는 경지에 도달하게 되는 초월적이고 초경험적인 것으로 본 것이다. 박세당의 입장은, 『대학』에서 격물·치지·성의·정심의 대상으로 말하고자 하는 것은 고원하고 초월적인 것이 아니라 일상적 삶 속에서 우리가 마주하는 경험 가능한 것들이며, 일반인들이 일상적 생활 속에서 행하는 일이자 행할 수 있는 일이라는 것이다. 따라서 초월적이고 고원한 주희의 장구는 문제가 있다는 것이다. 박세당은 『대학사변록』에서

---

94) 『明齋遺稿』, 권10, 「西溪答書」, 240쪽, "前後爲說, 一皆如此, 獨無可疑者乎? 大學本, 謂物格而后知至, 知至而后意誠, 今顧爲物格知至之說如此, 豈不與向所謂不成做一件淨盡無餘者, 未免於矛盾耶? 今據大學誠意正心之說, 皆指事切物, 不翅耳提口詔, 愚婦小兒, 亦若可知可能. 則何嘗有如許宏大言語, 使聽之者, 瞠然有不可企及之憂耶? 此愚陋之所甚惑. 不審老兄於此, 信以爲然乎? 若是則愚陋所疑, 不在傳文, 而在於章句. 所謂知徹, 非衆物之理無不到之謂, 只言一物, 而餘可推見也."

도 물격·지지에 대한 내용을 논하는 과정에서 먼 곳을 가려면 가까운 곳에서 출발하고(行遠自邇) 높은 곳에 오르려면 낮은 곳에서 출발해야 한다(升高自卑)고 전제하면서, 『대학』은 초학자가 덕德에 들어가는 문門으로 친절해야 하는데도 불구하고, 물격·지지에 대한 주희의 주석은 초학자가 할 수 있는 일이 아니라 성인만이 지극한 수양(聖人之極功)을 통해서 도달 가능한 경지라고 비판한다.95) 그리고 『대학』의 뜻은 배우는 사람들로 하여금 자신이 마주한 사물에 따라 격물치지의 공부를 하여 나의 앎이 이 사물을 사물의 법칙에 따라 마땅히 처리하도록 하는 것이다. 그렇게 하면 그 실시되는 것이 성실하게 되는 것이지, 주희가 말하는 것처럼 "물리의 극처가 이르지 않음이 없고, 내 마음이 아는 바가 다하지 않음이 없다"라는 데 있는 것이 아니라고 하여,96) 이 점에 있어서 자신이 주희와 다름을 명확히 하고 있다. 박세당은 주희의 장구에 대한 비판과 더불어 윤증의 "다만 앎이 철저하지 못할 때는 실행도 또한 철저하지 못하고, 앎이 철저할 때에는 실행도 또한 철저하다고 말할 뿐입니다"라는 주장에 대해서도, 윤증이 중리衆理에 대한 철저한 인식을 통해 리무부도理無不到한 초월적·초경험적 경지에 도달한 이후 실천으로 이행해야 한다고 주장한 것으로 이해하고, 철저한 앎의 대상은 중리 나아가 초월적 리일理一이 아니라 자신이 지금 마주한 개별사물의 법칙으로 보아야 한다고 하여 윤증의 입장에 대해서도 비판을 하고 있다.

---

95) 『西溪全書』下, 「大學思辨錄」, 4~5쪽, "物格而后知至,……故若行遠自邇, 升高自卑,……況此大學乃爲初學入德之門, 則其所言, 當有以益加親切, 而今則不然, 開口指說, 以爲萬里初程投足一步之地者, 乃在於聖人之極功,……."
96) 『西溪全書』下, 「大學思辨錄」, 5쪽, "何獨於格物而曰物理極處必須無不到也, 不然則不足謂之格也, 於知至而曰吾心之所知必須無不盡也, 不然則不足謂之至也. 蓋大學之意, 本欲學者隨事隨物用其格致之功, 使吾之知, 當是事是物而審其所處, 則該之所發而施於其間者, 自無不實也, 而失夫子所以取格致之義者, 似異於此, 所以不憚僭論以取謬妄之罪云."

서신의 말미에 박세당은 윤증이 "『장자해莊子解』 같은 것은 횡설수설해
도 참으로 무방하지만 궁리窮理·격물格物·존심存心·양성養性 등 큰 절목에는
결단코 다른 견해가 있을 수 없으니, 다시 생각하면 다행이겠습니다"라고
한 충고에 대해 다음과 같이 자신의 입장을 피력하는 것으로 마무리한다.

> 격치존양格致存養 등은 참으로 배움을 하는 큰 절목으로 말학末學이 경솔하게
> 의론할 바가 아닙니다. 다만 이것이 처음부터 경經의 뜻을 설명하는 것이
> 아니고 바로 선현이 스스로 세워 놓은 말에서 나온 것이라면, 구구하게 참
> 으로 감히 입을 함부로 놀리지 못함이 만 번이나 마땅합니다. (그러나) 지금
> 돌아보건대 그렇지 못합니다. 경문經文이 온전하게 있으니, 참으로 한 터럭
> 의 의심도 없을 수 없습니다. 노형(윤증)은 과연 경經에 비록 그 뜻을 통달하
> 지 못하였더라도 배움을 하는 데 방해가 되지 않는다 하여 깊이 탐구하지
> 않고 다만 전주傳註만 보면 족히 스스로 세상에 설 수 있다고 생각하십니
> 까?[97]

윤증이 주희의 격치존양설에 있어서는 결단코 이견을 제시할 수 없다고
한 데 대해 박세당은 주희의 전주가 아닌 경문으로 돌아가 이를 온전히 탐
구해야 하며, 주희의 전주는 경문을 이해하는 데 있어 참고자료로서, 오히
려 경문의 본의에 근거해 보았을 때 주희의 전주에 문제가 있다면 이를 비
판할 수 있다는 입장을 피력하고 있는 것이다. 따라서 주희의 전주에 대한
비판 없이 오로지 주자주만을 무조건 따라야 한다는 윤증의 입장은 진정한

---

97) 『明齋遺稿』, 권10, 「西溪答書」, 240~241쪽, "格致存養等, 誠爲爲學之大節, 非末學所致輕議.
但此初不係解說經義, 而直出先賢所自立說, 則在於區區, 實萬萬不敢輕容一喙. 今顧未然. 經文
具在, 實有不能無疑於一毫者. 老兄果謂經雖未達其旨, 而不妨爲學, 不須刻意深求, 只看傳註, 爲
足以自立於世耶?"

6장 명재 윤증과 서계 박세당의 격물 논변   293

학문 방법이 될 수 없다는 비판이다.

　이상의 박세당이 윤증에게 답변한 서신 내용을 통해, 박세당은 윤증의 진정 어린 충고에도 불구하고 『대학』의 주자장구에 대한 비판적 입장을 포기하지 않으면서 자신의 독창적 해석을 견지하고 있음을 알 수 있었다. 박세당의 답신에서 보이는 입장은 크게 세 가지로 나누어 볼 수 있다. 첫째 『대학』의 격물치지는 자신이 마주한 사사물물에 개별적으로 존재하는 개별사물의 법칙(則)을 탐구하여 개별사물로 하여금 그 법칙에 부합되도록 올바르게 하는 일상적이고 경험적인 일이라는 것이다. 그러나 주희의 격물치지는 "물리의 극처가 이르지 않음이 없다"(物理之極處無不到)와 "내 마음이 아는 바가 다하지 않음이 없다"(吾心之所知無不盡)에서 알 수 있듯, 활연관통豁然貫通과 같은 돈오적 방법을 통해 천하사물의 총체리總體理(理一·太極)에 대해 알지 못함이 없는 경지에 도달하게 되는 것으로 초월적이고 초경험적이기 때문에 『대학』의 본지에서 벗어난다는 것이다. 둘째, 『대학』은 초학자를 위한 것으로서, 격물·치지·성의·정심의 대상은 일상적 삶 속에서 우리가 마주하는 경험 가능한 것들이며, 일반인들 누구나 일상적 생활 속에서 행하는 일이자 행할 수 있는 일이라는 것이다. 그러나 주희가 말하는 『대학』의 경지는 초학자들이 불가능한, 오로지 성인만이 지극한 수양을 통해 도달할 수 있는 초월적이고 고원한 경지로서 『대학』의 본지에 괴리된다는 것이다. 셋째, 이러한 문제를 안고 있는 주자장구를 무비판적으로 답습하고 추종하는 것은 올바른 학문태도가 아니라는 비판을 통해 자신의 기존의 권위에 얽매이지 않으려는 주체적이고 비판적인 학문태도를 보여 주고 있다.

3) 박세당의 반론 서신에 대한 윤증의 재비판[98]

윤증의 진심 어린 염려와 충고에도 불구하고 박세당이 소신을 꺾지 않고 계속해서 주자장구에 대한 의문과 비판을 제기하며 자신의 주장만을 되풀이하는 서신을 보내오자, 윤증은 다시금 박세당에게 서신을 보내 "지금 보내온 편지를 보니 전과 같이 얽매여서 버리지 못하는군요. 고루한 소견으로도 오히려 의심이 없는데 고명한 분이 이렇게 막히어 통하지 못함이 있는 것은 무엇 때문입니까? 도리어 괴이한 일입니다"[99]라는 강한 어조의 질책과 함께, 박세당의 주자장구 비판에 대해 다음과 같이 하나하나 체계적으로 재반론을 하였다.

「보망장」의 이른바 "그 이미 아는 리理로 인한다"와 "모든 천하의 사물에 나아간다"와 "더욱 궁구한다", "힘을 쓴다"는 등의 말은 모두 '격물치지格物致知하는 공부工夫'입니다. 노형이 이른바 "하나의 물物을 격格해서 물物이 이에 격格해지고 하나의 지知를 치致해서 지知가 이에 치致해진다", "사물에 따라 공부하고 공부에 나가서 효과를 본다"라는 것이 모두 그 속에 있는 것입니다. 이른바 "표리表裏와 정조精粗에 이르지 못함이 없게 될 것이고, 내 마음의 전체全體와 대용大用은 밝혀지지 않음이 없을 것이다"라는 것은 바로 '격물치지의 공효功效'입니다. 바로 노형이 이른바 "천하 사물의 이치를 궁진해서 하나로 관통하는 자"라는 것입니다.[100]

---

98) 『明齋遺稿』 권10 「論大學格致論語幷有人章別紙」 가운데 241쪽 상단 6줄~242쪽에 수록된 내용.

99) 『明齋遺稿』, 권10, 「論大學格致論語幷有人章別紙」, 241쪽, "……今奉來諭, 依舊纏繞, 而不能 放下. 以昧陋之見, 尙自曉然無疑, 而高明者猶有此滯泥不通者, 何也? 還可怪."

100) 『明齋遺稿』, 권10, 「論大學格致論語幷有人章別紙」, 241쪽, "補亡章, 所謂因其已知之理, 卽凡 天下之物, 益窮, 用力等語, 皆格致之工夫也. 老兄所謂格一物而物斯格, 致一知而知斯至, 隨物用

윤증은 박세당이 주희의 「격물치지보망장」의 내용을 비판하고 있지만, 실상 격물치지의 공부와 공효로 나누어 볼 때 박세당의 입장과 주희의 입장이 괴리되는 것이 아니라 서로 일치한다고 주장하고 있다. 예컨대 주희의 "그 이미 아는 리理로 인한다"(因其已知之理), "모든 천하의 사물에 나아간다"(卽凡天下之物), "더욱 궁구한다"(益窮), "힘을 쓴다"(用力),[101] 그리고 박세당의 "일물一物을 격格해서 물物이 이에 격格해지고 일지一知를 치致해서 지知가 이에 치致해진다"(格一物而物斯格, 致一知而知斯至)와 "사물에 따라 공부하고 공부에 나가서 효과를 본다"(隨物用功, 卽功見效)는 모두 '격물치지하는 공부'에 해당한다는 것이다. 그리고 주희의 "표리와 정조에 이르지 못함이 없게 될 것이고, 내 마음의 전체와 대용은 밝혀지지 않음이 없을 것이다"와 박세당의 "천하 사물의 이치를 궁진해서 하나로 관통하는 것"(盡窮天下事物之理, 而一以貫之者)은 모두 '격물치지의 공효'에 해당한다는 것이다.

【표 1】 주희와 박세당의 격치설格致說에 대한 윤증의 입장

주자주	윤증의 입장	박세당의 말
因其已知之理, 卽凡天下之物, 益窮, 用力	格致의 工夫	格一物而物斯格, 致一知而知斯至, 隨物用功, 卽功見效
表裏精粗無不到, 全體大用無不明	格致의 功效	盡窮天下事物之理, 而一以貫之者

功, 卽功見效者, 在其中矣. 所謂表裏精粗無不到, 全體大用無不明者, 卽格致之功效也. 卽老兄所謂盡窮天下事物之理, 而一以貫之者也."

101) 이는 모두 『大學』의 "此謂知之至也"에 대한 주자주에 나오는 말이다. "間嘗竊取程子之意以補之曰, 所謂致知在格物者, 言欲致吾之知, 在卽物而窮其理也. 蓋人心之靈莫不有知, 而天下之物莫不有理, 惟於理有未窮, 故其知有不盡也. 是以大學始敎, 必使學者, 卽凡天下之物, 莫不因其已知之理而益窮之 以求至乎其極, 至於用力之久而一旦豁然貫通焉, 則衆物之表裏精粗無不到, 而吾心之全體大用無不明矣. 此謂物格, 此謂知之至也."

그러나 앞에서 살펴본바, 박세당은 주희와 같이 리일분수理—分殊에 근거하여 일사일물—事—物에 대한 즉물이궁기리卽物而窮其理하는 과정을 통하다가 활연관통豁然貫通을 통해 만리萬理(理—)를 인식하는 초월적 인식을 인정하지 않는다. 박세당의 "일물—物을 격格해서 물物이 이에 격格해지고 일지—知를 치致해서 지知가 이에 치致해진다"(格—物而物斯格, 致—知而知斯至)와 "사물에 따라 공부한다"(隨物用功), "공부에 나가서 효과를 본다"(卽功見效)라는 말처럼, 박세당에게 있어 격물치지는 단지 자신이 마주한 하나하나의 사물에 대해 그 사물이 내재하고 있는 법칙(則)을 인식하고 이 법칙에 맞추어 그 사물을 올바르게 성취시켜 주는 것을 의미할 뿐이다. 박세당에게 있어 만사만물을 초월하는 총체적인 리일理—이 존재하는 것이 아니라 단지 모든 사물들이 각기 개별적인 법칙(則)을 내재하고 있을 뿐이다. 인간은 이를 하나하나 인식해서 그 사물의 법칙에 맞게 사물을 대하고 성취시켜 주면 될 뿐이다. 결국 박세당에게 있어 "일물을 격格해서 물物이 이에 격格해지고 일지를 치致해서 지知가 이에 치致해진다", "사물에 따라 공부한다", "공부에 나가서 효과를 본다"라는 것이 바로 '격치格致의 공부이자 과정'이라면 대상사물이 그 자신의 법칙에 맞게 바르게 성취되는 것이 '격치의 공효'라고 할 수 있다. 즉 '격치의 공부'가 곧 '격치의 공효'인바, 단지 나로부터 보느냐 아니면 사물로부터 보느냐에 따른 차이일 뿐이다. 따라서 "천하 사물의 이치를 궁진해서 하나로 관통하는 것"(盡窮天下事物之理, 而一以貫之者)은 '격치의 공효'라는 윤증의 주장은 박세당의 입장과는 다르다고 할 수 있다.[102]

---

102) 이 말은 본래 박세당이 긍정적으로 쓴 말이 아니라 「西溪答書」 초두에 "如補亡章所謂至於用力之久, 而一朝豁然貫通焉, 則衆物之表裏精粗無不到, 而吾心之全體大用無不明矣, 此謂物格, 此謂知之至也.' 非窮盡天下事物之理, 而一以貫之者, 則恐不足以當此義. 豈格—物而物斯格, 致—知而知斯至之謂乎?"라 하여, 주희의 豁然貫通의 경지를 비판하기 위해 사용한 말이

윤증은 계속하여 주희를 옹호하는 입장에서 박세당의 비판을 주희의 입장과 절충시키기 위해 노력한다.

> 대저 "하나의 사물이 격格하고 하나의 앎이 지극"하며 "사물에 따라 공부하고", "공부에 따라 효험을 본다"라는 것은 바야흐로 '공부에 착수하는 일'로서, 물격지지物格知至의 전체全體라고는 하지 못하므로, 반드시 그 전체를 지극히 한다는 것으로 말한 것일 뿐입니다. 어찌 반드시 이와 같이 한 이후에 바야흐로 성의공부誠意工夫를 할 수 있다고 하겠습니까? 이른바 (주희의) "천하의 사물이 이치가 없는 것이 없고 내 마음의 신령함도 앎이 있지 않을 수 없으니, 나의 앎으로 인해서 사물의 이치를 궁구한다" 함은 (박세당의) "일을 가리키고 물에 절실하며 귀에 대고 입으로 가르치며 새로 배우는 작은 아이도 알 수 있고 할 수 있는 일"이 어찌 아닙니까? 그 (주희의) "표리表裏와 정조精粗에 이르지 못함이 없게 될 것이고, 내 마음의 전체全體와 대용大用은 밝혀지지 않음이 없을 것이다" 함은 바로 진심盡心에 나아가 천지위天地位를 아는 것이니, 어찌 쉽게 미치는 일이겠습니까? 다만 처음 배우는 사람들도 반드시 이러한 자리까지 이르기를 구해야 하기 때문에 충분한 설명을 해 놓은 것입니다.[103]

윤증은 주희의 입장에 따라 "천하의 사물이 이치가 없는 것이 없고 내 마음의 신령함도 앎이 있지 않을 수 없으니, 나의 앎을 근거로 해서 사물의 이치를 궁구"(天下之物, 莫不有理, 人心之靈, 莫不有知, 因吾之知, 窮物之理)하면 활연관통

었다.

[103] 『明齋遺稿』, 권10, 「論大學格致論語幷有人章別紙」, 241쪽, "盖一物格一知至, 隨物用功, 而卽功見效者, 方是着功之事, 而不可謂物格知至之全體, 故必極其全體而言之耳. 豈謂必如此而後方可做誠意工夫耶? 所謂天下之物, 莫不有理, 人心之靈, 莫不有知, 因吾之知, 窮物之理云者, 其非指事切物, 耳提口詔, 新學小兒, 亦若可知可能者乎? 若其表裏精粗, 無不到, 全體大用, 無不明, 則卽盡心知天地位, 豈易及之耶? 只是初學者, 必求至此地位, 故說得十分耳."

을 통해 "중물의 표리와 정조에 이르지 못함이 없게 될 것이고, 내 마음의 전체와 대용은 밝혀지지 않음이 없을 것이다"(衆物之表裏精粗, 無不到, 吾心之全體大用, 無不明)라는, 즉 물격하고 지지하여 격물치지가 비로소 완성된다고 본다. 따라서 윤증은 박세당의 "하나의 사물이 격格하고 하나의 앎이 지극"(一物格一知至)하며 "사물에 따라 공부하고"(隨物用功), "공부에 따라 효험을 본다"(卽功見效)라는 것을 공부에 착수하는 일(着功之事)일 뿐 물격지지物格知至의 전체全體라고 말할 수는 없다고 비판한다. 나아가 주희의 "천하의 사물이 이치가 없는 것이 없고 내 마음의 신령함도 앎이 있지 않을 수 없으니, 나의 앎을 근거로 해서 사물의 이치를 궁구한다"라는 것은 박세당이 말한 "일을 가리키고 물에 절실하며 귀에 대고 입으로 가르치며 새로 배우는 작은 아이도 알 수 있고 할 수 있는 일"(指事切物, 耳提口詔, 新學小兒, 亦若可知可能)이지만, "표리와 정조에 이르지 못함이 없게 될 것이고, 내 마음의 전체와 대용은 밝혀지지 않음이 없을 것이다"라는 것은 쉽게 도달할 수는 없는 것이라 하더라도 초학자가 반드시 도달해야 하는 경지라고 규정하고 있다.

박세당과 윤증은 분명 서로 다른 격물치지설을 주장하고 있는 것이다. 윤증은 주희식의 리일분수理一分殊에 근거하여 일사일물一事一物에 대해 일일이 그 사물에 나아가 하나하나의 리理를 궁구하다가(卽物而窮其理) 돈오적 활연관통을 통해 리일理一(總體一太極)을 인식하게 되는 것이라면, 박세당은 개개 사물마다 독자적인 법칙(則 = 理)을 지니고 있는바 격물을 통해 그 개별사물들의 법칙을 하나하나 인식하여 그 사물을 그 법칙에 맞추어 올바르게 성취시켜 주는 것을 의미한다. 따라서 박세당의 경우에는 활연관통을 통한 "표리와 정조에 이르지 못함이 없게 될 것이고, 내 마음의 전체와 대용은 밝혀지지 않음이 없을 것이다"라고 하는 초월적 경지가 없기 때문에, 박세당이 주장하는 격치格致의 공효功效는 윤증에게 격치의 공부 또는 공부의 착수처로 보일 수밖에 없는 것이다. 또한 박세당의 격물치지는 일상적 삶 속에서 끊임없이 개별사물들의 법칙을 하나하나 인식하여 그 사물로 하여금 그 법칙에 부합되도록 올바로 성취시켜 주는 것일 뿐, 윤증이 말하는 바와 같이 활연관통과 같은 돈오적 방법을 통해 초월적인 총체리總體理 즉 리일理一을 인식하는 것이 아니기 때문에, 어린아이나 어른이나 구분 없이 누구나 일상사 속에서 수행할 수 있는 경험적이고 현실적인 일이다. 따라서 윤증이 말하는 주희와 같이 활연관통을 통해 천지위天地位를 아는 것과 같은 궁극적·초월적 경지에 도달할 필요가 없게 된다. 아니 그러한 경지 자체가 불필요하다. 그럼에도 윤증은 주희와 같이 격물치지를 통해 초월적이고 궁극적인 경지를 아는 데까지 도달해야 하며, 초학자들 또한 종국에는 이러한 경지에 도달해야 한다고 주장하고 있는 것이다.

윤증은 계속해서 격물치지가 지知와 행行을 모두 포함하는 것으로 볼 것인가 아니면 지에만 국한된 것으로 볼 것인가 하는 문제에 대해서도 박세당과 다른 입장을 표명한다.

노형이 이른바 "주자의 총론 한 가닥은 한때의 보편적인 말씀에서 나온 것으로 장구와 모순을 면치 못한다" 함은 또한 살펴보지 못한 것인가 합니다. 한 학자에게 답장한 편지에서도 이른바 "곳에 따라 끌고 잡으며(隨處提撕) 곳에 따라 거두고 주우며(隨處收拾) 때에 따라 체험하고 탐구하며(隨時體究) 일에 따라 토론해서(隨事討論) 하루의 사이에서도 세·다섯 번 정돈整頓하며 세·다섯 가지 이회理會하면 자연히 순숙純熟해지고 자연히 광명光明해진다" 한 것에서 제시提撕·수습收拾·정돈整頓은 바로 존심수신存心修身을 이르는 것이고, 체구體究·토론討論·이회理會는 격물치지格物致知를 이르는 것입니다. 이에 날마다 함께 공부하면, 이것은 노형이 말한 "사물에 따라 공부하며 공부에 나아가 효험을 보는 것"(隨物用功卽功見效)이 아니겠습니까? 이와 같은 말은 하나가 아니라 얼마든지 많으며, 이미 「보망장」에서 "힘을 쓴다"(用力)는 두 글자 가운데에 포함되어 있는 것입니다. 다만 「보망장」은 격물치지 한 가지만 주로 풀이하기 때문에 수행修行에 대해서는 함께 말하지 않은 것입니다.[104]

윤증은 먼저 박세당이 한 말들을 둘로 나누어 '제시'·'수습'·'정돈'은 '존심수신'에 해당하고, '체구'·'토론'·'이회'는 '격물치지'에 해당한다고 하여, 격물치지를 철저하게 '만사만물의 리理를 인식하는 지知'의 영역으로 국한시켜 보고 있다. 그러나 박세당의 격물은 각각의 사물의 법칙(則)을 인식해서 각각의 사물로 하여금 그 법칙에 부합되도록 올바르게 실행하는 것으로, 사물의 법칙을 인식하는 '지知'와 사물을 법칙에 부합되도록 바르게 하는 '행行' 모두를 포함한다. 그럼에도 불구하고 윤증은 지知의 영역에 국한된 격물이 바로 박세당이 말한 '수물용공隨物用功'·'즉공견효卽功見效'라고 주장하면서, 주희의 「보망장」은 단지 '지知'에 국한된 격물치지를 주로 한 해석이기 때문에 '행行'과 관련된 수행修行은 다루지 않았다고 강변하고 있다. 사실상 박세당의 격물설과 주희의 격물설이 근본적으로 다름에도 불구하고 윤증은 주희의 격물설에 근거하여 박세당의 격물설을 인위적으로 꿰맞추려

---

104) 『明齋遺稿』, 권10, 「論大學格致論語并有人章別紙」, 241쪽, "所敎'朱子總論一段, 侯出於一時泛說, 與章句未免矛盾'云者, 亦恐未之考也. 如答一學者書所謂隨處提撕, 隨處收拾, 隨時體究, 隨事討論, 但侯一日之間, 整頓得三五次, 理會得三五事, 則自然純熟, 自然光明'云者, 其言提撕收拾整頓, 則存心修身之謂也, 體究討論理會, 則格物致知之謂也. 乃使之逐日並下工夫, 則此非老兄所謂隨物用功卽功見效耶? 如此等語, 不一而足, 而已包在補亡章用力二字中耳. 特補亡章主釋格致一段, 故不並及於修行耳."

는 노력을 하고 있는 것이다. 그리고 윤증은 성의에 관해서도 박세당과 다른 입장을 보여 준다.

> 대저 격물치지를 해석하면 마땅히 격물치지의 지극한 곳을 설파해야 하며, 성의誠意를 해석하면 마땅히 성의의 지극한 곳까지 설파해야 하는 것입니다. 성의의 "마음이 넓어지고 몸이 펴지는 일"(心廣體胖)과 같은 것을 또한 어찌 새로 배우는 작은 아이가 따를 수 있는 일이겠습니까? 다만 성의에 대한 지극한 공부를 말한 것일 뿐이니, 어찌 큰 말을 하고자 하였겠습니까? 지금 만약 '마음이 넓어지고 몸이 펴진' 연후에 정심正心공부를 할 수 있다고 생각한다면 또한 잘못이 아니겠습니까?[105]

박세당은 '서계답서西溪答書'에서 "지금 『대학』의 성의정심의 말에 근거해 보면, 모두 일을 가리키고 물에 절실해서 귀에 가까이 대고 입으로 가르침과 같을 뿐이 아니라, 어리석은 부녀자와 작은 아이라도 알 수 있고 할 수 있는 것입니다"(今據大學誠意正心之說, 皆指事切物, 不翅耳提口詔, 愚婦小兒, 亦若可知可能)라고 주장하면서, 모든 사물의 이치에 도달해야 한다는 주희의 해설은 너무 고원하다고 비판한 바 있다. 이를 통해 박세당은 『대학』에서 말하는 것은 고원하고 초월적인 것이 아니라 일상적 삶 속에서 우리가 마주하는 경험 가능한 것들이며, 일반인들이 일상적 생활 속에서 행하는 일이자 행할 수 있는 일이기 때문에 초월적이고 고원한 주자장구는 문제가 있다고 주장하고 있는 것이다. 그러나 윤증은 성의의 "마음이 넓어지고 몸이 펴지는

---

105) 『明齋遺稿』, 권10, 「論大學格致論語幷有人章別紙」, 241쪽, "盖釋格致, 則當說到格致之極處, 釋誠意則當說到誠意之極處, 如誠意之心廣體胖, 亦豈新學小兒之可及耶? 只是說誠意之極功耳, 豈是欲謂玄大之言耶? 今若以爲心廣體胖, 然後可下正心工夫, 則不亦誤耶?"

일(心廣體胖)과 같은 것을 또한 어찌 새로 배우는 작은 아이가 따를 수 있는 일이겠습니까?"라고 하여, 『대학』은 어린아이들이 할 수 없는 고원하고 초월적인 경지를 포함하고 있음을 명확히 하고 있다.

윤증과 박세당이 서신을 주고받은 1691년으로부터 5년 뒤인 1696년에 윤증이 나양좌에게 보낸 서신 중 "서계가 물격지지物格知至의 설說에 대한 의문을 제기하여 일찍이 더불어 변론하였으나 합의를 보지 못하고 중지하였다"[106]라는 말에 근거할 때, 당시 윤증과 박세당 사이의 격물에 관한 논변은 합의를 보지 못한 채 중단된 것 같다. 윤증은 이 서신에서 박세당과 합의를 보지 못한 아쉬움을 토로하면서 다음과 같이 자신의 입장을 재차 천명하였다.

하루 중에 마주치는 수많은 일에 대하여 격치성정수제格致誠正修齊를 경우에 따라 힘쓰면 된다. 어찌 오늘 격물한 뒤에 내일 성의할 리가 있겠는가? 만약 사물의 표리정조가 이르러 오지 않음이 없고 마음의 전체대용이 밝아지지 않음이 없다면 진심지천盡心知天의 경지에 누구나 쉽게 이를 수 있지 않겠는가? 단지 초학들에게 반드시 이와 같은 경지에 도달하도록 힘써야 한다는 사실을 알려 주기 위해 그렇게 설명한 것이다. 예컨대 성의誠意를 말할 때는 성의의 극처에 도달하라고 말하기 위해 심광체반心廣體胖을 언급한 것이다. 이것이 성의의 극공極功이다. 만약 심광체반한 뒤에야 정심正心공부를 할 수 있다고 이해한다면 잘못이다.[107]

106) 『明齋遺稿』, 권15, 「答羅顯道」, 344쪽, "西溪疑物格知至之說, 曾與之辯論, 未契而止矣."
107) 『明齋遺稿』, 권15, 「答羅顯道」, 344쪽, "西溪疑物格知至之說, 曾與之辯論, 未契而止矣. 蓋傳文是逐条發傳, 章句是逐章解義, 故一事各到底說耳. 豈謂一事必到底而後方做一事耶. 今以學者日用言之, 日間有面前多少事, 格致誠正修齊, 只可隨分着力. 安有今日格物, 而明日誠意之理哉. 若其表裏精粗無不到, 全體大用無不明, 則卽盡心知天地位, 其易及之耶. 只是初學者, 必求之此地位, 故說得十分耳. 如謂誠意, 則當說到誠意之極處, 故言心廣體胖. 是誠意之極功也. 今若以爲必"

여기서도 윤증의 입장은 1691년의 서신에서 밝힌 입장과 크게 다르지 않음을 알 수 있다. 1691년의 서신 서두에서 밝힌 바와 같이 『대학』의 팔조목인 격물·치지·성의·정심·수신·제가·치국·평천하는 박세당이 비판하는 것처럼 선후차서에 따라 반드시 오늘은 격물만 하고 내일에 가서야 치지만 하는 것이 아니라 자신이 마주한 또는 주어진 상황에 따라 차서에 상관없이 각자 분수에 맞추어 성의할 수도 있고 격물할 수도 있다는 것이다. 다만 '마음을 다하고 천을 아는 경지', '마음이 넓어지고 몸이 펴지는 성의의 지극한 공부'라는 표현에서 알 수 있듯, 일반인들이 일상적 삶에서 일상적 경험을 통해서는 도달할 수 없는 초월적 경지가 있다는 것이다. 이 경지에 도달하기 위해서는 반드시 활연관통과 같은 지극한 공부를 통한 초월적 과정이 필요하다는 것이다.

6. 나오는 말

지금까지 17세기 후반~18세기 전반, 즉 조선 중기에서 후기로 넘어가는 전환기를 함께 살다간 윤증과 박세당의 생애와 학문적 연원, 특성과 동이점, 그리고 이 두 사람의 인간적·학문적 교유 관계 및 격물 논변에 대해 고찰해 보았다. 윤증과 박세당은 동시대를 살았고 서인 그 중에서도 소론의 주요 인물이라는 공통점을 갖고 있으며 서로 친인척 관계이자 또한 절친한 벗이었다. 그럼에도 불구하고 두 사람은 살아온 삶의 여정뿐만 아니라 학문

心廣體胖, 而後可下正心工夫, 則不亦誤耶.……"

적 연원과 사상적 특성이 서로 다르고, 그들에 대한 후대의 평가 또한 판이하다.

학문적 연원 관계에 있어 두 사람은 매우 대조적이다. 윤증은 '성혼-윤황-윤선거-윤증'의 가학적 연원, '이이-김장생-김집-윤선거-윤증'의 예학적 연원, '이이-김장생-송시열-윤증'의 성리학적 연원, '이황-권시-윤증'으로 내려오는 퇴계학의 심학적 연원 등 다양한 학문적 연원과 사승 관계를 가지고 있는 반면, 박세당은 뚜렷한 학문적 연원 관계를 갖고 있지 않았다. 박세당은 『사변록』 등을 비롯한 저술 과정과 그 내용에서 알 수 있듯 사승 관계보다는 오히려 독학의 측면이 강했고, 이에 비해 윤증의 사상은 다양한 학문적 연원 관계로 인해 박세당과 달리 다양한 색채를 지니게 되었다.

생애에 있어서도 두 사람은 대조적인 모습을 보여 주었다. 윤증은 '얼굴 없는 재상'이라 불릴 정도로 자신에게 내려진 관직에 단 한 차례도 취임하지 않고 평생을 산림처사로만 지낸 반면, 박세당은 수차례 관직에 취임하여 나름대로의 소신도 펼치고 정치적 경륜도 쌓았다. 또한 윤증은 진지실천眞知實踐에 힘쓰지 않고 저술에 힘쓰는 것은 무실의 학문이 아니라고 하여 저술에 힘쓰지 않은 반면, 박세당은 수십 년간 저술활동에 전념하여 반주자서로 지목받는 『사변록』을 비롯해 『노자도덕경주』, 『장자남화경주』, 『색경』, 『산림경제』 등 다양한 분야에 걸쳐 많은 저술을 남겼다. 그리고 이단사상을 대하는 데 있어서도 박세당은 『노자도덕경주』, 『장자남화경주』를 저술하는 등 노장사상에 대해 긍정적인 관심을 보이고 양명학자 최명길의 학문을 칭찬하는 등 당시 이단사상에 대해 우호적인 입장을 취한 반면, 윤증은 박세당의 노장사상에 대한 우호적 태도에 우려를 표명하고 제자 정제두에게 양명학 공부를 포기하도록 권하는 등 다소 부정적인 태도를 보여 주었다.

윤증과 박세당은 동시대를 살며 같은 당파로 함께하였음에도 불구하고 서로 다른 학문연원과 차별화된 생애 및 학문적 태도로 인해 후대의 평가가 매우 대조적이다. 윤증의 유학사상은 우계 성혼 또는 율곡 이이를 통해 내려오는 주자성리학적 사유의 맥락을 계승한 성리학 또는 실학이라는 입장과, 표면적으로는 주자학을 표방하면서도 내적으로는 양명학적 심학으로 흘러갔다는 평가가 동시에 진행되고 있다. 비록 윤증의 유학사상을 양명학적 심학과 연관시켜 보려는 시도가 이루어지고 있지만 윤증은 주자성리학을 온전히 계승했다는 주장이 우세한 반면, 박세당의 경우는 윤증과 달리 반주자학자 또는 탈주자학자로 평가되고 있다.

이렇듯 윤증과 박세당은 학문적 연원, 삶의 역정 및 학문적 태도 그리고 후대의 평가 등에 있어 매우 달랐음에도 불구하고, 두 사람 사이에 주고받은 서신을 통해 당시 친인척 관계와 당파적으로 동지적 관계를 맺고 있던 두 사람이 절친한 교우 관계를 유지했던 것을 알 수 있었다. 두 사람의 교유 관계를 알려 주는 자료는 그렇게 많지 않으나, 『명재유고』와 『서계집』에 두 사람이 주고받은 서신 45편이 수록되어 있는바, 윤증과 박세당은 40대부터 70대 초반까지 30년 넘게 지속적으로 서신을 주고받으면서 교우 관계를 유지했다. 이 시기는 박세당이 관직에서 물러나 석천동에 머물면서 죽을 때까지 주로 저술활동에 주력하던 시기로, 이때 윤증과 박세당이 주로 교유하였다고 보인다.

윤증이 박세당에게 보낸 서신들은 심도 있는 학문적 교류나 논쟁보다는 대체로 안부를 묻고 신변을 염려하는 인간적이고 동지적인 글이 주종을 이룬다. 윤증은 서신을 통해 조정의 부름에도 불구하고 출사하지 않는 자신의 고뇌를 밝히고, 당시 잘못된 세도世道에 대해 통탄하고 이에 어쩔 수 없는 자신의 속마음을 토로하며, 자신의 생질이자 애제자이며 박세당의 아들인 박태보의 죽음을 아파하고 애도하는 등 박세당에게 속내를 털어놓고 시대의 번민을 함께하고 위로하며 심정적으로 많이 의지했다. 전환기의 혼란한 시대를 함께하면서 윤증은 박세당과 학문적으로 교류하기보다는 마음을 열어 보이고 고뇌를 함께할 수 있는 절친한 벗으로서 교유하는 데에 중점을 두었던 것이다.

다만 63세 때(1691) 쓴 「논대학격치논어정유인장별지論大學格致論語幷有人章別紙」란 제하의 왕복 논변 형식의 유일한 학술적 교류 서신이 있다. 『대학』의 격물치지에 대한 해석상의 문제가 주요한 논쟁거리였던바, 박세당은 격물치지에 대한 주희의 해석에 대해 의문을 제기하고 이를 비판하면서 주희의 해석과 다른 자신의 독창적 해석을 주장한 반면, 윤증은 오히려 주희 해석을 옹호·변론하면서 박세당에게 주희 해석을 수용할 것을 권유하였다. 윤증과 박세당은 비록 한 치의 양보도 없이 주자학적 입장과 반주자학적 입장을 끝까지 고수하였지만, 그 이면에는 서로에 대한 신뢰와 애정이 깔려 있었다. 그리고 1703년 윤증이 박세당에게 보낸 마지막 서신에서 박세당에게 『중용사변록中庸思辨錄』의 내용을 수정할 것을 권하고 있는바, 이해는 박세당이 「영의정백헌이공신도비명領議政白軒李公神道碑銘」과 『사변록』의 내용이 탄핵의 대상이 되어 사문난적으로 지목되고 유배를 명 받은 해로, 윤증이 박세당을 염려하는 마음에서 그러한 권유를 한 것으로 보인다. 그러나 「제문」에서는 박세당의 『사변록』 저술 입장을 옹호하는 등, 비록 학문적·사상적으로는 서로 간에 입장 차이가 있었다고는 하지만, 인간적 관계에 있어서만은 서로를 의지하고 존중하는 영원한 벗이자 동지였다고 할 수 있다.

『대학』의 격물치지에 대한 두 사람의 논변을 분석한 결과, 두 사람의 사상에 다음과 같은 차이가 있음을 알 수 있었다. 첫째, 박세당이 주희의 격물치지설을 지나치게 초월적이고 고원한 것으로 비판하고 있는 반면, 윤증은 주희의 격물치지설이 전혀 문제가 없는 것이라 하여 주희 격물설을 지지하고 변론한다. 둘째, 윤증은 주희의 리일분수설에 근거하여 개개사물이 각각의 리理(分殊之理)를 갖고 있지만(各具一太極) 그 근저에는 이를 초월하는 보편적·근원적·선험적인 리理(總體一太極 = 理一)가 존재한다고 보는 반면, 박세당은 주희의 리일분수에는 관심 없으며 개별사물마다 개별사물의 특수한 법칙(則)이 내재하고 있다고 본다. 셋째, 윤증은 주희와 같이 '즉물이궁기리即物而窮其理'를 통해 만사만물의 리理를 하나씩 인식하다가 활연관통을 통해 초월적이고 보편적인 리일理一을 완전하게 인식하는 경지에 도달하게 되는 것을 격물로 해석하는 반면, 박세당은 이러한 개별사물의 법칙(則)을 인식하여 개별사물로 하여금 그 법칙에 부합되도록 바르게 성취시키는 일을 격물로 규정한다. 넷째, 윤증에게 있어서 격물치지는 리理를 인식하는 '지知'만의 문제라면, 박세당에게 있어서는 사물의 법칙을 인식하는 '지知'와 사물로 하여금 그 법칙에 부합되도록 바르게 성취시켜 주는 '행行' 모두를 포함한다. 다섯째, 윤증은 격물치지가 종국에 천지위를 아는 것과 같은 고원하고 초월적인 경지에 도달하는 것으로 어린아이들은 불가능하다고 보는 반면, 박세당에게 있어 격물치지는 이러한 고원한 경지에 도달하는 것이 아닌 일상적 삶에서 실천 가능한 것이기 때문에 격물치지란 우부愚婦와 소아小兒 등 모든 인간이 가능하다고 주장한다. 여섯째, 격물설에 있어 한마디로 윤증은 상대적으로 형이상形而上의 보편적 원리를 중시한다면, 박세당은 형이하形而下의 경험적 현실세계를 중시한다. 따라서 윤증은 격물치지를 통해 형이상의 보편적 원리를 자각함으로써 궁극적 경지에 도달하고자 하는 것이고, 박세당은 일상적 경험세계 속에서 마주한 개개사물의 법칙을 하나하나 인식하고 이 법칙에 의거하여 그 사물을 올바르게 성취시켜 주는 격물을 실현해 나가는 것이다.

【표 2】 윤증과 박세당의 격물치지설 비교

윤증의 격물치지설	박세당의 격물치지설
주희의 격물치지설 지지	주희의 격물치지설 비판
주희의 리일분수理一分殊에 근거	리일분수에 관심 없음 개별사물마다 개별사물의 특수한 칙則을 내재하고 있다고 봄
즉물이궁기리卽物而窮其理를 통해 만사만물의 리理를 하나씩 인식하다가 활연관통을 통해 만사만물의 리를 완전하게 알게 됨	이러한 개별사물의 칙則을 인식하여 개별사물로 하여금 그 칙則에 부합되도록 바르게 하는 것이 격물
격물치지는 지知만의 문제	격물치지는 지知와 행行을 모두 포함함
고원한 단계는 소아小兒 등은 불가능	우부愚婦와 소아 등 모든 인간이 가능함
격물을 통해 궁극적 경지에 대한 깨달음이 필요함. 이를 위해 격물치지	일상적 경험 속에서 물리를 인식하고 이를 실현해 가는 것으로 일상적 삶을 중시
형이상形而上의 보편적 원리 중시	형이하形而下의 경험적 현실세계 중시

두 사람은 비록 동시대를 함께 살고 정치적으로는 서인 가운데 소론으로서 뜻을 같이하였다고는 하지만, 학문과 사상적 측면에 있어서는 많은 차이점을 지니고 있었다. 특히 격물설에 있어서는 한 치도 물러서지 않는 치열한 논변을 벌일 만큼 확연히 서로 다른 입장을 취하고 있었다. 이러한 격물설에 대한 서로 다른 주장은 두 사람 사이의 서로 다른 학문적 연원과

사승 관계, 관직과 저술 및 이단사상에 대한 태도가 투영된 것이라 할 수 있다. 또한 격물설에 대한 확연한 입장 차이는 두 사람에 대한 후대의 평가, 즉 윤증은 주자성리학을 온전히 계승했다고 평가되는 반면, 박세당은 '반주자학자' 또는 '탈주자학자'라고 평가되는 근거가 될 수 있다. 그러나 격물설에 있어서의 이러한 차이와 논변은 오히려 소론계열의 한국 유학이 사상적으로 획일화되거나 교조주의화되지 않고, 다양성과 개방성, 그리고 역동성과 창조성을 지닌 살아 숨 쉬는 철학으로 발전해 나갔다는 것을 증명해 주는 하나의 반증이기도 하다.

7장 간재 전우의 육왕심학 비판

1. 들어가는 말

동아시아의 수천 년의 역사 속에서 끊임없이 자기 변신을 해 온 유학사 상은 때론 기존의 그릇된 사상을 비판하기 위해, 때론 동시대의 사상 경쟁에서 살아남기 위해, 때론 새로운 사상의 유입과 전파를 막기 위해 끊임없이 이단異端 비판을 전개해 왔다. 예컨대 전국시대에는 맹자가 양주楊朱와 묵적墨翟을 이단으로 비판한 바 있고, 송대에는 이정二程과 주희가 불교를 이단으로 배척한 바 있다. 정주程朱의 이단 배척은 한반도에도 전래되어, 여말선초 삼봉三峯 정도전鄭道傳(1342~1398)을 중심으로 한 '척불斥佛운동'으로 이 어진다. 정도전은 도학道學을 밝히고 이단을 물리치는 것을 자신의 임무로 삼고 『불씨잡변佛氏雜辨』, 『심기리편心氣理篇』 등을 저술하여 불교비판이론을 제시하고 유교이념의 정립 기반을 다졌다.[1) 조선 전기의 이단 비판이 불교 나 도가 등 유학 외부에 있는 종교·사상에 한정된 반면, 조선 중기 퇴계退溪 이황李滉(1501~1570)에 이르러서는 유학의 한 부류인 육왕학조차도 이단 비판

---

1) 최영성, 『한국유학통사』 상(심산, 2006), 430~431쪽 참조.

의 대상이 되었다. 이황은 공자-맹자-정자-주자로 전수된 유학 계통만을 정학正學으로 인정하였다. 그리고 도통론道統論에 근거하여 정주학을 원본으로 삼아 확고한 위도衛道의 입장, 즉 '파사현정破邪顯正'의 입장에서 정주학을 지키기 위해 불교와 노장학뿐만 아니라 육왕학까지 이단으로 간주하여 철저히 배격하였다. 양명학 비판과 배척은 이황 문하의 이정李楨(1512~1571), 월천月川 조목趙穆(1524~1606), 간재艮齋 이덕홍李德弘(1541~1596), 서애西厓 유성룡柳成龍(1542~1607) 등과 유성룡의 제자 우복愚伏 정경세鄭經世(1563~1633) 등으로 이어졌다.2) 이단 비판과 배척은 19세기 중반 이후 침투한 서구세력을 이적夷狄·금수禽獸로 규정하고 유교문화의 우월성을 주장하는 내수외양內修外攘의 위정척사衛正斥邪운동으로 다시 등장한다. 이 사상은 춘추대의春秋大義의 의리정신에 입각하여 의義와 이利를 엄격하게 구별하고, 리理로 상징되는 정신적 측면을 우위에 두어 기氣의 세계로 간주되는 물질 중심의 서구사상을 물리치고자 했다.3) 척화론斥和論의 대표적인 학자로는 화서華西 이항로李恒老(1792~1868), 노사蘆沙 기정진奇正鎭(1798~1879), 한주寒洲 이진상李震相(1818~1886)과 이항로의 제자 중암重庵 김평묵金平黙(1819~1891), 성재省齋 유중교柳重教(1832~1893), 면암勉庵 최익현崔益鉉(1833~1906) 등을 들 수 있다. 그리고 간재艮齋 전우田愚(1841~1922)는 불교, 육왕학, 이항로, 이진상 등을 하나의 계열로 묶어서 이학異學·이단異端이라고 신랄한 비판을 가하였다. 이러한 과정 속에서 유학은 자기점검과 반성 그리고 상대의 사상을 수용하여 자신의 사상을 발전시키는 계기를 마련하였다. 그러나 한편 시대적 조건이나 현실을 무시한 채 지나친 교조주의와 원리주의에 빠져서 사상의 다양성을 인정하지 못하

---

2) 琴章泰,「退溪門下의 陽明學 이해와 비판」,『陽明學』 2호(1998), 23~52쪽 참조.
3) 최영성,『한국유학통사』 하(심산, 2006), 327~328쪽 참조.

고 사회발전을 저해하는 장애물이 되기도 하였다.

1장에서 왕수인의 주자학 비판과 이황의 양명학 비판 내용을 고찰하면서 이황의 양명학 비판과 배척의 의미, 문제점은 물론 퇴계학의 심학화 문제를 다룬 바 있다. 본 장에서는 연속선상에서 한말 간재 전우의 도가와 불교는 물론 상산학과 양명학 나아가 한주학파寒洲學派에 대한 이단 비판과 배척의 내용 및 그 타당성에 대해 고찰하고자 한다.

아이러니하게도 양명학을 이단이라 비판한 이황의 학통을 이은 이진상4)이 '심즉리心卽理'를 주장하고 이이 계열의 전우가 이를 이단이라 비판하는 일이 발생한다. 이진상은 당시까지 기호성리학의 종지宗旨였던 '심시기心是氣'를 비판하고, 심즉리에 입각한 새로운 이론을 정립하면서 대응논리를 모색한다. 심心은 성性·정情을 주재하기 때문에 심을 기氣로 규정하게 되면 기의 자용自用을 초래하므로, 심을 기로 규정할 수 없다. 기의 자용을 막고 리理의 주재主宰를 확립하기 위해 심즉리를 주장하였다고 평가된다.5) 그런데 심즉기心卽氣를 비판하고 심즉리를 주장하는 이진상이 다른 한편으론 표면상 같은 심즉리를 주장하고 있는 왕수인에 대해서도 비판을 가한다. 이진상은 왕수인이 주장하는 심즉리는 자신이 주장하는 심즉리가 아니라 '심즉기'이고, 근세의 그릇된 심즉기설은 모두 양명학으로부터 비롯되었으며 "이른바 심즉리라고 하는 것은 곧 양명의 무리들이 미쳐 날뛰고 자기 멋대로 한 설이니, 오학吾學을 위하여 도道를 어지럽히지 않도록 배척하지 않을 수 없다"라고 비판·배척한다. 이진상은 나아가 선학은 물론 상산학의 심즉리

---

4) 이진상의 퇴계학과의 관련성에 대해서는 홍원식의 『한주 이진상의 생애와 사상』(예문서원, 2008), 59쪽 참조.
5) 이상익, 『畿湖性理學論考』(심산, 2005), 283쪽 참조.

설에 대해서도 '이는 돌을 옥으로 간주하는 것'이라고 하여 비판한다. 선가에서 말하는 리는 심이 아닌 기이며, 상산象山 육구연陸九淵(1139~1192)의 심또한 기이고 리는 진리眞理가 아니라는 주장이다.[6]

이렇듯 이진상은 한편으론 심즉리설을 주장하면서도 다른 한편으론 선학과 육왕학의 심즉리는 사실상 심즉리가 아닌 심즉기라고 하여 이들을 비판·배척하고 있다. 그런데 전우는 선학과 육왕학은 물론 이들을 비판하는 이항로나 이진상까지도 하나로 묶어서 비판하고 있다. 전우는 새로운 사상경향이 태동하던 한말 유학계에서 기호성리학의 종지인 '심즉기'를 고수한 인물이다. 전우는 32세 때(1872) 이항로의 문인 유중교에게 '리理·기氣의 주재主宰 문제'를 논하는 편지를 보냄으로써 명덕논쟁明德論爭에 뛰어들었다. 전우는 유중교와의 논변 과정에서 '심은 본래 기이나(心是氣), 성性을 표준으로 삼아야 한다(心本性)'는 입장을 정립하였다.[7] 전우는 '심즉리'야말로 '자신의 마음을 표준으로 삼음'으로써 '심의 자용自用'과 '창광자자猖狂自恣'를 초래한다고 보았다.[8] 전우는 71세 때(1911) 「이씨심즉리설조변李氏心卽理說條辨」을 지어 한주학파와의 논쟁을 전개하였다.[9]

---

6) 『寒洲集』(한국문집총간 318), 권32, 「雜著·心卽理說」, 141쪽, "論心莫善於心卽理, 莫不善於心卽氣. 夫心卽氣之說, 實出於近世儒賢, 而世之從事此學者多從之. 若所謂心卽理, 乃陽明輩猖狂自恣者之說, 爲吾學者莫不斥之爲亂道.……禪家之以心爲理, 卽認石爲玉者之謂之玉者.……若夫禪家之說, 則認氣爲理而謂心卽理, 彼以所謂理者, 卽吾之所謂氣也. 象山以陰陽爲道, 以精神爲心.……然則象山之所謂心者氣而已, 而所謂理者非眞理也."

7) 『艮齋集』 前編(333), 권13, 「雜著·怢言二」, 69쪽, "愚所謂心本性一句, 原因柳稗程極力說心字太尊, 性字差卑而出, 非偏有所考而云爾也."

8) 『艮齋集』 前編(333), 권12, 「雜著·怢言」, 7쪽, "心固是一身之主. 然其所以主乎一身者, 以其靜而涵渾然之天, 動而循粲然之天, 而有是妙用耳. 近世之言心者, 異於是. 蓋其靜也, 只有一團靈明之象, 其動也, 只據一直發出之情. 但於其間, 認得瞥然精神底, 便謂心學之極, 不過如是, 把持作弄, 做聖門宗旨看, 不知此只是心之自用耳. 所以爲其學者, 於其見到處, 亦不無自樹立處, 然其行處己, 有輕肆狂妄, 不顧義理之弊矣. 此眞可戒而不可法也."

그렇다면 전우가 선학, 육왕학, 이항로, 이진상 등을 하나의 계열로 묶어서 '이학異學'·'이단異端'이라 비판한 기준과 근거는 무엇인가? 전우의 선학, 육왕학, 이진상 등에 대한 전방위적 비판 내용과 비판의 타당성에 대해 고찰하기에 앞서 먼저 전우가 '정학正學'과 '이학' 또는 '성학聖學'과 '이단'을 나누는 기준과 근거가 무엇인지에 대해 고찰할 것이다. 그리고 이 기준과 근거를 바탕으로 전개되는 전우의 전방위적 이단 비판 내용을 고찰한 후에, 전우의 양명학 비판 내용을 해부하면서 전우의 양명학 비판이 양명학에 대한 올바른 이해를 바탕으로 한 것인지, 그리고 그러한 비판은 타당한 것인지, 그러한 이단 비판은 어떠한 문제를 야기하는지 등에 대한 문제를 고찰하고자 한다.

2. 이단 비판의 기준과 근거

1) '천天'을 근본으로 하는가? '심心'을 근본으로 하는가?

전우는 당시 다른 학자들에 비해 '정학과 이학', '성학과 이단'을 나누고 이학·이단을 배척하는 논의가 많다. 그리고 나누는 기준 또한 무엇을 근본으로 하는가, 심心과 리理의 관계를 어떻게 규정하는가, 배움의 대상이 무엇인가, 무엇을 주재主宰로 삼는가, 무엇을 존중하는가 등 매우 다양하다. 그가운데 정학과 이학, 성학과 이단을 나누는 기준으로 가장 많이 제시되는

---

9) 이상익, 『畿湖性理學論考』(심산, 2005), 283~284쪽.

것은 '천天을 근본으로 하는 본천本天인가' 아니면 '심心을 근본으로 하는 본심本心인가'이다. 전우는 먼저 「시전기진示田璣鎭」에서 '본천本天'과 '본심本心'에 대해 다음과 같이 말한다.

> 정숙자程叔子는 "성인聖人(사람은 心을 가리켜 말한다)은 천天을 근본으로 하고, 석씨釋氏는 심을 근본으로 한다"(심은 스스로 萬法의 근원이라고 인식한다)라고 하였다.…… 대저 천은 리理로써 말한 것이니, 성性과 태극太極이 그것이다. 심은 신묘神妙와 영명靈明으로 말한 것이니, 성性의 최고치에 근본하면 바르고, 자기 마음대로 사용하면 치우쳐 잘못된다. (심을 곧바로 리라고 이름 할 수 없는 이유는 다만 이 두 구절을 보면 알 수 있다.)[10]

성인지학聖人之學인 유학에서는 인간의 '심心'이 '천天'을 근본으로 삼는 반면, 불교에서는 이와 반대로 '심'으로써 만법의 근원을 삼는다는 것이다. 성인의 마음이 근본으로 삼는 천은 땅에 대비되는 하늘로서의 '자연천自然天'을 의미하는 것이 아니라 형이상자로서의 '리理' 즉 '태극太極'을 의미하며, '성즉리性卽理'이기 때문에 또한 '성性'을 의미한다. 따라서 '본천本天'은 '본리本理'이자 '본성本性'으로서, 성인의 마음은 곧 '성'을 근본으로 삼는다고 말할 수 있다. 반면 '심'은 단지 신묘神妙하고 영명靈明한 지각知覺 기능의 담당자로서 형이하자인 기氣가 되기 때문에 근본으로 삼을 수 없게 된다. 만일 형이상자인 성(천 = 리)을 근본으로 삼으면 마음이 바르게 되지만, 성을 근본으로 하지 않고 형이하자인 심에 내맡기게 되면 따라야 할 준칙과 표준이 없게

---

10) 『艮齋集』 前編(333), 권15, 「雜著 · 示田璣鎭」, 170~171쪽, "程叔子曰, 聖人(人指心言)本天, 釋氏本心. (心自認爲萬法之源.)……夫天以理言, 性與太極是也. 心以神妙靈明言, 本於性極則正, 自用則偏而邪矣. (心之不可直名爲理, 只此兩句便可見.)"

되어 심이 치우치고 잘못되는 오류를 야기하게 된다. 이러한 이유 때문에 주자학의 핵심 명제처럼 '성만이 리'(성즉리)일 뿐 결코 '심이 곧 리'(심즉리)라고 말할 수는 없다는 것이다.

본천이 곧 본성이라고 한다면, 사실상 성학과 불교를 나누는 기준은 바로 '성性을 근본으로 하는가' 아니면 '심心을 근본으로 하는가'라고 말할 수 있다. 즉 우주론 차원의 문제가 아니라 심성론 차원의 문제이다. 이에 전우는 「분언이体言二」에서 '성性'과 연관지어 본천과 본심에 관해 다음과 같이 구체적으로 언급하고 있다.

'요순성지堯舜性之'에서 성性은 체體요 성지性之는 용用이니, 성은 진실로 체용體用을 겸하고 있으며, 성지 또한 체용을 겸하고 있다. '지성진성至誠盡性'에서 성性은 체요 진성盡性은 용이니, 성은 진실로 체용을 겸하고 있으며, 진성 또한 체용을 겸하고 있다. "인자仁者는 인仁을 편안하게 여긴다", "안회는 인仁을 어기지 않았다", 이러한 것 모두 한결같은 도리道理이다. 이를 알면 바야흐로 심즉리心卽理의 그릇됨을 알 수 있으며, 바야흐로 대리大理(心)가 세리細理(性)를 구비하고 있다는 것의 그릇됨을 알 수 있다. 또한 바야흐로 심心은 성性을 근본으로 한다는 설을 알 수 있고, 바야흐로 성은 본원本源과 주재가 된다는 설을 알 수 있다. 또한 성인聖人은 천天을 근본으로 한다는 것이 옳고 석씨釋氏가 심心을 근본으로 한다는 것이 그르다는 것을 알 수 있다. 오호라! 성은 체가 되고 심은 용이 된다는 이치를 학자들이 마음으로 온전하게 구할 수 없고, 마음으로 온전하게 체득할 수 없을 것이다.[11]

---

11) 『艮齋集』 前編(333), 권13, 「雜著・体言二」, 64쪽, "堯舜性之, 性, 體也, 性之, 用也, 性固兼體用, 性之亦兼體用. 至誠盡性, 性, 體也, 盡性, 用也, 性固兼體用, 盡性亦兼體用. 仁者安仁, 回不違仁, 都是一樣道理也. 知此方能知心卽理之非, 方能知大理(心)具細理(性)之非矣. 方方能知本性之說, 方能知性爲本源主宰之說矣. 亦方能知聖人本天之是, 釋氏本心之非矣. 嗚呼! 性體心用之理, 學者其可不盡心求之, 其可不盡心體之."

전우는 먼저『맹자』「진심상盡心上」30장의 "요순성지堯舜性之"와『중용』22장의 "유천하지성唯天下至誠, 위능진기성爲能盡其性"을 체용론體用論의 관점에서 분석하고 있다. '성性' 그 자체는 '체體'를 의미하지만 '성지性之'와 '진성盡性'은 모두 '용用'을 의미하기 때문에, 성은 체와 용 모두를 겸하고 있다는 주장이다. 이와 더불어 '인仁'은 심학자들이 주장하는 것처럼 심을 의미하는 것이 아니라 도리道理를 의미한다. 따라서 심즉리心卽理라는 주장은 물론, 대리大理로서의 심이 세리細理로서의 성性을 구비하고 있다고 하는 주장 또한 모두 틀렸다는 것이다. 그렇기 때문에 심이 아닌 성이 본원과 주재가 되고, 심은 성을 근본으로 삼아야 한다. 이러한 이유로 성인이 천天을 근본으로 삼는 것은 옳고 석씨가 심을 근본으로 삼는 것은 옳지 못하다고 본다. 전우가 말하는 '본천本天'은 곧 심이 성을 자신의 본원과 주재로 삼아 작용한다는 '성체심용性體心用'을 의미한다고 할 수 있다.[12]

그렇다면 천天·성性을 근본으로 삼지 않고 심心을 근본으로 삼는 학문은 어떠한 문제를 안고 있는 것일까?

여씨呂氏는 "성인聖人이 불유구不踰矩를 말하였으니, 성인 심중心中에 각각 하나의 천天이 있는 것을 알 수 있다. 그렇지 않으면 심시도心是道이니, 이것이 본천本天과 본심本心의 구별이다"라고 하였다. 이 말은 매우 옳다. 대저 종래의 심즉도心卽道·심즉리心卽理의 설說을 하는 자들은 실제로는 궁리窮理를 꺼리고 순리循理를 괴롭게 여겨서 다만 이 한 길을 열어 스스로 편안하게 여겼다. 대저 궁리하고자 한즉, 마음이 좁으면 리理의 광대廣大함을 두루할 수 없고, 마음이 거칠면 리의 정미精微함에 들어갈 수 없으니, 마침내 그 영명靈

---

12)『艮齋集』後篇(334), 권2,「書·答姜聖文」, 67쪽, "愚之不肖不勝慨惋, 乃敢極力說出心本於性, 性體心用, 性師心弟等語."

明을 들어서 이것이 나의 본연本然의 지知라고 말한다. 순리코자 한즉, 마음
이 방자해져서 리의 엄정함에 편안할 수 없고, 마음이 생生하더라도 리의
유원悠遠함에 오래할 수 없으니, 마침내 그 기량伎倆만을 믿고 이는 나의 자
연自然한 능能이라고 방자하게 말한다. 이에 성인 본천의 학學과는 거리가
멀다.13)

먼저 전우는 공자가 말한 "마음이 하고자 하는 바를 따르더라도 법도를
어기지 않는다"(從心所慾不踰矩)라는 말이 심학파의 주장처럼 심心이 어떠한 준
칙도 없이 제멋대로 작용하더라도 법도를 넘지 않는다는 것을 의미하는 것
이 아니라고 본다. 이 말은 성인의 마음속에 천天, 즉 궁극적 준칙으로서의
리理가 내재되어 있어서 이를 근본으로 삼고 이를 따른다는 '순리循理'를 의
미한다. "마음이 하고자 하는 바를 따르더라도 법도를 어기지 않는다"라는
말은 심즉도心卽道와 심즉리心卽理를 주장하는 심학파들이 심心을 근본으로
삼는 것을 의미하는 것이 아니라 성인의 학문에서 천을 근본으로 삼는 것을
의미한다고 보고 있다. 성인의 '본천학本天學'은 선험적 리를 근본으로 삼기
때문에 심이 리를 인식하는 지적작용으로서의 궁리가 선행되고, 이를 바탕
으로 심이 리를 삶의 표준으로 삼고 리를 실천으로 이행하는 순리를 필요로
한다. 그런데 심을 근본으로 하는 심학파의 '본심학本心學'에서는 심이 근본
으로 삼아야 하는 리에 대한 궁구를 꺼릴 뿐만 아니라 리를 근본으로 삼고

---

13) 『艮齋集』 後編(335), 권14, 「雜著・海上散筆一」, 158~159쪽, "呂氏曰, 聖人說不踰矩, 可知聖
人心中, 刻刻有箇天則在. 不是, 卽心是道, 此本天本心之別也. 此語極是. 蓋從來爲心卽道, 心卽
理之說者, 實則憚於窮理, 苦於循理, 特開此一路, 以自便也. 夫欲窮理, 則心狹而不能周於理之廣
大, 心麤而不能入於理之精微, 遂據其靈明, 而硬曰是吾本然之知也. 欲循理, 則心肆而不能安於
理之嚴正, 心生而不能久於理之悠遠, 遂恃其伎倆, 而謾曰是吾自然之能也. 於是, 與聖人本天之
學, 遠矣."

리를 준수하는 것을 고통스럽게 여기는 폐단을 야기한다. 이들은 궁리를 회피하는 대신에 기氣인 영명한 지각 기능을 오히려 '본연本然의 지知'로 규정하고, 순리 대신에 형기形氣로서의 기량伎倆을 '자연自然한 능能'으로 규정하고 있는데, 이로 인해 심학파들은 오히려 성인의 본천의 학문과 괴리가 더욱 심해진다는 것이 전우의 주된 비판이다.

2) 심心과 리理의 관계에서 본 정학과 이단의 분계처

전우는 단순히 학문 분류를 위해 '본천本天의 학學'과 '본심本心의 학學'을 나누고 있는 것이 아니다. 전우는 본천과 본심을 기준으로 '정학正學'과 '이단異端'을 구분한다. 먼저 '정학'과 '이단'의 경계는 바로 '천리天理를 위주爲主로 하는가? 심心을 위주로 하는가?'의 여부에 달려 있다고 본다. 즉 천리를 위주로 하여 심으로 보좌하도록 하고, 성性을 높이고 리理를 궁극적 준칙으로 삼으면 '정학'이다. 그런데 심을 성군으로 삼고 성을 낮추어서 심으로 하여금 성을 부리게 하고, 자신이 믿는 심을 궁극적 준칙으로 삼으면 '이단'이라는 것이다.[14] 전우는 또한 다음과 같이 '정도正道'와 '이단'의 경계는 심과 리의 관계를 어떻게 볼 것인가에 놓여 있다고 주장한다.

> 정도正道와 이단異端은 심心과 리理를 하나로 보느냐 둘로 보느냐에 달려 있다는 설說은 모름지기 잘 알아야만 바야흐로 사람들로 하여금 속지 않게 한다. ○심心은 리理와 본래 서로 떨어지는 것이 아닌 것으로 하나라고 말한다

---

14) 『艮齋集』後編(335), 권15,「雜著・海上散筆二」, 200쪽, "愚請諸君, 一以天理爲主, 本人心爲補佐. 願勿認心爲聖君, 降性爲庶民, 凡有誠心, 公心, 無邪心, 無私心, 精細心, 堅苦心者, 愼勿自恃以爲極則, 而必以上面理字, 爲主本也. (此是正學異端分界處, 愼毋作習慣語聞過.)"

면, 도적 또한 그러하다. 반드시 심이 리에 대해 서로 어긋나거나 어그러지지 않아야 비로소 하나라고 말할 수 있다고 하는 것은 성현이라야 이에 능한 것이다. 심이 리를 위배하지 않음에 비록 이를 하나라고 말하나, 도리어 지능知能이 있고 지능이 없는 구분이 있는 것, 이것이 우리 유자의 견해이다. 만일 이 심이 스스로 명命하여 리를 삼고 성性은 주재主宰가 되기에 부족하고 성은 홀로 마땅히 태극太極이 될 수 없다고 말한다면, 이는 이학가異學家의 계략이다.[15]

오유吾儒의 '정도正道'는 심心과 리理의 관계에 대해 다음과 같이 본다는 것이다. 첫째, 심이 리에 어긋나거나 어그러지지 않아야만 비로소 심과 리가 '하나가 된다'(爲一)고 말할 수 있는데, 이는 성현이나 가능한 경지이다. 둘째, 비록 심이 리를 위배하지 않아 심과 리가 하나가 된다고 말하더라도 반드시 '지능知能'이 있는 심과 '지능'이 없는 리를 구분해야 한다. 즉 전자(心)는 유위有爲의 형이하자이고 후자(理)는 무위無爲의 형이상자라는 것이다. 반면 정도와 달리 이단은 심과 리, 심과 성性의 관계에 대해 다음과 같이 본다고 생각했다. 첫째, 심이 스스로 명하여 자신을 리로 삼는다. 둘째, 성을 주재로 삼지 않을 뿐만 아니라 태극이 될 수 없다고 한다. 즉 이학가들은 심즉리心卽理를 주장하기 때문에 정도처럼 성을 형이상학적 본체로 보지 않는다는 것이다.

전우가 말하는 정학은 다름 아닌 정주학이며, 주자학에 반하여 심즉리心卽理를 주장하는 학문이 이학이라는 것은 다음과 같은 그의 주장을 통해 알

---

15) 『艮齋集』後編(335), 권15, 「雜著‧海上散筆二」, 216쪽, "正道異端, 心與理爲一爲二之說, 須是看得了了, 方不被人謾將去. ○心之與理, 本不相離, 以此而謂之一, 則盜賊亦然. 必也心之於理不相違悖, 始可謂之一, 是則聖賢乃能之. 心不違理, 雖謂之一, 而卻有有知能無知能之分, 此吾儒之見也. 若乃此心自命爲理, 而謂性不足爲主宰, 性不可獨當太極者, 卽是異學家計也."

수 있다.

> 리理는 심心의 본本이나 또한 심이 운용하는 바이다. 오직 정주만이 이것을
> 정밀하게 분변하였다. 그러므로 그들이 심리합일처心理合一處를 말함은 곧
> 혼융무간混融無間하다. 후유後儒들은 '심이 곧 리'라고 말하나, 그 이른바 심리
> 일치心理一致는 도리어 둘이 되어 서로 어긋난다. '정주의 합일'은 주主가 되
> 는 것이 리에 있어서, 심과 리를 합일시키려는 것이다. 그러나 '후유의 합일'
> 은 중요한 것이 심에 있어서, 심이 바로 리라고 말하는 것이니, 이것은 성문
> 聖門의 '방심放心을 구제하여 덕성德性을 높이는 학문'과는 정확히 상반되는
> 것이다. 학자는 이에 대해서 반드시 정밀히 살피고 깊이 경계해야 할 것이
> 다.16)

먼저 심心과 리理의 관계에 있어 '리'는 형이상자로서 심의 근본이 되는
반면, '심'은 형이하자로서 단지 리를 운용하는 도구가 된다는 것이 정주학
의 기본 입장이라는 것이다. 따라서 정주가 말하는 '심리합일처心理合一處'란
곧 '심과 리가 본래 하나'라고 하는 '심즉리心卽理'를 의미하는 것이 아니라,
현실세계의 심은 항상 리를 담고 있다는 측면에서의 혼융무간混融無間을 의
미한다. 정주학에서는 심이 아닌 리를 주主로 하여 심과 리를 합일合一시키
고자 한다. 리는 심이 따라야 하는 궁극적 준칙이자 표준이며, 심이 이러한
리를 잘 준수하는 것이 곧 심리합일心理合一이다. 심리합일을 통해 방심放心
을 구제하고 덕성德性을 높이는 학문이 곧 정주의 성학聖學이다. 반면 후유後

---

16) 『艮齋集』 前編(333), 권12, 「雜著‧怵言」, 7쪽, "理爲心本, 亦心所運用. 惟程朱辨得精覈. 故其
言心理合一處, 直是渾融無閒. 後儒說, 卽心是理, 其所謂心理一致, 反成兩相違戾. 程朱之合一,
所主在理, 欲心與理合. 後儒之合一, 所重在心, 謂心便是理, 此與聖門求放心以脅德性之學正相
反. 學者於此, 須精察而深戒之也."

儒 가운데 이학가異學家들이 주장하는 '심리일치心理一致'는 정주와 같이 혼용 무간이 아니라 오히려 심과 리가 둘이 되어 서로 어긋나게 되며, 이들이 말하는 합일에 있어 중요한 것은 리가 아니라 심으로서, '심이 곧 리'라고 주장하게 된다는 것이다. 리가 아닌 심을 주로 삼아 심과 리의 관계가 전도 됨으로써 심이 궁극적 준칙으로서의 리에서 일탈하고(放心) 덕성(理)을 준수 하지 못함으로써 오히려 심과 리가 합일되지 못하는 폐단이 야기된다는 것 이다.

3) 성性을 배우는 것이 정학, 심心을 배우는 것은 이단

전우는 '천天'을 근본으로 하는가 아니면 '심心'을 근본으로 하는가, '리' 를 주主로 하는 '심리합일心理合一'인가 아니면 '심'을 주로 하는 '심리일치心理 一致'인가에 따라 정학과 이단을 구분하지만, 성性과 심心의 관계에 대한 입 장에 따라 정학과 이단을 구분하기도 한다. 전우에게 있어 '천'이 곧 '리'이 고 '리'가 곧 '성'이며, 전우의 핵심이론 가운데 하나가 '성사심제설性師心弟說' 이라는 점을 보더라도 실상 정학과 이단을 구분하는 기준은 성과 심의 관계 를 어떻게 보는가에 달려 있다고 해도 과언이 아니다.

전우는 먼저 성性이 아닌 심心으로 근본을 삼음으로써 유학이 분열되었 다고 주장한다. 정학, 즉 공맹유학과 정주학은 모두 '성'을 근본으로 삼고, 심은 성을 표준·스승으로 삼아 성을 따라야 한다고 본다. 그런데 석씨釋氏, 고자告子, 육구연, 왕수인이 성 대신에 심을 근본으로 삼은 이후에 유학이 분열되고 도道에서 괴리되었다는 것이다. 이러한 문제를 해결하기 위해서는 먼저 심을 작게 하여 낮추고 다시 무위無爲의 성을 높이고 존숭하여(小心尊性)

본래의 유학으로 돌아가야 한다. 만일 성을 근본으로 하게 되면 그 성은 실리實理이기 때문에 학문 또한 유용한 것이 될 수 있다. 하지만 실리로서의 성이 아닌 허령虛靈한 심을 숭상하게 되면 참되지도 못하고 쓸모도 없는 학문이 된다는 것이다.[17)

그렇다면 심心을 근본으로 삼는 것이 문제가 되는 이유는 무엇 때문일까? 한마디로 '심즉리心卽理'가 아니라 '심시기心是氣'이기 때문이라는 것이다. 심은 지선무악至善無惡한 무위無爲의 리理가 아니라 유선유악有善有惡한 유위有爲의 기氣이다. 따라서 심은 궁극적 표준이나 준칙으로 삼을 수 없을 뿐만 아니라, 자칫 운용되는 과정에서 사벽邪辟으로 흐를 수 있는 가능성을 면할 수 없다. 반면 성은 '성즉리性卽理'이기 때문에 지선무악至善無惡한 리와 같이 한결같이 선하여 무잡無雜하다는 것이다.[18) 심을 리가 아닌 기로 규정하는 전우는 성과 심을 구분하여 다음과 같이 말한다.

나는 사람들에게 "진실로 성즉리性卽理를 보고 기氣를 섞지 마라"라고 말하고 싶다. 성性은 순선純善으로서 약간의 악惡도 없고, 성은 극極으로서 더할 것이 없으며, 성은 체물體物하더라도 남기는 것이 없다.…… 대저 심은 활물活物이니, 스스로 조관照管을 잃어버리면 곧 성에 근본하지 못하고, 아래로

---

17) 『艮齋集』後編(335), 권15, 「雜著 · 海上散筆二」, 180쪽, "夫堯舜禹之心, 歸宿于中, 孔顔之心, 歸宿于矩與仁, 大學之明新, 歸宿于至善, 子思之戒懼, 歸宿于中和, 孟子之存心, 歸宿于性善, 朱子之論學, 歸宿于性, 小學題辭曰, 惟聖性者, 大全崇德銘, 尊我德性, 希聖學兮, 語類學而不論性, 不知所學何事. 此所謂學歸于一而其道醇者也. 自釋氏, 告子, 象山, 陽明, 以心爲性, 此學分裂而其道離矣. 今須小心自卑, 勿藐性之無爲而降之, 則庶幾爲歸一之學矣. ○主性則性是實理, 爲可用之學矣. 不主實理而徒尙虛靈, 則其學無實而遂不可用矣."

18) 『艮齋集』前編(333), 권12, 「雜著 · 怵言」, 4쪽, "況所謂心者, 固是神明之物, 畢竟是有作爲運用, 而不離乎氣字位分. 故其本著者, 但能不礙夫理而助其流行耳, 恐未可據之以爲極則也."; 『艮齋集』前編(332), 권4, 「書 · 答楊禹玄」, 157쪽, "但心究是氣, 其所運用, 未免有時而流於邪辟, 不能如性體始終本末一於善而無雜."

정욕情欲 · 형기形氣의 무리와 더불어 불선不善한 곳으로 빠져들 것이다. 오호
라 위태하도다! 순식간에 경敬을 쓰지 않을 수 있겠는가?19)

전우는 성즉리性卽理의 입장에서 '성性'을 리와 같이 순선純善하고 무악無
惡한 것으로 보아 최고의 준칙과 표준으로 삼는다. 성은 리와 같이 무위無
爲 · 무계탁無計度 · 무작위無作爲하는 무형의 형이상자이기 때문에 체물體物하
더라도 아무런 흔적이 남지 않는다. 그러나 심心은 형이하자로서 활물活物이
기 때문에 끊임없이 살피고 단속하는 조관照管이 필요하다. 심을 살피고 단
속하는 일은 반드시 성을 근본으로 해야 한다. 즉 성을 표준과 준칙으로 삼
아 심이 성性을 따르도록 해야 한다. 만일 심을 제대로 살피고 단속하지 못
하면 성性을 근본으로 하지 못하고 정욕情欲 · 형기形氣와 함께 불선不善으로
빠져들게 된다. 따라서 반드시 경敬으로 심을 살피고 단속해야 한다는 것이
다. 전우에게 있어 심 그 자체는 도덕행위의 능동적 주체가 되지 못한다.
심은 오로지 성을 근본으로 삼고 경을 통해 통제될 때만이 도덕행위의 주체
로서의 역할을 할 수 있는 수동태이다.

전우는 이러한 심心을 배우는 것은 이단이고 성性을 배우는 것은 정학이
라고 다음과 같이 주장한다.

배운다는 것은 무엇을 배우는 것인가? 바로 성性을 배우는 것이다. 그렇다면
누가 배우는 것인가? 바로 심心이 배우는 것이다. 어떤 이가 배우는 것은
대저 심을 배우는 것이라고 하였는데, 이는 이단의 말이니 따르지 말아야

19) 『艮齋集』 前編(333), 권13, 「雜著 · 㤠言二」, 59쪽, "欲謂人苟有見於性卽理而不雜氣. 性純善
而無少惡, 性爲極而無以加, 性體物而不可遺.……蓋心是活物, 纔自失照管, 便不本於性, 而下與
情欲形氣之屬, 同淪於不善之地. 嗚呼危乎! 其可不瞬瞬息息而用夫敬也乎?"

한다. 대저 인신人身에는 다만 성性·심心·기氣·형形 네 가지만 있을 뿐이다. 장차 성이 심을 배운다고 한다면, 성은 무위이니 어떻게 배울 수 있겠는가? 기와 형이 심을 배운다고 한다면, 이는 또한 모두 영각靈覺이 없고 호오好惡가 없는 사물이니 어떻게 능히 배울 수 있겠는가? 그러한즉 심이 스스로 심을 배운다고 말하지 않을 수 없다. 대저 심은 하나일 뿐이니, 어찌 하나의 심이 있고 다시 하나의 심을 배운단 말인가? 이는 결단코 그릇된 것이니, 우리 성인 문하에서 용납하기 매우 어려운 것이다. 어떤 이가 "성을 배우는데 어떤 과정이 있습니까?"라고 물었다. 이에 "도道를 배운다든지, 예禮를 배운다든지, 인의仁義를 배운다는 것이 모두 성을 배우는 것이다"[20]라고 하였다.

여기서 전우는 성학과 이단의 기준을 배움의 대상에서 찾고 있다. 즉 심心이 성性을 배우면 성학이고 심을 배우면 이단이라는 것이다. 먼저 '성이 심을 배운다'고 하게 되면 다음과 같은 문제가 발생한다고 본다. 첫째, 성은 무위의 형이상자이기 때문에 유위有爲하는 배움의 주체가 될 수 없다. 둘째, 기氣와 형形의 경우에는 비록 유위하는 형이하자이지만 지각(靈覺)과 정감(好惡)이 없기 때문에 심을 배울 수 있는 능력 자체가 없다. 셋째, 성, 기, 형이 심을 배울 수 없다면 결국 심이 스스로 심 자신을 배워야 하는데, 심은 하나뿐이기 때문에 동시에 배움의 주체와 배움의 대상이 될 수 없다. 따라서 심을 배운다고 하는 것은 성인 문하에서 용납할 수 없는 이단이라는 것이다. 그렇다면 성학에서 말하는 '심이 성을 배운다'는 것은 무엇을 의미하는

---

20) 『艮齋集』後編(334), 권3, 「書·答吳信泳」, 133쪽, "學者何所學? 學夫性也. 誰學之? 心學之也. 或曰, 學者學夫心也, 此異端之說, 不可從也. 蓋人身上, 只有性心氣形四者而已. 將謂性學心乎, 則性是無爲底, 如何能學? 謂氣與形學心乎, 則是又皆無靈覺無好惡底物事, 如何能學? 然則不得不曰心自學心矣. 夫心一而已, 安有一心而復學一心乎? 此決然誤矣, 吾聖人門下, 萬難容著. 或曰, 學性有據乎? 曰, 學道學禮學仁義, 皆學性也."

가? 심은 단지 성을 인식하는 인식 주체일 뿐이며, 성은 인식 대상이 된다. 심이 도道, 예禮, 인의仁義를 배운다고 하는 것은 곧 성을 배운다는 것을 의미한다. 성은 사람이 따라야 하는 당위의 도덕규범이자 삶의 준칙(所當然之則)으로서 심은 자신을 규범과 준칙으로 삼는 것이 아니라 성을 인식하여 성을 규범과 준칙으로 삼고 이에 순응할 뿐이다.

4) 주재에 따른 정학과 이학의 구분

'정학'과 '이학'을 구분하는 또 하나의 기준은 바로 '주재主宰'에 달려 있다. 전우는 「여유치정與柳穉程」이란 편지글에서 "일전에 별지別紙를 보내서 물어본바, '리理의 동정動靜은 한결같이 기氣가 하는 바를 따른다'(理之動靜一隨氣之所爲)라고 하는 열 글자는 내 마음으로 친절하게 체득하여 행해 보고자 하니, 어떻게 공부를 하는 것이 마땅한가? 다만 급박하고 절실하게 물어서 사람들로 하여금 깊이 반성토록 할 뿐이다. 그윽이 생각건대 이 일의一義는 오유吾儒와 이학異學이 나누어지는 곳이요, 본체本體와 공부功夫가 합일合一하는 곳이니, 조그마한 차이도 용납할 수가 없다"[21]라고 하여, "리의 동정은 한결같이 기가 하는 바를 따른다"(理之動靜一隨氣之所爲)라는 말에 대한 해석을 가지고 '정통'과 '이단'을 나누는 기준점으로 삼고 있다. 이에 전우는 "나의 이른바 '리理의 유행流行은 한결같이 기氣가 하는 바를 따른다'는 것은 모름지기 그 대구對句인 '기氣의 유위는 리理가 반드시 주재가 된다'는 말과 더불

---

21) 『艮齋集』 前編(332), 권3, 「書·與柳穉程」, 68쪽, "曩來別紙所詢, 理之動靜一隨氣之所爲此十字, 欲就吾心上親切體行, 當如何用功一段? 直是詰得逼切, 令人發深省也. 竊念此一義, 是吾儒與異學分界處, 本體與功夫合一處, 不容少有差互."

어 교호交互하여 살펴보아야 스스로 의심이 없게 된다"[22]라고 하여, 정학과 이학을 나누는 기준은 곧 '리가 주재한다고 보는가? 아니면 '기가 주재한다고 보는가?'에 달려 있다고 한다. 이러한 주재 문제와 관련하여 전우는 다음과 같이 말한다.

대저 '기氣는 리理가 주재한다', '리는 기가 하는 바를 따른다'는 것은 도체道體가 스스로 그러한 것이다. 사람이 진실로 자연自然한 중도中道에 이르지 못한즉, 그 운용하는 바가 어떻게 그것과 더불어 하나가 될 수 있겠는가? 안자顔子가 도달하지 못한 이 한 칸이 바로 여기에 있을 뿐이다. 그러나 우리들이 공부하는 도道는 또한 다만 자심자성自心自省에 있을 뿐이다. 그것(心)이 싣고 있는 성性으로 하여금 그 본연本然의 선善을 성취토록 할 뿐이다. 성은 심이 하는 바를 따른즉, 이른바 리의 유행이 한결같이 기가 하는 바를 따른다고 하는 것이다. 정情이 없는 리가 한결같이 심이 하는 바를 따르더라도 불선不善에 빠지지 않는 것은 그 심이 성찰省察하는 노력을 하는 데서 말미암는다. 비록 자심자성自心自省이라고 말하더라도 만일 성 가운데 본래 이 심의 자성自省이 없다고 한다면, 리로 하여금 그 본연의 선善의 리를 잃지 않도록 하더라도 이 마음이 어떻게 스스로 이 작용을 지닐 수 있겠는가? 이는 곧 이른바 '기의 유위有爲는 리가 반드시 주재가 된다'고 하는 것이다.[23]

---

22) 『艮齋集』 前編(332), 권3, 「書·與柳穉程」, 68쪽, "愚所謂理之流行一隨氣之所爲者, 須與其對句氣之有爲理必爲之主宰者, 交互看來, 自無可疑."

23) 『艮齋集』 前編(332), 권3, 「書·與柳穉程」, 69쪽, "大抵氣爲理之所宰, 理隨氣之所爲, 是爲道體之自然也. 人苟未至於自然中道之地, 則其所運用, 如何便與佗打做一片耶? 顏子之未達一間, 正坐此耳. 然吾人用功之道, 亦只在自心自省. 使其所載之性, 得遂其本然之善而已. 性隨心之所爲, 卽所謂理之流行一隨氣之所爲也. 無情之理, 一隨心之所爲, 而得不陷於不善, 由其心有省察之功也. 雖曰自心自省, 若性中原無此心自省, 使理不失其本然之善之理, 則此心何自而有此作用乎? 此則所謂氣之有爲, 理必爲之主宰也."

성性은 무위無爲의 본체이지만, 심心은 본체가 아니라 성을 담고 있는 그 릇이다. 성의 본연한 선은 성 그 자체가 아니라 유위有爲한 심의 작용을 통해서만 성취될 수 있다. 성은 무위하기 때문에 반드시 유위한 심을 따를 수밖에 없는바, 이를 통해 리理의 유행이란 리가 스스로 작용한다는 말이 아니라 유위한 기가 하는 바를 따른다는 것을 의미한다는 것을 알 수 있다. 본체로서의 무정無情한 리가 유정有情한 심이 하는 바를 따르더라도 불선不善에 빠지지 않는 것은 바로 심이 스스로 성찰省察하는 노력을 하기 때문이라는 것이다. 그런데 여기서 중요한 점은 심이 성찰할 수 있는 근거는 심 그 자체로 가능한 것이 아니라, 심이 담고 있는 성 가운데 '심이 자성自省할 수 있는 원리'가 내재되어 있기 때문이라는 점이다. 만일 성 가운데 '심이 자성할 수 있는 원리'가 없다고 한다면, 리가 심으로 하여금 본래 선한 리를 잃지 않게 하더라도 심은 스스로 그렇게 할 수 없다는 것이다. 이것이 곧 '기氣의 유위有爲는 리理가 반드시 주재主宰가 된다'고 하는 것을 의미한다. 즉 리가 기의 유위를 주재한다는 것은 리가 스스로 작용해서 직접 기의 유위를 주재한다는 것을 의미하는 것이 아니라, '심이 자성할 수 있는 원리'와 같이 성의 형태로 리가 기인 심에 구비되어 있고, 심은 그 원리에 따라 스스로 성찰省察(自省)한다고 하는 것을 의미한다.

이에 전우는 "심心이 주재主宰인가?"라는 질문에 대해 "심은 진실로 주재한다는 뜻이다. 그러나 이른바 주재라는 것은 리理이다"라고 한 주희의 말과 "무위無爲하면서 유위有爲의 주主가 되는 것은 리이다"라고 한 이이의 말을 소개하고, "성性은 심을 검속할 것을 알지 못한다"라고 한 말이 다음과 같은 문제를 안고 있다고 말한다.

또한 성性이 심心을 검속할 것을 알지 못한다는 것은 곧 리理가 기氣를 검속할 것을 알지 못한다는 것을 말하는 것이다. 리가 기를 검속할 것을 알지 못한다고 말한즉, 반드시 그대의 견해가 편하지 않다. 또한 '성이 심의 주재主宰가 된다'는 것은 그대가 말하는 '리는 기의 주재가 된다'는 것이니, 도리어 편치 않은 것은 무엇인가? 다만 '심으로 리를 삼고 마침내 성의 주재가 된다고 한다면, 그 세력이 그렇지 않은 것이 없을 것이다. 또한 성이 마음을 검속할 것을 알지 못하기 때문에 곧 주主가 되는 데 부족하다고 의심한다면, 그 이른바 '리가 기의 주재가 된다'는 것이 어찌 지각知覺이 있고 작용作用이 있는 사물이 아니겠는가? 이에 그대는 비록 기를 리로 인식한다는 충고를 면하고자 하지만, 그럴 수 없다. 비록 스스로 주리主理를 말하면서도 본심本心의 학學이 됨을 면하지 못하니, 어찌하겠는가?24)

성性은 무위하기 때문에 심心을 검속할 수 없다고 한 주장에 대해 전우는, 이것은 곧 리理가 기氣를 검속할 것을 알지 못한다는 것과 같은 말로서 문제가 있다고 본다. 심학파는 성을 심의 주재로 삼지 않고, 심이 곧 리라 하여 심을 성의 주재로 삼는 우를 범하고 있다는 것이다. 비록 리가 무위이지만 심 속에 원리로 내재되어 유위의 기를 주재하는 것처럼, 성 또한 무위이지만 유위의 심을 주재할 수 있다. 단지 성이 심을 검속할 수 없기 때문에 심의 주재가 될 수 없다고 말하는 것은, 리 또한 기의 주재가 될 수 없다고 말하는 것과 다를 것이 없게 된다. 이는 바로 천天을 근본으로 삼는 '본천本

---

24) 『艮齋集』前編(332), 권3, 「書·與柳穉程」, 69쪽, "然朱先生答心是主宰之問曰, 心固是主宰底意. 然所謂主宰者, 卽理也. 栗翁曰, 無爲而爲有爲之主者, 理也.……至於性不知檢其心, 則又與此不相害. 橫渠以理之無爲言, 老洲以心之所本言, 二說者, 實亦互相發也. 且性不知檢心, 卽理不知撿氣之謂也. 而理不知撿氣之云, 則必不安於高見矣. 且性爲心宰, 卽執事之謂理爲氣主也, 而卻以爲未便, 何也? 只爲以心爲理, 而遂以爲性之主宰, 則其勢自不得不然也. 且以不知檢心之故, 而便疑其不足於爲主, 則其所謂理爲氣宰者, 豈非有知覺有作用底物耶? 於是乎執事者, 雖欲免認氣爲理之議, 不可得矣. 雖自謂主理而不免爲本心之學矣, 如何如何?"

天'이 아닌, 마음을 근본으로 삼는 '본심本心'에서 비롯된다는 것이다.

5) 존심이냐? 존성이냐? - 성사심제설

정학과 이단을 나누는 마지막 기준으로는 '성性을 높이는가'(尊性) 아니면 '심心을 높이는가'(尊心)의 여부에 있다. 전우는 "『중용』을 읽으면, 심을 높이고 성을 높이지 않는 것은 군자의 마음이 아니라 육왕의 견해라는 것을 안다. 회옹의 「숭덕명崇德銘」을 읽으면, 심을 높이고 성을 높이지 않는 것은 성현의 학문이 아니라 이단으로 돌아가는 것이라는 것을 안다"[25]라고 하고, 또한 "존덕성공부는 인신人身 가운데 무엇이 하는 것인가? 이미 구각軀殼이 하는 바가 아니고, 또한 기품이 하는 바가 아닌즉, 심이 하는 바가 아니라면 무엇인가? 심이 성을 높이는 것은 이미 성문聖門의 바른 전함이며 사유師儒의 의론이다. 학자의 공부가 어찌 이것을 밖으로 하고 다른 것을 구하겠는가? 그러므로 주자가 이름 하여 '존덕성尊德性, 희성학希聖學'이라고 한 것이다. 심이 만일 스스로 높이고 기꺼이 성을 높이지 않는다면, 결단코 이는 이학의 규범規模이다"[26]라고 하여, 정학과 이단의 기준을 '심으로 성을 존중하는 것'과 '심이 스스로를 높이고 성을 높이지 않는 것'에 두고 있다.

이러한 기준을 바탕으로 전우는 공문孔門의 교학敎學은 '성을 높임'(尊性)에 있는 반면, 외가外家의 교학은 '심을 주로 함'(主心)에 있다고 평가한다. 성

---

25) 『艮齋集』 後編(335), 권15, 「雜著・海上散筆二」, 187쪽, "讀中庸, 則知尊心而不尊性者, 非君子之心, 而爲陸王之見矣. 讀晦翁崇德銘, 則知尊心而不尊性者, 非聖賢之學, 而爲異端之歸矣."
26) 『艮齋集』 後編(335), 권14, 「雜著・海上散筆一」, 158쪽, "尊德性功夫, 是人身中, 何者所爲? 旣非軀殼之所爲, 又非氣稟之所爲, 則非心之所爲而何? 以心尊性, 旣是聖門正傳, 則師儒之議論. 學者之功夫, 惡可外此而他求哉? 故朱子銘曰, 尊德性, 希聖學. 心若自尊, 而不肯尊性者, 決是異學規模."

을 표준(極)으로 삼으면 학문의 원두源頭가 바름으로 인해 말류末流도 바르게 되지만, 심을 표준으로 삼으면 원두가 한 번 어긋남에 말류도 모두 어긋나게 된다. 즉 심은 좋지 않은 것이기 때문에 심을 표준으로 삼고 주재로 삼으면 심 자체뿐만 아니라 정情과 기氣 또한 옳지 못하게 되고 성과 괴리될 뿐만 아니라 오히려 성을 질곡시키고 지志를 잘못 이끄는 폐단을 야기한다는 것이다.27)

이러한 '존심尊心'과 '주심主心'으로 인한 폐단을 예방하고 이단의 학문으로부터 공문孔門 성학聖學을 온전히 보존하고 계승하기 위해서는 심으로 하여금 반드시 성에 근본으로 삼아 감히 자용自用하지 말도록 해야 하는바,28) 그 구체적 방안이 곧 '성사심제설性師心弟說'이다. 전우는 "육경六經에 쌓여 있는 십만 가지 말은 무엇인들 이 마음이 성性을 스승으로 삼는 도道 아닌 것이 있겠는가? 불씨佛氏의 설說 대부분은 무엇인들 자심자사自心自師의 도 아닌 것이 있겠는가?"29)라고 하고, "유자儒者의 학學이 성을 스승으로 삼지 않는 것은 만세萬世 사자士子의 불행이다. 가령 상산과 양명 이래로 제유諸儒들 또한 성을 스승으로 삼고 그 마음이 감히 스스로 작용하지 않았다고 한다면, 금일에 이론異論이 무엇을 따라 생겨났겠는가? 오호라! 참으로 만세의 불행인져"30)라고 하여, 정학에서는 '성사심제'를 종지로 하는 반면, 이단의 학설

---

27) 『艮齋集』 前編(333), 권12, 「雜著·悾言」, 4쪽, "孔門教學, 全在尊性, 外家教學, 全在主心. 如以性爲極, 卽源頭旣正, 而末流無往不正……如以心爲極, 卽源頭一差, 而末流無一不差, 心也是不好底, 故曰人心自由便放去. (程子語.) 又曰, 釋氏專認此心, 以爲主宰, 故不可與入道, (詳見朱子答南軒書.) 情也是不好底, 故曰情旣熾而益蕩, 梏其性而亡之, 氣也是不好底, 故曰氣壹則動志."
28) 『艮齋集』 前編(333), 권14, 「雜著·主宰說」, 99쪽, "心必本於性而不敢自用也."
29) 『艮齋集』 後編(335), 권15, 「雜著·海上散筆二」, 225쪽, "六經累數十萬言, 何莫非此心師性之道乎? 佛氏之說多矣, 何莫非自心自師之道乎?"
30) 『艮齋集』 後編(335), 권15, 「雜著·海上散筆二」, 187쪽, "余又曰, 儒者之學而不師性, 萬世士子之不幸. 使象山陽明以來, 諸儒亦皆以性爲師, 而其心不敢自用矣, 則今日異論, 何從而生? 噫!

은 '자심자사'한다고 비판한다. 그렇다면 '성사심제'란 무엇을 의미하는 것일까?

'성은 스승이고 심은 제자(性師心弟)라는 말은 대체로 심이 운용할 때에 성선性善이 발현된 것을 모범으로 삼아 하나하나를 모두 그에 따른다는 것이다.…… 스승이란 다만 가르침을 베풀어 줄 뿐이니, 제자가 하는 바를 어떻게 하나하나 따라다니며 검속할 수 있겠는가? 그러므로 정자程子의 문인들은 "자기 스스로 조심하고 엄숙하지 못하고는 정 선생에게 모든 일들을 요구한다"라고 말하는 것이다. 심이 성을 모두 실현할 수 있느냐 하는 것 또한 제자가 스승의 가르침을 모두 다 할 수 있느냐 하는 것으로 비유하면 통하지 않을 것이 없다.[31]

전우가 말하는 '성사심제'란 심心은 단지 운용만 하고, 심이 본받는 것은 본래부터 선善한 성性이며, 심은 성을 모범으로 삼아 성을 따른다는 것을 의미한다. 성이 직접 작용하고 운용하는 것이 아니라 단지 준거·표준·준칙으로만 설정되어 있고, 심 또한 제멋대로 작용하는 것이 아니라 성을 준칙으로 삼고 성에 순응한다는 것을 의미한다.

성사심제에 대한 보다 구체적인 의미는 '성사심제설'이 주희의 '심통성정설心統性情說'과 모순된다는 지적에 대한 전우의 답변에서 찾을 수 있다. 전우는 '통統'에는 '겸兼한다'는 의미와 더불어 '모으고 본받는다'는 뜻이 함

眞萬世之不幸矣夫."

31) 『艮齋集』 後編(335), 권15, 「雜著·海上散筆二」, 69쪽, "性師心弟, 大槩言爲心者運用之際, 以性善之發見者, 爲模範而一一效法也.……蓋師者, 只是施敎而已, 而弟之所爲, 如何能逐一檢點? 故曰程門人自不謹嚴, 干程先生甚事. 至於心能盡性, 又當以弟子能盡其師之所以敎者譬之, 無不可通也."

께 있다고 전제하면서, '심이 성을 모으고 성을 본받는다'는 것은 곧 "스승이 삼강팔조목三綱八條目의 가르침을 베풀고 오도五道·구경九經의 가르침을 주면 제자는 그것을 모으고 운용하는 것이 마치 성이 오상五常·사단四端·육예六藝·구경九經의 도道를 보여 주면 심은 그것을 하나하나 모으고 본받는 것과 같다"라고 한다. 그렇기 때문에 성사심제설은 심통성정설과 서로 모순이 되지 않는다는 주장이다.[32]

성性의 구체적 내용은 『대학』의 삼강령·팔조목, 오상(仁·義·禮·智·信), 사단, 육예, 구경 등이다. 스승이 되는 성은 이러한 형태의 구체적인 덕목, 즉 표준과 준칙으로 설정되어 있을 뿐, 그 자체가 발휘되거나 운용되지는 않는다. 심이 이러한 준칙·표준·준거로서의 구체적인 덕목들을 인식하여 모으고 본받아 운용하는 것이다. 결국 '성사심제'란 실제 성이 스승이 되어 제자인 심을 이끌어 주는 것이 아니다. 단지 성은 단지 표준·준칙으로서만 자리하고 있을 뿐, 심이 스스로 성을 인식하고 본받고 운용하는 것이다. 이에 전우는 "심이 비록 존귀하기는 하나 또한 심心보다 더 존귀한 존재가 있으니 성명性命이 이것이다"[33]라고 하여, 심보다 성을 가치론적으로 우위에 둔다.

이상에서 고찰한 전우의 '정학'과 '이학', '성학'과 '이단'을 나누는 기준은 다음과 같이 요약할 수 있다. 첫째, 심心이 천天을 근본으로 삼으면 성인지학이고, 심을 근본으로 삼으면 이학이다. 둘째, 천리天理를 위주爲主로 하

---

32) 『艮齋集』後編(335), 권15, 「雜著·海上散筆二」, 69쪽, "今日性師心弟, 則其於心統性情及先說心後說性之意, 皆何如也? 師施三綱八條之教, 敷五道九經之誨, 則弟子總合而運用之, 如性示以五常四端六禮九經之道, 則爲心者一一統會而效法之. 如此則心統性情之說, 何嘗窒礙於性師心弟之義乎?"

33) 『艮齋集』後編(335), 권15, 「雜著·海上散筆二」, 69쪽, "心雖貴, 亦有貴於心者, 性命是也."

여 심으로 보좌하도록 하고, 성性을 높이고 리理를 궁극적 준칙으로 삼으면 정학이지만, 심을 성군으로 삼고 성을 낮추어서 심으로 하여금 성을 부리게 하고 자신이 믿는 심을 궁극적 준칙으로 삼으면 이단이다. 셋째, 심을 배우는 것은 이단이고 성을 배우는 것은 정학이다. 넷째, '리理·성性이 주재主宰한다'고 보면 정학이고, '기氣·심心이 주재한다'고 보면 이학이다. 다섯째, 심이 성을 높이는 것은 성학이지만, 심이 스스로를 높이고 성을 높이지 않는 것은 이학·이단이다. 다양한 기준을 제시하고 있지만, 이는 주자학만이 정학이고 이외의 학문들은 모두 이학이라는 한마디 말로 귀결된다. 주자학의 핵심 명제인 '성즉리性卽理'·'심즉기心卽氣'만이 옳고 심학 계열의 '심즉리心卽理'는 그르다는 것이다. 무위의 형이상자인 천天·리理·성性을 근본으로 삼고 이를 높이는 학문이야말로 진정한 성학이자 정학이며, 심心을 근본으로 삼고 이를 높이는 학문은 오히려 이러한 성학을 그르치는 이단이라는 것이다. 전우가 생각하는 가장 바람직하고 올바른 학문은 성은 높여서 궁극적 준칙과 표준으로 삼고 심은 낮추어서 성을 본받고 성을 존중하고 성에 순응하도록 하는 '성사심제'의 학문이다.

3. 불교, 육왕학, 한주학파에 대한 총체적 비판

전우는 '정통'과 '이단', '정학'과 '이학'을 구분하는 기준과 근거를 제시하는 단계에 머무르지 않는다. 그는 매우 적극적으로 자신이 제시한 기준을 근거로 고자, 도가, 불교는 물론 같은 유학인 상산학과 양명학, 심지어는 같은 성리학자인 이항로와 이진상에 대해서도 이학 또는 이단의 학문이라고 하여 전방위적으로 비판을 가하고 있다.

전우는 「해상산필海上散筆」, 「화서아언의의華西雅言疑義」, 「분언忿言」 등의 글에서 주자성리학 이외의 학문들에 대해 다음과 같이 비판하고 있다.

불씨·고자·상산·양명은 지각知覺을 성性으로 삼고 리理로 삼았다. 주자는 "리理란 지각이 아니라 태극천도太極天道이며 인성人性이 모두 같다"라고 하였다. 『논어』에 공자는 "인능홍도人能弘道"라고 하였다. 주자는 "인심유각人心有覺"이라고 하였다. 심종일파心宗一派는 도리어 이 인人이란 글자를 곧바로 리理로 바꾸어 버렸으니, 공자·주자와 같겠는가? 제가와 같겠는가?[34]

내가 생각건대, 삼가三家(告子·釋氏·陽明)의 병은 다만 심心을 극칙極則으로 알고 다시 성性으로 이 마음의 근본을 삼지 않는 데 있다. 이는 병을 받은 근원일 뿐이니, 기질氣質을 살피지 않는 것은 다만 그 나머지 증거이다. 저 삼가가 진실로 성을 위주로 하여 심을 근본으로 하지 아니하고 멈춘다면, 그 기질의 병을 스스로 살피지 않을 수 없다. 이제 이윽고 심으로 리를 삼았는데도, 삼가의 학문을 논의하는 과정에서 또한 부질없이 그들이 기질을 살피지 못한 잘못만을 병폐로 여기고 그들이 심을 궁극적인 기준으로 삼은 잘못에 대해서는 배척하지 않는다면, 아마도 발본색원拔本塞源하여 바름으로 돌리는 것이 없을 것이다. 어떻게 해야 하는지 알지 못하겠다.[35]

---

34) 『艮齋集』後編(335), 권15, 「雜著·海上散筆二」, 230쪽, "佛氏告子象山陽明, 認知覺爲性爲理. 朱子曰, 理未知覺, 太極天道, 人性皆同. 論語子曰, 人能弘道. 朱子曰, 人心有覺. 心宗一派, 卻將此人字, 直喚做理, 是與孔朱同乎? 與諸家同乎?"

35) 『艮齋集』前編(333), 권14, 「雜著·華西雅言疑義」, 139쪽, "愚按三家之病, 只爲認心爲極則, 而不復以性爲此心之本. 此其受病之源爾, 其不察氣質, 則特其餘證也. 彼三家者, 苟以性爲主, 而不敢本於心而止焉爾, 則其於氣質之病, 自不敢不察也. 今其旣以心爲理, 而其論三家之學, 又徒病其不察氣質之失, 而不斥其認心爲極之誤, 則恐無以拔本塞源而反之正也. 未知如何?"

전우는 '생지위성生之謂性'을 주장한 고자, '작용시성作用是性'을 주장한 석가모니는 물론, '심즉리心卽理'를 주장한 육구연과 왕수인 모두를 심心을 종지로 삼는 심종일파心宗一派로 규정한다. 이들은 한결같이 지각인 심을 궁극적 준칙으로 삼는 반면, 성性을 마음의 근본으로 삼지 않을 뿐만 아니라 심을 형이상자인 태극·천도로서의 리理로 바꾸어 버림으로써 성학을 왜곡하는 엄청난 잘못을 저질렀다는 것이다.

전우의 비판의 화살은 여기에 멈추지 않는다. 전우는 「분언이体言二」라는 글에서 도가와 불교를 하나의 계열로 묶고, 상산학과 양명학을 하나로 계열로 묶어 비판하면서, 당시 성리학자들의 학설에 대해서도 비판을 가한다. 먼저 도가와 불교는 도道를 주主로 하는 학문이 아니라 기氣를 주로 하는 학문으로서, 이들이 근거하는 것은 참된 도가 아닌 '심心'에 불과하다고 비판한다. 유학에서는 심이 궁극적 준칙인 리理(性)에 순응토록 하여 심과 리가 합일토록 하는 반면, 불교에서는 윤리倫理가 마음의 장애가 된다고 하여 오히려 리를 제거하고자 함으로써 심과 리를 둘로 나누는 우를 범한다는 것이다. 육구연과 왕수인의 경우 또한 심리합일을 말하지만, 이는 심즉리 즉 심을 리로 인식하는 오류에서 비롯되었기 때문에, 심의 운용이 리에 부합되지 않는 문제를 야기한다고 본다. 이 점에서 육왕학이 불교와 같다는 것이다. 즉 육왕학은 주리主理를 말하는 것이 아니라 주심主心을 말하는데, 이 점에서 유학과 다르다는 것이다. 전우는 이러한 불교와 육왕학에 대한 비판을 바탕으로, 여기서 한 발 더 나아가 당시 이항로나 이진상 같은 성리학자들이 심신지능心神知能을 리理로 여기는 우를 범하고 있다고 비판한다. 이들은 무위無爲한 도체道體로서의 리가 표준이 되어 심기心氣가 이를 함양해야 함에도 불구하고 유위有爲한 심기를 리로 규정함으로써 심기가 리에 따

라 작위하지 못하는 폐단을 야기한다는 것이다.[36) 전우는 여기서 정통 유학
에서는 리를 궁극적 준칙으로 삼고 기인 심이 리에 부합되도록 하는 심리합
일을 추구하는데, 도가와 불교, 육구연과 왕수인은 물론 심즉리를 주장하는
근세 성리학자들은 공통적으로 한결같이 리가 아닌 심을 주主로 삼기 때문
에 오히려 심이 리와 괴리되거나 리를 방기하는 문제를 야기한다고 비판하
고 있다.

　　전방위적으로 비판의 화살을 날리고 있는 전우는, 불교와 육왕학에 대
해서는 '패도誘道'와 '반도畔道'의 학문이라고까지 혹평한다.

　　리理를 버리고 심心을 밝히며 종심소욕從心所欲하여 윤상倫常의 바깥으로 달
　　려 나가는 것은 불씨의 패도이다. 심을 리로 인식하고 종심소욕하여 기품氣
　　稟과 물욕物欲의 사私를 살피지 않는 것은 육왕의 반도이다. (二氏의 學은 심
　　과 리를 참으로 二物로 만들어서 서로 들어가지 않는다. 대저 天命의 實體를
　　보지 못함으로 말미암아 이 심으로써 主宰를 삼았다. 그러므로 그 말이 비록
　　心理를 하나다 둘이다 하는 다름이 있지만, 심을 근본으로 삼는 것은 한결같
　　을 뿐이다.)[37)

---

36) 『艮齋集』 前編(333), 권13, 「雜著 · 怵言二」, 69쪽, "如老佛之低看了氣而以爲遺此粗跡然後乃
　　爲至道者, 豈不是主道不主氣之學? 而吾儒斥之以主氣, 何也? 以其所據以爲道者, 非眞道而不過
　　是心故也. 又如儒, 釋之異, 正爲吾以心與理爲一, (非謂心卽理也. 但要心合理而爲一.) 而彼以爲
　　二耳. (認倫理爲心障而去之, 是以心與理, 爲二也.) 然象山, 陽明, 雖未嘗不以心與理爲一, (此卽
　　認心爲理而然耳.) 而不察其運用之不合於理, 卻與釋氏, 不大相遠也. 夫陸, 王之謂心理無分, 豈
　　不亦主理之論? 而究與吾儒不同者, 亦以其所主者只是箇心, 而非元來道理也. 此豈宜不加審核而
　　泛然以主理自居乎? 近世之言主理, 往往以操縱適莫心神知能之屬當之, 未知此果爲主無爲之道體,
　　而治有爲之心氣者耶?"
37) 『艮齋集』 前編(332), 권3, 「書 · 與柳穉程 別紙」, 72쪽, "遺理而明心, 從心所欲, 而馳騖乎倫常
　　之外者, 佛氏之誘道也. 認心以爲理, 從其心之所欲, 而不察乎氣稟物欲之私者, 陸氏之畔道也.
　　(二氏之學, 心與理眞成二物, 而不相入. 蓋由不見天命實體, 而專認此心以爲主宰. 故其說雖有心
　　理一二之殊, 而其爲本於心, 則一而已矣.)"

불교는 한마디로 '패도'라는 것이다. 그 이유는 유학에서 근본으로 삼는 리理를 저버리고 기氣에 불과한 심心만을 깨닫고자 하며, 리를 준칙으로 삼지 않고 마음의 욕구만을 따름으로써 강상윤리綱常倫理에서 벗어나는 우를 범하였기 때문이라는 것이다. 육왕학 또한 '반도'라는 것이다. 그 이유는 심즉리心卽理를 주장하여 기인 심을 궁극적 준칙으로서의 리로 삼고 마음의 욕구만을 따르며 공리公理를 외면하고 사사로운 기품氣稟과 물욕物慾에 빠져드는 우를 범했기 때문이라는 것이다. 불교와 육왕학은 심과 리를 둘로 나누어 버리고, 천명天命의 실체實體를 보지 못하며, 심을 주재主宰로 삼고 심을 근본으로 삼는 공통점을 지닌다고 본다.

불교를 패도로 규정하는 전우는 주희의 심성론을 소개하면서 선학禪學을 이학異學으로 규정하는 이유에 대해 다음과 같이 밝히고 있다.

『주자대전朱子大全』 강의講義에 "방촌方寸의 사이에는 허령통철虛靈洞澈하고, (이는 단지 心을 말한 것으로, 禪家에서 가리키는 것과 다르지 않다. 결단코 性을 가리키거나 理를 가리키거나 道를 가리키거나 太極을 가리키는 것이 아니다. 이것들은 그 이치에 해당한다.) 만리찬연萬理粲然하며,(이것이 곧 성이요 리요 도요 태극이니, 스스로 動靜할 수 없는 것이다.) 사물의 변화에 응하는 것이 있으되(이는 情 하나만을 가리키는 것이 아니라, 德行事業이 모두 그 가운데에 있다. 선가는 다만 虛靈만 있고 具理應事가 없기 때문에 異學이 되는 것이다.) 어둡지 아니하니, 이른바 명덕明德이라고 하는 것이다.[38]

---

38) 『艮齋集』 後編(335), 권14, 「雜著・海上散筆一」, 169쪽, "大全講義云, 方寸之間, 虛靈洞澈, (此單言心, 與禪家所指無異. 決不可指爲性, 指爲理, 指爲道, 指爲太極. 此其理也.) 萬理粲然, (此方是性也, 理也, 道也, 太極也, 不能自動靜者.) 有以應乎事物之變(此非但指情一途而已, 德行事業, 皆在其中也. 禪家但有虛靈而無具理應事, 所以爲異學也.)而不昧, 是所謂明德者也."

우선 심心에 대한 주자학과 선학의 입장 차이 문제이다. 심이 허령통철虛靈洞澈한 기능을 지닌다고 보는 점에 있어서는 유가나 선학 모두 동일하다. 그런데 주자학에서는 허령통철한 심을 성性, 리理, 도道, 태극太極으로 보지 않는다는 것이다. 심은 단지 만리萬理를 구비하고 있을 뿐이다. 심이 아닌 만리가 곧 성, 리, 도, 태극이다. 만리는 무형의 형이상자이기 때문에 스스로 동정動靜하는 작위성이 없다. 만리를 구비한 심이 리를 준칙으로 삼아 리에 부합되도록 사물의 변화에 응하는 것이다. 그러나 선가의 경우는 허령한 기능 즉 심만 있지, 그 심이 중리衆理를 갖추고 있지도 못할 뿐만 아니라 사물의 변화에 응하지도 못한다는 것이다. "덕행사업德行事業이 모두 그 가운데 있다"라는 주장에서 알 수 있듯, 주자학과 선학을 나누는 중리는 곧 강상윤리를 의미한다고 할 수 있다. 즉 주자학에서는 강상윤리가 있어 지각知覺 기능을 지닌 심이 이를 준칙으로 삼아 도덕적 실천행위로 이행하는 반면, 선학의 경우에는 오로지 마음만을 근본으로 삼을 뿐 강상윤리가 없기 때문에 도덕적 실천행위 또한 불가능하다는 것이다. 그래서 선학은 정학이 아닌 이학이 된다는 주장이다.

전우가 정학과 이학의 구분으로 삼는 리理가 다름 아닌 '강상윤리'라는 것은 다음과 같은 그의 주장을 통해서도 알 수 있다.

배움은 궁리보다 먼저할 것이 없고, 궁리는 독서보다 먼저할 것이 없다. 이른바 리理란 삼강오상의 도道이며, 이른바 서書란 사자육경의 편編이다. 대저 강상綱常은 천지의 원기元氣이니, 원기가 없으면 천하국가가 무너진다. 경전經傳은 강상의 지남指南이니, 지남이 없으면 문호혜경門戶蹊逕이 미혹된다. 지금 학자들은 경전을 다스려서 정식正識을 열고 강상을 붙잡아서 대도大道를 세우는 데 최고로 힘을 써야 한다. 이와 같으면 이단사설이 물리치지 않더

라도 스스로 제거될 것이요, 선성先聖의 전傳함이 묻지 않더라도 스스로 얻어질 것이다.[39]

전우에게 있어 가장 중요한 학문 방법은 곧 '궁리'이며, 궁리의 방법은 '독서'이다. 그리고 궁리의 대상으로서의 리는 '삼강오상'이며, 독서의 대상은 '사서육경'이다. 심心은 인식주체이고 리理는 인식대상으로서, 독서를 통해 심이 사서육경에 담겨 있는 삼강오상을 인식하는 것이 바로 독서궁리이다. 강상綱常은 천하의 원기元氣로서 천하국가를 운영하는 기틀이 되고, 경전經傳은 이러한 강상의 지남으로서 인간과 사회가 나아갈 바람직한 방향을 제시해 준다. 지금 학자들이 할 일은 경전 공부를 통해 올바른 식견을 열고 강상을 붙잡아 대도大道를 세우는 것이다. 그렇게 하면 굳이 이단을 배척하지 않더라도 스스로 제거될 것이라는 주장이다. 전우는 주희의 성즉리性卽理의 입장을 철저하게 고수하고 있기 때문에 독서궁리가 중시될 수밖에 없다. 경전에 담긴 삼강오상이 바로 리로서, 인간의 심은 스스로 궁극적 표준과 준칙이 될 수 없고 반드시 독서궁리를 통해 삼강오상의 리를 인식하여 이를 궁극적 표준과 준칙으로 삼아야 하는 것이다.

그런데 육구연은 그렇지 못했을 뿐만 아니라 후대의 폐단들이 육구연의 영향에서 비롯되었다고까지 전우는 비판한다.

육씨陸氏가 스스로 믿는 '심리허명心理靈明'을 산정刪定하면서 "육경六經은 모

---

39) 『艮齋集』前編(332), 권8,「書·答金鎭基」, 354쪽, "學莫先於窮理, 窮理莫先於讀書. 所謂理, 是三綱五常之道也, 所謂書, 是四子六經之編也. 夫綱常者, 天地之元氣, 無元氣則天下國家墮矣. 經傳者, 綱常之指南, 無指南則門戶蹊逕迷矣. 今學者最要治經傳以開正識, 扶綱常以立大道. 如此, 異端邪說, 可不闢而自除, 先聖的傳, 可不問而自得矣."

두 나의 주각注脚이다",40) "요순 이전에 읽을 수 있는 책이 무엇이 있었는
가?", "원회元晦의 패병欛柄은 웃을 만하다"라고 말하였다. 또 경經을 인용하
여 리理를 분석하는 것을 가리켜 장적戕賊, 함익陷溺, 유망謬妄, 기광欺誑, 이단
사설이라 하니, 심하도다! 그 말의 격분이여! 근년에 『신문학보新聞學報』에서
유문경술儒門經術을 땅을 파고 묻어 죽여야 한다고 하니 그 근원이 육씨에게
서 나왔다. 슬프다! 심心을 믿는 화가 일조에 여기에 이르렀도다!…… 육씨
가 이천伊川의 격물설格物說을 취하지 아니하고 말하기를, 이와 같은즉 정신
이 쉽게 폐하여 단지 마음에서 구하는 것만 같지 못하니 마음이 밝으면 비
추지 않는 바가 없다. 회옹이 이를 듣고 "격물을 하지 않은 후에 그것을 듣
고 말은 입으로 말하는 것을 믿고 행동은 다리로 가는 것을 믿으니 입을
믿고 다리를 믿는 것은 모두 마음을 믿는 병이다"라고 하였다.41)

전우는 육구연이 '심즉리설心卽理說'을 바탕으로 멋대로 경전을 산정刪定
하고 "육경六經이란 모두 나의 각주注脚"라고 주장하면서 경經을 인용하여 리
理를 분석하는 태도에 대해 매우 부정적인 입장을 취하였다고 비판한다. 그
리고 당시 『신문학보』에 실린 유문경술儒門經術을 땅을 파고 묻어 죽여야 한
다는 기사의 근원이 육구연이라고까지 주장하고 있다. 심학파의 존심尊心·
주심主心·본심本心하는 화근이 이러한 극단적 상황을 연출했다는 것이다.
또한 전우는 육구연이 이천伊川 정이程頤(1033~1108)의 격물설은 정신을 피폐
시키는 폐단이 있다고 비판하면서 마음에서만 구하라고 한 주장에 대해서

---

40) 『陸九淵集』, 권34, 「語類上」, "學苟知本, 六經皆我註脚."
41) 『艮齋集』前編(332), 권8, 「書·答金鎭基」, 354~355쪽, "陸刪定自恃心理靈明, 謂六經皆我註
脚, 堯舜以前, 何書可讀? 元晦之欛柄, 可爲一噱. 又指援經析理, 爲戕賊, 爲陷溺, 爲謬妄, 爲欺
誑, 爲異端邪說, 甚矣, 其言之憤激也. 近年新聞學報, 將儒門經術, 剗地埋殺, 其源出於陸氏. 噫!
恃心之禍, 一至於此.……陸氏不取伊川格物之說曰, 如此則精神易弊, 不若但求之於心, 心明則無
所不照. 晦翁聞之曰, 不格物後, 聽佗胡做話便信口說, 行便信脚步, 信口信脚, 都是恃心之病."

도 주희의 말을 인용하여 비판적 입장을 취하고 있다. 즉 격물을 하지 않고 마음만 밝으면 비추지 않는 바가 없다는 주장은 행위의 올바른 준칙도 표준도 없이 마음이 제멋대로 하는 폐단을 야기한다는 것이다.

전우는 불교와 육왕학의 이러한 존심尊心과 주심主心으로 인한 폐단을 예방하고 이단의 학문으로부터 정학, 즉 공문孔門 성학聖學을 온전히 보존하고 계승하기 위해서는 심心으로 하여금 반드시 성性을 근본으로 삼아 감히 자용自用하지 말도록 해야 하는바,[42] 그 구체적 방안으로 '성사심제설性師心弟說'을 제시하였다. 전우는 "육경六經에 쌓여 있는 십만 가지 말은 무엇인들 이 마음이 성性을 스승으로 삼는 도道 아닌 것이 있겠는가? 불씨의 설說 대부분은 무엇인들 자심자사自心自師의 도道 아닌 것이 있겠는가?"[43]라고 하고, "유자의 학學이 성性을 스승으로 삼지 않는 것은 만세萬世 사자士子의 불행이다. 가령 상산과 양명 이래로 제유들 또한 성性을 스승으로 삼고 그 마음이 감히 스스로 작용하지 않았다고 한다면, 금일에 이론異論이 무엇을 따라 생겨났겠는가? 오호라! 참으로 만세의 불행인져"[44]라고 하여, 정학에서는 '성사심제性師心弟'를 종지로 하는 반면, 이단의 학설은 '자심자사自心自師'한다고 비판한다.

전우는 심이 선善한 성性을 본받고 이를 준칙으로 삼아 성에 순응해야 한다고 하는 성사심제설을 근거로 육구연의 '육경주아六經注我'가 다음과 같

---

42) 『艮齋集』 前編(333), 권14, 「雜著·主宰說」, 99쪽, "心必本於性而不敢自用也."
43) 『艮齋集』 後編(335), 권15, 「雜著·海上散筆二」, 225쪽, "六經累數十萬言, 何莫非此心師性之道乎? 佛氏之說多矣, 何莫非自心自師之道乎?"
44) 『艮齋集』 後編(335), 권15, 「雜著·海上散筆二」, 187쪽, "余又曰, 儒者之學而不師性, 萬世士子之不幸. 使象山陽明以來, 諸儒亦皆以性爲師, 而其心不敢自用矣, 則今日異論, 何從而生? 噫! 眞萬世之不幸矣夫."

은 문제를 지닌다고 비판한다.

> 심心이 성性에 대해 또한 사師를 배반하지 않은즉, (『논어』의) 세 사람이 길
> 을 가면 반드시 스승이 있다는 것이다. 우선 묻지 말라는 것은 곧 성인은
> 스승이 되기에 부족한 것이다. (사람이 聖이 되는 것은 그 性이 그렇게 하는
> 것이다. 양계초가 스스로 "육왕을 배웠다"라고 말하면서 사람들에게 성현의
> 노예가 되지 말라고 가르쳤으니, 이는 그 마음이 이미 성인보다 높은 것이
> 다.) 육경六經은 스승이 되기에 부족하다. (經이 스승이 되는 것은 道를 싣고
> 있기 때문에 그러하다. 육상산은 스스로 "육경은 모두 나의 註脚이니, 어찌
> 반드시 육경을 읽을 필요가 있겠는가?"라고 하였다. 이러한 陸氏의 마음은
> 육경의 스승이 될 수 있다.) 나머지 대현大賢, 소현小賢, 사서四書, 소학小學은
> 또한 어찌 족히 스승이 될 수 있겠는가? 만일 나 또한 일찍이 이와 같지
> 않다고 이른다면 성현聖賢 경전經傳이 모두 성명性命보다 높은 것이 될 것이
> 다.[45)]

전우에게 있어 스승이 될 수 있는 것은 오로지 '성性'뿐이다. 성인조차도
스승이 될 수 없다. 사람이 성인이 될 수 있는 것은 스승인 성을 잘 따르기
때문이다. 육경六經 또한 스승이 되기에 부족하다. 왜냐하면 경經이 스승이
될 수 있는 것은 경 그 자체가 아니라, 경이 성으로서의 도道를 담고 있기
때문이다. 즉 경이 아니라 경에 실린 도(性)가 스승이다. 그런데 육구연이
"육경은 모두 나의 주각註脚이니, 어찌 반드시 육경을 읽을 필요가 있겠는

---

45) 『艮齋集』後編(334), 권3, 「書・答金思珉」, 135~136쪽, "心之於性, 且不背師, 則三人行必有
師. 姑勿問, 便要人不足師. (人之爲聖, 以其性之而然也. 梁啓超自謂學陸・王, 而敎人勿爲聖賢
之奴隸, 是其心已高於聖人矣.) 六經不足師. (經之爲師, 以其載道而然也. 陸象山自言, 六經皆我
註脚, 何必讀六經. 是陸氏之心, 可以爲六經之師矣.) 自餘大賢小賢四書小學, 又何足以之爲師矣
乎? 若曰我亦未嘗如是云爾, 則是聖賢經傳, 皆高於性命而然歟. 可謂遁辭矣."

가?'라고 말한 것은, 곧 성이 아닌 심을 육경의 스승으로 삼는 것이다. 성현도 아니고 경전도 아닌 그것들이 담고 있는 도로서의 성만이 최고의 스승이 될 수 있음에도 불구하고 심을 스승으로 삼는 육구연의 주장은 오류라는 것이다.

4. 불교와 육왕학 비판의 숨은 이유

이렇듯 전우가 고자, 도가, 불교는 물론, 상산학과 양명학에 대해 전방위적으로 비판하는 이유와 목적은 어디에 있는 것일까? 고려 말 조선 초에 전개된 불교 비판은 분명 새로운 유교 국가인 조선을 수립하고 그 기틀을 군건히 하기 위해 숭유억불 정책의 일환으로 전개되었다. 그리고 이황의 양명학 비판 또한 양명심학의 범람으로부터 주자성리학을 지키기 위해 전개되었다. 반면 전우의 이학에 대한 이단 비판은 도·불이나 육왕학 자체를 배격하는 데 목적이 있었다고 보이지는 않는다. "저들은 '심즉시도心卽是道'라고 말하고 조금이라도 분별하지 않는다. 이는 모두 석씨와 육왕의 견해이다"[46]라는 전우의 주장에서 알 수 있듯, 전우는 당시 율곡 이이 계열의 심즉기설心卽氣說을 비판하면서 심즉리설心卽理說을 주장하고 있는 한주학파를 비판하고 공격하기 위해 표면상 이들의 주장과 유사해 보이는 불교와 육왕학을 끌어들여 총체적으로 비판하였다고 보인다. 이미 조선조에서 불교와 육왕학은 이단으로 지탄받고 있었기 때문에 이항로나 이진상 등이 주장하

---

46) 『艮齋集』後編(335), 권15, 「雜著·海上散筆二」, 199쪽, "彼謂心卽是道, 而無少分別耶. 是皆釋氏陸·王之見也."

는 심즉리가 불교나 육왕학의 주장과 동일한 것이라는 평가를 받게 되면, 이들 또한 이단으로 배척할 수 있기 때문이다.

　이러한 주장을 가장 잘 뒷받침해 주는 자료가 바로 전우의 「화서아언의 의華西雅言疑義」와 「이씨심즉리설조변李氏心卽理說條辨」이다. 먼저 이항로는 「독 퇴도선생집讀退陶先生集」에서 왕수인이 심즉리心卽理에만 집착하였으며, 왕수 인의 폐단 또한 여기에 있다고 본다. 그리고 이항로는 심心은 리理이고 타는 바는 기氣이기 때문에 율곡 이이 계열의 '심즉기설心卽氣說' 또한 문제가 있다 고 본다. 반면 심을 리로 인정하기만 하고 기욕氣欲의 구속이나 폐단을 따지 지 않는다면 또 다른 문제가 야기될 수 있음을 경고한다. 아울러 심을 기로 인정하면서 천명天命의 주재主宰를 알지 못하면 리에 대해 명확하지 못하다 고 본다.47) 이항로는 왕수인과 같이 심이 리를 창출한다는 의미가 아니라 심이 선험적 리를 주재할 수 있는 능력을 지닌다는 의미에서 심즉리를 주장 하고 있다. 그런데 율곡 이이 계열처럼 '심즉기'라고 해 버리면 심의 리에 대한 주재성에 문제가 발생하게 되어 리를 명확하게 인식하지 못하고 또한 주재하지 못하는 오류가 발생하게 된다고 비판하고 있다. 심즉기설에 대한 이러한 이항로의 비판에 대해 전우는 「화서아언의의」에서 다음과 같이 말 한다.

　　내가 생각건대, "심心은 진실로 리理이며, 타는 바는 기氣이다"라는 두 구절 은 화노華老(화서)가 절충하여 딱 잘라 결정한 논論이다. 그러나 이른바 '심이

---

47) 『華西集』(305), 권22, 「雜著·讀退陶先生集」, 92쪽, "愚按心卽理也一句, 陽明之自信處, 專在 於此, 自蔽處亦在於此.……雖然, 懲枻心卽理也之一句, 專以氣字當之, 則矯枉過直, 而反失聖賢 之指, 何也? 蓋心固理也, 而所乘者氣也. 認心爲理, 而不問氣欲之拘蔽, 則其害固不可勝言. 指心 爲氣而不知天命之主宰, 則其理亦有所不明矣."

란 반드시 형이상의 라'라는 문장 아래는 또한 도리어 '심을 리로 인식'하면서도 '심을 가리켜 기로 삼는 것'이니, 두 가지 아래의 말의 폐단은 심즉리心卽理의 논論을 전주專主하지 않는 것 같은 것이 있는지, 나는 감히 알지 못하겠다. 내가 보건대, '심을 리로 인식하는 사람'이 반드시 모두 기욕氣欲의 가림을 살피지 않는 것은 무엇 때문인가? 소견所見이 이미 저러하니 곧 자연스럽게 심으로 극칙極則을 삼기 때문으로, 이것은 육왕의 지난 일에서 살필 수 있다. '심을 기로 인식하는 사람'이 성명性命의 리를 주主로 삼지 않음이 없는 것은 무엇 때문인가? 소견이 이미 이와 같으니, 감히 심으로 준적準的을 삼을 수 없기 때문이다. 이것은 주자와 우암의 종지宗旨에서 살필 수 있다.[48]

육구연이나 왕수인과 같이 심心을 리理로 인식하는 사람이 기욕氣欲의 가림을 살피지 않는 이유는 바로 심으로 극칙을 삼기 때문이라는 것이다. 전우는 성즉리性卽理이기 때문에 리인 성性으로 극칙을 삼아야 한다고 본다. 그리고 심즉기心卽氣이니, 지각知覺 능력으로서의 심은 성을 인식하고 성을 표준(당위의 규범)으로 삼아 성에 따라 작위해야만 하는 것이다. 주희나 우암 송시열과 같이 심시기를 주장하는 사람들이 성명性命의 리를 주主로 하는 것은 심을 준적으로 삼을 수 없기 때문이라는 것이다. 이 글은 전우가 육왕학을 비판한 이유가 이항로의 심즉리心卽理를 비판하고자 하는 데 있었다는 사실을 보여 준다.

전우는 나아가 「이씨심즉리설조변」에서 이진상이 주장하는 심즉리설心

---

48) 『艮齋集』 前編(333), 권14, 「雜著·華西雅言疑義」, 140쪽, "愚按心固理也, 所乘者氣兩句, 是華老折衷斷案之論也. 然則所謂心者, 畢竟是形而上之理也, 其下又卻以認心爲理, 指心爲氣, 兩下說弊, 有若不專主於心卽理之論者然, 愚未敢知也. 以愚觀之, 認心爲理者, 必皆不察氣欲之蔽, 何也? 所見旣如彼, 卽自然以心爲極則故也, 陸王之已事可見矣. 指心爲氣者, 未有不主性命之理, 何也? 所見旣如此, 則不敢以心爲準的故也. 朱宋之宗旨可見矣."

卽理說에 대해 조목조목 전방위적으로 논박하면서 이진상뿐만 아니라 불교와 육왕학 모두를 천天을 근본으로 삼는(本天) 학문이 아닌 심心을 근본으로 삼는(本心) 학문이라고 하여 싸잡아 비난하고 있다. 이 글에서 전우의 이학·이단 비판의 목적이 어디에 있었는지 읽을 수 있다. 전우는 먼저 선유들의 말을 인용하여, 이진상의 '심즉리설' 주장이 잘못되었다고 지적한다. 그는 "석씨의 이른바 성性은 곧 오유吾儒의 이른바 심이다"라는 상채上蔡 사양좌謝良佐(1050~1103)의 말과 "석씨가 이 마음을 매우 정밀하고 세밀하게 마찰磨擦하여 성性으로 삼았으니, 이것이 바로 성인의 이른바 심이라는 것을 알지 못하는 것이다"라는 주희의 말을 인용하여,[49] 불교가 심을 성으로 간주하는 오류를 범하고 있다고 비판한다. 전우는 지각이란 기氣의 허령한 곳으로서 영처靈處는 단지 심일 뿐 결코 성이 될 수 없으며 성은 다만 리라고 하는 주희의 주장을 근거로, 심즉리는 틀렸고 성즉리만이 옳다는 입장을 견지하고 있다. 그럼에도 이진상이 월천유생月川儒生에게 답하는 서書에서 도리어 스스로 설說을 만들고, "심心의 영靈은 성性이 아니면 무엇이랴?"라고 하였는데, 이는 매우 괴이하다고 비판한다.[50] 즉 이진상 또한 불교와 같이 허령한 지각처知覺處로서의 심을 성으로 규정하는 오류를 범하고 있다는 것이다.

전우는 "허령신명虛靈神明이 리理를 머금고 도道를 체현했다는 것을 가리켜 곧바로 리라고 말할 수 없으니, 어찌 그 아래 기氣의 분수에 소속시키지

---

49) 『艮齋集』 前編(333), 권13, 「雜著·李氏心卽理說條辨」, '心卽氣之說, 實出於近世儒賢', 88쪽, "上蔡曰, 釋氏所謂性, 乃吾儒所謂心. (朱子以此, 爲剖析精微.) 朱子曰, 釋氏磨擦得此心極精細, 便認做性, 殊不知此正聖人之所謂心."

50) 『艮齋集』 前編(333), 권13, 「雜著·李氏心卽理說條辨」, '心卽氣之說, 實出於近世儒賢', 88쪽, "朱子曰, 知覺, 正是氣之虛靈處. (答林德久書, 以下段中庸序云觀之, 明是晚年定論也.) 靈處只是心, 不是性, 性只是理. (陳北溪庚戌, 己未所聞, 而李氏答月川儒生書, 卻歸之中年, 其自爲說, 則乃曰心之靈, 非性而何, 極可怪也.)"

않을 수 있겠는가?"51)라고 하여, 허령신명한 심心이 아무리 리를 함유하고 있고 도를 체득하고 있다 하더라도 이는 기일 뿐 리일 수 없다고 주장한다. 나아가 "도심이란 마음이 리를 따른 것"(道心者, 心之從理者)이라는 이진상의 주장에 대해, "심이 리를 따르는 것이라고 말한다면, 심은 리가 아님이 분명하다. 만약 (심이) 리라면 어떻게 심이 리를 따른다고 말할 수 있겠는가? 또한 심이 곧 리라면, 도심은 도리道理라는 말이 되고 심이 리를 따름은 리가 리를 따른다는 말이 되는데, 이것들은 모두 말이 되지 않는다"52)라고 비판한다. 즉 도심을 심이 리를 따르는 것이라고 해석하게 되면, 리는 심이 따라야 하는 준거·표준으로서의 대상이 되고 심은 리를 따라야 하는 종속적 주체가 되기 때문에, 결국 심과 리는 이원화되어 결코 '심즉리心卽理'가 될 수 없다는 주장이다. 심즉리라고 하면 심이 곧 리가 되기 때문에 심이 리를 따른다는 말은 곧 리가 리를 따른다는 말이 되어 논리적 오류가 발생하게 된다는 것이다.

전우는 이러한 비판의 근거를 토대로 "공자의 마음이 하고자 하는 바를 따르더라도 법도를 넘지 않는다는 것은 심즉리心卽理이다. (體는 곧 道요, 用은 곧 義이다.) 진실로 그 기氣가 어찌 능히 그것을 따르더라도 법도를 넘지 않을 수 있겠는가?"53)라고 한 이진상의 주장에 대해 다음과 같이 총체적으

---

51) 『艮齋集』前編(333), 권13,「雜著·李氏心卽理說條辨」, '心卽氣之說, 實出於近世儒賢', 89쪽, "使近世儒賢, 指氣質精神爲心, 則當曰以石爲玉也. 今指虛靈神明涵理而體道者, 爲不可直謂之理, 奈何不下而屬於氣分?"

52) 『艮齋集』前編(333), 권13,「雜著·李氏心卽理說條辨」, '道心者, 心之從理者', 89쪽, "曰心之從理, 則心之非理, 明矣. 若理則何可言從理? 且心卽是理, 則道心謂之道理, 心之從理, 謂之理之從理, 皆不詞矣."

53) 『寒洲集』(318), 권32,「雜著·心卽理說」, 141쪽, "孔子之從心所欲不踰矩, 心卽理也. (體卽道, 用卽義.) 苟其氣也, 安能從之而不踰矩乎?"

로 비판하고 있다.

심心이 과연 리理라면, '심을 따름'(從心)이 이미 '리를 따름'(循理)인 것이다. 리
를 따랐는데 다시 '법도에 넘지 않음'(不踰矩)이 있다면, 리 밖에 다시 리가
있고, 머리 위에 다시 머리가 있다는 것인가? 우리 성문聖門에는 이러한 논
의議論도 없고, 이러한 법문法門도 없다. 무릇 심은 비록 신묘神妙하여 활발히
운동하나, 결국은 기氣에 속하는 것이다. 그러므로 비록 공자라도 감히 문득
"심을 따른다"라고 말하지 못하고, 반드시 이 심을 잡고 보존하기를 지극히
정밀하게 한 다음에야 바야흐로 감히 "심을 따른다"라고 말한 것이요, 또한
반드시 법도를 지목하여 귀숙처歸宿處로 삼은 것이다.[54]

이진상의 주장처럼 심즉리心卽理라면 종심從心은 곧 순리循理가 된다. 그
렇다면 법도를 넘지 않는다는 '불유구不踰矩'는 불필요하게 된다. 이는 곧 종
심으로서의 순리의 리 외에 '불유구'의 리가 별도로 있는 것이 되는 우를
범한다는 것이 전우의 생각이다. 심心이 아무리 신묘하게 활발히 작용하더
라도 심은 기氣이지 결코 리理일 수 없다는 것이다. 따라서 공자도 곧바로
'종심'이라고 하지 못하고 이 마음을 매우 정밀하게 잡아서 보존한 연후에
감히 종심을 말하였다는 것이다. 즉 마음은 리가 아닌 기이기 때문에 리로
서의 규구에 맞추어 충분하게 존양성찰存養省察을 한 연후에 비로소 '종심'을
말할 수 있었다는 것이다.

이러한 입장을 바탕으로 전우는 다음과 같이 불교, 선학, 육구연, 왕수

---

54) 『艮齋集』 前編(333), 권13, 「雜著 · 李氏心卽理說條辨」, 89쪽, "心果是理也, 從心已是循理. 循
理而再有不踰矩, 則理外復有理, 頭上又有頭乎? 吾聖人門中, 無此議論, 無此法門. 大抵心雖神妙
活化, 然畢竟是氣分上物事. 故雖孔子, 也不敢便道從心, 須是操存得此心極精細, 然後方敢言從
心, 然又必指矩爲歸宿處."

인, 이진상 모두를 총체적으로 비판한다.

그러므로 여씨呂氏가 이르기를 "법도를 넘지 않는다고 말한 것은 성인의 마음에는 언제나 천天이 있으니,(聖人의 마음은 일찍이 스스로 聖이라 여긴 적이 없다. 心學家들의 마음은 움직여서 문득 스스로 聖이라 여기는 것이다.) 심心이 곧 도道일 수 없다는 것을 알 수 있다.(이 卽心是道 네 글자는 불교, 선학, 육상산, 왕양명이 심을 논하는 말이다. 李氏 또한 다만 이러한 견해일 뿐이다.) 이는 천을 근본으로 하는 것과 심을 근본으로 하는 것과의 다름이다. 이씨는 이러한 경계에 명석하지가 못했으니 종종 심과 리를 대충 일물一物로 만들어 버려 주자가 경계했던 바와 같이 되었다.55)

'법도를 넘지 않는다'는 말은 마음이 곧 천天이라는 것을 의미하는 것이 아니라 마음속에 천이 내재해 있음을 의미한다는 것이다. 즉 '심즉리心卽理'가 아니라 '심구유리心具有理'라는 것이다. 성인은 자신의 마음을 스스로 성聖이라고 여긴 적이 없으나, 심학가들이 작위적으로 마음이 곧 성聖이라고 주장하는 우를 범하고 있다. 따라서 불교, 선학, 상산학, 양명학에서 말하는 '즉심시도卽心是道'는 잘못된 주장인데, 이진상 또한 이러한 관점을 지니고 있다는 것이다. 천을 근본으로 하는 주자학(정통)과 심을 근본으로 하는 심학파(이단)의 차이가 여기에 있는데, 이진상 또한 심즉리를 주장함으로써 심과 리를 하나로 뭉뚱그리는 우를 범했다는 것이다.

전우는 고자, 불교, 육구연, 왕수인, 이진상에 대한 비판을 바탕으로 당

---

55) 『艮齋集』 前編(333), 권13, 「雜著·李氏心卽理說條辨」, 89쪽, "故呂氏曰, 說箇不踰矩, 可知聖人心中刻刻有箇天則在, (聖人之心, 未嘗自聖. 心學家之心, 動輒自聖.) 不是卽心是道. (此四字, 是佛禪陸王論心語. 李氏亦只是此見.) 此本天本心之別也. 李氏于此等界分, 不甚明晰, 往往將心與理, 儱侗說做一物."

시 심종자心宗者들에게 다음과 같은 당부를 하고 있다.

심心을 리理로 인식하는 자가 말하기를 "리가 군君이 되는 것은 스스로 주재
主宰를 잃어버리는 것이다"라고 운운云云한다. 이와 같은즉 리 또한 잃어버
리는 것이 있으니, 잃어버리는 것이 있으면 악惡이다. 리가 스스로 악이라
면, 무엇이 리보다 귀하겠는가? 이러한 리는 모름지기 타파해야 한다. 회암
선생은 "경敬은 이 마음이 스스로 주재를 만든 곳이다"라고 하였다. 다만
이 경은 이 마음이 이 리를 받들어 붙들고서 스스로 주재라는 이름을 만든
것이다. 심을 종지로 삼는 제군들에게 바라노니, 다시는 심즉리心卽理라는
맹랑한 말을 하지 말고, 다만 심이 경을 주로 하는 진실된 공부만 하거라.[56]

심心을 리理라고 주장하는 자들은 리의 주재성主宰性을 부정함으로써 리
의 위상을 격하시킨다. 그러나 주자학에서의 '경敬공부'는 심이 리를 궁극적
준칙으로 삼아 이를 잘 보존하고 함양하는 것을 의미한다. 전우는 당시 심
을 종지로 삼는 자들에게 심즉리心卽理를 버리고 심이 경공부를 하는, 즉 리
를 근본으로 삼아 이를 잘 인식하고 보존하는 경공부로 전환할 것을 강력하
게 요청하고 있다. 이를 통해 전우가 불교와 육왕학을 이학·이단이라 강력
하게 비판·배척한 근본 이유가 단지 불교와 육왕학을 비판하고 배척하고
자 한 데 있는 것이 아니라 당시 심즉리를 주장하는 한주학파들을 비판하고
이들에게 경종을 울리기 위한 데 있었다고 하는 사실을 알 수 있다.

---

56) 『艮齋集』 後編(335), 권15, 「雜著·海上散筆二」, 222쪽, "有認心爲理者, 曰, 理之爲君, 自失主
宰云云. 如此則理亦有失, 有失則惡矣. 理而自惡, 何貴於理? 這般理, 須是打破了. 晦菴先生言,
敬是此心自做主宰處. 此此敬是此心奉持此理而自做主宰之名. 請心宗諸公, 勿復出心卽理底孟浪
說話, 只要做心主敬底眞實功夫."

5. 「이씨심즉리설조변」의 양명학 비판

전우는 '천天'을 근본으로 하는 학문을 '정학'·'성학'으로, '심心'을 근본으로 하는 학문을 '이학'·'이단'으로 규정하고, 주자학 이외의 도가·불교는 물론 같은 유학 계열의 상산학과 양명학, 그리고 심지어는 같은 성리학 계열의 한주학파마저도 이단·이학으로 규정하고 심하게 배척하고 있다. 어떠한 사상이든 어떠한 관점과 입장, 또는 어떠한 의도와 목적을 가지고 바라보느냐에 따라 사상 간의 동일한 요소와 공통분모가 주목을 받고 강조되기도 하고 사상 간의 이질적 요소와 차별성이 주목을 받고 강조되기도 한다. 전우는 도가, 불교, 육왕학, 한주학파를 바라봄에 있어 분명 후자의 입장에 서 있다. 전우가 보기에 이들은 한결같이 리理가 아닌 심을 근본으로 삼고, 심을 높이고 성性을 낮추는 공통분모를 지닌 심종일파心宗一派라는 것이다. 주자성리학의 '성즉리性卽理'·'심즉기心卽氣'를 하나의 기준점으로 하여 여타의 사상들을 한 묶음으로 재단하고 있다. 그리고 앞에서 살펴보았듯, 이러한 다양한 사상들을 '심종일파'라고 묶어서 이단이라 비판·배척한 이유는 당시에 '심즉기'를 주장하는 이이 계열의 주장에 반하여 '심즉리心卽理'를 주장하는 한주학파를 견제하고 공격하기 위한 데 있다.

이러한 이해를 바탕으로 지금부터는 전우의 양명학 비판에 대한 부분을 집중적으로 검토하면서 전우의 심학 계열 비판의 타당성과 문제점에 대해 고찰해 보고자 한다. 전우는 비록 한주학파를 비판하기 위해 쓴 글이긴 하지만 「이씨심즉리설조변」, 「양명심리설변陽明心理說辨」이란 글에서 자신이 생각하는 양명학의 문제점에 대해 조목조목 비판을 가하고 있다. 「이씨심즉

리설조변」과 「양명심리설변」의 양명학 비판 내용에 대한 분석을 바탕으로
논의를 전개하고자 한다.

1) 이진상의 양명학 비판과 심즉리

이진상은 자신이 '심즉리心卽理'를 주장한다고 해서 그 연원이 육왕학에
있는 것도 아니고, 더욱이 자신의 심즉리는 육왕학의 심즉리와 결단코 같지
않다고 역설한다. 오히려 자신의 심즉리는 주자성리학을 온전하게 계승한
것이라는 입장에서 이진상은 양명학을 이단의 학문으로 비판하고 배척한
다.[57] 이진상은 선가禪家나 육구연 모두 자신들과 같이 심즉리를 말하지만,
선가에서는 기氣를 리理로 인식하여 심즉리를 말하였기 때문에 선가에서 말
하는 리는 자신들이 말하는 리가 아니라 기라는 것이다. 그리고 육구연 또
한 음양陰陽으로 도道를 삼고 정신精神으로 심心을 삼았기 때문에 육구연이
말하는 심즉리의 심 또한 기이고 리는 진리眞理가 아니라고 주장한다.[58]
　이러한 입장을 바탕으로 이진상은 왕수인의 학문 또한 육구연에 근원한
다고 보고 왕수인의 말을 소개하면서 양명학에 대해 다음과 같이 비판한다.

> 양명의 학문은 상산에 근원하며, 그 말에 이르기를 "내 마음의 양지良知는
> 곧 이른바 천리天理이니, 내 마음의 양지를 사사물물事事物物에서 실현하면
> 모두 그 리理를 얻는다"[59]라고 하였다. 또한 "양지는 하나이다. 그 묘용妙用

---

57) 『寒洲集』(318), 권32, 「雜著·心卽理說」, 141쪽, "若所謂心卽理, 乃陽明輩猖狂自恣者之說, 爲
　　吾學者莫不斥之爲亂道."
58) 『寒洲集』(318), 권32, 「雜著·心卽理說」, 142쪽, "若夫禪家之說, 則認氣爲理而謂心卽理, 彼所
　　謂理者, 卽吾之所謂氣也. 象山以陰陽爲道, 以精神爲心.……然則象山之所謂心者氣而已, 而所謂
　　理者非眞理也."

으로 말하면 그것을 신神이라 하고, 그 유행流行으로 말하면 그것을 기氣라 하고, 그 응취凝聚로 말하면 그것을 정精이라고 하니, 어찌 형상形象과 방소方所로써 구할 수 있겠는가? 진음眞陰의 정精은 곧 진양眞陽의 기氣의 모母요, 진양의 기는 곧 진음의 정精의 부父이니, 음은 양을 뿌리로 하고 양은 음을 뿌리로 하니 둘이 있는 것이 아니다"[60]라고 하였다. 또한 "심즉리心卽理이다. 천하에 어찌 심외心外의 사事와 심외의 리理가 있으리오?"[61]라고 하였다. 대저 내 마음의 천리는 곧 태극太極의 전체全體이나, 이제 진음眞陰 · 진양眞陽 · 유행流行 · 응취凝聚로써 마땅함을 삼으니 태극을 버리고 도리어 음양으로써 본체를 삼는 것이다. 천하사물은 자연自然의 리理를 지니지 않은 것이 없으나, 일체를 쓸어서 제거하고 다만 내 마음 위에서만 인취認取하고자 한즉, 이른바 리理라는 것 또한 매우 심하게 뒤섞어서 그 정결한 본체가 아니다.[62]

양명학은 리기이원론과 심리이원론의 체계가 아닌 '리기일원론'과 '심리일원론'의 체계를 지닌다. 따라서 양지는 천리이자 성性이며 동시에 정신이고 기氣이고 칠정이다. 심心 또한 성性이고 리理이자 동시에 기氣이고 사事이다.[63] 이에 심즉리心卽理를 주장하는 왕수인은 "심心이 곧 성性이고, 성이 곧 리理이다"[64]라고 주장할 뿐만 아니라, "기氣가 곧 성性이고, 성이 곧 기로서,

---

59) 『傳習錄』中, 「答顧東橋書」, 135조목.
60) 『傳習錄』中, 「答陸原靜書」, 154조목.
61) 『傳習錄』上, 「徐愛錄」, 3조목.
62) 『寒洲集』(318), 권32, 「雜著 · 心卽理說」, 142쪽, "陽明之學, 原於象山, 而其言曰吾心之良知, 卽所謂天理, 致吾心良知於事事物物則皆得其理矣. 又曰良知一也. 以其妙用而謂之神, 以其流行而謂之氣, 以其凝聚而謂之精, 安可以形象方所求哉? 眞陰之精, 卽眞陽之氣之母, 眞陽之氣, 卽眞陰之精之父, 陰根陽陽根陰, 非有二也. 又曰心者理也. 天下豈有心外之事心外之理乎? 夫吾心之天理, 卽太極之全體, 而今以眞陰眞陽流行凝聚者當之, 則遺了太極而反以陰陽爲本體矣. 天下事物, 莫不有自然之理, 而一切掃除, 只欲於吾心上認取, 則所謂理者亦甚猥雜, 而非其潔淨之全體矣."
63) 김세정, 『왕양명의 생명철학』(청계, 2006), 227~242 · 322~332쪽 참조.
64) 『傳習錄』上, 「陸澄錄」, 33조목, "心卽性, 性卽理."

본래 성과 기는 나눌 수 없는 것이다"[65]라고 주장한다. 반면 이진상은 심즉리를 주장하지만 심즉기心卽氣는 부정한다.[66] 이진상에게 있어 천리는 태극太極을 가리키는 것이지 결코 기氣가 될 수 없다. 그럼에도 왕수인이 한편으론 천리를 양지로 규정하고, 다른 한편으론 양지를 진음·진양·유행·응취로 규정하고 있는 점은, 태극이 아닌 음양의 기氣를 본체로 삼는 것으로서 옳지 못하다는 것이다. 아울러 이진상 또한 주희의 리일분수설理一分殊說과 성즉리설性卽理說을 바탕으로 어떠한 존재물이든 고유한 리를 지니고 있다고 본다. 그런데 왕수인이 심즉리를 주장하면서 이러한 사물에 내재된 리를 부정하고 오로지 마음에서만 리를 구하려 하는 것 또한 오류라는 것이다. 왕수인이 말하는 심즉리의 리는 이진상 자신이 말하는 본체로서의 리가 아니라 음양·정기·유행·응취하는 물物이기 때문에, 왕수인의 심즉리는 자신이 말하는 심즉리가 아니라 심즉기라는 비판이다.[67] 이진상은 심心이란 성性과 정情의 총명總名으로서 만일 심으로 기氣를 삼게 되면 대본달도大本達道가 모두 기로 돌아가고 리는 사물死物이 되어 공적空寂으로 빠져들게 되어 학문은 두뇌가 없어지고 세상의 가르침은 혼란으로 나아가는 폐단이 야기된다고 본다.[68] 또한 심은 일신一身의 주재자主宰者인데, 만일 주재자인 심을 기라고 한다면, 천리가 형기形氣의 명령을 따르게 되는 문제를 야기하기 때문에,[69] 심즉리라고는 말할 수 있어도 심즉기라고는 말할 수 없다고 본다.

---

65) 『傳習錄』 中, 「答周道通書」, 150조목, "氣卽是性, 性卽是氣, 原無性氣之可分也."
66) 『寒洲集』(318), 권32, 「雜著·心卽理說」, 141쪽, "論心莫善於心卽理, 莫不善於心卽氣."
67) 『寒洲集』(318), 권32, 「雜著·心卽理說」, 142쪽, "所謂理者果何理也? 卽向所謂陰陽精氣流行凝聚之物而已. 此豈非心卽氣之謂乎?"
68) 『寒洲集』(318), 권32, 「雜著·心卽理說」, 142쪽, "心是性情之統名, 而以心爲氣則大本達道, 皆歸於氣, 而理爲死物, 淪於空寂矣.……學無頭腦, 世敎日就於昏亂矣."
69) 『寒洲集』(318), 권32, 「雜著·心卽理說」, 142쪽, "心爲一身之主宰, 而以主宰屬之氣, 則天理聽

왕수인의 심즉리는 이진상 자신이 말하는 심즉리가 아닌 심즉기여서 문제가 된다는 것이다.

그렇다면 이진상이 말하는 '심즉리'란 무엇을 의미하는가? 다음과 같은 이진상의 말에서 그 의미를 찾을 수 있다.

진실로 마땅히 오심吾心의 합리기처合理氣處에서 리理를 확충하고 기氣를 제어한 다음에야 '진심眞心의 천리天理에 순수함'을 볼 수 있다. 진실로 '성인지심聖人之心의 혼연渾然한 천리天理'(성인지심은 곧 天地之心이며, 사람의 本心이다.)에 이르지 못했다면 '심즉리心卽理' 세 글자는 성급히 말할 수 없다. 돌 가운데 간직된 것은 진실로 진옥眞玉이며, 기氣 가운데의 리理는 진실로 진심眞心이다. 그런데 한갓 그 '가운데'만 믿고 그 외면을 근심하지 않아서, 그 기품氣稟의 구애拘碍를 아울러 리理라 말하고 딱딱한 돌덩어리로 가려진 것을 옥이라 말한다면, 누가 그 말을 믿겠는가? 그러므로 나는 "심을 논하는 것은 '심즉리'보다 더 훌륭한 것이 없으나, 또한 '심즉리'보다 더 밝히기 어려운 것이 없다"라고 말하는 것이다.[70]

이진상의 입장에서 심心은 리理와 기氣를 모두 포함하고 있는 곳이지, 양명학에서처럼 심이 곧 리는 아니다. 심의 외면은 기이고 심의 진체眞體는 리로서, 리는 확충해야 할 대상이고 기는 제어해야 할 대상이다. 리와 기를 혼돈해서는 안 된다. 진심은 기 가운데 있는 리를 말하는바, 기로서의 전체

命於形氣, 而許多罪惡, 盤據於靈臺矣."
70) 『寒洲集』(318), 권32, 「雜著·心卽理說」, 143쪽, "固當於吾心合理氣處, 擴其理而制其氣, 然後眞心之純乎天理者, 可得以見矣. 苟不到聖人之心渾然天理(聖人之心, 乃天地之心, 而人之本心也.)處, 則心卽理三字, 未可以遽言之也. 石中之蘊, 固眞玉也, 氣中之理, 固眞心也. 苟徒恃其中, 而不恤其外, 並其氣稟之拘者而謂之理, 頑礦之蔽者而謂之玉, 人孰信之哉? 吾故曰論心莫善於心卽理, 而亦莫難明於心卽理."

심에 내재된 본체로서의 천리를 의미한다. 리를 확충하고 기를 제어한 이후에야 비로소 이러한 진심의 순수한 천리가 드러나게 된다. 이러한 후에야 비로소 심즉리를 말할 수 있는 것이다. 즉 양명학에서처럼 리기일원이나 심리일원을 전제로 한 심즉리가 아니라 리기이원과 심리이원을 전제로 한 심즉리인 것이다.

2) 전우의 이진상 비판에 나타난 양명학 비판

이진상은 왕수인이 주장하는 심즉리는 자신이 주장하는 심즉리와 다른 심즉기로서 많은 문제를 안고 있다고 비판한다. 이러한 이진상의 입장에 대해 전우는 다음과 같이 왕수인과 이진상을 싸잡아 비판한다.

『전습록』에서 "심心의 본체本體는 곧 천리天理이다"[71]라고 하였다. (이 구절이 性으로써 짝하는 것이라면 옳다. 다만 王氏가 이 말과 같지 않을까 걱정된다. 왕씨만이 그러한 것이 아니다. 李氏 또한 이를 기꺼이 받아들이지 않는다.) "천리天理의 소명영각昭明靈覺이 이른바 양지良知이다"[72]라고 하는 것, 이것은 왕씨의 그릇된 견해의 근원이다. 내가 이진상이 모은 제학설들을 보건대, 이것과 더불어 같지 않은 것이 매우 드물다. 이제 왕씨가 그 가까운 상일등上一等의 말에 의지하였는데,(위에서 제기한 一段이 이것이다.) 곧 그 음양응취陰陽凝聚를 잡고서 뒤섞인 것들을 배척하였는데, 가령 왕씨가 다시 일어난다면 반드시 웃으면서 "네가 어찌 나의 정밀함을 사용하여 나의 조잡

---

71) 『傳習錄』 上 「薛侃錄」 96조목과 『傳習錄』 中 「答周道通書」 145조목에서 "心之本體卽是天理"라고 언급.

72) 『傳習錄』 中, 「答周道通書」, 145조목, "良知是天理之昭明靈覺處, 故良知卽是天理." 및 『王陽明全集』, 권5, 「文錄4 · 答舒國用」, 189~190쪽, "……夫心之本體, 卽天理也. 天理之昭明靈覺, 所謂良知也."

함을 공격하는가?"라고 할 것이다. ○내가 한마디 말이 있어 가로되, "가령 육왕陸王이 기氣의 허령虛靈한 지각知覺을 심心으로 삼고 능히 시시각각 그 위에 있는 성자性字를 본원으로 삼아서 그것을 받들어 지킨즉, 리학理學에서 오직 전수하는 것이 이와 같은 것에 불과할 뿐이다. 주자나 퇴계 두 선생이 무엇 때문에 그토록 엄격하게 배격을 하였겠는가?"[73]

"심心의 본체가 천리天理이다"라는 주장은 왕수인 심즉리설의 핵심이기도 하다. 전우는 이 주장에 대해 심의 본체가 성性을 의미하는 것이라면 문제가 되지 않는다고 본다. 그렇게 되면 양명학은 심을 근본으로 삼는 것이 아니라 성을 근본으로 삼는 것이 되어 전우가 주장하는 '심본어성心本於性', '성체심용性體心用', '성사심제性師心弟'[74]에서 크게 벗어나지 않기 때문이다. 그러나 왕수인이 천리의 소명영각昭明靈覺을 양지良知로 규정한 데서 문제가 발생한다. 천리를 형이상학적 본체가 아닌 지각知覺 작용하는 양지, 즉 기氣로 규정하고 있다는 점이 문제의 근원이라는 것이다. 이 점은 왕수인을 비판하는 이진상 또한 마찬가지이기 때문에 이진상의 왕수인 비판은 자기모순이라는 지적이다. 다만 육구연과 왕수인이 기氣의 허령虛靈한 지각 작용을 심으로 규정하는 심즉기心卽氣의 입장으로 돌아와 성즉리性卽理에 근거하여 성性을 본원과 궁극적 준칙으로 삼아 심으로 하여금 성性을 준수토록 한다

---

73) 『艮齋集』 前編(333), 권13, 「雜著·李氏心卽理說條辨」, 92쪽, "傳習錄曰, 心之本體, 卽天理也. (此句, 以性當之是矣. 但恐王氏不如此道. 非獨王氏爲然, 李氏亦不肯點頭也.) 天理之昭明靈覺, 所謂良知也, 此是王氏錯見之源也. 吾見李集諸說, 與此不同者幾希. 而今於王氏, 據其近上一等說話, (卽上所擧一段, 是也.) 乃執其陰陽凝聚, 而斥爲猥雜, 使王氏復起, 必笑之曰, 儞何爲用吾之精而攻吾之粗也. ○愚有一說云, 使陸王以氣之虛靈知覺爲心, 而能時時刻刻視上面性字爲本源, 不敢不奉而守之, 則理學單傳, 不過如此. 朱李二先生, 何苦闢之如彼之嚴? 只爲其心自認爲理, 而不復以性爲歸宿, 所以流於口談心理而身陷氣學也."

74) 『艮齋集』 後篇(334), 권2, 「書·答姜聖文」, 67쪽, "愚之不肖不勝慨愧, 乃敢極力說出心本於性, 性體心用, 性師心弟等語."

면, 리학파理學派에서 전수하는 것과 같기 때문에 이들을 배척할 이유가 없다는 것이다.

전우는 이진상에 대한 이러한 비판과 충고를 바탕으로 양명학에 대해 보다 구체적인 비판을 가하고 있다.

> 왕씨王氏는 심心을 리理로 인식하였기 때문에 일찍이 "인仁은 인심人心이다. 심체心體는 본래 크고 반듯한데, 크지도 반듯하지도 않은 것은 사욕私欲이 그 것을 가리고 있기 때문이다"75)라고 말하였다. (陸三漁는 "仁은 理이니, 크고 반듯한 것은 이 리를 體로 삼기 때문이다"라고 하였다. 어찌 완전히 구별되지 않겠는가?) 또한 "심心에 사욕私欲이 없으면 곧 천리天理이다"76)라고 말하였는데, 이는 그(양명)가 진장眞臟을 잘못 안 것인데, 이씨李氏가 특별히 "무욕無欲이 리理이다"라고 말한 것을 가지고 심즉리心卽理 세 글자는 판별하여 버릴 수 없는 것이라고 하는 것의 증거로 삼았으니, 이것은 이가二家(왕씨와 이씨)가 합장合掌한 일대一大 공안公案이다.77)

전우는 먼저 왕수인이 '심心을 리理로 인식함'으로써, 성性인 인仁을 인심人心이라고 하여, 성을 심으로 잘못 보는 오류를 범했다고 비판한다. 또한 심에 사욕私欲이 없으면 그것이 곧 천리天理라고 하여 심을 천리라고 주장하는 오류를 범했다는 것이다. 이러한 입장은 왕수인과 이진상의 공통적인

---

75) 『王陽明全集』, 권4, 「文錄1·答王虎谷」, 148쪽, "仁, 人心也. 心體本自弘毅, 不弘者蔽之也, 不毅者累之也. 故燭理明則私欲自不能蔽累, 私欲不能蔽累, 則自無不弘毅矣.……"

76) 『傳習錄』上, 「徐愛錄」, 3조목, "心卽理也. 此心無私欲之蔽, 卽是天理, 不須外面添一分."

77) 『艮齋集』前編(333), 권13, 「雜著·李氏心卽理說條辨」, 93쪽, "傳習錄云云. 王氏認心爲理, 故嘗言仁人心也. 心體本弘毅, 不弘不毅者, 私欲蔽之耳. (陸三漁曰, 仁是理, 弘毅所以體此理. 豈全無別?) 又言心無私欲, 卽是天理, 此是佗錯見眞臟處, 而李氏特把無欲是理之云, 以爲心卽理三字不可判舍之證, 此是二家合掌之一大公案也."

오류라는 입장이다. 전우의 왕수인과 이진상에 대한 비판의 핵심은 바로 심을 리(性)로 보는가 기氣로 보는가에 있다. 왕수인과 이진상은 심을 기가 아닌 리로 보는 공통된 오류를 범하고 있다는 것이다. 전우는 여기서 한 발 더 나아가 천天을 근본으로 하는 학문과의 비교를 바탕으로 왕수인과 이진상을 함께 비판한다.

> 우리 유자들의 의론의 경우에는 "사욕私欲을 이긴다"라고 말할 뿐만 아니라 반드시 "예禮를 분명하게 회복한 연후에 곧 사事가 모두 천리天理"라고 말한다. '심무사心無私'를 말할 뿐만 아니라 또한 반드시 '그 덕德이 있다'라고 말한다. '심무사'를 말할 뿐만 아니라 또한 반드시 '사당리事當理'를 말한다. 이는 곧 본천本天의 학문이니, 저들이 무본보살無本菩薩하는 것과는 판연히 구별된다. (주자는 "佛·老는 사욕이 있다고 말할 수는 없지만, 다만 그들은 본래 이러한 禮가 없고 황량하다. 이제 이러한 이치를 볼 것 같으면 마땅히 克己할 것도 없고 정리할 것도 없다"라고 하였다. 이제 王氏와 李氏는 無私를 理로 인식하였으니 어찌 정리할 것이 있겠는가?) 이는 심성心性의 원두源頭요 학문의 주뇌主腦이나 이러한 오류가 있고, 기타 뚜렷하지 않은 것들이 말들을 합하고 견인하고 때려서 드러내는 곳이 비록 많으나 다만 본령에 연緣하면 옳지 않으며 일제히 궤멸한다.[78]

심즉리를 주장하는 자들은 단지 "사욕을 이긴다", "마음에 사욕이 없도

---

78) 『艮齋集』 前編(333), 권13, 「雜著·李氏心卽理說條辨」, 93쪽, "若乃吾儒議論, 則不但曰勝私欲, 而必著復於禮, 然後乃曰事皆天理. 不但曰心無私, 而又必曰有其德. 不但曰心無私, 而又必曰事當理. 此乃爲本天之學, 與彼之做無本菩薩者判然別矣. (朱子曰, 佛老不可謂之有私欲, 只是佗元無這禮, 空蕩蕩地. 是見得這理, 元不是當克己了, 無歸著處, 今王, 李認無私爲理, 安有歸著處?) 此是心性源頭學問主腦, 而有此乖舛, 自餘儱侗合說牽引捹著處雖多, 只緣本領不是, 一齊潰裂也."

록 한다"라고 하는 단계에서 끝난다. 그러나 자신들은 이 말뿐만 아니라 "예禮를 회복한 연후에 사事가 모두 천리天理이다", "그 덕德이 있다", "사事가 리理에 맞는다"라고 말하는 단계까지 나아간다는 것이다. 심心이 아닌 천天 즉 리理를 근본으로 하는바, 심이 아닌 리의 우선성과 절대성이 중시되며, 마음의 작용 또는 마음의 작용에 의해 전개되는 사事는 모두 리에 합치되어야 한다는 입장이다. 예禮 또한 리의 구체적인 표현이기 때문에, 예禮에 맞추어 일이 진행되어야만 그 일을 천리天理의 구현이라고 말할 수 있는 것이다. 사욕을 이긴다거나 마음에 사욕이 없다는 것만으로는 마음이나 사事를 리理라고 말할 수 없다는 것이다. 따라서 마음에 사욕이 없으면 그것이 곧 리라는 왕수인과 이진상의 심즉리는 오류라는 주장이다.

전우는 또한 심心이 일신一身의 주재자이기 때문에 심을 기氣라고 하면 천리天理가 형기形氣의 명령을 따르는 문제가 발생한다[79]는 이진상의 주장에 대해, "만약 이른바 심心이 비록 잠시 성性에 반항하여 자용自用한다면, 사지四肢와 백체百體가 장차 떼 지어 일어나 자웅雌雄을 다툴 것이니, 어떻게 주재자가 될 수 있겠는가? 반드시 경敬을 지키고 성性을 높여야만 비로소 일신一身을 관섭管攝할 수 있는 것이다"[80]라고 반격하고 있다. 심이 자기 멋대로 일신을 운용하는 것이 아니라, 심이 거경居敬의 상태에서 존성尊性할 때 비로소 일신을 관섭管攝할 수 있다는 것이다. 심은 기氣이기 때문에 심 자체가 준칙이 되는 것이 아니라 리理인 성性을 준칙으로 삼아 일신을 운용해야 한

---

79) 『寒洲集』(318), 권32, 「雜著·心卽理說」, 142쪽, "心爲一身之主宰, 而以主宰屬之氣, 則天理聽命於形氣, 而許多麤惡, 盤據於靈臺矣."
80) 『艮齋集』 前編(333), 권13, 「雜著·李氏心卽理說條辨」, 94쪽, "心爲一身之主宰, 須要細勘. 使所謂心者, 雖一霎時叛性而自用, 則四肢百體, 將羣起而爭雄矣, 如何做得主? 必也用敬尊性, 乃可以管攝一身矣."

다. 그렇기 때문에 심을 리라고 주장해서는 안 된다고 본다.

양명학을 그릇된 학문, 이단의 학문으로 보려는 점에 있어서는 전우와 이진상 모두 공통된 입장이다. 그런데 이진상은 왕수인의 심즉리가 자신이 주장하는 심즉리와 다른 심즉기라고 비판하는 반면, 전우는 왕수인의 심즉리나 이진상의 심즉리는 모두 성性이 아닌 심心을 근본으로 하는(本天·主心·尊心) 동일한 심즉리라고 비판한다. 이진상은 율곡 이이 계열의 심즉기설心卽氣說의 폐단을 극복하고 성학을 온전히 계승하기 위해 제시한 자신의 심즉리설이 자칫 당시 이단으로 배척받고 있는 양명심학과 동일한 것으로 오인될까 염려하여 오히려 더 적극적으로 왕수인의 심즉리는 심즉리가 아닌 심즉기라고 비판하고 있다. 전우 또한 심즉기를 비판하는 한주학파로부터 심즉기의 정당성을 확보하기 위해 이진상의 심즉리가 이단의 학설인 왕수인의 심즉리와 동일하다고 비판하고 있다. 사실 이진상의 양명학 비판이나 전우의 양명학 비판 모두 객관적인 학문적 입장에서 양명학을 있는 그대로 보고 평가하기보다는 의도를 가진 비판과 배척이었다고 할 수 있다. 왕수인은 리理·기氣·심心·성性이 본래 하나라고 하는 일원론의 입장에서 심즉리를 주장하는 반면, 이진상은 리기이원론의 입장에서 '심통성정心統性情', '심합리기心合理氣'를 근거로 심즉리를 주장하기 때문에, 표면상 동일해 보인다 하더라도 서로 다르다. 그럼에도 불구하고 이를 하나로 묶어서 비판하는 것은 학문 발전에 있어 별로 도움이 되지 않는다.

6. 「양명심리설변」의 양명학 비판과 타당성

「이씨심즉리설조변」에서는 왕수인과 이진상을 하나로 묶어서 비판하고 있는 반면, 「양명심리설변」이란 글에서는 왕수인의 주장을 하나하나 소개하고 이에 대한 자신의 비판적 견해를 제시하고 있다. 따라서 「양명심리설변」에서는 전우가 양명학을 얼마나 충실하게 이해하고 있는지, 양명학 비판의 논점이 무엇인지가 보다 명확하게 드러난다. 이 글은 '지선至善에 대한 이해', '천리天理에 대한 이해', '성性과 기氣의 관계', '심心과 리理의 선후 문제', '심즉리心卽理에 대한 이해', '인심人心과 도심道心의 관계' 등 대략 10여 개의 내용으로 구성되어 있다.

1) 지선의 소재 문제

전우는 제일 먼저 '지선至善'에 관한 왕수인의 주자학 비판을 소개하고 이에 대한 자신의 견해를 피력하고 있다.

> 왕수인: 반드시 "사사물물事事物物 위에서 지선至善을 구한다"라고 말하는 것은 나누어서 둘로 하는 것이다. 이천伊川이 이른바, "문득 이것(物)에 밝으면 저것(我)을 깨닫는다"라고 하는 것은 오히려 이것을 둘이라고 말하는 것과 같다. 성性은 피차彼此가 없고, 리理도 피차가 없다.
>
> 전　우: 주자의 사물지선事物至善의 말씀이 어찌 마음에는 지선이 없으니 반드시 마음 밖에서 구해야 한다고 말하는 것이겠는가? 내 마음의 지선은 일본一本이요, 사물의 지선은 만수萬殊이니, 어찌 일찍이 두 개의 지선이 있겠는가? 리理는 진실로 피차가 없으나, 마음은 사물과

어찌 피차가 없다고 하겠는가? 그러므로 이천이 말한 것이 어찌 이
른바 이것을 둘로 하는 것이라 하겠는가?[81]

　　본래 주희는 '지선'을 '사리당연지극事理當然之極'으로 규정하고 있다.[82]
주자학에서 지선은 선험적인 당위의 도덕규범이나 준칙을 의미한다. 그리
고 주희의 리일분수설理一分殊說에 근거할 때, 태극太極, 천리天理, 리일理一로서
의 지선은 분수分殊되어 사사물물에 내재되어 있다. 또한 지선의 구체적 내
용은 성인聖人의 말씀이 담긴 경전經傳에 수록되어 있다. 따라서 주자학에서
는 마음 밖 사사물물事事物物 또는 경전에 나아가 지선을 인식하는 즉물이궁
기리卽物而窮其理의 격물格物공부를 필요로 하게 된다. 왕수인 또한 '지선'을
마음의 본체 또는 본성으로 규정하고,[83] 명덕明德과 친민親民의 궁극적 준칙
으로 규정한다. 그렇지만 왕수인은 본성으로서의 순수한 지선이 바로 영소
불매靈昭不昧한 명덕明德이자 양지良知라고 규정한다.[84] 왕수인이 의미하는 지
선은 주자학에서와 같이 작용성이 없는 선험적인 당위의 실천 규범이나 외
재적인 준칙을 의미하지 않는다. 지선은 무위無爲의 준칙으로 존재하는 것
이 아니라 그 자체가 발현되는 작용성을 지닌 발동 주체이자 주체적 본성이
다. 아울러 지선은 고정·불변하는 틀(定理)로서가 아닌 다른 존재들과의 감

---

81) 『艮齋集』 前編(333), 권13, 「雜著·陽明心理說辨」, 51쪽, "必曰事事物物上, 求箇至善, 是離而
　　二之也. 伊川所云, 纔明彼卽曉此, 是猶謂之二. 性無彼此, 理無彼此."(이 말은 『王陽明全集』,
　　권4, 「文錄1·與王純甫二」, 156쪽에 나옴) "朱子事物至善之說, 豈謂心無至善, 必向外求? 吾
　　心之至善, 一本也, 事物之至善, 萬殊也, 何嘗有兩至善哉? 理固無彼此, 心之與物, 安得謂無彼此?
　　故伊川云然, 豈所謂二之哉?"('왕수인'과 '전우'는 필자가 편의상 임의적으로 첨가한 것임)
82) 주희는 『中庸』 1장의 至善에 대해 "至善, 則事理當然之極也"라고 주를 달고 있다.
83) 『傳習錄』 上, 「徐愛錄」, 2조목, "至善是心之本體.";「陸澄錄」, 91조목, "至善者, 性也."
84) 『王陽明全集』, 권26, 「大學問」, 969쪽, "至善者, 明德親民之極則也. ……天命之性, 粹然至善,
　　其靈昭不昧者, 此其至善之發見, 是乃明德之本體, 而卽所謂良知也."

응感應을 토대로 항상 새롭게 변화하는 '수시변역성隨時變易性'을 지닌다. 지선은 인식대상으로서의 준칙의 단계에 머무는 것이 아니라 그 자체가 판단력과 실천력의 의미를 모두 함축한다.[85] 이러한 왕수인의 입장에서 주자학을 보았을 때, 지선을 작용성이 없는 불변의 궁극적 표준으로 규정하고 이를 경전이나 사물상에서 구하도록 하는 것은 곧 내 마음과 지선이 둘로 나누어짐은 물론 인간의 주체성과 실천성이 약화되는 문제를 야기한다고 비판할 수 있다.

주희는 '리일분수'를 근거로 '성즉리性卽理'를 주장한다. 따라서 인심人心 또한 성性의 형태로 지선을 구비하고 있다고 할 수 있으며, 인심에 지선이 구비되어 있기 때문에 마음 안에서도 지선을 구할 수 있다. 이를 근거로 전우는 주희가 마음에는 지선이 없으니 반드시 마음 밖에서 구해야 한다고 말하는 것이 아니라고 항변하고 있다. 그리고 마음에 내재된 지선은 일본一本이고 사물에 내재된 지선은 만수萬殊이지만 이는 두 개의 지선이 아니라고 주장한다. 또한 리일분수이기 때문에 리理에는 사람과 사물 사이에 피차의 구분이 없지만, 심心은 사물과 피차의 구분이 없을 수 없다고 주장한다. 즉 심은 리가 아니기 때문에 심은 사물과 피차의 구분이 있을 수밖에 없다는 것이다. 결국 주희는 인심에 성의 형태로 지선이 구비되어 있음을 부정하지 않는다. 또한 심외心外의 지선, 즉 사물 또는 경전에 지선이 내재되어 있다는 사실도 부정하지 않는다. 그리고 심이 지선을 구비하고 있다 하더라도 기질氣質의 장애로 인해 심내心內의 지선을 제대로 인식할 수 없기 때문에, 반드시 경전 공부를 통해 지선을 완전하게 인식하는 향외적인 즉물이궁기

---

85) 『王陽明全集』, 권26, 「大學問」, 969쪽, "至善之發見, 是而是焉, 非而非焉, 輕重厚薄, 隨感隨應, 變動不居, 而亦莫不自有天然之中, 是乃民彝物則之極."

리卽物而窮其理하는 격물格物공부를 주장하고 있는 것이다. 경전에 담겨 있든 내 마음에 구비되어 있든, 주자학에서 지선은 그 자체가 본심本心은 아니다. 지선은 마음이 인식하고 준수해야 하는 무위無爲와 당위當爲의 궁극적 준칙準則이다. 이로 인해 주자학에서는 마음과 지선이 본질적으로 하나가 아닌 둘일 수밖에 없으며, 인간의 마음은 주체성과 역동성을 지닐 수 없게 된다. 왕수인은 이 점을 비판하고 있다. 그런데 전우는 주자학에 대한 이러한 왕수인의 본질적인 비판에 대해서는 명확한 답변을 회피하고 오히려 주희의 입장으로 되돌아가 주희를 항변하기만 하고 있다.

2) 천리에 대한 이해의 문제

> 왕수인: 심心의 본체는 곧 천리天理이다. 천리의 소명영각昭明靈覺이 이른바 양지良知이다.
>
> 전 우: 심心의 본체는 곧 천리天理라는 것은, 이것이 성性으로써 마땅함을 삼는 것과 같으니, 이는 성문聖門의 의론議論이다. 이제 소명영각昭明靈覺으로 말하는 것, 이것은 고자告子, 석씨釋氏가 심心을 성性이라고 인식하는 것과 무슨 다름이 있겠는가?[86]

전우는 왕수인의 주장 가운데 전반부에 해당하는 "심心의 본체가 천리이다"라는 주장에 대해서는 심의 본체가 성性을 의미하는 것이라면 문제가 되지 않는다고 본다. 전우는 '심지본체心之本體 = 천리天理 = 성性'으로서 심 그

---

86) 『艮齋集』前編(333), 권13, 「雜著 · 陽明心理說辨」, 75쪽, "心之本體, 卽天理也. 天理之昭明靈覺, 所謂良知也."(이 말은 『王陽明全集』, 권4, 「文錄2 · 答舒國用」, 190쪽에 나옴) 心之本體, 卽是天理, 此若以性當之, 卽是聖門議論. 今以昭明靈覺者言, 此與告子, 釋氏認心爲性者, 何別?"

자체가 천리나 성이 아니라 심의 본체가 천리이자 성이라는 주장으로 이해하고 있다. 그렇게 되면 전우가 주장하는 '심본어성心本於性', '성체심용性體心用', '성사심제性師心弟'[87]에서 크게 벗어나지 않게 된다. 그러나 왕수인이 천리의 밝고 영명한 자각을 '양지良知'로 규정한 것은 이단의 학문인 고자나 불교처럼 심을 성으로 오인하는 문제가 있다는 비판이다.

왕수인에게 있어 '심心의 본체가 천리天理'라고 할 때, 그 천리는 주자학에서와 같이 무작위無作爲·무사려無思慮·무계탁無計度하는 작용성이 없는 형이상자形而上者로서의 보편적 원리나 궁극적 규범을 의미하지 않는다. 천리는 우주자연의 유기적인 생명성이자 생명력으로서 그 자체가 활발발한 작용성을 지니고 있다. 즉 천지의 화육化育과 생생불식生生不息이 곧 천리의 작용이자 전개이며, 천지만물의 마음으로서의 위상을 지닌 인간은 이러한 천지만물의 생명성과 생명력을 자신의 생명본질로 하는바, 천리가 바로 인간 마음의 본체, 즉 작용 주체가 된다. 그리고 심의 본체로서의 천리의 주된 속성과 능력이 바로 소명영각昭明靈覺하는 감응 작용이다.[88] 그렇기 때문에 인간의 마음은 정리定理에 얽매이거나 구속되지 아니하고 마주한 상황에 따라 감응을 통해 영명하게 판단하고 처리해 나갈 수 있다. 왕수인이 말하는 마음은 곧 역동적이고 주체적인 인간의 마음이다. 이러한 부분은 분명 고자나 불교에서 말하는 심성론과는 매우 다르다. 그럼에도 불구하고 전우는 철저하게 주자학의 리기심성론 체계에서만 양명학을 평가하면서 양명학이 고자나 불교와는 다른 점이 있음을 방기放棄한 채 양명학을 이들과 싸잡아

---

87) 『艮齋集』後篇(334), 권2, 「書·答姜聖文」, 67쪽, "愚之不肖不勝慨愧, 乃敢極力說出心本於性, 性體心用, 性師心弟等語."
88) 김세정, 『왕양명의 생명철학』(청계, 2006), 206~212쪽 참조.

서 비판하고 있다.

3) 심心과 리理의 선후 문제

왕수인: 어버이를 친애할 마음이 있으면 효孝의 리理가 있고, 어버이를 친애
　　　할 마음이 없으면 효의 리가 없다. 군주에게 충성할 마음이 있으면
　　　충의 리가 있고, 군주에게 충성할 마음이 없으면 충의 리가 없다.
전　우: 내가 듣건대, "효孝의 성性이 있어 이에 효의 심心이 있고, 충忠의
　　　성이 있어 이에 충의 심이 있다." 이는 주자의 이른바 반드시 이
　　　리理가 있은 연후에 이 마음이 있다고 하는 것이다. 지금 이르는
　　　것들은 이미 뒤집어진 것이 아닌가? 하물며 충효의 마음이 없다면
　　　충효의 리가 없다고 말하게 되면, 종래 난신적자亂臣賊子들이 본디
　　　충효의 리가 없어서 그러한 것이 되니, 근본적으로 죽일 수가 없다.
　　　천하를 이끌어서 이륜彝倫을 헤치는 것은 반드시 이 말일 것이다.[89]

　왕수인은 "심心의 체體는 성性이니, 성이 곧 리理이다"(心之體, 性也, 性卽理也)
를 전제로 하여, 효도하고자 하는 마음이 있어야 효도하고자 하는 리理가
있게 된다고 하였다. 즉 마음이 선행되고 리가 뒤따르는 '심선리후心先理後'
의 체계이다. 이는 마음의 체體인 성性이 주자학에서와 같이 성즉리性卽理로
서의 성性, 즉 작용성이 없는 무위無爲의 준칙과 규범으로서의 성을 의미하
는 것이 아니라, 작용 주체로서의 유기적인 생명성(생명력)을 의미하기 때문

---

89) 『艮齋集』 前編(333), 권13, 「雜著·陽明心理說辨」, 75쪽, "有孝親之心, 卽有孝之理, 無孝親之
　心, 卽無孝之理矣. 有忠君之心, 卽有忠之理, 無忠君之心, 卽無忠之理矣."(이 말은 『傳習錄』
　中, 「答顧東橋書」, 133조목에 나옴) "吾聞有孝之性, 斯有孝之心, 有忠之性, 斯有忠之心. 此朱
　子所謂必有是理然後有是心者也. 今日云云, 無已顚乎? 況謂之無忠孝心, 卽無忠孝理, 則從來亂
　臣賊子原無忠孝之理而然, 本無足誅矣. 率天下而禍彝倫者, 必此言也夫."

이다. 효도하고자 하는 마음의 작용이란 곧 효도하고자 하는 생명성(性)의 작용을 의미한다. 효도하고자 하는 생명성이 작용함으로써 비로소 효도라고 하는 실천조리가 창출된다. 그런 의미에서 '성즉리'이다. 마음으로부터 효도하고자 하는 유기적 생명성의 작용이 없으면 실천조리 또한 창출될 수 없다.[90]

전우는 심心과 리理의 관계에서 보편적 법칙이나 규범·준칙으로서의 리가 먼저 존재하고 그다음에 심이 존재한다는 '리선심후理先心後'의 주자학적 입장에서 왕수인을 비판하고 있다. 선험적으로 효孝의 리理가 먼저 있고, 마음은 격물공부를 통해 이 리를 인식한 다음 효의 리를 실천으로 이행하는 것이므로, 효의 리가 먼저 있은 이후에 효의 리를 인식하고 실천하는 마음이 있는 것이다. 전우는 이러한 입장을 근거로 왕수인이 리와 심의 선후 관계를 바꾸었다고 비판한다. 인간이 지켜야 하는 충과 효와 같은 당위의 규범으로서의 리가 선재하기 때문에 인간들은 이를 지켜야 하며 지킬 수 있다. 난신적자들은 지켜야만 하는 이러한 리를 거역하였기 때문에 주륙할 수 있다. 그런데 왕수인처럼 충·효의 마음이 충·효의 리에 선행한다고 주장하게 되면 이는 곧 지켜야 할 충·효의 리가 없게 되기 때문에 난신적자들을 주륙할 수 있는 근거가 없게 된다. 마치 법이 미리 설정되어 있지 않으면 죄를 지은 죄인을 처벌할 수 없듯이, 지켜야 할 당위의 규범과 준칙이 선행되어 있지 않았기 때문에 이들을 처벌할 근거가 없다는 것이다.

왕수인이 리理보다 심心을 우선시하는 가장 큰 이유는 바로 리의 종속으로부터 인간을 해방하고 인간의 주체성과 능동적 실천성을 회복하고자 하

---

90) 김세정, 『왕양명의 생명철학』(청계, 2006), 234~237쪽 참조.

는 데 있다. 그런데 전우는 왕수인 비판에서 인간의 주체성과 능동성보다는 보편적인 준칙과 당위의 규범을 우선시하고 중시함으로써 오히려 역행하는 듯한 자세를 보이고 있다.

4) 심心과 리理의 분합 문제

왕수인: 회암晦庵이 "마음이 비록 일신一身을 주재하지만, 실재로는 천하의 리理를 관리하고, 리가 비록 만물에 흩어져 있으나, 실재로는 한 사람의 마음에서 벗어나지 않는다"라고 말한 것은, 나누고 합하는 사이에 이미 배우는 자들로 하여금 심心과 리理를 둘로 나누도록 하는 폐단을 면하지 못한다.

전 우: 주자는 진실로 또한 "방촌方寸의 사이에 만리萬理가 찬연粲然하다"라고 하였다. 또한 "통하여 같은 것은 다만 하나의 도리이니, 격물공부에 이르러서는 어찌 접하는 바의 사물을 바로잡고자 함에 그 리理를 궁구하지 않고, 오직 돌이켜 살피고 안으로 성찰하는 데만 힘써서 사물의 리를 내 마음 가운데서만 구하겠는가?"라고 하였다. 혹자가 이 부분에 대해 물었으므로 심心과 물物을 나누어서 말하지만, 리는 곧 둘이 아니다. 때문에 하구下句를 말한 것이지, 처음부터 내외로서 논할 수 있는 것이 아니다.[91]

전우는 앞의 내용에 이어서 『전습록』 133조목의 내용을 소개하고 있다.

---

91) 『艮齋集』 前編(333), 권13, 「雜著·陽明心理說辨」, 75쪽, "晦菴謂心雖主乎一身, 而實管乎天下之理, 理雖散在萬物, 而實不外乎一人之心, 是其分合之間, 未免已啓學者心理爲二之弊."(이 말은 『傳習錄』 中, 「答顧東橋書」, 133조목에 나옴) "朱子固亦曰, 方寸之間, 萬理粲然. 又曰, 通同只是一箇道理, 而至於格物工夫, 何可掉了所接之物, 不窮其理, 而惟務反觀內察, 以求是物之理於吾心之中乎? 或問此段, 所以分心與物言之, 而理則無二. 故下句卽言, 初不可以內外論也."

이 내용은 왕수인이 '지행합일知行合一'을 설명하는 과정에서 지행知行이 합일인 이유가 심즉리心卽理이기 때문임을 밝힌 것이다. 왕수인에게 있어 효도하고자 하는 마음인 본성(性)의 작용을 통해 효도하는 실천조리(理)가 창출된다는 점에서 '성즉리性卽理'이고, 성性은 곧 마음의 유기적 생명성(생명력)이므로 '심즉성心卽性'이다. 실천조리인 리理는 내 마음 밖에 존재하는 것이 아니므로 '심즉리'이다. 그런데 주희는 공부의 대상이 '심여리心與理', 즉 '심心'과 '리理'라 하여 심과 리를 두 가지로 나누고 있다. 그리고 '심'은 일신一身을 주재하면서 또한 '천하의 리'를 주관한다고 말한다. 이 말은 곧 심이 리가 아니라, 심은 단지 미리 설정되어 있는 형이상자인 리를 인식할 수 있다는 것을 의미한다. 그리고 리는 만사만물萬事萬物에 산재되어 있지만 한 사람의 마음에서 벗어나지 않는다고 말하고 있는데, 이 말은 리일분수에 근거한다. 즉 선험적이고 보편적인 리일理一은 분화되어 사사물물에 분수리分殊理로 내재되어 있다고 하는 점에서 리는 만사만물에 산재되어 있다고 할 수 있다. 반면 인심人心은 격물공부라는 인식 과정을 통해 활연관통豁然貫通함으로써 리일理一을 알 수 있다. 즉 리가 한 사람의 마음에서 벗어나지 않는다는 것은 활연관통을 통해 만리萬理를 인식하고 있다는 의미이다. 왕수인은 주희의 이러한 말은 '마음이 리理를 주관한다', '리는 한 사람의 마음에서 벗어나지 않는다'라고 하여 심과 리가 하나인 것처럼 보이게 하지만, 실상은 심과 리가 둘이 됨을 면치 못하는 폐단을 야기한다고 비판하고 있다. 주자학에서 리는 인식 대상이고 심은 인식 주체로서 본래적으로 둘로 나누어져 있다. 비록 마음이 격물공부를 통해 리를 인식한다 하더라도 심이 리일 수는 없다. 리는 심과 무관하게 선험적으로 미리 설정되어져 있기 때문이다. 심은 리를 새로 만들거나 바꾸거나 할 수 있는 능력이 없다. 단지 미리 설정된 리(定理)를 인식하고 이를 행위로 옮길 수 있는 능력만 있을 뿐이다. 따라서 수많은 리를 하나하나 인식해 나가는 지리하고 어려운 과정이 전개되고, 나아가 역동적이고 능동적이며 주체적인 실천행위가 약화되는 문제를 야기한다. 왕수인은 심즉리를 통해 지행(知行)이 본래 하나임을 역설함으로써 인간이 주체적이고 능동적이고 역동적인 실천행위의 주체로 새롭게 자리매김 시키고자 하였다. 심은 하나이다. 마음이 측달(惻怛)해 하는 것이 인(仁)이고, 마음이 마땅함을 얻는 것이 의(義)이고, 마음으로 발동한 실천조리가 곧 리(理)이니, 인도 의도 리도 마음을 벗어나지 않는다. 그럼에도 불구하고 주자학에서는 마음 밖에서 격물공부를 통해 리를 구하기 때문에 지와 행이 양분되는 것이다.[92]

전우는 먼저 주희가 "방촌(方寸) 사이에 만리(萬理)가 찬연하다"라고 한 말을 소개한다. 이 말은 자칫 심(心)을 리(理)로 보게 하는 착각을 야기할 수 있지만, 실상은 심이 리라는 말이 아니라 '심구중리(心具衆理)'의 의미, 즉 심이 중리(衆理)를 인식하고 있다는 것을 의미한다. 즉 심과 리는 인식 주체와 대상으로 양분된다. 단지 심은 선험적 정리(定理)를 알고 있을 뿐이지 심이 리를 창조한다는 의미는 아니다. 두 번째 인용된 주희의 말은 심학을 비판하는 내용이다. 즉 사사물물과 사람에게 있어 공통적으로 통하는 것은 바로 심이 아니라 '리일'이라는 것이다. 따라서 사물을 바로잡고자 한다면, 즉 일을 올바르게 처리하고 자신 또한 올바르게 살고자 한다면, 먼저 반드시 격물공부를 통해 사물과 인간의 표준인 리를 인식해야만 한다. 그럼에도 불구하고 '반

---

92) 『傳習錄』 中, 「答顧東橋書」, 133조목, "心一而已, 以其全體惻怛而言謂之仁, 以其得宜而言謂之義, 以其條理而言謂之理. 不可外心以求仁, 不可外心以求義, 獨可外心以求理乎? 外心以求理, 此知行之所以二也. 求理於吾心, 此聖門知行合一之教, 吾子又何疑乎?"

관내찰反觀內察'을 통해 오심吾心에서 리를 구하고자 하는 것은 잘못되었다는 것이다. 즉 사물과 경전經傳을 대상으로 한 즉물궁리卽物窮理가 아닌 '반관내찰'과 같은 내적 수양은 리를 인식하는 참다운 공부도 아니고 리를 제대로 인식할 수도 없다. 이러한 주희의 말은 오히려 왕수인이 비판한 것처럼 리와 심을 외적인 인식 대상과 내적인 인식 주체로 나누어 버림으로써 인간의 주체성과 역동성을 상실시키는 문제를 안고 있다. 전우도 이러한 문제점을 인식하고 있어서인지, 주희가 이 구절에서처럼 바로잡아야 할 물物과 바로잡는 심心의 둘로 나누어서 말한 것은 혹자의 물음이 그렇게 있었기 때문이지 결코 처음부터 내외를 구분하여 말하는 것이 아니라고 주장하고 있다. 사람과 사물에 통하여 같은 것은 이 하나의 리理라는 것, 즉 리일理一에서 각기 분화된 것이기 때문에 근원에서 보면 사람의 리와 사물의 리가 각기 다른 것이 아니라 동일하다는 것이다.

이러한 전우의 주희 옹호는 주자학의 입장에서는 타당하지만, 왕수인의 입장에서 보면 왕수인이 비판하고자 한 주자학의 지행知行 양분 문제와 인간의 비주체성의 문제에 대해 답을 하지 않는 한계를 보인다. 오히려 이황은 「전습록논변」에서 왕수인의 심즉리설心卽理說뿐만 아니라 지행합일설知行合一說에 대해서도 언급한 바 있다. 이황은 왕수인의 지행설이 당시 실천성이 결여된 구이지학口耳之學의 폐단을 절실하게 지적한 것이라 하여 일면 긍정적인 평가를 하면서, 왕수인이 감각적 차원의 형기에서나 가능한 지행합일을 가지고 도덕적 차원의 의리 문제에 적용시키는 오류를 범했다고 비판하고 있다. 도덕적 차원의 의리 문제에 있어 비록 '지행병진知行並進'은 가하지만, 지知는 지知이고 행行은 행行으로서 지행합일을 말할 수는 없다는 입장을 취하고 있다.93) 아쉽게도 전우의 양명학 비판에서는 지행합일설에 대한 이러한 평가나 비판이 보이지 않는다.

5) 심心에 대한 리理의 제어 문제

> 왕수인: (육징이) 물었다. "연평延平이 이치에 마땅하고 사심私心이 없다고 하
> 였는데, 이치에 마땅하다는 것과 사심이 없다는 것은 어떻게 분별
> 합니까?" (왕수인이) 이르기를 "심즉리心卽理이다. 사심이 없으면 이
> 치에 마땅한 것이니, 이치에 마땅하지 않으면 곧 사심이다. 심心과
> 리理를 나누어서 말한 것은 아마도 좋지 않은 것 같다."
> 전　우: 예禮로써 마음을 제어하고, 인仁으로써 마음을 보존하면, 마음이 법
> 도를 넘지 아니하고, 마음이 인仁을 어기지 않는다. 이것이 모두 심
> 즉리를 이르는 것이 아니겠는가?94)

'이치에 마땅하다'(當理)는 것과 '사심私心이 없다'(無私心)는 것은 같은 것인
가? 다른 것인가? 왕수인은 '심즉리心卽理'이기 때문에 '사심이 없는 것'이 곧
'이치에 마땅한 것'으로서 이 둘은 둘로 구분되지 않는바, 심心과 리理를 나
누어 보는 것은 옳지 못하다고 본다. 이러한 왕수인의 주장에 대해 전우는
"예禮로써 마음을 제어하고, 인仁으로써 마음을 보존한다"라고 말하고 있다.
결국 심은 주체적이고 능동적인 것이 아니라 제어의 대상으로서 수동적인
것이 된다. 예는 리가 드러나는 구체적 절목과 형식으로서 심은 스스로를

---

93) 본서 「1장 퇴계 이황의 양명학 비판과 심학적 특성」 참조.
94) 『艮齋集』 前編(333), 권13, 「雜著·陽明心理說辨」, 76쪽, "問, 延平云, 當理而無私心, 當理與
無私心, 如何分別? 曰, 心卽理也. 無私心, 卽是當理. 未當理, 便是私心. 若析心與理言之, 恐亦
未善."(이 말은 『傳習錄』 上, 「陸澄錄」, 94조목에 있음) "以禮制心, 以仁存心, 心不踰矩, 心
不違仁. 此皆卽心卽理之謂乎?"

준칙으로 삼을 수 없으며 반드시 이러한 예를 준칙으로 삼고 이를 준수해야만 한다. 인仁 또한 성즉리性卽理의 성性으로서 작용성이 없이 단지 심이 인식하고 따라야 하는 준칙일 뿐이다. 따라서 심이 예와 성에 맞추어 제어되고 교정되면, 심은 법도를 넘지 않고 인을 어기지 않는다는 전우의 주장은 결국 심은 주체적·능동적으로 올바르게 되는 것이 아니라 선험적인 불변의 절목과 준칙에 의해서만 올바르게 될 수 있다는 것을 의미한다.

전우가 이러한 것을 심즉리心卽理라고 말하는 것은, 심心이 리理를 창출한다는 것을 의미하는 것이 아니라, 심이 리를 표준으로 삼아 리에 순응하는 것을 의미한다고 할 수 있다. 여기서도 전우는 심의 주체성과 역동성보다는 리의 우선성과 절대성을 강조하고 있다.

6) 심즉리와 즉물궁리의 관계

왕수인: 이제 '심즉리心卽理'라고 말하는 것은, 다만 세상 사람들이 심心과 리理를 둘로 나누어 수많은 병통이 생겨났기 때문이다. 예를 들면 오패가 오랑캐를 물리치고 주나라 왕실을 받든 것은 모두 사심私心이다. 사람들은 도리어 그들의 행동이 이치에 마땅하며 다만 마음에 아직 순수하지 못한 것이 있을 뿐이라고 말하면서 왕왕 그들의 소행을 기쁜 마음으로 흠모하여 겉모양을 보기 좋게 꾸미려고 하지만, 도리어 마음과는 전혀 서로 간여하지 않는다. 심과 리를 둘로 나누어 패도의 거짓됨으로 흘러가면서도 스스로 알지 못한다. 그러므로 내가 심즉리를 말하여 심과 리가 하나라는 것을 알게 하여 곧 마음에서 공부를 하고, 밖에서 의로움을 거두어들이지 않도록 하려고 했으니, 이것이 바로 진정한 왕도王道이다. 이것이 내 주장의 근본취지이다.

전　우: 선유의 이른바 '즉물궁리卽物窮理'가 어찌 '마음에 성리性理가 없으니, 반드시 외물에 나아가서 리理를 구하라'고 이르는 것이겠는가? 하물며 성리性理는 심心에 있는 것과 물物에 있는 것이 다름이 있는 것이 아니니, 사물의 이치를 궁구하는 것은 곧 성性을 아는 것이요, 사물의 이치를 따르는 것은 성을 기르는 것이니, 어찌 두 개의 리가 있겠는가? 이제 리로써 주실周室을 삼고 실심實心이 그것을 존중하니, 이것이 곧 왕도王道의 참됨이다. 만일 이 마음이 리라고 자처한다면 이는 찬탈일 뿐이니, 그 죄가 어찌 오패가 거짓으로 주실을 존중한 것에 그치겠는가?[95]

　전우는 여기서 왕수인이 '심즉리설心卽理說'을 주장하게 된 이유를 밝힌 글을 소개하고 있다. 왕수인은 심心과 리理를 둘로 나누는 세상의 병통과 폐단을 치유하기 위해 심즉리를 주장하게 됐다고 말한다. 당시 사람들은 오패五覇에 대해 그들의 행동이 리에는 합당했지만 다만 심에 아직 순수하지 못한 것이 있었을 뿐이라고 하는 이중적인 평가를 했다. 심이 순수하지 못한데 리에 합당할 수 있다는 것은 심과 리가 별개일 수 있다는 것을 의미한다. 결국 심은 리에 부합되지 않을 뿐만 아니라, 리를 주관하는 주체가 될 수도 없고, 오히려 리와 괴리되는 비주체적인 것이 된다. 이에 왕수인은 '심즉리'라는 주장을 통해 심과 리를 하나로 합일함으로써 인간의 주체성을 회복함

---

95) 『艮齋集』 前編(333), 권13, 「雜著·陽明心理說辨」, 76쪽, "今說心卽理, 只爲世人分心與理爲二, 便有許多病痛. 如五伯攘夷狄尊周室, 都是私心. 人卻說佗做得當理, 只心有未純, 往往慕悅其所爲, 要來外面做得好看, 卻與心全不相干. 分心與理爲二, 其流至于伯道之僞而不自知. 故我說簡心卽理, 要使知心理是一箇, 便來心上做工夫, 不去襲取於義, 便是王道之眞. 此我立言宗旨." (이 말은 『傳習錄』 下, 「黃以方錄」, 321조목에 나옴) "先儒所謂卽物窮理, 豈謂心無性理, 故必去外物求理. 況性理非有在心在物之異, 窮物之理, 卽是知性, 循物之理, 卽是養性, 豈有二理哉? 今以理爲周室, 而實心尊之, 此乃王道之眞. 若此心自居以理, 是爲篡奪爾矣, 其罪豈止於五伯之佯尊周室而已哉?"

과 아울러 심과 리가 괴리되고 이원화되는 폐단을 극복하고자 하였다.

전우는 주희의 즉물궁리卽物窮理에 대한 왕수인의 비판에 대해 반론을 제기하는 방식으로 왕수인의 심즉리설心卽理說을 비판한다. 주희의 '즉물궁리'는 왕수인이 비판하는 것처럼 마음 안에는 성리性理가 없으니 마음 밖의 사물에서 성리를 구하는 것이 아니라는 것이다. 인심人心의 리理와 사물의 리는 동일하기 때문에 사물의 리를 따르는 것이 곧 양성養性으로서, 물리物理와 인리人理라는 두 가지의 리가 있는 것이 아니라는 입장이다. 리일분수理一分殊와 성즉리性卽理라는 리의 보편성을 근거로 물리와 인리人理의 동일성을 강조함과 아울러 즉물궁리가 마음 안에 리가 없으니 마음 밖의 물리를 구하라는 것이 아니라는 점을 강조하고 있다. 수양修養이란 곧 물리를 따름으로써 양성養性하는 것이라고 한다. 리를 주실周室로 삼고 실심實心이 그것을 존중하는 것이 왕도王道의 참됨이다. 리만이 보편성과 절대성을 지닐 뿐 심은 단지 그 리를 인식하고 따르는 것에 불과하다. 즉 심은 주체성을 갖지 못한다. 전우는 심이 리를 자처하는 것은 찬탈이라고 규정한다. 이는 왕수인의 심즉리가 찬탈을 의미한다고 말하는 것이다. 심은 리의 지위에 오를 수 없다. 심은 단지 리를 따르는 종적인 존재로 선험적이고 절대적인 리를 인식할 수 있을 뿐 리를 창조하지도 주재하지도 못한다.

사실상 왕수인은 오패들의 심心과 리理의 이중성과 괴리를 문제 삼아 심리心理이원의 병폐를 비판하고 심리일원의 필요성을 역설한 것인데, 전우는 오패들의 문제에 대해서는 별도의 언급 없이 주희의 심리이원, 즉 리주심종理主心從의 당위성만을 역설하고 있다. 비록 실심實心이라고 표현하더라도 '심이 리를 존중하는 것이 왕도'라고 하는 것은 곧 심은 단지 리에 종속된 비주체적인 존재에 불과하다는 것을 의미한다.

7. 나오는 말

이상 한말 간재 전우의 이단 비판의 내용에 대해 고찰해 보았다. 전우에게 있어 천天을 근본으로 삼고, 천리天理를 위주로 하여 심心이 이를 보좌하고, 리理를 궁극적 준칙으로 삼고, 심이 성性을 배우고, 리와 성이 주재主宰하고, 심이 성을 높이는 학문이야말로 진정한 정학正學이고 성학聖學이다. 반면 심을 근본으로 삼고, 성을 낮추어 심으로 하여금 이를 부리게 하고, 심을 궁극적 준칙으로 삼고, 심을 배우고, 기氣와 심이 주재하고, 심이 스스로를 높이는 학문은 이학異學이고 이단異端이다. 이러한 기준을 근거로 전우는 선진시대의 고자告子와 노자老子는 물론 수당시대의 불교를 심을 종지로 하는 이학이라고 평가하고 이단으로 배척한다.

물론 고자나 노자, 불교는 모두 유학의 입장에서 보았을 때 이학異學이다. 그런데 같은 유학의 한 부류인 송명시대의 상산학과 양명학마저 '심즉리心卽理'를 주장했다는 이유로 이학으로 평가하고 이단으로 배척한다. 심지어 같은 정주학 계열로서 육왕학을 이단이라 비판·배척하고 있는 이항로와 이진상에 대해서조차도 심즉리를 주장한다는 이유만으로 이들을 이학으로 규정하고 이단으로 배척한다. 전우가 이렇듯 제자백가, 불교, 상산학, 양명학에 대해 전방위적으로 이학·이단이라고 강력하게 비판·배척한 근본 이유는 이들을 비판하고 배척하고자 한 데 있는 것이 아니라 당시 심즉리를 주장하는 한주학파들을 비판하고 이들에게 경종을 울리려는 데 있었다고 하는 사실을 살펴보았다.

전우는 다양한 동양의 사유 가운데 오로지 유학만을, 유학 가운데에서도 오로지 주자학만을, 주자학 가운데에서도 오로지 '성즉리性卽理'와 '심즉기心卽氣'만을 인정하고 나머지는 이학·이단으로 배척하였다. 물론 당시 서세동점西勢東漸의 상황에서 전우 자신이 생각하는 성학의 순수성을 지키고자 하는 학문적 순수성의 측면에서는 긍정적으로 평가할 수 있다. 아울러 많은 학자들이 이단 비판의 경우에 대상 학문에 대한 심도 있는 연구 없이 피상적으로 비판하거나, 상대의 말 중 몇 구절을 물고 늘어지는 식으로 비판하는 경우가 많다. 그러나 전우의 경우 이학·이단 비판을 위해 대상 학문에 대한 폭넓고 깊이 있는 탐구를 진행하였다.[96] 이러한 성실한 학자적 자세는 오늘날에도 귀감이 될 만하다. 전우의 학문적 태도는 물론, 전우 학문이 지니고 있는 그리고 오늘날 우리에게 남겨 준 학문적 의의와 가치에 대해서는 그동안 수많은 전우 관련 연구물에서 충분하게 언급되고 밝혀졌다고 생각한다.[97]

학문은 칭찬과 긍정만으로는 발전하기 힘들다. 이와 더불어 문제점을 찾아내고 이를 비판하는 작업이 함께 병행되어야 한다. 이 두 측면이 함께 어우러질 때 그 학문은 창조적으로 발전해 나갈 수 있다. 이러한 입장에서 필자는 전우의 이학·이단 비판이 지닌 문제점을 살펴보는 것으로써 이 장을 마무리하고자 한다. 전우의 이학·이단 비판의 가장 큰 폐단은 육왕학은 물론 이항로와 이진상마저 정학과 성학이 아닌 이학과 이단으로 규정하고 배척함으로써 유학의 범주를 축소시키고 유학의 다양성을 손상시켰다는 점이다. 도가, 불교, 상산학, 양명학, 한주학파의 사상은 표면적으로 유사해

---

96) 양명학에 대한 비판에만 한정해 보더라도, 양명학을 비판하는 대부분의 학자들이 『傳習錄』에 한정하여 왕수인의 말을 인용·비판하고 있는 반면, 전우의 경우는 『王陽明全集』 전반에서 왕수인의 말을 인용·비판하고 있다.

97) 그 결실들은 간재학회에서 간행한 『艮齋學論叢』에 실려 있다.

보이는 부분들이 있을 수 있다. 그렇지만 이들의 지향처는 물론 이론체계와 내용은 상반된 측면들이 더 많다. 이러한 다름은 오히려 창조적인 사상이 나올 수 있는 토양이다. 그럼에도 불구하고 차이와 다름을 무시하고 이데올로기적 측면에서 하나의 묶음으로 묶어서 이단이라는 상표를 붙여 도매금으로 넘겨 버린 것은 창조적 사상이 나올 수 있는 토양을 없애 버리는 과오를 야기한 것이라 생각된다. 아울러 당시 새로운 시대로 넘어가는 과도기적 상황 속에서 원리주의적인 측면에서 유학을 정주학으로 회귀시키고 획일화 시킴으로써 유학의 역동성과 생명력을 상실시키는 결과를 초래하였다고 보인다. 정주학에 기반을 두더라도 교조주의·원리주의적 입장에서 모든 것을 거부하고 정주학으로 회귀할 것이 아니라 좀 더 유연하게 다른 사상들을 수용함으로써 정주학을 현실에 맞게 발전시켜 나갈 필요가 있었다.

전우의 왕수인 비판에 한정해 보더라도 다음과 같은 문제점이 있다. 왕수인은 주희의 성즉리설性卽理說, 격물설格物說, 치지설致知說, 신민설新民說이 인간의 주체성을 말살하고 능동적 실천성을 질곡시키는 폐단이 있다는 입장에서 심즉리설心卽理說, 지행합일설知行合一說, 치양지설致良知說, 친민설親民說 등을 제시하여 인간의 주체성과 능동적 실천성을 회복시키고자 하였다. 이황은 왕수인의 심즉리설, 지행합일설, 친민설 등 다양한 학설에 대해 전방위적으로 비판하면서 주자학을 변론하기도 하고 자신 나름대로의 독창성을 드러내기도 하였다. 코끼리 다리만 만져 보고 나서 코끼리를 말할 수는 없는 것처럼, 한 사람의 사상을 제대로 이해하고 올바르게 평가하기 위해서는 그 사람이 제시한 이론 전체를 살펴보아야 한다. 그럼에도 불구하고 전우는 왕수인의 다른 학설에 대해서는 언급하지 않은 채 오로지 왕수인의 심즉리설에 대해서만 비판을 가하는 한계를 보여 주고 있다. 그리고 발전적 비판은 과거로의 회귀가 아니라 미래로 향해야 한다. 그럼에도 전우의 왕수인 비판의 경우 철저하게 주자학의 입장에서 주자학만을 옹호하고 변론하고 있다. 이황이나 한주학파가 왕수인이 주희를 비판하면서 제기했던 주자학의 비주체성과 비능동성의 문제를 해결하기 위해 노력한 반면, 전우는 이 문제를 해결하려 하기보다 원론적인 주자학을 수호하려는 데 지나치게 집착함으로써 이 문제를 극복하지 못하였다. 미래를 향한 것이 아니라 오히려 왕수인 이전의 주희의 시대로 회귀하는 듯한 느낌마저 든다. 남송대의 주희는 한편으론 도불道佛의 장점을 수용하고 한편으론 북송오자北宋五子의 사상을 집대성하면서 도불의 비현실성과 비세속성을 비판하였다. 명대의 왕수인은 유·불·도 사상을 융합하고 회통하는 바탕 위에 유학사상을 심학이라는 새로운 체계로 재정립하면서 주자학의 폐단을 비판하였다. 주희나 왕수인 모두 그 시대에 과거로의 회귀가 아니라 미래로의 진보였다고 말할 수 있다. 그러나 전우의 경우에는 도불과 육왕학을 철저하게 이단으로 배척하고 주자학만을 옹호함으로써 오히려 변화하는 시대 속에서 과거로 회귀하였다고 할 수 있다.

찾아보기

【인명】

【책명 및 편명】

【개념어구 및 기타】

김세정金世貞

1990년에 성균관대학교 유학과를 졸업하고 1999년에 같은 대학교 대학원에서 「왕양명의 생명철학에 관한 연구」로 박사학위를 받았다. 뉴욕주립대학교 방문연구학자(1999)와 북경대학 방문학자(2007) 및 캘리포니아주립대학(UCLA) 방문학자(2011)를 역임하였다. 현재 충남대학교 철학과 교수로 재직하면서 충남대학교 유학연구소 소장과 한국양명학회 부회장, 한국동양철학회 편집위원장, 대전환경운동연합 정책위원장을 맡고 있다. 2009년에 (사)대한철학회 제1회 운제철학상을 수상한 바 있다.

주요 저서로는 『양명학, 인간과 자연의 한몸 짜기』와 『왕양명의 생명철학』(2006년 문화관광부 우수학술도서 선정), 『양명학파 전덕홍의 양지철학』, 『왕양명의 『전습록』 읽기』가 있고, 공저로는 『유학, 시대와 통하다』, 『王學之魂』 등 20권이 있으며, 중국철학·한국철학·환경철학 관련 연구논문 70여 편이 있다.
(kimshd@cnu.ac.kr)

◀◀ 예문서원의 책들 ▶▶

원전총서

박세당의 노자 (新註道德經) 박세당 지음, 김학목 옮김, 312쪽, 13,000원
율곡 이이의 노자 (醇言) 이이 지음, 김학목 옮김, 152쪽, 8,000원
홍석주의 노자 (訂老) 홍석주 지음, 김학목 옮김, 320쪽, 14,000원
북계자의 (北溪字義) 陳淳 지음, 김충열 감수, 김영민 옮김, 295쪽, 12,000원
주자가례 (朱子家禮) 朱熹 지음, 임민혁 옮김, 496쪽, 20,000원
서경잡기 (西京雜記) 劉歆 지음, 葛洪 엮음, 김장환 옮김, 416쪽, 18,000원
열선전 (列仙傳) 劉向 지음, 김장환 옮김, 392쪽, 15,000원
열녀전 (列女傳) 劉向 지음, 이숙인 옮김, 447쪽, 16,000원
선가귀감 (禪家龜鑑) 청허휴정 지음, 박재양·배규범 옮김, 584쪽, 23,000원
공자성적도 (孔子聖蹟圖) 김기주·황지원·이기훈 역주, 254쪽, 10,000원
천지서상지 (天地瑞祥志) 김용천·최현화 역주, 384쪽, 20,000원
참동고 (參同攷) 徐命庸 지음, 이봉호 역주, 384쪽, 23,000원
박세당의 장자, 남화경주해산보 내편 (南華經註解刪補 內篇) 박세당 지음, 전현미 역주, 560쪽, 39,000원
초원담노 (椒園談老) 이충익 지음, 김윤경 옮김, 248쪽, 20,000원
여암 신경준의 장자 (文章準則 莊子選) 申景濬 지음, 김남형 역주, 232쪽, 20,000원

퇴계원전총서

고경중마방古鏡重磨方 ― 퇴계 선생의 마음공부 이황 편저, 박상주 역해, 204쪽, 12,000원
활인심방活人心方 ― 퇴계 선생의 마음으로 하는 몸공부 이황 편저, 이윤희 역해, 308쪽, 16,000원
이자수어李子粹語 퇴계 이황 지음, 성호 이익·순암 안정복 엮음, 이광호 옮김, 512쪽, 30,000원

연구총서

논쟁으로 보는 중국철학 중국철학연구회 지음, 352쪽, 8,000원
논쟁으로 보는 한국철학 한국철학사상연구회 지음, 326쪽, 10,000원
중국철학과 인식의 문제 (中國古代哲學問題發展史) 方立天 지음, 이기훈 옮김, 208쪽, 6,000원
중국철학과 인성의 문제 (中國古代哲學問題發展史) 方立天 지음, 박경환 옮김, 191쪽, 6,800원
역사 속의 중국철학 중국철학회 지음, 448쪽, 15,000원
공자의 철학 (孔孟荀哲學) 蔡仁厚 지음, 천병돈 옮김, 240쪽, 8,500원
맹자의 철학 (孔孟荀哲學) 蔡仁厚 지음, 천병돈 옮김, 224쪽, 8,000원
순자의 철학 (孔孟荀哲學) 蔡仁厚 지음, 천병돈 옮김, 272쪽, 10,000원
유학은 어떻게 현실과 만났는가 ― 선진 유학과 한대 경학 박원재 지음, 218쪽, 7,500원
역사 속에 살아있는 중국 사상 (中國歷史に生きる思想) 시계자와 도시로 지음, 이혜경 옮김, 272쪽, 10,000원
덕치, 인치, 법치 ― 노자, 공자, 한비자의 정치 사상 신동준 지음, 488쪽, 20,000원
리의 철학 (中國哲學範疇精粹叢書 ― 理) 張立文 주편, 안유경 옮김, 524쪽, 25,000원
기의 철학 (中國哲學範疇精粹叢書 ― 氣) 張立文 주편, 김교빈 외 옮김, 572쪽, 27,000원
동양 천문사상, 하늘의 역사 김일권 지음, 480쪽, 24,000원
동양 천문사상, 인간의 역사 김일권 지음, 544쪽, 27,000원
공부론 임수무 외 지음, 544쪽, 27,000원
유학사상과 생태학 (Confucianism and Ecology) Mary Evelyn Tucker·John Berthrong 엮음, 오정선 옮김, 448쪽, 27,000원
공자타, 공자는 이렇게 말했다 안재호 지음, 232쪽, 12,000원
중국중세철학사 (Geschichte der Mittelalterischen Chinesischen Philosophie) Alfred Forke 지음, 최해숙 옮김, 568쪽, 40,000원
북송 초기의 삼교회통론 김경수 지음, 352쪽, 26,000원
죽간·목간·백서, 중국 고대 간백자료의 세계 1 이승률 지음, 576쪽, 40,000원
중국근대철학사 (Geschichte der Neueren Chinesischen Philosophie) Alfred Forke 지음, 최해숙 옮김, 936쪽, 65,000원
리학 심학 논쟁, 연원과 전개 그리고 득실을 논하다 황갑연 지음, 416쪽, 32,000원

강의총서

김충열 교수의 노자강의 김충열 지음, 434쪽, 20,000원
김충열 교수의 중용대학강의 김충열 지음, 448쪽, 23,000원
모종삼 교수의 중국철학강의 牟宗三 지음, 김병채 외 옮김, 320쪽, 19,000원
송석구 교수의 율곡철학 강의 송석구 지음, 312쪽, 29,000원
송석구 교수의 불교와 유교 강의 송석구 지음, 440쪽, 39,000원

역학총서

주역철학사 (周易研究史) 廖名春·康學偉·梁韋弦 지음, 심경호 옮김, 944쪽, 45,000원
송재국 교수의 주역 풀이 송재국 지음, 380쪽, 10,000원
송재국 교수의 역학담론 — 하늘의 빛 正易, 땅의 소리 周易 송재국 지음, 536쪽, 32,000원
소강절의 선천역학 高懷民 지음, 곽신환 옮김, 368쪽, 23,000원
다산 정약용의 『주역사전』, 기호학으로 읽다 방인 지음, 704쪽, 50,000원

한국철학총서

조선 유학의 학파들 한국사상사연구회 편저, 688쪽, 24,000원
퇴계의 생애와 학문 이상은 지음, 248쪽, 7,800원
조선유학의 개념들 한국사상사연구회 지음, 648쪽, 26,000원
유교개혁사상과 이병헌 금장태 지음, 336쪽, 17,000원
남명학파와 영남우도의 사림 박병련 외 지음, 464쪽, 23,000원
쉽게 읽는 퇴계의 성학십도 최재목 지음, 152쪽, 7,000원
홍대용의 실학과 18세기 북학사상 김문용 지음, 288쪽, 12,000원
남명 조식의 학문과 선비정신 김충열 지음, 512쪽, 26,000원
명재 윤증의 학문연원과 가학 충남대학교 유학연구소 편, 320쪽, 17,000원
조선유학의 주역사상 금장태 지음, 320쪽, 16,000원
한국유학의 악론 금장태 지음, 240쪽, 13,000원
심경부주와 조선유학 홍원식 외 지음, 328쪽, 20,000원
퇴계가 우리에게 이윤희 지음, 368쪽, 18,000원
조선의 유학자들, 켄타우로스를 상상하며 理와 氣를 논하다 이향준 지음, 400쪽, 25,000원
퇴계 이황의 철학 윤사순 지음, 320쪽, 24,000원
조선유학과 소강절 철학 곽신환 지음, 416쪽, 32,000원
되짚어 본 한국사상사 최영성 지음, 632쪽, 47,000원

성리총서

송명성리학 (宋明理學) 陳來 지음, 안재호 옮김, 590쪽, 17,000원
주희의 철학 (朱熹哲學硏究) 陳來 지음, 이종란 외 옮김, 544쪽, 22,000원
양명 철학 (有無之境─王陽明哲學的精神) 陳來 지음, 전병욱 옮김, 752쪽, 30,000원
정명도의 철학 (程明道思想硏究) 張德麟 지음, 박상리·이경남·정성희 옮김, 272쪽, 15,000원
송명유학사상사 (宋明時代儒學思想の硏究) 구스모토 마사쓰구(楠本正繼) 지음, 김병화·이혜경 옮김, 602쪽, 30,000원
북송도학사 (道學の形成) 쓰치다 겐지로(土田健次郞) 지음, 성현창 옮김, 640쪽, 3,2000원
성리학의 개념들 (理學範疇系統) 蒙培元 지음, 홍원식·황지원·이기훈·이상호 옮김, 880쪽, 45,000원
역사 속의 성리학 (Neo-Confucianism in History) Peter K. Bol 지음, 김영민 옮김, 488쪽, 28,000원
주자어류선집 (朱子語類抄) 미우라 구니오(三浦國雄) 지음, 이승연 옮김, 504쪽, 30,000원

불교(카르마)총서

학파로 보는 인도 사상 S. C. Chatterjee·D. M. Datta 지음, 김형준 옮김, 424쪽, 13,000원
유식무경, 유식 불교에서의 인식과 존재 한자경 지음, 208쪽, 7,000원
박성배 교수의 불교철학강의: 깨침과 깨달음 박성배 지음, 윤원철 옮김, 313쪽, 9,800원
불교 철학의 전개, 인도에서 한국까지 한자경 지음, 252쪽, 9,000원
인물로 보는 한국의 불교사상 한국불교원전연구회 지음, 388쪽, 20,000원
은정희 교수의 대승기신론 강의 은정희 지음, 184쪽, 10,000원
비구니와 한국 문학 이향순 지음, 320쪽, 16,000원
불교철학과 현대윤리의 만남 한자경 지음, 304쪽, 18,000원
유식삼십송과 유식불교 김명우 지음, 280쪽, 17,000원
유식불교, 『유식이십론』을 읽다 효도 가즈오 지음, 김명우·이상우 옮김, 288쪽, 18,000원
불교인식론 S. R. Bhatt & Anu Mehrotra 지음, 권서용·원철·유리 옮김, 288쪽, 22,000원
불교에서의 죽음 이후, 중음세계와 육도윤회 허암 지음, 232쪽, 17,000원

한의학총서

한의학, 보약을 말하다 — 이론과 활용의 비밀 김광중·하근호 지음, 280쪽, 15,000원

동양문화산책

주역산책(易學漫步) 朱伯崑 외 지음, 김학권 옮김, 260쪽, 7,800원
동양을 위하여, 동양을 넘어서 홍원식 외 지음, 264쪽, 8,000원
서원, 한국사상의 숨결을 찾아서 안동대학교 안동문화연구소 지음, 344쪽, 10,000원
안동 풍수 기행, 와혈의 땅과 인물 이완규 지음, 256쪽, 7,500원
안동 풍수 기행, 돌혈의 땅과 인물 이완규 지음, 328쪽, 9,500원
영양 주실마을 안동대학교 안동문화연구소 지음, 332쪽, 9,800원
예천 금당실・맛질 마을 — 정감록이 꼽은 길지 안동대학교 안동문화연구소 지음, 284쪽, 10,000원
터를 안고 仁을 펴다 — 퇴계가 굽어보는 하계마을 안동대학교 안동문화연구소 지음, 360쪽, 13,000원
안동 가일 마을 — 풍산들가에 의연히 서다 안동대학교 안동문화연구소 지음, 344쪽, 13,000원
중국 속에 일떠서는 한민족 — 한겨레신문 차한필 기자의 중국 동포사회 리포트 차한필 지음, 336쪽, 15,000원
신간도견문록 박진관 글・사진, 504쪽, 20,000원
선양과 세습 사라 알란 지음, 오만종 옮김, 318쪽, 17,000원
문경 산북의 마을들 — 서중리, 대상리, 대하리, 김룡리 안동대학교 안동문화연구소 지음, 376쪽, 18,000원
안동 원촌마을 — 선비들의 이상향 안동대학교 안동문화연구소 지음, 288쪽, 16,000원
안동 부포마을 — 물 위로 되살려 낸 천년의 영화 안동대학교 안동문화연구소 지음, 440쪽, 23,000원
독립운동의 큰 울림, 안동 전통마을 김희곤 지음, 384쪽, 26,000원

일본사상총서

도쿠가와 시대의 철학사상(德川思想小史) 미나모토 료엔 지음, 박규태・이용수 옮김, 260쪽, 8,500원
일본인은 왜 종교가 없다고 말하는가(日本人はなぜ 無宗教のか) 아마 도시마로 지음, 정형 옮김, 208쪽, 6,500원
일본사상이야기 40(日本がわかる思想入門) 나가오 다케시 지음, 박규태 옮김, 312쪽, 9,500원
일본도덕사상사(日本道德思想史) 이에나가 사부로 지음, 세키네 히데유키・윤종갑 옮김, 328쪽, 13,000원
천황의 나라 일본 — 일본의 역사와 천황제(天皇制と民衆) 고토 야스시 지음, 이남희 옮김, 312쪽, 13,000원
주자학과 근세일본사회(近世日本社會と宋學) 와타나베 히로시 지음, 박홍규 옮김, 304쪽, 16,000원

노장총서

不二 사상으로 읽는 노자 — 서양철학자의 노자 읽기 이찬훈 지음, 304쪽, 12,000원
김항배 교수의 노자철학 이해 김항배 지음, 280쪽, 15,000원
서양, 도교를 만나다 J. J. Clarke 지음, 조현숙 옮김, 472쪽, 36,000원
중국 도교사 — 신선을 꿈꾼 사람들의 이야기 牟鍾鑒 지음, 이봉호 옮김, 352쪽, 28,000원

남명학연구총서

남명사상의 재조명 남명학연구원 엮음, 384쪽, 22,000원
남명학파 연구의 신지평 남명학연구원 엮음, 448쪽, 26,000원
덕계 오건과 수우당 최영경 남명학연구원 엮음, 400쪽, 24,000원
내암 정인홍 남명학연구원 엮음, 448쪽, 27,000원
한강 정구 남명학연구원 엮음, 560쪽, 32,000원
동강 김우옹 남명학연구원 엮음, 360쪽, 26,000원
망우당 곽재우 남명학연구원 엮음, 440쪽, 33,000원
부사 성여신 남명학연구원 엮음, 352쪽, 28,000원

예문동양사상연구원총서

한국의 사상가 10人 — 원효 예문동양사상연구원/고영섭 편저, 572쪽, 23,000원
한국의 사상가 10人 — 의천 예문동양사상연구원/이병욱 편저, 464쪽, 20,000원
한국의 사상가 10人 — 지눌 예문동양사상연구원/이덕진 편저, 644쪽, 26,000원
한국의 사상가 10人 — 퇴계 이황 예문동양사상연구원/윤사순 편저, 464쪽, 20,000원
한국의 사상가 10人 — 남명 조식 예문동양사상연구원/오이환 편저, 576쪽, 23,000원
한국의 사상가 10人 — 율곡 이이 예문동양사상연구원/황의동 편저, 600쪽, 25,000원
한국의 사상가 10人 — 하곡 정제두 예문동양사상연구원/김교빈 편저, 432쪽, 22,000원
한국의 사상가 10人 — 다산 정약용 예문동양사상연구원/박홍식 편저, 572쪽, 29,000원
한국의 사상가 10人 — 혜강 최한기 예문동양사상연구원/김용헌 편저, 520쪽, 26,000원
한국의 사상가 10人 — 수운 최제우 예문동양사상연구원/오문환 편저, 464쪽, 23,000원

인물사상총서

한주 이진상의 생애와 사상 홍원식 지음, 288쪽, 15,000원
범부 김정설의 국민윤리론 우기정 지음, 280쪽, 20,000원

민연총서 ── 한국사상

자료와 해설, 한국의 철학사상 고려대 민족문화연구원 한국사상연구소 편, 880쪽, 34,000원
여헌 장현광의 학문 세계, 우주와 인간 고려대 민족문화연구원 한국사상연구소 편, 424쪽, 20,000원
퇴옹 성철의 깨달음과 수행 ── 성철의 선사상과 불교사적 위치 조성택 편, 432쪽, 23,000원
여헌 장현광의 학문 세계 2, 자연과 인간 고려대 민족문화연구원 한국사상연구소 편, 432쪽, 25,000원
여헌 장현광의 학문 세계 3, 태극론의 전개 고려대 민족문화연구원 한국사상연구소 편, 400쪽, 24,000원
역주와 해설 성학십도 고려대 민족문화연구원 한국사상연구소 편, 328쪽, 20,000원
여헌 장현광의 학문 세계 4, 여헌학의 전망과 계승 고려대학교 민족문화연구원 편, 384쪽, 30,000원

경북의 종가문화

사당을 세운 뜻은, 고령 점필재 김종직 종가 정경주 지음, 203쪽, 15,000원
지금도 「어부가」가 귓전에 들려오는 듯, 안동 농암 이현보 종가 김서령 지음, 225쪽, 17,000원
종가의 멋과 맛이 넘쳐 나는 곳, 봉화 충재 권벌 종가 한필원 지음, 193쪽, 15,000원
한 점 부끄럼 없는 삶을 살다, 경주 회재 이언적 종가 이수환 지음, 178쪽, 14,000원
영남의 큰집, 안동 퇴계 이황 종가 정우락 지음, 227쪽, 17,000원
마르지 않는 효제의 샘물, 상주 소재 노수신 종가 이종호 지음, 303쪽, 22,000원
의리와 충절의 400년, 안동 학봉 김성일 종가 이해영 지음, 199쪽, 15,000원
충효당 높은 마루, 안동 서애 류성룡 종가 이세동 지음, 210쪽, 16,000원
낙동 지역 강안학을 열다, 성주 한강 정구 종가 김학수 지음, 180쪽, 14,000원
모원당 회화나무, 구미 여헌 장현광 종가 이종문 지음, 195쪽, 15,000원
보물은 오직 청백뿐, 안동 보백당 김계행 종가 최은주 지음, 160쪽, 15,000원
은둔과 화순의 선비들, 영주 송설헌 장말손 종가 정순우 지음, 176쪽, 16,000원
처마 끝 소나무에 갈무리한 세월, 경주 송재 손소 종가 황위주 지음, 256쪽, 23,000원
양대 문형과 직신의 가문, 문경 허백정 홍귀달 종가 홍원식 지음, 184쪽, 17,000원
어질고도 청빈한 마음이 이어진 집, 예천 약포 정탁 종가 김낙진 지음, 208쪽, 19,000원
임란의병의 힘, 영천 호수 정세아 종가 우인수 지음, 192쪽, 17,000원
영남을 넘어, 상주 우복 정경세 종가 정우락 지음, 264쪽, 23,000원
선비의 삶, 영덕 갈암 이현일 종가 장윤수 지음, 224쪽, 20,000원
청빈과 지조로 지켜 온 300년 세월, 안동 대산 이상정 종가 김순석 지음, 192쪽, 18,000원
독서종자 높은 뜻, 성주 응와 이원조 종가 이세동 지음, 216쪽, 20,000원
오천칠군자의 향기 서린, 안동 후조당 김부필 종가 김용만 지음, 256쪽, 24,000원
마음이 머무는 자리, 성주 동강 김우옹 종가 정병호 지음, 184쪽, 18,000원
문무의 길, 영덕 청신재 박의장 종가 우인수 지음, 216쪽, 20,000원
형제애의 본보기, 상주 창석 이준 종가 서정화 지음, 176쪽, 17,000원
경주 남쪽의 대종가, 경주 잠와 최진립 종가 손숙경 지음, 208쪽, 20,000원
변화하는 시대정신의 구현, 의성 자암 이민환 종가 이시활 지음, 248쪽, 23,000원
무로 빚의 문으로 다듬은 충효와 예학의 명가, 김천 정양공 이숙기 종가 김학수, 184쪽, 18,000원
청백정신과 팔련오계로 빛나는, 안동 허백당 김양진 종가 배영동, 272쪽, 27,000원
학문과 충절이 어우러진, 영천 지산 조호익 종가 박학래, 216쪽, 21,000원
영남 남인의 정치 중심 돌밭, 칠곡 귀암 이원정 종가 박인호, 208쪽, 21,000원
거문고에 새긴 외금내고, 청도 탁영 김일손 종가 강정화, 240쪽, 24,000원
대를 이은 문장과 절의, 울진 해월 황여일 종가 오용원, 200쪽, 20,000원
처사의 삶, 안동 경당 장흥효 종가 장윤수, 240쪽, 24,000원
대의와 지족의 표상, 영양 옥천 조덕린 종가 백순철, 152쪽, 15,000원

기타

다산 정약용의 편지글 이용형 지음, 312쪽, 20,000원
유교와 칸트 李明輝 지음, 김기주·이기훈 옮김, 288쪽, 20,000원
유가 전통과 과학 김영식 지음, 320쪽, 24,000원
유가철학의 덕과 덕성치유 최연자·최영찬 지음, 432쪽, 30,000원
한시, 슬픈 감성으로 가을을 읊다 권명숙 지음, 232쪽, 17,000원